Christian Müller, Frank Trosky und Marion Weber (Hg.)

Ökonomik als allgemeine Theorie menschlichen Verhaltens:
Grundlagen und Anwendungen

Schriften zu Ordnungsfragen der Wirtschaft

Band 94: Ökonomik als allgemeine Theorie menschlichen Verhaltens: Grundlagen und Anwendungen

Lucius & Lucius · Stuttgart · 2012

Ökonomik als allgemeine Theorie menschlichen Verhaltens

Grundlagen und Anwendungen

Herausgegeben von

Christian Müller, Frank Trosky und Marion Weber

Mit Beiträgen von

Hans Albert, Thomas Apolte, Jürgen Backhaus, Marcus Conlé, Thomas Eger, Ullrich Heilemann, Hartmut Kliemt, Bernd Lahno, Helmut Leipold, Martin Leschke, Nicole van de Locht, Christian Müller, Hans Nutzinger, Christian Rüttgers, Thilo Sarrazin, Dominik Schätzle, Marc Scheufen, Gideon Schingen, Markus Taube, Theresia Theurl, Andrea Trosky, Frank Trosky, Marion Weber, Dirk Wentzel, Hans Willgerodt

Lucius & Lucius · Stuttgart · 2012

Anschriften der Herausgeber:

Prof. Dr. Christian Müller
Westfäl.Wilhelms-Universität Münster
Centrum für Interdisziplinäre Wirtschaftsforschung (CIW)
Scharnhorststr. 100
48151 Münster
christian.mueller@wiwi.uni-muenster.de

Dr. Marion Weber
Am Schlachtensee 136
14129 Berlin
kurfuerstin23@gmail.com

Dr. Frank Trosky
Planco Consulting GmbH
Am Waldthausenpark 11
45127 Essen

Bibliografische Information der Deutschen Nationalbibliothek
Die Deutsche Nationalbibliothek verzeichnet diese Publikation in der Deutschen Nationalbibliografie; detaillierte bibliografische Daten sind im Internet über http://dnb.d-nb.de abrufbar.

(Schriften zu Ordnungsfragen der Wirtschaft; Bd. 94)
ISBN 978-3-8282-0559-8

Umschlaggestaltung: Isabelle Devaux, Stuttgart

Druck und Einband: ROSCH-BUCH Druckerei GmbH, 96110 Scheßlitz
Printed in Germany

ISBN 978-3-8282-0559-8
ISSN 1432-9220

Manfred Tietzel gewidmet

Vorwort

Den Kern der Ökonomik bildet das Modell des Homo Oeconomicus, das nicht nur in wirtschaftswissenschaftlichen Zusammenhängen, sondern auch in den anderen Sozialwissenschaften zu zahlreichen fruchtbaren Erklärungen realer Probleme beigetragen hat. Von Anbeginn an sah sich der ökonomische Rationalverhaltensansatz jedoch auch ernsten kritischen Einwänden ausgesetzt. Eine besondere Herausforderung für das ökonomische Verhaltensmodell stellten in jüngerer Zeit die empirischen Disziplinen der Behavioral Economics sowie der experimentellen Spieltheorie dar, die eine Vielzahl von „Anomalien" zu Tage förderten, in denen das tatsächliche Verhalten von Menschen vom theoretisch vorausgesagten wesentlich abweicht. Der vorliegende Band nimmt dies zum Anlass, erneut nach dem Anwendungsbereich und der Reichweite von Rational-Choice-Erklärungen zu fragen.

In einem *ersten* Teil werden methodologische Grundfragen nach den Geltungsbedingungen ökonomischen Denkens und Erklärens beleuchtet. Anwendungen des ökonomischen Ansatzes auf politische Institutionen sind der Gegenstand des *zweiten* Teils. Im Fokus stehen dabei so unterschiedliche Institutionen wie Ratingagenturen und Finanzintermediäre, die Europäische Union oder das Urheberrecht im Zeitalter der modernen Informationsmedien. Im Zentrum des *dritten* Teils steht das Verhältnis von Ökonomik und politischem Prozess. Erörtert werden hierbei u.a. Anwendungen des ökonomischen Ansatzes auf das Zustandekommen revolutionärer Prozesse wie auf das Problem der Staatsverschuldung. Der *vierte* Teil beleuchtet das Verhältnis von Ökonomik und normativen Fragen aus philosophischer Sicht. Hierbei stehen einerseits die utilitaristische Sozialphilosophie im Mittelpunkt, aus welcher sich einst die moderne ökonomische Wohlfahrtstheorie entwickelte, sowie andererseits Ergebnisse der empirischen Glücksforschung, die sich auch als Kritik an der ökonomischen Annahme egoistischer Nutzenmaximierung lesen lassen.

Alle Beteiligten widmen den Band *Manfred Tietzel* zu seinem 65. Geburtstag. Die Herausgeber – allesamt frühere Mitarbeiter und/oder Doktoranden – verdanken ganz wesentlich ihm ihren eigenen Zugang zum Verhaltensmodell der Ökonomik. Noch zu Zeiten, als man damit auch in der eigenen Disziplin auf Unverständnis und müdes Lächeln stieß, beschäftigte sich *Manfred Tietzel* in zahlreichen wegweisenden Publikationen mit unorthodoxen Anwendungen des ökonomischen Ansatzes – von der optimalen Staatsgröße über den Fall der Berliner Mauer, die Bildung von Konventionen oder die Errichtung sozialer Ghettos bis hin zur „Ökonomie der Natur". Die weitere Entwicklung unserer Wissenschaft hat ihm dabei Recht gegeben.

Dankbar für die fruchtbare Zeit bei und mit ihm an der Universität Duisburg luden die Herausgeber auch Autoren ein, die – im *fünften* Teil dieses Buches – ganz persönlich von ihren Erfahrungen mit *Manfred Tietzel* als Wissenschaftler und Kollegen berichten, der Ökonomik nicht nur als Beruf, sondern immer auch als Berufung verstand.

Die Herausgeber danken der *Marburger Gesellschaft für Ordnungsfragen der Wirtschaft e.V.*, besonders Prof. Dr. *Alfred Schüller* und Prof. Dr. *Dirk Wentzel*, die unser Projekt einer Festgabe für *Manfred Tietzel* durch ihre großzügige Unterstützung erst möglich machten. Wir danken den studentischen Mitarbeiter/innen des Instituts für Ökonomische Bildung der Universität Münster – *Sonja Rinne*, *Lisa Schlesewsky*, *Fabian Schleithoff* und *Mark Uttendorf*

– für die zahllosen Sonderschichten, die sie im Interesse der pünktlichen Fertigstellung unseres Projekts leisteten. Frau Dr. *Hannelore Hamel* danken wir herzlich für die gewohnt gewissenhafte Endredaktion des Buches.

Unser besonderer Dank gilt aber natürlich den Autorinnen und Autoren für ihre Beiträge – und nicht zuletzt für die strikte „Geheimhaltung" des Projekts bis zur letzten Minute.

Münster, Essen und Berlin, im November 2011

Christian Müller, *Frank Trosky* und *Marion Weber*

Inhalt

Teil I: Ökonomisch denken und erklären

Christian Müller
Warum Rational Choice? 3

Martin Leschke
Zum Modellbild der Ökonomik 21

Ullrich Heilemann
Anwendungs-, Geltungs- und Reflexivitätsprobleme von Prognosen – Empirische Befunde und Probleme 39

Hans Albert
Macht, Gesetz und Erklärung im ökonomischen Denken 59

Teil II: Ökonomik und Institutionen

Helmut Leipold
Zur Interdependenz der ordnungsbedingten Krisenursachen 81

Theresia Theurl und *Dominik Schätzle*
Reformvorschlage für Ratingagenturen: Eine Analyse von Anreizen, Interessen und Restriktionen 101

Marcus Conlé und *Markus Taube*
Zur institutionellen Fundierung der Finanzintermediation in Chinas Reformära: Der Law, Finance & Growth-Ansatz und Relational Lending Technologies 131

Thomas Eger und *Marc Scheufen*
Das Urheberrecht im Zeitenwandel: Von Gutenberg zum Cyberspace 151

Christian Rüttgers und *Nicole van de Locht*
Mit Wettbewerb zu gerechteren Wasserpreisen 181

Dirk Wentzel
Bestimmungsgründe für eine optimale Größe der Europäischen Union 195

Hans Willgerodt
Mehr Europa? 219

Teil III: Ökonomik und politischer Prozess

Thomas Apolte
Revolutionen als Kollektivgut 229

Gideon Schingen
Warum Wähler keine Schulden wollen 243

Jürgen Backhaus
The Political Economy of Denying Pleasure 257

Teil IV: Ökonomik und Philosophie

Hartmut Kliemt
Sokrates und das Schwein – Glück und Ökonomik 233

Bernd Lahno
Utilitarismus und Wahrhaftigkeit 273

Teil V: Ökonomik als Beruf und Berufung: *Manfred Tietzel* als Wissenschaftler und Kollege

Hans Nutzinger
Ein Rückblick auf 35 Jahre aus naher Ferne – zwischen Duisburg und Kassel 299

Thilo Sarrazin
Manfred Tietzel zur Vollendung des 65. Lebensjahres 308

Marion Weber
Die Eleganz des Paradiesvogels 313

Frank Trosky und *Andrea Trosky*
Der Dummkopfzyklus oder die Qual der Wahl 317

Die Autorinnen und Autoren 327

Teil I:

Ökonomisch denken und erklären

Christian Müller, Frank Trosky und Marion Weber (Hg.)
Ökonomik als allgemeine Theorie menschlichen Verhaltens
Schriften zu Ordnungsfragen der Wirtschaft · Band 94 · Stuttgart · 2012

Warum Rational Choice?

Christian Müller

Inhalt

1. Einleitung 4

2. Der ökonomische Erklärungsansatz 5

3. Die Falschheit des Rational-Choice-Ansatzes: Das Beispiel des Ultimatumspiels 7

4. Versuche alternativer Erklärungen 8

5. Der Homo Oeconomicus oder seine Verwandten? Ein methodologisches Dilemma 10

6. Der Homo Oeconomicus ist tot? – Es lebt (und lebe) der Homo Oeconomicus! 14

Literatur 15

1. Einleitung

Zumindest in seiner Reinform ist der Homo Oeconomicus kein sehr angenehmer Zeitgenosse. Ohne jede Rücksicht auf seine soziale Umgebung nimmt er alle jene sich ihm bietenden Aktivitäten wahr, deren individueller Grenznutzen aus seiner Sicht ihre individuellen Grenzkosten übersteigt. Man tritt ihm daher sicher nicht zu nahe, wenn man ihm ein „a-soziales Wesen" (*Tietzel* 1985, S. 40) bescheinigt. Denn der ökonomische Rationalentscheider ist ein Egoist reinsten Wassers. Andere Individuen sind ihm schlechterdings egal. Dass er, wenn er etwa im Gefangenendilemma defektiert, seine Umwelt in den Abgrund zieht, stört ihn nicht. Denn Altruismus ist ihm fremd, achtet er doch nur auf seine eigenen Payoffs, nicht aber auch auf die seiner Gegenspieler. Das Beste, was wir über ihn sagen können, ist, dass er in den meisten Fällen zumindest auch nicht böswillig – malevolent – ist. Das ist er, soweit zu sehen, nur, wenn er, wie zuerst in den Arbeiten von *Williamson*, als „Opportunist" auftaucht, der nicht nur seinen eigenen Nutzen zu mehren sucht, sondern hierbei auch noch „Arglist" (*Williamson* 1975, S. 9) anwendet.

Kein Wunder also, dass der ökonomische Rationalentscheider wenig Freunde hat (eine Reihe von Beschimpfungen findet sich bei *Tietzel* 1981, S. 117). Schon *Karl Marx* (1971, S. 560) monierte nur wenige Jahrzehnte, nachdem der Homo Oeconomicus 1776 in Adam Smith' „Wohlstand der Nationen" (*Smith* 2005) das Licht der Welt erblickt hatte, dass die „einzigen Räder, die die Nationalökonomie in Bewegung setzt, ... die Habsucht und der Krieg der Habsüchtigen, die Konkurrenz", seien.

Die Kritik am ökonomischen Rationalentscheider ist mit den Jahrhunderten keineswegs milder geworden. Besonders laut ist sie in den anderen Sozialwissenschaften sowie in der wirtschaftspädagogischen und wirtschaftsdidaktischen Literatur, wo nicht selten eine „reflexartige Ablehnung wirtschaftswissenschaftlicher Problemmodellierungen" (*Neuweg* 1997, S. 103) dominiert. Mit hörbarer Beruhigung stellt etwa *Zabeck* (1991, S. 535) fest, dass zumindest die Berufs- und Wirtschaftspädagogik „der Faszination des homo oeconomicus zu keiner Zeit verfallen" und das „Selbstverständnis der Wirtschaftserziehung ... von ihm nicht entscheidend beeinflusst" worden sei.

„Die mathematische Fiktion der neoklassischen Wirtschaftstheorie, die sich im Rückgriff auf eine Abstraktion in der allgemeinen Gleichgewichtstheorie manifestiert, reduziert die Lebenswirklichkeit auf ökonomi(sti)sche Denkmuster", behauptet *Engartner* (2009, S. 64), die Kritik von *Plumpe* (2003) an der „Trivialanthropologie des egoistischen Tauschmenschen" wieder aufgreifend. Das Ergebnis, so *Ahmia* (2008), „mag durch die Eleganz mathematisch-formaler Geschlossenheit glänzen. Es leidet aber darunter, dass es fundamentale Faktoren der wirtschaftlichen Realität systematisch ausblendet. Das ursprüngliche Ziel, reales ökonomisches Handeln von Menschen abzubilden, bleibt da fast zwangsläufig auf der Strecke".

Es ist sicher nicht zu weit gegriffen zu vermuten, dass die jahrzehntealten Forderungen nach einem eigenen Schulfach für Wirtschaft[1], das auch der empirisch ermittelte

---

[1] Vgl. *Krol* (2001); *Kruber* (2001); *Kaminiski* et al. (2007); *Schlösser* (2008).

katastrophale Zustand des Schülerwissens über ökonomische Sachverhalte nahelegt[2], allein deshalb bislang einen so geringen politischen Widerhall gefunden hat, weil einschlägige Autoren (z.B. *Hedtke* 2008) eine Beeinflussung des Denkens von Kindern durch das Rational-Choice-Modell für schädlich halten.

Der vorliegende Beitrag geht der Frage nach, warum – trotz der scharfen Kritik an seinen Annahmen – das Homo-Oeconomicus-Modell nach wie vor so dominant ist. Abschnitt 2 stellt die logische Struktur einer ökonomischen Rationalwahlerklärung dar und rekonstruiert das Homo-Oeconomicus-Modell als enge Konzeption der Rationalität, dessen wesentliches Merkmal die Verwendung einer Maximierungshypothese als Gesetzesaussage im Explanans darstellt. Am Beispiel des berühmten Ultimatumspiels wird in Abschnitt 3 sodann gezeigt, dass die Maximierungshypothese offensichtlich falsch – widerlegt – ist. Alternative Theorien menschlichen Verhaltens, welche nicht erst seit dem Aufkommen der neuen Forschungsrichtung der Behavioral Economics[3] diskutiert und empirisch-experimentell getestet werden, scheinen besser in der Lage zu sein, das reale Verhalten der Menschen abzubilden (Abschnitt 4).

Warum aber hat sich nicht längst eine dieser „Verwandten" des Homo Oeconomicus – von *Simons* Theorie des Satisfizierers über Modelle multipler Präferenzen bis hin zur Idee eines nach Fairnessgesichtspunkten agierenden „Homo Reciprocans" – durchgesetzt? Die überzeugendste Erklärung hierfür, so werde ich in Abschnitt 5 argumentieren, dürfte ein methodologisches Dilemma beschreiben, das *Manfred Tietzel* bereits vor fast drei Jahrzehnten analysierte: Alle bisher bekannten Alternativen zum traditionellen ökonomischen Modell der Rationalentscheidung erkaufen ihren Zuwachs an „Realitätsnähe" durch eine entsprechende Subjektivierung der Analyse und einer damit einhergehenden Verringerung ihres empirischen Gehaltes bis hin zur Tautologisierung der aus ihnen abgeleiteten Aussagen. Mit dem Modell des Homo Oeconomicus steht damit – genau genommen – nicht weniger auf dem Spiel als der Status der Wirtschaftswissenschaft als empirisch-theoretische – nicht-analytische – Wissenschaft. Der Beitrag schließt mit einem kurzen Fazit in Abschnitt 6.

2. Der ökonomische Erklärungsansatz

Mit Rücksicht auf die vielen „Schwachverständigen", die das Modell des Homo Oeconomicus in seiner Geschichte immer wieder angreifen, hat bereits *Fritz Machlup* vorgeschlagen, den ökonomischen Rationalentscheider besser „homunculus oeconomicus" zu nennen, „damit sie eher begreifen, dass er keinen aus einem Mutterleib geborenen Menschen darstellen sollte, sondern eine aus einer Gedankenretorte erzeugte abstrakte Marionette, mit bloß ein paar menschlichen Zügen ausgestattet, die für bestimmte Erklärungszwecke ausgewählt wurde" (zitiert nach *Starbatty* 1999, S. 3).

---

[2] Vgl. *Sczesny* und *Lüdecke* (1998); *Müller*, *Fürstenau* und *Witt* (2007); *Würth* und *Klein* (2001); *Erner*, *Gödde-Menke* und *Oberste* (2011; 2011a).

[3] Für Übersichten siehe z.B. *Camerer*, *Loewenstein* und *Rabin* (2004); *Diamond* und *Vartiainen* (2007); *Pelzmann* (2010).

Rationales Handeln, wie es in der Ökonomik, aber auch in Teilen der Politikwissenschaft (z.B. *Dehling* und *Schubert* 2011, S. 30 ff.) und Soziologie (*Opp* 2002) unterstellt wird, ist zielintendiertes – nicht-zufälliges – Verhalten. Ohne eine Rationalitätsannahme wäre eine beliebige individuelle Handlung nicht adäquat erklärbar (*Watkins* 1978, S. 36). Allgemein besteht eine wissenschaftliche (deduktiv-nomologische) Erklärung (*Hempel* und *Oppenheim* 1948; *Hempel* 1977) in der logischen Folgerung einer singulären, die Existenz eines Ereignisses *e* behauptenden Aussage *E* – dem Explanandum – aus einer Menge von Prämissen, dem Explanans. Dieses Explanans besteht aus mindestens einer deterministischen Gesetzesaussage *G* mit strikter Universalität und Konditionalität und zusätzlichen Antezedensbedingungen *A* in Form von singulären Existenzaussagen, die bestimmte, *e* betreffende Ereignisse beschreiben. Einen singulären Sachverhalt *e* zu erklären, heißt mithin zu folgern: $G_1, ..., G_n$ zusammen mit $A_1, ..., A_m$ implizieren *E*(*e*). Diese Ableitungsbeziehung ist eine kausale Erklärung in dem Sinne, dass die Antezedensbedingungen *A* die Ursache der vom Explanandum-Satz beschriebenen Wirkung angeben (*Popper* 1987, S. 97; *Hempel* und *Oppenheim* 1948, S. 139).

Eine wissenschaftliche Prognose hat die gleiche logische Struktur wie eine deduktiv-nomologische Erklärung (*Hempel* und *Oppenheim* 1948, S. 138 f.; *Hempel* 1977, S. 43 ff.). Gesetze und Anwendungsbedingungen werden hier als Projectans, der daraus gefolgerte singuläre Existenzsatz als Projectandum bezeichnet. Erklärung und Prognose unterscheiden sich nur bezüglich der sog. „pragmatischen Gegebenheitsrelation“: Bei einer Erklärung ist zunächst allein der Explanandum-Satz *E* gegeben, und gesucht wird eine Begründung – in Form von Gesetzen und erfüllten Antezedensbedingungen – für das von *E* behauptete Ereignis *e*. Bei der Prognose hingegen sind bestimmte singuläre Ereignisse gegeben, die als Anwendungsfälle bekannter Gesetzeshypothesen interpretiert werden; hieraus wird dann das Auftreten des Ereignisses *e* als logische Folge des Vorliegens des Projectans vorausgesagt (*Chmielewicz* 1994, S. 155).

Rekonstruiert man die spezifisch ökonomische Art der Erklärung bzw. Prognose (siehe Abbildung 1), so finden sich im Explanans als Gesetz die ökonomische Rationalverhaltenstheorie. Im Homo-Oeconomius-Modell, das auch als eine enge Konzeption von Rationalität verstanden wird (*Opp* 2002, S. 425), wird dabei angenommen, dass der betrachtete Akteur rein egoistische Ziele maximiert (Annahme der Eigennutzmaximierung). Als Antezedensbedingungen enthält das erklärende Argument in den Wirtschaftswissenschaften darüber hinaus im Allgemeinen eine Beschreibung der Entscheidungssituation (die Situationsannahmen), bestehend aus den Zielen des Entscheidungsträgers und seinen technologischen Informationen über die Entscheidungsalternativen sowie aus singulären Informationen über Machtverhältnisse, Kosten oder andere entscheidungsrelevante Einflüsse. Das hieraus abgeleitete Explanandum enthält eine Information über die durch den Entscheidungsträger gewählte Handlungsalternative (*Tietzel* 1981, S. 132 f.; 1985, S. 21-25).

Abbildung 1: Die logische Struktur einer Rationalwahlerklärung

Explanans/Projectans
SITUATIONSANNAHMEN (singuläre Existenzaussagen)
1. ZIEL(E) („MOTIVATIONSSTRUKTUR")
z.B. „Individuum X erstrebt Ziel A."
2. SITUATIONSWAHRNEHMUNG („ANREIZSTRUKTUR")
z.B.: „X hält a, b und c für geeignete Mittel, A zu erreichen."
„Y hindert X erfolgreich daran, c zu tun."
„b erfordert einen weit höheren Aufwand als a."
VERHALTENSTHEORIE (deterministische Hypothese)
„Jedes Individuum *i* (so auch X) wählt diejenige Alternative, die zum höchsten realisierbaren Zielerreichungsgrad führt."
Explanandum/Projectandum
(singuläre Existenzaussage)
„X wählt a."

Quelle: in Anlehnung an *Tietzel* (1981), S. 132 f.

3. Die Falschheit des Rational-Choice-Ansatzes: Das Beispiel des Ultimatumspiels

Es ist weithin akzeptiert, dass die ökonomische Rationalverhaltenstheorie, auch in ihrer engen Variante, „eine Vielzahl zutreffender und neuer Erklärungen bietet" (*Opp* 2002, S. 426). Dazu gehören, um nur einige Beispiele zu nennen, sicher zentrale Aussagen der ökonomischen Theorie der Güternachfrage, der Arbeitsmarktökonomik oder der Dilemmaspiele. Das Problem der Anwendung dieser engen Form der ökonomischen Rationalverhaltenshypothese besteht jedoch darin, dass sie auch zu falschen Implikationen führen kann. Schon ein einziges Gegenbeispiel genügt, um sie zu widerlegen. Dass die Hypothese der Eigennutzmaximierung auch tatsächlich kontrafaktisch, empirisch falsch, ist, wird auch von Ökonomen keinesfalls bestritten (*Tietzel* 1985, S. 83-97; *Kirchgässner* 2008, v.a. S. 201-238). Besondere Relevanz haben in diesem Zusammenhang die Ergebnisse der experimentellen Spieltheorie, die gezeigt haben, dass sich Menschen in Experimentalsituationen keineswegs immer eigennützig verhalten, sondern auch Fairnesserwägungen eine zentrale Rolle spielen können.

Im Ultimatumspiel (*Güth* et al. 1982), dem wohl wichtigsten Fairnessexperiment, unterbreitet ein Vorschlagender einer anderen Person, dem Responder, ein Angebot, eine bestimmte Summe Geldes, die von dem Versuchsleiter bereit gestellt wurde, aufzuteilen. Nur dann, wenn der Antwortende die vorgeschlagene Verteilungsregel akzeptiert, erhalten beide Spieler den Betrag wie vorgeschlagen; lehnt er hingegen ab, gehen beide Parteien leer aus. Verhandlungen zwischen den Beteiligten sind nicht möglich.

Das Homo-Oeconomicus-Modell lässt nun erwarten, dass der Vorschlagende rationalerweise ein Angebot wählt, das der kleinstmöglichen Einheit entspricht, die er dem Antwortenden zugestehen kann. Der Rezipient wird dieses Angebot auch tatsächlich annehmen, da ihn – als rationalen, unersättlichen Nutzenmaximierer – jeder noch so kleine Ressourcenzuwachs gegenüber dem Status quo besser stellt. Tatsächlich machen reale Individuen aber Angebote zumeist nach der 50:50-Regel (*Ockenfels* 1999, S. 141-143). Die Ablehnungswahrscheinlichkeit wird dabei umso kleiner, je kleiner der zu verteilende „Kuchen" (*Slonim* und *Roth* 1998, S. 590 f.) und/oder je größer die absolute Höhe des Angebots (*Bolton* und *Zwick* 1995) ist. Im Unterschied zu den Vorhersagen der ökonomischen Standardtheorie ist die Mehrzahl der Spielteilnehmer offenkundig bereit, Vorteilseinbußen in Kauf zu nehmen, um bestimmte Fairnessgebote einzuhalten. Statt allein ihren eigenen Nutzen zu maximieren, lassen Menschen, wie es scheint, sich Fairness etwas kosten.

In einer anderen Variante des Ultimatumspiels erweist sich auch die Standardprognose als falsch, nach welcher Individuen sunk costs nicht in ihr Kalkül mit einbeziehen. Werden versunkene Kosten eingeführt, so steigt die Mindesthöhe für die Annahme eines Angebots. Hat, mit anderen Worten, der Responder zuvor in das Spiel investiert, so steigen die Ansprüche an ein faires Angebot (*Jolls*, *Sunstein* und *Thaler* 1998).

4. Versuche alternativer Erklärungen

Wie lässt es sich erklären, dass reale Menschen oft anders handeln, als es die Vorhersagen des ökonomischen Rationalentscheidungsmodells erwarten lassen? Aus der (faktischen) Falschheit einer Konklusion lässt sich nach dem *modus tollens* der klassischen Logik schließen, dass mindestens eine der in dem erklärenden Argument verwendeten Prämissen falsch sein muss. Die meisten Versuche, die „Realitätsnähe" (zu den möglichen Varianten dieses Begriffs *Tietzel* 1981a) des ökonomischen Erklärungsmodells zu steigern, setzen daher bei den Modellannahmen an – und unter ihnen besonders bei der verwendeten Verhaltenshypothese.

Eine erste Erklärung für das Verhalten von Menschen in Ultimatumspielen könnte sein, dass sie ihre Zielfunktion nicht maximieren. So wäre es möglich, dass der Proposer sich mit einem hinreichend großen – wenngleich nicht maximalen – Zielerreichungsgrad zufrieden gibt. In diesem Sinne gab *Simon* (1957) die Maximierungsannahme auf und entwickelte das alternative Modell eines Entscheidungsträgers, welcher sich mit einem bestimmten Anspruchsniveau des Nutzens zufrieden gibt (siehe dazu auch den Beitrag von *Leschke* in diesem Band).

Denkbar ist darüber hinaus, dass die beteiligten Entscheidungsträger Nutzenfunktionen maximieren, in welche auch die Interessen anderer Menschen mit eingehen. Die Idee solchermaßen für das Wohlergehen Anderer, aber auch für weitere nicht-materielle Güter wie Prestige oder Macht „geöffneter" Nutzenfunktionen präsentierten etwa *Becker* (1957) und *Alchian* (1969; auch *Alchian* und *Allen* 1974, S. 21). *Meckling* (1976; auch *Jensen* und *Meckling* 1994) propagierte ganz ähnlich den Modelltypus eines „resourceful evaluative maximizing man" („REMM"), der inzwischen in ökonomische Standardlehrbücher Eingang gefunden hat und von *Lindenberg* (1985) zum RREEMM ausgebaut und als neuer „Homo sociologicus" popularisiert wurde (siehe auch *Esser* 1999, S. 237 ff.).

Im Ultimatumspiel-Experiment könnte man das Verhalten der Teilnehmer entsprechend als das von Menschen mit „offenen" Nutzenfunktionen erklären. Wenn der Proposer in seiner Entscheidung auch den Nutzenzuwachs des Rezipienten berücksichtigt (und dies ebenfalls von seinem Mitspieler erwartet), kann es in dem Experiment zu einer gleichen Aufteilung der Beträge kommen.

Darüber hinaus gibt es die Idee, dass ein einzelnes Individuum auch mehrere Präferenzsysteme haben kann, die miteinander im Widerstreit liegen. In diesem Sinne lässt sich bereits das Werk von *Adam Smith* verstehen, das – betrachtet man die „Theorie der ethischen Gefühle" (*Smith* 2004) und den „Wohlstand der Nationen" (*Smith* 2005) als eine Einheit – zusammengenommen als eine Theorie intraindividuell konfligierender Motive von „Sympathie" und „Eigenliebe" gelesen werden kann (*Meyer* 2000, S 141 ff.). *Thaler* und *Shefrin* (1981) modellieren ganz ähnlich explizit ein höherrangiges Präferenzsystem (des „Planners"), das seinerseits die niederrangigen Präferenzen (des „Doers") zu korrigieren sucht (für eine graphische Interpretation *Tietzel* und *Müller* 1998) – eine Idee, auf welcher schließlich auch die Theorie des libertären Paternalismus wesentlich aufbaut (*Thaler* und *Sunstein* 2009).

Zum Teil findet diese Vorstellung multipler Präferenzsysteme auch in der Form ihren Ausdruck, dass sich innerhalb einer einzigen Person intrapersonelle Gefangenendilemmata ereignen können (*Elster* 1985, S. 254 f.; *Kavka* 1991, 1993; *Moreh* 1993). Individuen mit solchen multiplen und gestuften Präferenzsystemen können nicht nur daran interessiert sein, beispielsweise individuelle Laster oder Süchte durch eine selbstauferlegte Selbstbindung an „persönliche Verfassungen" (*Koboldt* 1995, S. 15) zu überwinden; auch könnte der Proposer in einem Ultimatumspiel sich durch sein höherrangiges Präferenzsystem dahingehend moralisch korrigieren lassen, dass er dem Rezipienten einen gleich großen Anteil an dem aufzuteilenden Betrag zubilligen möchte.

Schließlich könnte es sein, dass sich die Probanden im Ultimatumspiel-Experiment als „Homo Reciprocans" (*Falk* 2003) verhalten, wie es die neuere experimentelle Wirtschaftsforschung nahe legt. Reziprozität meint dabei ein Verhalten, bei dem freundliches und kooperatives Agieren belohnt wird, unfreundliches und unkooperatives Verhalten hingegen bestraft, und zwar selbst dann, wenn die Belohnung oder das Bestraftwerden – wie im Fall des Ultimatumspiels – für die Handelnden mit materiellen Kosten verbunden ist.[4]

---

[4] Zu ähnlichen Konsequenzen führt auch die Theorie des ERC. Vgl. *Bolton* und *Ockenfels* (2000) und Ockenfels (1999).

5. Der Homo Oeconomicus oder seine Verwandten? Ein methodologisches Dilemma

Die Situation erscheint paradox: Das traditionelle Modell des Homo Oeconomicus ist – was nicht nur die Ultimatumspiel-Experimente, sondern zahllose weitere empirische Forschungsergebnisse bestätigen – zumindest in seiner Universalität falsch. Zudem gibt es – zum Teil schon seit Jahrzehnten – alternative Erklärungsmodelle, die offensichtlich wesentlich realitätsnäher sind als die klassische enge Rational-Choice-Theorie: Jeder dieser Modellansätze bildet eine Facette ab, die reale Menschen offensichtlich aufweisen, die im traditionellen Verhaltensmodell der Wirtschaftswissenschaften aber nicht repräsentiert sind. Fehlerhafte Implikationen, wie sie aus dem engen Rationalverhaltensansatz folgen, ließen sich auf diese Weise vermeiden.

Und dennoch hat sich bislang keines dieser alternativen Verhaltensparadigmen durchsetzen können. Ungeachtet der zahllosen Plädoyers für eine „Abkehr vom Menschenbild des homo oeconomicus und eine Hinwendung zu einer möglichst pluralistisch angelegten Deutung ökonomischen Verhaltens“ (*Engartner* 2009, S. 65), dominiert immer noch der alte – empirisch falsche – Ansatz die wirtschaftswissensschaftichen Theoriejournals. Und auch in nahezu allen Konzepten ökonomischer Bildung wird die Verwendung des Homo Oeconomicus propagiert[5], und die existierenden Alternativen kommen allenfalls am Rande vor. „Der Homo oeononomicus und seine Verwandten“ (*Tietzel* 1981) – das ist, wie es scheint, nach wie vor eine sehr ungleiche Familienbeziehung.

Im Folgenden werde ich argumentieren, dass der Grund für diese ubiquitäre Dominanz des ökonomischen Standardmodells in einem methodologischen Dilemma liegen dürfte, dessen Struktur bereits vor fast drei Jahrzehnten *Manfred Tietzel* (1985) in aller wünschenswerten Klarheit analysiert hat. Viel Aufregung hätte man sich in der „mit einer gewissen Verbissenheit“ (*Schlösser* 1992, S. 34) und „mitunter sehr leidenschaftlich geführten Diskussion“ (*Franz* 2004, S. 3) wohl ersparen können, wenn diese Ausführungen gebührend zur Kenntnis genommen worden wären. Wenn sich nämlich aus der Klasse der alternativen Verhaltensmodelle bis heute kein neues Verhaltensparadigma entwickelt hat, so liegt das nicht etwa an einer „apriorische[n] Dogmatisierung“ des „ökonomistisch verengten Homo-Oeconomicus-Modell[s]“ (*Hippe* 2010, S. 70), sondern, wie *Tietzel* zeigte, an einem einfachen methodologischen Umstand: Die höhere Realitätsnähe eines ökonomischen Erklärungsmodells wird im Regelfall mit seiner *Tautologisierung* erkauft.

Denn was immer gegen die ökonomische Rational-Choice-Annahme sprechen mag: Ihr großer Vorzug liegt in ihrer hohen Falsifizierbarkeit (zu diesem Begriff *Popper* 2005; im wirtschaftswissenschaftlichen Kontext *Chmielewicz* 1994). Eine Aussage ist empirisch gehaltvoll – falsifizierbar -, wenn und soweit sie logisch mögliche Konsequenzen bei Erfülltheit ihrer Anwendungsbedingungen „verbietet“. Eine kontradiktorische Aussage „verbietet“ alles, was in dieser Welt möglich ist („In Paris leben mehr Millionäre als in ganz Frankreich zusammen“); sie hat daher 100prozentigen empiri-

[5] So z.B. *Karpe* und *Krol* (1997); *Kaminski* (1997); *Kruber* (2005).

schen Gehalt. Eine Tautologie hingegen „verbietet" gar nichts („Wenn der Hahn kräht auf dem Mist, ändert sich das Wetter, oder es bleibt, wie es ist."); ihr empirischer Gehalt ist somit null. Beide Aussagen sind analytisch, d.h. ganz unabhängig von empirischer Überprüfung *immer* (*a priori ad experientiam*) falsch bzw. wahr. Sollen wissenschaftliche Aussagen daher irgendetwas über die Realität behaupten – und damit synthetisch sein –, so muss ihr empirischer Gehalt im Spektrum *zwischen* diesen beiden Extremen liegen. Nach *Popper* sollen Wissenschaftler daher versuchen, möglichst leicht falsifizierbare Aussagen über die Realität zu formulieren, ihren empirischen Gehalt jedoch nicht so hoch treiben, dass sie an der Realität tatsächlich scheitern, also faktisch falsch wären.

Die Maximierungshypothese hat einen empirischen Gehalt, der so hoch ist, wie er bei nicht-kontradiktorischen Aussagen nur sein kann; aus der Menge aller verfügbaren Alternativen „verbietet" sie im Regelfall, dass der betrachtete Akteur alle wählt bis auf jene, die seinen Zielerreichungsgrad maximiert.[6] Der Falsifizierbarkeitsgrad ist maximal. Umgekehrt bedeutet dies, dass auch das „Risiko des Scheiterns" (*Popper*) einer solchen empirischen Aussage maximal ist (*Tietzel* 1985, S. 86 f.). Es wundert nicht, dass die Rationalverhaltenstheorie in dieser Version auch tatsächlich gescheitert ist:

> „es genügt dazu die Beobachtung, die jeder schon einmal an sich gemacht hat, dass nicht eine Entscheidung – bestehe diese nun in einer Heirat oder im Kauf einer Waschmaschine –, die man tatsächlich getroffen hat, die beste mögliche Wahl war, sondern eine andere" (*Tietzel* 1985, S. 87).

Der große Nachteil der Rationalwahlökonomik besteht also darin, dass ihre Aussagen zwar hochgradig gehaltvoll, aber eben allenfalls im Durchschnitt wahr sind; sie können auch manchmal falsch sein.

Aber welche Alternativen hätten wir zu diesem Homo-Oeconomicus-Modell? Ein Modell der Anspruchsniveauanpassung, wie es *Simon* vorgeschlagen hat und von *Williamson* bis heute in seiner Variante der Transaktionskostenökonomik verwendet wird, oder das (bislang noch gar nicht systematisch ausgearbeitete) Modell eines Homo Reciprocans wären insoweit sicher „realistischer", als es auch das Verhalten von Menschen einschließt, die nicht ihren Nutzen um jeden Preis maximieren oder auch reziprok agieren. Denn solche Theorien über menschliches Handeln „verbieten" entsprechend weniger; es werden weniger Verhaltensweisen als mit der Hypothese unvereinbar ausgeschlossen.

Gleichzeitig geht im Vergleich zur Maximierungsannahme mit der höheren Realitätsnähe jedoch auch ein höherer Grad an „Subjektivität und Vieldeutigkeit" einher, wie *Tietzel* (1985, S. 92) am Beispiel des *Simon*schen Satisfizierers analysierte. Dessen Anspruchsniveau ist nämlich nicht zuletzt „von dessen Fähigkeiten, Neigungen und Erfahrungen abhängig und wird daher von Person zu Person unterschiedlich sein" (*Tietzel* 1985, S. 92).

---

[6] Nur dann „verbietet" diese Aussage weniger, wenn mehr als eine Alternative dem Akteur höchsten Nutzen stiftet.

Ein solches Element der Subjektivität und Vieldeutigkeit dürfte jedoch auch mit allen anderen Modellalternativen zum Homo Oeconomicus verbunden sein:

So werden sicherlich die Argumente, die in die „offenen“ Nutzenfunktionen à la *Alchian* und *Becker* eingehen, persönlich und je nach Lebenssituation sehr verschieden sein. Die einen mögen nach Macht, Ruhm oder Prestige streben, die anderen jedoch nach Ruhe und Privatheit; je nach individueller Zielsetzung dürften sich ihre Konsummuster stark unterscheiden. Auch die Interessen anderer Individuen, die in die Zielfunktion eines Akteurs eingehen, dürften nicht zuletzt von den ganz privaten Umständen der betrachteten Person abhängen, ob sie persönlich gebunden ist, ob sie Kinder hat oder in welchem beruflichen Kontext sie sich bewegt. Und selbst das Vorzeichen, mit welchem die Interessen Dritter in ihre Nutzenfunktion eingehen, dürfte sich je nach Naturell des Akteurs unterscheiden: Neigt er zum Altruismus, so wird das Wohl Anderer auch seinen eigenen Nutzen vermehren; ist er indes malevolent, so können die Nutzenwerte Anderer mit seinen eigenen Payoffs auch negativ korreliert sein.

Alternativ könnten wir annehmen, dass sich in jedem Menschen in wichtigen Situationen immer wieder auch das Gewissen des „Planners“ in einem Modell multipler Präferenzen bemerkbar macht, um die vielleicht leichtfertigen und leichtsinnigen Handlungen des „Doers“ zu korrigieren. Und wir wollen hoffen, dass sich Menschen immer wieder einmal nach Maßgabe einer moralischen Universalisierungsnorm entscheiden und damit wie „Homines Reciprocantes“ verhalten. Solange wir aber keine Theorie haben, die uns allgemein angibt, in welchen Situationen bei Menschen das höher- und in welchen das niederrangige Präferenzsystem handlungsleitend sein wird, sind interindividuell gültige Vorhersagen darüber, welche Alternative (oder auch nur welche Klasse von Alternativen) am Ende gewählt wird, nicht möglich. Vor dem gleichen Problem stand bereits die *Smith*sche Theorie des Widerstreits von Sympathie und Eigenliebe in einem Menschen, dass nämlich „die Verhaltenshypothesen von *Smith* nicht vorherzusagen gestatten, mit welcher Handlung man zu rechnen hat“ (*Meyer* 2000, S. 153). Ein solcher Ansatz gewinnt – im Vergleich zum Homo-Oeconomicus- Modell – also an Realitätsnähe, verliert aber an empirischem Gehalt und nicht zuletzt seine „Predictive Power“. Im Extremfall verbietet ein solcher Ansatz überhaupt nichts mehr; er wird tautologisch.

Das Konzept enger Rationalität hat dieses Problem hingegen nicht. Im Gegenteil:

> „Die Maximierungsannahme und die Annahmen über gleiche Situationswahrnehmung standardisieren oder ‚objektivieren‘ ... entsprechende Modelle: für jeden einzelnen Handelnden gibt es eine einzige und für alle identische Lösung; ‚l'indivdu peut disparaître!‘, wie *Paretos* berühmte Formulierung diesen Sachverhalt treffend beschreibt. Man muß bei solchen Prämissen auch nicht das Verhalten verschiedener Personen, ihren subjektiven Unterschieden entsprechend, erklären; die Analyse eines Standard-Individuums, eben des bekannten ‚anrüchigen Burschen‘, genügt“ (*Tietzel* 1985, S. 92).

Und hierin besteht das methodologische Dilemma, vor dem die Ökonomen stehen: Beim Übergang von der Annahme enger Rationalität zu einem weiteren Rationalitätsbegriff

> „tauscht man … zugunsten größerer Realitätsnähe nicht nur niedrigeren Informationsgehalt ein, sondern man handelt sich im gleichen Zug auch geringere ‚Handhabbarkeit‘ der Analyse und den Verlust der Eindeutigkeit der Lösung ein“ (*Tietzel* 1985, S. 92).

In diesem Dilemma dürfte der eigentliche Grund für den „Alleinvertretungsanspruch" (*Engartner* 2009, S. 67) liegen, den der Homo Oeconomicus in Fachwissenschaft und Fachdidaktik nach wie vor hat: Die Implikationen des Rationalverhaltensmodells sind zwar hochgradig falsifizierbar; sie können aber im Einzelfall unrealistisch und falsch sein, so dass der Ansatz insofern eine nur „eingeschränkte Prognosefähigkeit" (*Engartner* 2009, S. 58) aufweist, als er nur durchschnittliches Verhalten abzubilden vermag (so auch *Hedtke* 2010, S. 357).

Auf der anderen Seite sind die Alternativen zum Homo Oeconomicus in gewisser Hinsicht realistischer. Sie sind sogar *immer* – nämlich logisch (apriorisch) – wahr, sagen aber letztlich nichts mehr über die Lebenswirklichkeit aus. Die Prognosefähigkeit dieser Ansätze ist nicht nur eingeschränkt; es lassen sich vielmehr überhaupt keine falsifizierbaren Vorhersagen aus ihnen herleiten. Die Implikationen dieser Ansätze sind keine synthetischen, sondern analytische Aussagen etwa nach dem Schema: „Von zwei Alternativen A oder B wählt das Individuum A oder B" – je nachdem, ob – z.B. im Falle mehrerer Präferenzsysteme – das eine oder das andere Interesse handlungsleitend war.

Wenn Ökonomen die Wahl haben zwischen diesen beiden methodologischen Übeln, so wählen sie zumeist eines davon: Lieber wollen sie die Realität im Durchschnitt gut erklären, als gar nichts mehr über die Wirklichkeit auszusagen. Es geht hier – in letzter Konsequenz – um nichts weniger als den Status der Wirtschaftswissenschaften als einer *empirischen* Disziplin.

Entscheidet man sich vor diesem Hintergrund für die Maximierungshypothese, so werden wir damit leben müssen, dass unsere Erklärungen, in der Diktion *von Hayeks* (1967), niemals mehr sein können als „Erklärungen im Prinzip" – im Unterschied zu „Erklärungen im Detail". Statt adäquater Erklärungen werden sich mit dem Homo-Oeconomicus-Modell immer nur „idealisierte Erklärungen" realer Phänomene erzielen lassen, solche Erklärungen also, welche aufgrund fehlender oder nicht feststellbarer Wahrheit der Gesetzesaussage(n) im Explanans die empirische Adäquatheitsbedingung von Erklärungen (*Hempel* und *Oppenheim* 1948) nicht erfüllen, weil die Faktoren, von denen ein zu erklärender Sachverhalt abhängt, zu komplex oder nicht bekannt sind (*Tietzel* 1985, S. 111 ff.; 1986). Idealisierte Erklärungen sind immer nur *hinreichende* Bedingungen, um die Aussage *E* zu behaupten. Da aber die Adäquatheitsbedingung der faktischen Wahrheit der Explanans-Aussagen verletzt ist, ist das erklärende Argument nicht *notwendig* zur Ableitung des Explanandum-Satzes; denn dieser kann möglicherweise auch aus einer Vielzahl ganz anderer, ebenso denkbarer Explanantia deduziert werden.

Idealisierte Erklärungsargumente in den Wirtschaftswissenschaften zu akzeptieren, bedeutet nicht, einem Instrumentalismus à la *Friedman* (1953; vgl. auch *Meyer* 2002, S. 63 ff.) das Wort zu reden, nach welchem für Prognosezwecke auch falsche Gesetze verwendet werden sollen, solange das Argument in einer hinreichend großen Zahl von Anwendungsfällen zu Prognoseerfolgen führe. Insofern wahre Konklusionen auch dann aus einem Argument gefolgert werden können, wenn alle seine Prämissen falsch sind[7], wäre nach der „*Friedman*-Strategie“ (*Tietzel* 1981a, S. 251) die Falschheit von Gesetzesaussagen im Explanans noch nicht einmal zu beanstanden. Das Problem mit dieser Position besteht jedoch darin, dass eine Falsifikation nur dann möglich ist, wenn nicht nur die Wahrheit der Konklusionen, sondern auch jene der Prämissen behauptet wird; denn nur dann sind Falsifikationen überhaupt möglich, die ihrerseits eine Voraussetzung für wissenschaftlichen Fortschritt sind (*Popper* 1969, S. 113). Im Zusammenhang mit der Erklärung des Auftretens bestimmter singulärer empirischer Ereignisse ist daher die bewusste Verwendung eines faktisch falschen Explanans nur insofern akzeptabel, als ein solches Vorgehen erstens in der überwiegenden Anzahl von Anwendungsfällen zu Erklärungserfolgen führt und es zweitens als ein *vorläufiges* heuristisches Verfahren betrachtet wird (*Tietzel* 1986, S. 320).

Sich im Sinne der Standardökonomik für die Verwendung der Maximierungshypothese zu entscheiden bedeutet mithin nicht, die Überlegungen zu alternativen Theorien des Rationalverhaltens – etwa in der Verhaltensökonomik oder der experimentellen Spieltheorie – zu ignorieren oder gar zu verwerfen. Diese Bemühungen sind ohne Zweifel in sich wertvoll und haben bedeutende und interessante Ergebnisse zur Einschätzung der Reichweite des ökonomischen Ansatzes geliefert, wenn sie auch, soweit zu sehen, noch nicht den Status hinreichend formalisierter und formulierter falsifizierbarer Theorien erreicht haben, der eine Aufgabe des Konzepts enger Rationalität rechtfertigen könnte.

6. Der Homo Oeconomicus ist tot? – Es lebt (und lebe) der Homo Oeconomicus!

„Der homo oeconomicus ist tot“, behauptete *Norbert Häring* (2001) schon vor zehn Jahren in der „Financial Times“. Doch trotz solch vorschneller Todesanzeigen erfreut sich der Totgesagte offensichtlich weiterhin größter Vitalität – in den wirtschaftstheoretischen Fachzeitschriften genauso wie in den vermittlungswissenschaftlichen Disziplinen der Wirtschaftsdidaktik und -pädagogik. Denn es gibt gute Gründe, den ungeliebten Rationalentscheider der Wirtschaftswissenschaften noch nicht so schnell zu beerdigen. Den wohl wichtigsten Grund, so habe ich argumentiert, hat *Manfred Tietzel* bereits vor fast drei Jahrzehnten überzeugend herausgearbeitet: das methodologische Dilemma, dass mit Verabschiedung des Homo Oeconomicus die theoretische Analyse nicht nur Realitätsnähe gewinnen würde, sondern zugleich ein hohes Maß an Individualisierung und Vieldeutigkeit Einzug hielte, das die Herleitung falsifizierbarer Modellimplikationen weithin unmöglich machen dürfte. Solange keine Theorie vorliegt, wann die widerstreitenden Motive von Eigennutz- und höherer Orientierung in uns Menschen jeweils handlungsleitend sein werden, werden alle Verwandten des Homo Oeconomicus allenfalls Ex-post-Rationalisierungen empirisch beobachteten Verhaltens zulassen; ex ante indes dürften die Modellvorhersagen zumeist tautologisch sein. Zumindest das ist eine

---

[7] Zum Beispiel folgt aus den falschen Sätzen „Duisburg liegt in Australien.“ und „Australien liegt in Nordrhein-Westfalen.“ die wahre Konklusion, dass Duisburg in Nordrhein-Westfalen liegt.

Krankheit, an welcher der – wie wir sahen – keineswegs fehlerlose ökonomische Nutzenmaximierer nicht leidet: Denn gemessen am empirischen Gehalt der Aussagen, die sich aus seiner Axiomatik herleiten lassen, ist der Homo Oeconomicus nicht nur nicht tot; er dürfte wohl auch noch ein langes Leben vor sich haben. Der Autor dieser Zeilen möchte es ihm jedenfalls von Herzen gönnen.[8]

Das (Über-)Leben des Homo Oeconomicus macht indes die Vielzahl empirischer Untersuchungen über seine Grenzen und Fehler keineswegs unnütz. Im Gegenteil: Die im Feld und im Experiment erzielten Ergebnisse sind höchst wertvoll; sie sollten und können uns helfen zu verstehen, wann und in welchen Fällen wir lieber nicht auf seine Hilfe vertrauen. Denn auch dadurch, dass der Homo Oeconomicus in Einzelfällen versagt, lernen wir Wesentliches über die Conditio Humana und die Welt, in der wir leben. Und vielleicht gelingt es uns auf dieser Basis doch irgendwann einmal, eine falsifizierbare Verhaltenstheorie zu formulieren, die den Homo Oeconomicus in seinen wohlverdienten Ruhestand schickt.

In *einer* Hinsicht jedoch müsste uns die Falschheit und teilweise eingeschränkte Realitätsnähe des ökonomischen Ansatzes selbst dann nicht stören, wenn wir eine bessere Theorie schon kennten: wenn es uns in ordnungsökonomischen Analysen darum geht, zur Wahl stehende Regel- und Institutionensysteme auf ihre Anfälligkeit für Ausbeutung und Missbrauch zu überprüfen (*Brennan* und *Buchanan* 1993, S. 62 ff.). In einem solchen „Homo-Oeconomicus-Test" (*Homann* und *Suchaneck* 2005, S. 372) kann sich die methodologische Not des ökonomischen Rationalverhaltensansatzes nämlich schnell in eine Tugend wandeln, mag es bei der Konstruktion von Verhaltensregeln doch besser sein, mit egoistischer Nutzenmaximierung zu rechnen als mit reziprokem oder sonstwie normgeleitetem Verhalten. Die gedankenexperimentellen Legitimationsversuche der Theorien des hypothetischen Gesellschaftsvertrags à la *Buchanan* (1977) oder *Rawls* (1979), die danach fragen, auf welche Regeln ihres Zusammenlebens sich fiktive Individuen in einer gedachten Situation des Urzustandes einigen würden, setzen die Falschheit der Prämissen des Rationalverhaltensansatzes sogar geradezu voraus (*Müller* 2002).

An solchen Analysen wird man weniger bemängeln, dass die Theorie engen Rationalverhaltens nicht realistisch genug sei, sondern vielmehr (wie *Schüßler* 1988), dass das „a-soziale" Verhalten, das wir dem Homo Oeconomicus zuschreiben, noch keineswegs finster genug ist, beschreibt doch rein egoistische Eigennutzmaximierung noch keineswegs den „worst case", vor dem wir uns mit der Konstruktion von (Wirtschafts-) Verfassungen und anderer Regelwerke zu schützen hätten.

Literatur

Ahmia, Tarik (2008), Das Schweigen der Ökonomen, in: die tageszeitung vom 19. Dezember 2008, S. 11.

Alchian, Armen A. (1969), Exchange and production: Competition, coordination, and control, 2. Auflage, Belmont.

[8] Zu den fachdidaktischen Implikationen dieser Position siehe *Loerwald* und *Müller* (2012).

Alchian, Armen A. und *William R. Allen* (1974), University Economics, 3. Auflage, London – Belmont.

Becker, Gary S. (1957), The Economics of Discrimination, Chicago.

Bolton, Gary E. und *Axel Ockenfels* (2000), ERC – A Theory of Equity, Reciprocity and Competition, in: American Economic Review, Vol. 90, S. 166-193.

Bolton, Gary E. und *Rami Zwick* (1995), Anonymity versus Punishment in Ultimatum Bargaining, in: Games and Economic Behavior, Vol. 1, S. 95-121.

Brennan, Geoffrey und *James M. Buchanan* (1993), Die Begründung von Regeln, Tübingen.

Buchanan, James M. (1977), Freedom in Constitutional Contract, College Station – London.

Camerer, Colin, George Loewenstein und *Matthew Rabin* (Hg.) (2004), Advances in Behavioral Economics, Princeton – Oxford.

Chmielewicz, Klaus (1994), Forschungskonzeptionen der Wirtschaftswissenschaft, 3. Auflage, Stuttgart.

Dehling, Jochen und *Klaus Schubert* (2011), Ökonomische Theorien der Politik, Wiesbaden.

Diamond, Peter und *Hannu Vartiainen* (2007), Behavioral Economics and Its Applications, Princeton – Oxford.

Elster, Jon (1985), Weakness of Will and the Free Rider Problem, in: Economics and Philosophy, Vol. 1, S. 231-265.

Engartner, Tim (2009), Abkehr von der "Trivialanthropologie des egoistischen Tauschmenschen" - oder: was bedeutet der Wandel des Menschenbildes für die Ökonomische Bildung? in: *Günther Seeber* (Hg.), Befähigung zur Partizipation, Schwalbach, S. 57-70.

Erner, Carsten, Michael Goedde-Menke und *Michael Oberste* (2011), Curriculumäquivalente Lernstandserhebung Ökonomischer Bildung – Objektiver Stand und subjektive Selbsteinschätzung in der Jahrgangsstufe 10. Arbeitspapier Universität Münster.

Erner, Carsten, Michael Goedde-Menke und *Michael Oberste* (2011a), Let the kids decide! The importance of decision making for economic literacy, Arbeitspapier Universität Münster.

Esser, Hartmut (1999), Soziologie: Allgemeine Grundlagen, 3. Auflage, Frankfurt – New York.

Falk, Armin (2003), Homo Oeconomicus versus Homo Reciprocans: Ansätze für ein neues Wirtschaftspolitisches Leitbild? in: Perspektiven der Wirtschaftspolitik, Bd. 4, S. 141-172.

Franz, Stephan (2004), Grundlagen des ökonomischen Ansatzes: Das Erklärungskonzept des Homo Oeconomicus, Working Paper 2004-02 International Economics, Universität Potsdam; online unter: http://www.uni-potsdam.de/u/makrooekonomie/docs/studoc/stud7.pdf (Abruf am 25. Oktober 2011).

Friedman, Milton (1953), Essays in positive economics, Chicago.

Güth, Werner, Rolf Schmittberger und *Bernd Schwarze* (1982), An experimental analysis of ultimatum bargaining, in: Journal of Economic Behavior and Organization, Vol. 3, S. 367-388.

Häring, Norbert (2001), Der homo oeconomicus ist tot, in: Financial Times, 14. März 2001; online unter: http://ockenfels.uni-koeln.de/fileadmin/wiso_fak/stawi-ockenfels/pdf/Presse/Der_Homo_oeconomicus_ist_tot.pdf (Abruf am 21. Oktober 2011).

Hayek, Friedrich A. von (1967), Degrees of Explanation, in: *Friedrich A. von Hayek*, Studies in Philosophy Politics, and Economics, London, S. 3-21.

Hedtke, Reinhold (2008), Wirtschaft in die Schule?! Ökonomische Bildung als politisches Projekt, in: Gesellschaft – Wirtschaft – Politik (GWP), Heft 4/2008, S. 455-461.

Hedtke, Reinhold (2010), Von der Betriebswirtschaftslehre lernen? Handlungsorientierung und Pluralismus in der ökonomischen Bildung, in: Gesellschaft – Wirtschaft – Politik (GWP), Heft 3/2010, S. 355-366.

Hempel, Carl G. und *Paul Oppenheim* (1948), Studies in the logic of explanation, Sonderdruck, Chicago.

Hempel, Carl G. (1977), Aspekte wissenschaftlicher Erklärung, Berlin.

Hippe, Torsten (2010), Wie ist sozialwissenschaftliche Bildung möglich? Gesellschaftliche Schlüsselprobleme als integrativer Gegenstand der ökonomischen und politischen Bildung, Wiesbaden.

Homann, Karl und *Andreas Suchanek* (2005), Ökonomik – Eine Einführung, 2. Auflage, Tübingen.

Jensen, Michael C. und *William H. Meckling* (1994), The Nature of Man, in: Journal of Applied Corporate Finance, Vol. 7, S. 4-19.

Jolls, Christine, Cass Sunstein und *Richard Thaler* (1998), A Behavioral Approach to Law and Economics, in: Stanford Law Review, Vol. 5, S. 1471-1550.

Kaminski, Hans (1997), Neue Institutionenökonomik und ökonomische Bildung, in: *Klaus-Peter Kruber* (Hg.), Konzeptionelle Ansätze ökonomischer Bildung, Bergisch-Gladbach, S. 129-159.

Kaminski, Hans (2008), Der Mittelstand im Fokus der International Financial Reporting Standards: Internationalisierung - Rechnungslegung – Handlungsempfehlungen, Hamburg.

Kaminski, Hans, Volker Brettschneider, Katrin Eggert, Manfred Hübner und *Michael Koch* (2007), Mehr Wirtschaft in die Schule, Wiesbaden.

Karpe, Jan und *Gerd-Jan Krol* (1997), Ökonomische Verhaltenstheorie, Theorie der Institutionen und ökonomische Bildung, in: *Klaus-Peter Kruber* (Hg.), Konzeptionelle Ansätze ökonomischer Bildung, Bergisch Gladbach, S. 75-102.

Kavka, Gregory S. (1991), Is Individual Choice less Problematic than Collective Choice? In: Economics and Philosophy, Vol. 7, S. 143-165.

Kavka, Gregory S. (1993), Internal Prisoner's Dilemma Vindicated, in: Economics and Philosophy, Vol. 9, S. 171-174.

Koboldt, Christian (1995), Ökonomik der Versuchung: Drogenverbot und Sozialvertragstheorie, Tübingen.

Kirchgässner, Gebhard (2008), Homo Oeconomicus: Das ökonomische Modell individuellen Verhaltens und seine Anwendung in den Wirtschafts- und Sozialwissenschaften, 3. Auflage, Tübingen.

Krol, Gerd-Jan (2001), „Ökonomische Bildung" ohne „Ökonomik"? Zur Bildungsrelevanz des ökonomischen Denkansatzes, in: Sowi – onlinejournal. Zeitschrift für Sozialwissenschaften und ihre Didaktik 2, Ausgabe 1/2001.

Kruber, Klaus-Peter (2001), Ökonomische Bildung – Fach oder Prinzip? in: sowi – onlinejournal, Nr. 1/2001, http://sowi -online/journal/1-2001.de (Abruf am 21. Oktober 2011).

Kruber, Klaus-Peter (2005), Ökonomische und politische Bildung – der mehrperspektivische Zugriff auf Wirtschaft und Politik, in: *Dietmar Kahsnitz* (Hg.), Integration von politischer und ökonomischer Bildung, Wiesbaden, S. 75-110.

Lindenberg, Siegwart (1985), An Assessment of the New Political Economy: Its Potential for the Social Sciences and for Sociology in Particular, in: Sociological Theory, Vol. 3, S. 99-114.

Loerwald, Dirk und *Christian Müller* (2012), Hat der Homo Oeconomicus ausgedient? Fachdidaktische Implikationen aktueller Forschungen zur ökonomischen Verhaltenstheorie. Erscheint in: Zeitschrift für Berufs- und Wirtschaftspädagogik, Bd. 107.

Marx, Karl (1971), Frühe Schriften, Band 1, herausgegeben von *Hans-Joachim Lieber* und *Peter Furth*, Darmstadt.

Meckling, William H. (1976), Values and the choice of the model of the individual in the social sciences, Bern.

Meyer, Wilhelm (2000), Der Wohlstand der Nationen und die Moral der Wirtschaftssubjekte, in: ORDO – Jahrbuch für die Ordnung von Wirtschaft und Gesellschaft, Bd. 51, S. 127-167.

Meyer, Wilhelm (2002), Grundlagen des ökonomischen Denkens, Tübingen.

Moreh, Jacob (1993), Are there internal Prisoner's Dilemmas? in: Economics and Philosphy, Vol. 9, S. 165-169.

Müller, Christian (2002), The Methodology of Contractarianism in Economics, in: Public Choice, Vol. 113, S. 465-483.

Müller, Kirstin, Bärbel Fürstenau und *Ralf Witt* (2007), Ökonomische Kompetenz sächsischer Mittelschüler und Gymnasiasten, in: Zeitschrift für Berufs- und Wirtschaftspädagogik, Bd. 103, S. 227-247.

Neuweg, Georg H. (1997), Wirtschaftspädagogik und „ökonomische Verhaltenstheorie", in: *Klaus-Peter Kruber* (Hg.), Konzeptionelle Ansätze ökonomischer Bildung, Bergisch Gladbach, S. 103-128.

Ockenfels, Axel (1999), Fairneß, Reziprozität und Eigennutz: Ökonomische Theorie und experimentelle Evidenz. Tübingen.

Opp, Karl-Dieter (2002), Rational Choice Theory/Theorie der rationalen Wahl, in: *Günter Endruweit* und *Gisela Trommsdorff* (Hg.), Wörterbuch der Soziologie, 2. Auflage, Stuttgart, S. 424-427.

Pelzmann, Linda (2010), Wirtschaftspsychologie. Behavioral Economics, Behavioral Finance: Arbeitswelt, 5. Auflage, Wien – New York.

Plumpe, Werner (2003), Trivialanthropologie des egoistischen Tauschmenschen, in: Frankfurter Rundschau vom 11. März 2003, S. 11.

Popper, Karl R. (1969), Conjectures and Refutations: The Growth of Scientific Knowledge, London – Henley.

Popper, Karl R. (1987), Das Elend des Historizismus, 6. Auflage, Tübingen.

Popper, Karl R. (2005), Logik der Forschung, 10. Auflage, Tübingen.

Rawls, John (1979), Eine Theorie der Gerechtigkeit, Frankfurt.

Schlösser, Hans-Jürgen (1992), Das Menschenbild in der Ökonomie: Die Problematik von Menschenbildern in den Sozialwissenschaften – Dargestellt am Beispiel des homo oeconomicus in der Konsumtheorie, Köln.

Schlösser, Hans-Jürgen (2008), Das Konzept des Ankerfaches für Wirtschaft und Möglichkeiten seiner Realisierung, in: *Hans Kaminski* und *Gerd-Jan Krol* (Hg.), Ökonomische Bildung: legitimiert, etabliert, zukunftsfähig. Stand und Perspektiven, Bad Heilbrunn, S. 167-176.

Schüßler, Rudolf (1988), Der homo oeconomicus als skeptische Fiktion, in: Kölner Zeitschrift für Soziologie und Sozialpsychologie, Bd. 40, S. 447-463.

Sczesny, Christoph und *Sigrid Lüdecke* (1998), Ökonomische Bildung Jugendlicher auf dem Prüfstand: Diagnose und Defizite, in: Zeitschrift für Berufs- und Wirtschaftspädagogik, Bd. 94, S. 403-420.

Simon, Herbert A. (1957), Models of man social and rational: Mathematical Essays on rational human behavior in a social setting, New York.

Slonim, Robert und *Alvin Roth* (1998), Learning in High Stakes Ultimatum Games: An Experiment in the Slovak Republic, in: Econometrica, Vol. 3, S. 569-596.

Smith, Adam (2004), Theorie der ethischen Gefühle, übersetzt von *Walter Eckstein*, Hamburg.

Smith, Adam (2005), Der Wohlstand der Nationen: Eine Untersuchung seiner Natur und seiner Ursachen, herausgegeben und übersetzt von *Horst Claus Recktenwald*, 11. Ausgabe, München.

Starbatty, Joachim (1999), Das Menschenbild in den Wirtschaftswissenschaften, Tübinger Diskussionsbeiträge 176.

Thaler, Richard H. und *Hersh M. Shefrin* (1981), An Economic Theory of Self-Control, in: Journal of Political Economy, Vol. 89, S. 392-406.

Thaler, Richard H. und *Cass R. Sunstein* (2009), Nudge: Wie man kluge Entscheidungen anstößt, 2. Auflage, Berlin.

Tietzel, Manfred (1981), Die Rationalitätsannahme in den Wirtschaftswissenschaften oder Der homo oeconomicus und seine Verwandten, in: Jahrbuch für Sozialwissenschaft, Bd. 32, S. 115-139.

Tietzel, Manfred (1981a), „Annahmen" in der Wirtschaftstheorie, in: Zeitschrift für Wirtschafts- und Sozialwissenschaften, Bd. 101, S. 237-265.

Tietzel, Manfred (1985), Wirtschaftstheorie und Unwissen: Überlegungen zur Wirtschaftstheorie jenseits von Risiko und Unsicherheit, Tübingen.

Tietzel, Manfred (1986), Idealisierte Erklärungen, in: Zeitschrift für allgemeine Wissenschaftstheorie, Bd. 17, S. 315-321.

Tietzel, Manfred und *Christian Müller* (1998), Noch mehr zur Meritorik, in: Zeitschrift für Wirtschafts- und Sozialwissenschaften, Bd. 118, S. 87-127.

Watkins, John W. N. (1978), Unvollkommene Rationalität, in: *John W. N. Watkins*, Freiheit und Entscheidung, Tübingen, S. 29-87.

Williamson, Oliver E. (1975), Markets and Hierarchies: Analysis and Antitrust Implications, New York, NY.

Würth, Reinhold und *Hans J. Klein* (2001), Wirtschaftswissen Jugendlicher in Baden-Württemberg. Eine empirische Untersuchung, Künzelsau.

Zabeck, Jürgen (1991), Ethische Dimensionen der „Wirtschaftserziehung", in: Zeitschrift für Berufs- und Wirtschaftspädagogik, Bd. 87, S. 533-562.

Christian Müller, Frank Trosky und Marion Weber (Hg.)
Ökonomik als allgemeine Theorie menschlichen Verhaltens
Schriften zu Ordnungsfragen der Wirtschaft · Band 94 · Stuttgart · 2012

Homo Oeconomicus: Zum Modellbild der Ökonomik

Martin Leschke

Inhalt

1. Einleitung 22

2. Das Homo-Oeconomicus-Modell 23

3. Das Homo-Oeoconomicus-Modell in der Kritik 26

4. Alternativen zum Homo Oeconomicus 29
   4.1. Das Satisficing-Modell von *Herbert Simon* 29
   4.2. Das Modell der „Shared Mental Models" von *Arthur Denzau* und *Douglass North* 31

5. Der Homo Oeoconomicus im Lichte der Kritik und Alternativen 32

6. Zusammenfassung 35

Literatur 35

1. Einleitung

Die Ökonomik (Volkswirtschaftslehre, früher auch Nationalökonomie) ist aus der Staatswirtschaft in der frühen Neuzeit entstanden. Ihr Identitätsprinzip richtet sich auf die Zweckmäßigkeit (Rationalprinzip) des Handelns von Akteuren, und dies nicht nur im rein wirtschaftlichen Umfeld. Methodisch verwendet sie daher das Konzept der Opportunitätskosten (Kosten-Nutzen-Vergleiche) als Leitidee.

Gegenstand der Volkswirtschaftslehre ist die „knappheitsgeleitete" Analyse von Wirkungen und Ergebnissen, die durch das Handeln der Akteure entstehen. Auch wenn sich schon Anklänge wirtschaftlicher Überlegungen bereits bei *Aristoteles* („Geld heckt keine Jungen") und insbesondere bei *Thomas von Aquin* finden lassen, gilt als Nestor der Volkswirtschaftslehre doch der schottische Moralphilosoph *Adam Smith* (1723–1790) mit seinem Werk „An Inquiry into the Nature and Causes of the Wealth of Nations" aus dem Jahr 1776: In seiner Welt der Zünfte fordert *Smith* Gewerbefreiheit, weil diese zu Wettbewerb und damit zu größerem Wohlstand der gesamten Volkswirtschaft führe.

Die Ökonomik beschäftigt sich, wie andere Sozialwissenschaften auch, mit der Analyse des Handelns unterschiedlicher Akteure. Worin aber unterscheidet sie sich von anderen sozialwissenschaftlichen Disziplinen wie etwa der Soziologie, der Psychologie oder der Politikwissenschaft? Intuitiv könnte die Antwort lauten: Durch ihren Gegenstandsbereich: Ökonomik beschäftigt sich mit menschlichem Handeln auf Märkten bzw. in der Wirtschaft! Demnach wäre Ökonomik als „Wirtschaftswissenschaft" zu bezeichnen.

Betrachtet man jedoch die Gebiete ökonomischen Forschens (und Lehrens) ein wenig genauer, so entdeckt man, dass neben Analysen des Verhaltens von Marktteilnehmern, Politikern, Bürokraten und Interessenvertretern Theorien des Heiratens, der Religion, der Kriminalität, des Rechts oder auch der Fertilität u.v.a.m. existieren. All diese Gebiete liegen mehr oder weniger weit außerhalb dessen, was gängiger Weise als „Marktsystem" oder „Wirtschaftsystem" bezeichnet wird. Und doch sind sie Forschungsfelder der ökonomischen Wissenschaft. Eine Gleichsetzung von Ökonomik mit Wirtschaftswissenschaft scheint also vordergründig zu sein. Was aber macht dann Ökonomik aus? Die Antwort lautet: Ökonomik bestimmt sich nicht durch ihren Gegenstandsbereich, sondern durch ihre Methode. Dies wiederum leitet zu der Frage über: Was ist eigentlich *die* ökonomische Methode? Und: Wie „fruchtbar" ist diese Methode? Welche Alternativen gibt es?

In diesem Beitrag wird im folgenden Abschnitt 2 die Methode der Ökonomik (der Mainstreamökonomik) vorgestellt: das Modell des Homo Oeconomicus. Sodann werden im Abschnitt 3 Anomalien, d.h. menschliche Entscheidungen, die nicht dem ökonomischen Standardmodell entsprechen, erläutert. Anschließend werden im Abschnitt 4 zwei alternative Modelle des Entscheidens behandelt: der Ansatz der begrenzten Rationalität von *Herbert Simon* auf der einen sowie der Ansatz der „Shared Mental Models" von *Arthur T. Denzau* und *Douglass C. North* auf der anderen Seite. Nachfolgend werden im Abschnitt 5 die Folgen der Kritik für das Homo-Oeconomicus-Modell diskutiert. Abschnitt 6 fasst die Ergebnisse des Beitrags kurz zusammen.

2. Das Homo-Oeconomicus-Modell

Die Methode der Standardökonomen ist geprägt von der Modellfigur des „Homo Oeconomicus": dem wirtschaftenden, stets zielführend und rational agierenden Akteur. Diese Modellfigur, die auf *John Kells Ingram*, *Vilfredo Pareto* und auch auf *John Stuart Mill* zurückgeht[1], kann durch folgende fünf Prinzipien charakterisiert werden:[2]

(1) das Individualprinzip,

(2) das Prinzip der Problemorientierung,

(3) das Prinzip der Trennung zwischen Präferenzen und Restriktionen,

(4) das Rationalitätsprinzip,

(5) das Prinzip der Nicht-Einzelfall-Betrachtung.

Beim Individualprinzip kommt zum Ausdruck, dass das Individuum sein Handeln an seinen eigenen Präferenzen orientiert. Die Präferenzen der betrachteten Individuen stellen zudem den Referenzpunkt der Beurteilung denkbarer Szenarien dar. Zudem ist im Individualprinzip auch der „methodologische Individualismus" enthalten. Damit wird ausgedrückt, dass alle Eigenschaften, die einem sozialen System (Gruppen, Gesellschaften, Unternehmen, Haushalte oder andere Organisationen) zugesprochen werden, letztlich von den Eigenschaften und Anreizsystemen der Individuen abhängig sind, die das betrachtete soziale System konstituieren.

Akteure sehen sich bei der Verfolgung ihrer Ziele unterschiedlichen Restriktionen ausgesetzt. So kann Zeit der Engpassfaktor bei einem beruflichen Problem sein, ein bestimmtes Budget hingegen kann die Auswahl des Kaufs von Gütern, Dienstleistungen oder auch Ressourcen maßgeblich beeinflussen. Ziele und Restriktionen gibt es vielfältige in der realen Welt. In ökonomischen Modellen werden jedoch stets immer nur einige wenige Ziele und Restriktionen berücksichtigt. Vor diesem Hintergrund stellt sich die Frage: Wie wird die Auswahl angeleitet? Eine Antwort erhält man, wenn man sich den Zweck ökonomischer Theorien und Modelle anschaut. Ökonomik hat keinesfalls das Ziel, menschliches Handeln in all seinen Facetten zu erfassen, sondern speziell unter einem bestimmten Aspekt, nämlich dem der Knappheit. Das Knappheitsproblem, welches im Blickpunkt der Analyse steht, bestimmt somit die Auswahl der betrachteten Ziele und Restriktionen. Auf diese Weise können ökonomische Modelle auf die wichtigsten Kostenkategorien eines gesellschaftlichen Problems aufmerksam machen. Hierzu ist es erst einmal nötig zu analysieren, wie sich Entscheidungen, Handlungen und

---

[1] Der englische Ausdruck „economic man" findet sich erstmals 1888 in „A History of Political Economy" von *John Kells Ingram* (irischer Dichter, Philologe, Nationalökonom und Historiker). Den lateinischen Term „homo oeconomicus" benutzte wohl zum ersten Mal *Vilfredo Pareto* in seinem Werk „Manuale d'economia politica" (1906). Nach *Hayek* (1960) führte *John Stuart Mill* (1844) den Homo Oeconomicus in die Nationalökonomie ein (jedoch ohne den Ausdruck zu benutzen).

[2] Vgl. *Erlei*, *Leschke* und *Sauerland* (2007, S. 1 ff.).

Resultate ändern, wenn sich bestimmte Knappheitsbedingungen, auch Restriktionen genannt, ändern.

Eine wissenschaftliche Analyse dieser beschriebenen Art findet mittels Modellbildung (oft sind es mathematische Modelle) statt. Um in diesen Modellen das Knappheitsproblem deutlich herauszustellen und den Fokus auf die Restriktionen (die Kosten verursachenden Bedingungen, die sich ändern) zu lenken, werden (oftmals) bestimmte Annahmen getroffen. Dies sind (a) die Unersättlichkeit der Bedürfnisse, (b) die konsistente Ordnung der Präferenzen und (c) die Konstanz der Präferenzen (zumindest insofern, als beliebige Ad-hoc-Veränderungen der Präferenzen ausgeschlossen werden). Auf diese Weise rücken Restriktionen und Opportunitätskosten in den Fokus der Analyse.

Wie erläutert beschäftigt sich die Ökonomik mit Entscheidungen, Handlungen und Ergebnissen unter einem ganz bestimmten Blickwinkel, nämlich dem der Knappheit. Knapp können je nach Problemstellung nun ganz unterschiedliche „Dinge" sein: z.B. das verfügbare Einkommen, die verfügbare Zeit, vorhandene Güter und Ressourcen oder auch öffentliche Güter (z.B. die Infrastruktur). Knappheiten konfrontieren die (betrachteten) Akteure mit dem Problem, dass ihre Ziele nicht beliebig erfüllt werden können. Mit knappen Mitteln *muss* man wirtschaftlich umgehen. Verändern sich Preise, Kosten oder allgemein Knappheitsbedingungen, so werden Akteure, die Nutzeneinbußen vermeiden wollen, Anpassungen in ihren Entscheidungen vornehmen.

Um das dominante menschliche Verhalten in Knappheitssituationen adäquat analysieren zu können, unterstellt die Ökonomik *rational* handelnde Akteure – Akteure, die unter den gegebenen Umständen (Knappheiten) die für sie nutzenmaximale (optimale) Mittelverwendung realisieren: Homines Oeconomici. Hierbei wird *nicht* unterstellt, dass sich *jeder einzelne Mensch* stets wie ein Homo Oeconomicus verhält: *Lediglich* das *dominante Verhalten aller Akteure* wird als *rational* charakterisiert. Der Homo Oeconomicus ist mithin auch kein Menschenbild, sondern lediglich eine Heuristik zur Analyse des Verhaltens bei (sich ändernden) Knappheitsrestriktionen.

Aus Homo-Oeconomicus-Modellen können (unter speziellen Annahmen) Aussagen getroffen werden wie „Wenn der Preis von Gut x steigt, sinkt unter sonst gleichen Umständen – also ceteris paribus – die nachgefragte Menge nach diesem Gut" oder „Wenn das Zinsniveau steigt, sinken ceteris paribus die Kreditnachfrage und die Geldhaltung". Diese abgeleiteten Aussagen sind nicht so zu interpretieren, dass jeder Konsument des Gutes x bei einer Preissteigerung dieses Gutes weniger von diesem Gut nachfragt oder dass jeder Akteur bei einer Zinsanhebung die Kreditnachfrage und die Geldhaltung drosselt. Es wird lediglich unterstellt, dass die meisten Konsumenten/Kreditnachfrager/Geldhalter so handeln. Die Ökonomik trifft daher i.d.R. keine Aussagen über das Verhalten einzelner Akteure in spezifischen (singulären) Situationen – hierfür sind andere Wissenschaften besser geeignet, so z.B. die Psychologie. In ökonomischen Theorien und Modellen werden vielmehr die Handlungen und Resultate einer großen Zahl von Akteuren analysiert. Das gilt auch für ökonomische Modelle, in denen nur ein Akteur (z.B. ein Monopolist) oder einige wenige Akteure (z.B. Oligopolisten) betrachtet werden. Dies mag paradox erscheinen, doch tatsächlich ist es so, dass erst einmal das „typische" monopolistische oder oligopolistische Verhalten oder auch das Verhalten eines Kartells untersucht wird. Die aus solchen Modellen abgeleiteten

Richtungsaussagen bedeuten dann auch „nur", dass sich die Akteure in der Regel so verhalten.[3] Es geht also nicht um das einmalige Verhalten eines Akteurs in einer einmaligen Situation, sondern um dominantes oder repräsentatives Verhalten. Und diese Verhaltensweisen bzw. die aus dem Verhalten resultierenden Ergebnisse lassen sich dann (mehr oder weniger genau) empirisch überprüfen.

Das Verfahren, (a) aus theoretischen Homo-Oeconomicus-Modellen Hypothesen über das Verhalten der Akteure in bestimmten Situationen abzuleiten und (b) diese anschließend anhand empirischer Daten zu überprüfen, kennzeichnet die *positive Theorie* der Ökonomik. Es geht hierbei um eine Folgeabschätzung: Wie wirken unterschiedliche Knappheitsrestriktionen auf das menschliche Handeln? Um die genaue Wirkung einzelner Kostenkomponenten exakt herauszuarbeiten, wird zumeist auf die sogenannte *Ceteris-paribus-Klausel* zurückgegriffen. Neben den Präferenzen werden sämtliche Knappheitsrestriktionen bis auf eine konstant gesetzt. Auf diese Weise läßt sich ein genauer Zusammenhang zwischen der Ursache – Variation einer Kostenkomponente – und der Wirkung – Änderung des Handelns mit der Folge eines neuen Ergebnisses (Nutzenänderung, Gewinnänderung o.ä.) – herstellen.

Ausgehend von der positiven Theorie stellt sich die Frage, ob die Ökonomik auch Aussagen darüber treffen kann, wie bestimmte Zustände relativ zu anderen zu bewerten sind. Solche Aussagen fallen in den Bereich der *normativen Theorie*. Der Soziologe, Jurist und Nationalökonom *Max Weber* (1922) hat diesbezüglich herausgestellt, dass es dem wissenschaftlichen Vorgehen widerspricht, Wertediskussionen zu führen. Auch in der Ökonomik wird in Anlehnung an *Weber* das *Wertfreiheitspostulat* akzeptiert. Das bedeutet: Normative Aussagen müssen auf der Grundlage der Werte und Präferenzen der Individuen getroffen werden. Dies leitet zu der Frage eines adäquaten Kriteriums über.

Das innerhalb der normativen Theorie an ehesten akzeptierte Kriterium zur Beurteilung ökonomischer Maßnahmen ist das nach dem Ökonomen *Vilfredo Pareto* (1906) benannte Pareto-Kriterium. Es besagt, dass nur solche Maßnahmen zu befürworten sind, die mindestens ein Individuum besserstellen, ohne dass ein anderes Individuum schlechtergestellt wird. Existiert eine solche Maßnahme, so führt deren Umsetzung zu einem pareto-superioren Zustand: Mindestens ein Individuum stellt sich – ceteris paribus – besser. Existiert hingegen keine solche Maßnahme, so ist der Status quo als paretooptimal anzusehen. Damit entsteht nun ein Problem für die reale Wirtschafts- und Reformpolitik: Es gibt so gut wie nie eine politische Maßnahme, von der sich nicht mindestens ein Individuum schlechter gestellt sieht oder fühlt.

Der Nobelpreisträger *James Buchanan* (1975), der als der Begründer der konstitutionellen Ökonomik (Verfassungsökonomik) gilt, zeigt einen Ausweg auf. Er schlägt vor, *nicht* konkrete (politische) Maßnahmen dahingehend zu untersuchen, ob sie paretooptimal sind, sondern diejenigen grundlegenden Regeln und Prinzipien zu benennen, denen die Bürger eines Staates – unabhängig von ihrer konkreten Interessenlage – explizit oder (zumindest) implizit zustimmen. Mit anderen Worten: *Buchanan* ersetzt das

---

[3] Vgl. hierzu auch *Tietzel* (1981).

Pareto-Kriterium, mit dem gängigerweise innerhalb der normativen Ökonomik konkrete Vorschläge beurteilt werden, durch das auf grundlegende Regeln und Prinzipien angewendete *Konsenskriterium*. Aber auch nach diesem Kriterium ist es nicht einfach, Reformen zu legitimieren, da die Anschauungen über den richtigen Reformweg in der Realität doch oftmals weit auseinanderklaffen. Dennoch leitet die Buchanansche Ökonomik den Ökonomen an, die Interessen und Restriktionen der Akteure zum Ausgangspunkt der Analyse zu machen. So erhöhen sich zumindest die Chancen, zu umsetzbaren Reformvorschlägen zu kommen.

Gegenstand der positiven wie auch normativen Theorie können Tauschakte von Menschen auf traditionellen Märkten oder in anderer Umgebung sein. Die einzelnen Forschungsfelder der Mikro- und Makroanalyse, die sich im Laufe der Zeit im Zuge verstärkter Arbeitsteilung herausgebildet haben, sind äußerst vielfältig. Auch Entscheidungen und Handlungen in den Bereichen der Politik, der Religion, des Rechts, der Kindererziehung, des Selbstmords, des Terrorismus oder des Trinkgeldgebens u.v.a.m. werden analysiert. Diese ökonomischen Theorien und Modelle außerhalb des Traditionsbereichs „Wirtschaft" werden bisweilen auch mit dem (etwas unschönen) Begriff „ökonomischer Imperialismus" belegt.

Aber es ist nicht nur zu beobachten, dass die Ökonomik in außerhalb der Wirtschaft liegende Bereiche vordringt. Es ist auch festzustellen, dass andere Disziplinen in den Bereich der Ökonomik vordringen: so z.B. die Mathematik als logisches Instrument zum Durchdenken komplexer Zusammenhänge. Insbesondere die fortschreitende Anwendung der mathematischen Spieltheorie, die von *John von Neumann* und *Oskar Morgenstern* begründet wurde und die Interaktion zwischen verschiedenen Akteuren modelltheoretisch abbildet, erfordert ein hohes Maß an mathematischen Kenntnissen. Gleiches gilt für die dynamischen Modellierungen z.B. in der mikrofundierten Wachstumsökonomik. Beide Forschungszweige stehen stellvertretend für einen naturwissenschaftlich-mathematischen Imperialismus in der Ökonomik. So ist es nicht verwunderlich, dass beispielsweise der erste deutsche Nobelpreisträger, der 1994 geehrte Spieltheoretiker *Reinhard Selten*, von Hause aus Mathematiker ist.

Die mathematischen und ökonometrischen Methoden sowie die Orientierung am Homo-Oeconomicus-Modell machten die Ökonomik zur „Königsdisziplin" unter den Sozialwissenschaften. Politologen und Soziologen wurden und werden zumeist als „Storyteller", die ohne einheitliches Fundament beliebig analysieren, abgetan. Doch die Königsdisziplin wankt. Die Kritik am Homo-Oeconomicus-Modell nimmt zu. Daher stellt sich die Frage: Was sind die Alternativen? In den folgenden Abschnitten wird dieser Frage nachgegangen.

3. Das Homo-Oeoconomicus-Modell in der Kritik

Der Homo Oeconomicus wurde und wird nicht nur von Vertretern der Nachbardisziplinen „Soziologie", „Politologie" und „Sozialpsychologie" unter Beschuss genommen, nein, auch einige Ökonomen stellen ihn (insbesondere die Rationalitätsannahme) in Frage. Ein Zitat von *Thaler* und *Sunstein* (2008, S. 7) fasst die Kritik prägnant zusammen:

„If you look at economic textbooks, you will learn that homo oeconomicus can think like Albert Einstein, store as much memory as IBM's Big Blue, and exercise the willpower of Mahatma Ghandi. Really. But the folks that we know are not like that. Real people have trouble with long division if they don't have a calculator, sometimes forget their spouse's birthday, and have a hangover on New Year's Day. They are not homo oeconomicus; they are homo sapiens."

Zur Stützung dieses Zitats können zahlreiche Ergebnisse experimenteller Studien angeführt werden, die zeigen, dass reale Menschen in vielen Situationen eben nicht wie ein rationaler Homo Oeconomicus handeln. Exemplarisch und ohne den Anspruch auf Vollständigkeit seien einige Resultate angeführt:

Bereits in den 1970er Jahren haben *Ofshe* und *Ofshe* (1970) herausgefunden, dass in manchen Situationen der „Nutzen der Abwechslung" den „Nutzen der richtigen Entscheidung" überlagert. *Lichtenstein* und *Slovic* (1971) haben entdeckt, dass es bei Lotterien (mit Zufall) kein rationales Entscheiden nach dem Erwartungswert gibt, es kommt vielmehr in bestimmten Bereichen zur Präferenzumkehr (Erwartungswertrangfolgen lassen sich somit nicht einfach in Nutzenrangfolgen transformieren). Auch werden zur Vermeidung von Risiken oft viel zu hohe Kosten in Kauf genommen (Certainty-Effekt nach *Tversky* und *Kahneman* 1974). Zudem werden von Menschen oft die Möglichkeiten, bestimmte Konsequenzen beeinflussen zu können, systematisch überschätzt, selbst wenn aus dem Kontext hervorgeht, dass der Zufall dominant ist (Kontroll-Illusions-Effekt nach *Langer* 1975). Bekannt geworden ist auch der Sunk-Cost-Effekt nach *Staw* (1976). Dieser Effekt besagt, dass Individuen an Entscheidungen umso intensiver festhalten, je höher die versunkenen Kosten sind (obwohl diese für die Zukunft gar nicht mehr entscheidungsrelevant sind). Hinsichtlich des Vergleichs bzw. der Bewertung relativer Größen durch Individuen haben *Kahneman* und *Tversky* (1979) herausgefunden, dass Menschen Verluste stärker schmerzen als Gewinne gleicher Höhe erfreuen (Verlust-Aversions-Effekt). Auch gewichten viele Individuen Opportunitätskosten geringer als unmittelbar zu entrichtende Geldbeträge (Opportunitätskosten-Effekt nach *Thaler* 1980). Relativ hoch hingegen gewichten sie den Nutzen von Dingen, die bereits in ihrem Besitz sind (Endowment-Effect nach *Thaler* 1980). Die verzerrte Wahrnehmung von Wahrscheinlichkeiten haben *Kahneman* und *Tversky* (1982) in einigen Experimenten verdeutlicht. Zudem haben sie (1986) gezeigt, dass die Art und Weise, wie Sachverhalte dargelegt werden, die Entscheidungsfindung systematisch beeinflusst (Framing-Effekt). Auch wurde herausgefunden, dass Individuen komplexe strategische Situationen oft nicht durchschauen und stattdessen nur wenige Denkschritte vornehmen (myopisches Verhalten nach *Herrnstein* 1990). Zudem ist auch herausgestellt worden, dass sie sich in Auktionen mitreißen lassen und schließlich so hoch bieten, dass sie sich nach gewonnener Auktion schließlich mehr ärgern als freuen (Winner's Curse nach *Thaler* 1992). Zu guter Letzt sei auf Ergebnisse der Studien von *Thaler* und *Sunstein* (2008) verwiesen. Diese Autoren zeigen, dass Individuen oft Selbstmanagementprobleme haben und daher einen „Schups" benötigen. Sie empfehlen daher „Nudging" als eine sanfte Form von Paternalismus. Man kann sich in diesem Zusammenhang die Einführung von Lebensmittelampeln oder die Anordnung von gesundem und weniger gesundem Essen in Kantinen vorstellen.

Neben diesen Resultaten, die an der in ökonomischen Modellen unterstellten Rationalität des Akteurs rütteln, existieren Studien, die zeigen, dass Menschen keinesfalls nur nach materiellem Wohlstand streben, sondern abseitig der gängigen Modellannahmen der Ökonomen ganz andere Ziele und Motive haben. Zu nennen sind hier (wiederum ohne Anspruch auf Vollständigkeit) folgende Resultate:

- Bei der Entscheidungsfindung und der Wahl unter Alternativen lassen sich Individuen nicht nur von den „Outcomes" oder „Payoffs" (z.B. Gewinne oder nutzenstiftende Konsumgüter) leiten, sondern sind auch von „intrinsischem Nutzen" beeinflusst (*Atkinson* 1964, *Deci* und *Ryan* 1985). D.h. Individuen sind nicht nur von Zweckrationalität geleitet, sondern können auch bestimmten Alternativen (den eingesetzten Mitteln und Instrumenten) Eigenwerte beimessen, was wiederum die Entscheidung und die Resultate beeinflussen kann.
- Dass nicht nur die Gier nach größerem Besitz für die Wahl von Alternativen entscheidend ist, sondern dass insbesondere auch Fairnessüberlegungen zum Teil eine entscheidende Rolle spielen, belegen zahlreiche Laborexperimente.[4]
- Die Studien zur Fairness wurden u.a. von (*Fehr* und *Schmidt* 1999, *Ockenfels* 1999, *Falk*, *Fehr* und *Fischbacher*, 2003) weiter verfeinert. Diese Autoren zeigen, dass Individuen zu einem reziproken Entscheiden neigen. Auf faires Verhalten wird fair reagiert, auf unfaires Verhalten wird auch mit Unfairness reagiert. Die Autoren sprechen daher auch vom „Homo Reciprocans".

Über diese Studien hinaus, in denen die in ökonomischen Standardmodellen unterstellten Motive kritisch hinterfragt werden, sei noch kurz auf die Ergebnisse der ökonomischen Glücksforschung verwiesen. In dieser durch Publikationen von *Frey* und *Stutzer* (2002) sowie von *Layard* (2005) bekannt gewordenen Richtung wird kritisiert, dass Ökonomen sich bei ihren Modellen und auch bei ihren normativen Aussagen (z.B. in der Politikberatung) immer von der Annahme leiten lassen, dass Individuen stets nach einem „Mehr" an materiellen Gütern streben. Ergebnisse der Glücksforschung belegen hingegen, dass materielle Güterausstattungen einen stark abnehmenden Grenznutzen aufweisen und andere immaterielle Dinge (soziale Engagements, glückliche Partnerschaft, Freundeskreis) einen viel größeren Einfluss auf die Lebenszufriedenheit (das Glücklichsein) haben.

Nach diesem Ausflug in die Kritik am Homo-Oeconomicus-Modell soll an dieser Stelle noch darauf hingewiesen werden, dass das Gros der Homo-Oeconomicus-Kritiker fordert, dass eine Neuausrichtung der ökonomischen Wissenschaft erfolgen solle, und zwar eine Transformation der Standardökonomik hin zu einer „Behavioral Economics". Unter diesem Schlagwort wird eine stärkere verhaltenstheoretische Fundierung der Ökonomik gefordert. Vor allem Ergebnisse aus Experimenten sowie aus der sozialpsychologischen Forschung müssten berücksichtigt werden, um zu valideren Aussagen zu gelangen.

---

[4] Exemplarisch sei in diesem Zusammenhang auf die Ergebinsse des Ultimatumspiels (*Güth*, *Schmittberger* und *Schwarze* 1982), des Diktatorspiels (*Forsythe*, *Kennan* und *Sopher* 1991) sowie auf die zahlreichen Studien zu Prisoners'-Dilemma-Spielen verwiesen.

Im folgenden Abschnitt seien daher zwei Ansätze vorgestellt, die genau das versucht haben: der Saticficing-Ansatz von *Herbert Simon* und der Ansatz der „Shared Mental Models" von *Arthur Denzau* und *Douglass North*.

4. Alternativen zum Homo Oeconomicus

4.1. Das Satisficing-Modell von *Herbert Simon*

Konstruktive Kritik am Homo-Oeconomicus-Modell unterscheidet sich von destruktiver Kritik dadurch, dass ernsthaft versucht wird, eine tragfähige Alternative aufzuzeigen. *Herbert Simon*s verhaltenstheoretisch fundiertes Satisficing-Konzept stellt genau solch einen Versuch dar (vgl. *Simon* 1957, 1959, 1978 und 1981).

Wie viele Kritiker hält *Herbert Simon* den Homo Oeconomicus für ein artifizielles Konstrukt, dessen Fähigkeit, sich stets für die optimale Lösung zu entscheiden, nichts mit menschlichem Entscheidungsverhalten in der realen Welt zu tun habe. Menschen seien entgegen den Annahmen im ökonomischen Modell eben *nicht* in der Lage,

- alle denkbaren Alternativen wahrzunehmen,
- alle Konsequenzen denkbarer Alternativen abzuschätzen und
- eine vollständige und konsistente Bewertung möglicher Ergebnisse vorzunehmen.

Diese „Grenzen des menschlichen Intellekts" fasst *Simon* unter dem Begriff „Bounded Rationality" (begrenzte Rationalität) zusammen. Der Mensch ist schlicht und einfach in vielen Problemsituationen nicht fähig zu optimieren. *Simon* fasst den Menschen vielmehr als einen routine- oder regelgesteuerten Organismus auf, der sich mit zufriedenstellenden Ergebnissen begnügt. Dem optimalen Entscheidungsverhalten des Homo Oeconomicus stellt *Simon* daher sein Modell des „Satisficing Man" gegenüber – ein Akteur, der sich an selbst gesetzten Anspruchsniveaus orientiert. Diesen Gedanken des Setzens und Veränderns von Anspruchsniveaus übernimmt *Simon* von dem Verhaltenswissenschaftler *Kurt Lewin* (et al. 1944). Ein weiterer Baustein der *Simon*schen Theorie ist die „Definition der Situation" (*March* und *Simon* 1976, S. 31). Dies ist das innere Modell der Umwelt des Individuums. Es handelt sich um einen zwischen Stimulus und Reaktion geschalteten Bereich. Das Individuum kann gar nicht anders, als sich in Problemsituationen „Definitionen der Situationen" zu erstellen, denn dies ist ein notwendiger Mechanismus, um die Komplexität der realen Welt soweit zu reduzieren, dass das vorhandene Problem strukturierbar und lösbar wird. Faktoren, die auf die Art und Weise des Definierens von Situationen maßgeblichen Einfluss ausüben, sind nach *Kirsch* (1977, S. 77 ff.):

- die gesammelten Erfahrungen,
- die eigenen Wertvortellungen,
- die momentanen Einstellungen,
- die Einflüsse der Gruppe, Organisation oder Gesellschaft, die auf das Individuum einwirken.

Aber nicht nur die Problem- bzw. Entscheidungssituation wird von den Individuen vereinfacht, auch der Entscheidungsprozess folgt nach *Simon* Ansicht einfachen Regeln. Die erste Vereinfachung besteht darin, erreichbare Ergebnisse nur noch in zufriedenstellende und nicht zufriedenstellende Ergebnisse einzuteilen, und zwar mittels Setzung eines Anspruchsniveaus. Anschließend werden mittels Routinen und gewissen Suchanstrengungen Alternativen ausfindig gemacht, deren Einsatz zu befriedigenden Ergebnissen führen (können). Die Entscheidung erfolgt nach der vereinfachten Analyse der Situation, der Alternativen und der möglichen Ergebnisse. Gelingt auf diese Weise das Auffinden einer Alternative, die zu einem zufriedenstellenden Ergebnis führt, sehr leicht, so kann dies dazu führen, dass der Akteur sein Anspruchsniveau für zukünftige ähnlich gelagerte Entscheidungssituationen anhebt. Umgekehrt gilt: Bestehen Schwierigkeiten beim Auffinden einer Alternative, die zu einem zufriedenstellenden Ergebnis führt (trotz vermehrter Suchanstrengungen), so wird dies dazu führen, dass das Anspruchsniveau abgesenkt wird.

Simons Theorie des Entscheidens führte zu Anwendungen in der Konsumtheorie (Nachfrage bei anspruchsniveauorientiertem Verhalten, vgl. *Brandt* 1979) und in der Unternehmenstheorie (Anspruchsanpassungsprozess in Unternehmen, vgl. *Sauermann* und *Selten* 1962 sowie *Cyert* und *March* 1963). Sie inspirierte *Ronald Heiner*, das Konzept der „Bounded Rationality“ zu dem Konzept der „C-D-Gap“[5] auszubauen. *Heiner* betont noch stärker als *Simon*, dass jede Entscheidung von „constraints“ umgeben ist, die das Individuum bei der Lösung des Problems beeinflussen. Wer menschliches Entscheiden verstehen will, muss nach *Heiner* die Entscheidungsmuster analysieren und die regelbasierten Heuristiken verstehen lernen. *Heiner* (1983) distanziert sich somit genau wie *Simon* vom Maximierungsgedanken des Homo-Oeconomicus-Modells und fordert auf, das „rule governed behavior“ des Menschen genauer zu analysieren.

Auch spieltheoretische Modelle wurden auf der Basis der Idee der begrenzten Rationalität kreiert. So unterstellt etwa *Rubinstein* (1986) in seinen Entscheidungssituationen, dass die Akteure nur recht einfache Strategien wählen können, was auch den Raum möglicher Ergebnisse einschränkt. *Radner* (1986) versucht, Trägheit beim Entscheiden in die Modelle einzubauen.

Last but by no means least sei abschließend darauf hingewiesen, dass der von *Herbert Simon* benutzte Begriff „Bounded Rationality“ heute in der verhaltenswissenschaftlich orientierten Ökonomik und in weiten Teilen der Institutionenökonomik ein weit verbreiteter Begriff ist. Er wird immer dann verwendet, wenn es in den Analysen von zentraler Bedeutung ist, dass die Akteure aus Gründen wie z.B. Zeitmangel, Informationsmangel, kognitive Unfähigkeit u.ä. Entscheidungen in einem bestimmten Sinn „schlechter“ treffen, als es unter Idealbedingungen vollständiger Rationalität möglich oder zu erwarten wäre.

---

[5] “A gap between the individual’s competence at problem solving and the difficulty of the decision situation” (*Heiner* 1983, S. 568).

4.2. Das Modell der „Shared Mental Models" von *Arthur Denzau* und *Douglass North*

Wenn man institutionellen und gesellschaftlichen (und damit auch wirtschaftlichen) Wandel verstehen möchte, so muss man nach *Denzau* und *North* (1994) verstehen, wie Individuen ihre Umwelt und die zu lösenden Probleme wahrnehmen und wie sie zu Entscheidungen kommen. Die zentrale Variable ist in diesem Zusammenhang das „Shared Mental Model": "In primitive societies we describe such explanation [shared mental models, *M. L.*] as myths, dogmas, taboos, but in our own society we have religions, superstitions, and other belief structures" (*Denzau* und *North* 1994, S. 6 f.).

Denzau und *North* (1994) bauen bei Ihren Analysen auf *Ronald Heiners* (1983) Ausführungen zur Kompetenz-Schwierigkeitslücke (C-D-Gap) auf. Sie argumentieren, dass gerade in komplexen Situationen bei Entscheidungen unter „echter" Unsicherheit[6] den „Shared Mental Models" eine zentrale Bedeutung zukommt. Die „Shared Mental Models" fungieren als ein Wahrnehmungsfilter. In der Terminologie *Simon*s bestimmen sie die „Definition der Situation". Sie enthalten die Regeln, die als Selektionsfilter fungieren. Sie sind das Kernelement der „sensorischen Ordnung"[7].

Nach *Denzau* und *North* spielen geteilte mentale Modelle (Mythen, Ideologien, Gedankensysteme verschiedenster Art) im Prozess des gesellschaftlichen und wirtschaftlichen Wandels eine – wenn nicht die – entscheidende Rolle. Daher gehen die Autoren zwei Fragen nach: (1) Wie kommt es zu geteilten mentalen Modellen? (2) Wie verändern sich diese Modelle und wie kann man sich in diesem Zusammenhang Interaktionen mit der Umwelt vorstellen?

Gemeinsame oder geteilte mentale Modelle gibt es sicherlich nicht in dem Sinne, dass die mentalen Modelle von zwei oder mehreren Individuen komplett identisch wären. Natürlich ist jedes mentale Modell eines einzelnen Individuums einzigartig, ein Unikat also. Dennoch kann man vielleicht sagen, dass sich die mentalen Modelle der Westeuropäer untereinander (cum grano salis) ähnlicher sind als im Vergleich zu den mentalen Modellen der Bürger Nordafrikas (beispielsweise). Ähnliche Erfahrungen, ähnliche Erziehung und eine ähnliche religiöse Basis führen bei vorhandenen Kommunikationsnetzen dazu, dass sich die mentalen Modelle angleichen.

Der Mensch erlernt (zwangsweise) während seines Heranwachsens Regeln der Wahrnehmung und der Strukturierung. Er benötigt die Regeln zur Orientierung. Ohne ein solches Set an Regeln wäre er nicht in der Lage, zielführende Entscheidungen zu treffen. Die Wahl der Wahrnehmungs- und Strukturierungsregeln kann er jedoch nicht bewusst treffen. Er bekommt diese Regeln vermittelt. Wir alle wären nicht dieselben

---

[6] Kennzeichen „echter" Unsicherheit ist nach *Frank Knight*, dass ein Akteur keine verlässlichen Anhaltspunkte für die Bildung valider (objektiver) Erwartungswerte über bestimmte Ereignisse erhält. Vgl. Knight (1921).

[7] Der Begriff „sensorische Ordnung" (Sensory Order) geht auf *F.A. Hayek* (1952) zurück. In diesem Zusammenhang sei angemerkt, dass in dem Kernaufsatz von *Denzau* und *North* (1994) weder dieses Werk von *Hayek* zitiert wird, noch die Werke von *Simon*. Wenn man die Ähnlichkeiten in der Argumentation zwischen *Hayek* und *Denzau* und *North* betrachtet, verwundert das schon sehr.

Persönlichkeiten, wenn wir in einem (völlig) anderen Umfeld aufgewachsen wären. Bei der Vermittlung dieser Regeln spielen aber nicht nur die Familie und der enge Freundes- und Bekanntenkreis eine wichtige Rolle. Auch die Gesellschaft übt starke Einflüsse aus. Zum einen werden über die Medien laufend Sachverhalte diskutiert und bewertet, was eine Rückwirkung auf die (individuellen) mentalen Modelle hat. Zum anderen werden in der Vorschule (Kita, Kindergarten) sowie in der Schule auch Werte, Ideologien und Theorien vermittelt, die die mentalen Modelle formen. Vor diesem Hintergrund scheint die Annahme berechtigt, dass in einem Staat, in dem keine ethnisch-linguistische Zersplitterung kollektive Entscheidungen behindert, eine gewisse Konvergenz der individuellen mentalen Modelle zu erwarten ist. So kommt es dann zu den geteilten mentalen Modellen. Ähnliche Denkstrukturen – „Shared Mental Models" – prägen sich durch ähnliche Erfahrungen und Lernprozesse im Zeitablauf heraus.

Das bedeutet nun aber nicht, dass sich diese mentalen Modelle nicht mehr ändern könnten. In einer dynamischen Gesellschaft erweisen sich im Lichte des Lösens von Problemen immer wieder bestimmte Denk- und Erfahrungsmuster als falsch oder hinderlich. So werden sie schleichend und zumeist unbewusst schrittweise geändert. Dies ist ein Weg. Man kann sich die Änderung der „Shared Mental Models" aber auch anders vorstellen, nämlich so, dass Strukturierungsregeln, Ideologien und/oder Moralvorstellungen im Lichte neuer Probleme und Erkenntnisse öffentlich diskutiert werden und sich schließlich ändern. Allerdings werden sich „Shared Mental Models" nicht so flexibel ändern wie nicht geteilte mentale Modelle. Menschen neigen oft dazu, kognitive Dissonanzen abzubauen und sich an bewährten Mustern und Regeln zu orientieren. Die Verknüpfung der Individuen über Plattformen wie „Putnam-Gruppen"[8] (Vereine, Organisationen mit nicht-hierarchischer Struktur) sowie über die Kommunikationskanäle der Medien führt dazu, dass die mentalen Modelle sich nur recht träge ändern, weil man das bestärkt, was in der Vergangenheit erfolgreich war, und man noch nicht abschätzen kann, wie erfolgreich neue Moralregeln oder Ideologien sein werden.

„Shared Mental Models" sind also Ausdruck einer gemeinsamen Kultur. Sie manifestieren sich in der Moral, in den Sitten und Gebräuchen sowie in den Ideologien. Sie bestimmen nicht nur, was wahrgenommen wird, sondern auch wie Sachverhalte bewertet werden. Sie bestimmen die Definition der Situation. Nach *Denzau* und *North* sind die „Shared Mental Models" eine entscheidende Variable für das Hervorbringen und die Akzeptanz politischer und institutioneller Reformideen. Will man institutionelle und wirtschaftliche Entwicklung verstehen, so muss man diese Variable zwingend mit in die Analyse einbeziehen.

5. Der Homo Oeoconomicus im Lichte der Kritik und Alternativen

Das ökonomische Modell individuellen Entscheidens scheint im Lichte der vorgetragenen Kritikpunkte (Anomalien) und der psychologisch fundierten Alternativmodelle nur schwer verteidigbar zu sein. Einzelne Individuen besitzen eben nicht die Rationalität, die ihnen in vielen Homo-Oeconomicus-Modellen unterstellt wird. Doch diese Art

---

[8] Die Putnam-Gruppe bezeichnet diejenigen Netzwerke, die ein Teil des sozialen Kapitals der Gesellschaft ausmachen. Vgl. auch *Putnam* (1993).

der Kritik ist nicht sehr produktiv. Das soll an einem Beispiel verdeutlicht werden. Denken wir uns zwei Personengruppen mit je 20 Individuen: Gruppe A und Gruppe B. Beide Gruppen bekommen nun mehrere Aufgaben, die sie lösen sollen. Mathematische, geografische Aufgaben sowie aus den Bereichen Sport und Kultur. In Gruppe A müssen die Individuen getrennt voneinander die Aufgaben bearbeiten. In Gruppe B dürfen die Individuen die Aufgaben gemeinschaftlich lösen. Auf dieser Basis dürfte klar sein, dass Gruppe B bei gleicher durchschnittlicher Intelligenz und gleichem durchschnittlichen Wissen unter den Individuen ein weitaus besseres durchschnittliches Ergebnis erzielt als Gruppe A. Wenn man es mit Gruppenergebnissen vom Typ Gruppe B zu tun hat, wirken die Individuen (für Außenstehende, die die Systemeigenschaften nicht erkennen) relativ schlau. Ökonomisch gesehen könnte man sie als hochrationale Akteure bezeichnen (bzw. modellieren).

Wenn Ökonomen Marktanalysen machen, unterstellen sie oft ähnlich rationale Akteure, die alle Preise blitzschnell vergleichen und ihre Konsum- und/oder Produktionspläne bei Preisänderungen sofort optimal anpassen können. In der Realität können das einzelne Individuen nicht immer, und im Labor (im Experiment) wird nicht selten festgestellt, dass die Fähigkeiten, situativ optimal zu handeln, sehr eingeschränkt sind. Trotzdem wirkt das Handeln im Markt so, als wären die Akteure alle sehr rational. Wie ist dieses Paradoxon zu erklären? Die Erklärung liegt in den oft nicht thematisierten Systemeigenschaften (vgl. hierzu auch *Grossekettler* 1980). Systeme beinhalten oft Restriktionen, die bestimmte Verhaltensweisen sanktionieren und erfolgreiche Praktiken belohnen, die es sich dann zu imitieren lohnt. Genau so funktioniert der Markt. Im Wettbewerb werden bestimmte Innovationen, die zu gefälligeren oder preiswerteren Produkten führen, belohnt (letztlich werden sowohl die Innovatoren, als auch die Imitatoren belohnt). Unternehmen, die sich nicht in die von den Konsumenten präferierte Richtung bewegen, verschwinden letztlich vom Markt. Diese Muster wirken so, als ob die Marktakteure hochgradig optimierungsfähig wären. Und die Ökonomen erfassen viele dieser Systemeigenschaften einfach so, dass sie den Akteuren weitgehende Fähigkeiten zuschreiben. Dieses Vorgehen ist ohne Zweifel missverständlich und sollte auch genauer erklärt werden, aber es kann durchaus zu validen Hypothesen führen.

Immer wenn eine gewisse grundlegende Minimalrationalität von den entscheidenden Individuen erwartet werden kann, etwa weil Knappheitssituationen erfasst werden und man zudem davon ausgehen kann, dass nach Wegen gesucht wird, die Knappheit zu entschärfen, kann ein Homo-Oeconomicus-Modell eingesetzt werden. Es dient der Analyse von Knappheitssituationen, und zwar mit dem Ziel, diejenigen Resultate zu erfassen, die sich aus den Änderungen von Knappheitsbedingungen (relativen Preisen, worunter auch Schattenpreise fallen) ergeben. Auf diese Weise erhält man nicht nur Erkenntnisse über die betrachtete Problemstruktur, sondern man erhält ggf. auch Anhaltspunkte, wie Politikmaßnahmen sinnvoll einzusetzen sind.

Bedeutet dies nun, dass die Ergebnisse der Anomalien-Forschung und verhaltenstheoretischen Alternativmodelle von Ökonomen, die mit dem Homo Oeconomicus arbeiten, abzulehnen sind?

Keineswegs! Wenn man ein Problem mit dem Homo-Oeconomicus-Modell erfassen will, muss man sich fragen, wer die relevanten Akteure sind, welche Ziele diese verfolgen und welchen Handlungsrestriktionen sie unterliegen. Hierbei ist wichtig zu verstehen, wie die Akteure selbst die Problemsituation erfassen, denn auf dieser Basis treffen sie Entscheidungen. D.h. man muss das, was *Herbert Simon* die „Definition der Situation" nennt, und das, was *Denzau* und *North* „Mental Model" nennen, implizit mit in die Analyse einbeziehen. Relevante Restriktionen sind die Bedingungen, die die handelnden Akteure als relevant erachten. Von daher sollte jeder, der ein Homo-Oeconomicus-Modell erstellt, im Vorhinein analysieren, wie die einzelnen Akteure, deren Ziele und Restriktionen zu modellieren sind, damit ein Beitrag zu einer echten Problemlösung geleistet wird und nicht nur l'art pour l'art betrieben wird. Hierbei geht es nicht darum, Akteure möglichst realistisch zu modellieren oder möglichst wahre Annahmen zu setzen. Es geht vielmehr darum, die Akteure, deren Ziele und Restriktionen (und damit auch die Systemeigenschaften) problemadäquat zu erfassen und darzustellen.

Aber noch einen zweiten Punkt kann man der verhaltenstheoretischen Forschung entnehmen. Da man durch die Experimente und sozialpsychologischen Studien auf vielfache Abweichungen von neoklassischen Verhaltensannahmen (Streben nach mehr materiellen Gütern und Wahl der „richtigen" Instrumente, um dieses Ziel zu erreichen) aufmerksam gemacht wird, sollte man immer auch ins Kalkül einbeziehen, dass in der realen Welt nicht alle erwarteten Wirkungen stets auch eintreten. Nicht selten sind mit Wahlentscheidungen nicht intendierte Effekte verbunden. *Tietzel* (1985, S. 176 f.) weist zu Recht darauf hin, dass eine Ökonomik, die mit weitreichenden Informationsannahmen arbeitet, eine Aussagensicherheit vortäuscht, die sie nicht immer einlösen kann. Eine solche Ökonomik „verstellt den Blick für jene Konsequenzen der Handlungen unvollkommen informierter Wirtschaftssubjekte, die unerwartet und unter Umständen auch unerwünscht sein können" (ebenda).

Viele Homo-Oeconomicus-Analysen haben bisher sicherlich in einem zu geringen Umfang verhaltenstheoretische Erkenntnisse beachtet und in einem zu geringen Umfang nicht intendierte Resultate mit in Erwägung gezogen. Aber trotzdem: Mit dem Homo Oeconomicus zu arbeiten, muss keineswegs per se bedeuten, unnütze und damit überflüssige Modelle zu bauen. Reflektierende Ökonomen sind interdisziplinär ausgerichtet, nehmen Resultate von Nachbarwissenschaften war und lassen diese Erkenntnisse in die ökonomische Modellierung einfließen. Insofern sind verhaltenswissenschaftliche Erkenntnisse auch für solche Ökonomen interessant, die am Homo-Oeconomicus-Modell festhalten (wollen). Und ein solches Festhalten am Homo-Oeconomicus-Modell ist auch durchaus vernünftig. Verhaltenstheoretische Ansätze, die sich gegen den Homo Oeconomicus in Stellung bringen (weil sie ihn als ein unrealistisches Konstrukt missinterpretieren, mit dem kein Erkenntnisgewinn möglich sei), haben es bisher jedenfalls nicht geschafft, die Fülle nützlicher Erklärungen und Einsichten, die mit diesem Modell zu erzielen sind, zu übertreffen.

Als Fazit lässt sich somit an dieser Stelle festhalten, dass sich aus Anomalien (gegenüber bestimmten Spielarten des Homo Oeconomicus) und aus verhaltenstheoretischen Entscheidungsmodellen keine Per-se-Argumente gegen das ökonomische Homo-Oeconomicus-Modell (als solches) ableiten lassen. Über die Güte dieses Modells lässt sich „nur" anhand konkreter Problemstellungen im Lichte von Alternativmodellen streiten. Und dies ist auch durchaus sinnvoll. Es spricht überhaupt nichts dagegen, dass bestimmte Sachverhalte (z.B. die Finanz- und Wirtschaftskrise) mit alternativen Ansätzen oder Modellen analysiert werden. Auf diese Weise lässt sich am besten erkennen, welche Ansätze für welche Art von Analysen besonders erfolgversprechend sind und welche nicht. Insofern kann auch hier der Wettbewerb als Entdeckungsverfahren fungieren.

6. Zusammenfassung

Ziel des Beitrags war es, das Homo-Oeconomicus-Modell, dessen Sinn und Erklärungskraft darzulegen. Hierzu wurden (a) die grundlegenden Prinzipien dieses Modells erläutert, (b) die Resultate der experimentellen Anomalien-Forschung dargelegt und (c) zwei verhaltenstheoretisch fundierte Alternativmodelle (der Satisficing-Ansatz von *Herbert Simon* und die „Shared Mental Models" von *Arthur Denzau* und *Douglass North*) vorgestellt. Drei Ergebnisse wurden abschließend herausgearbeitet: Erstens lässt sich durch die verhaltenstheoretische Forschung und durch die Anomalien-Forschung kein Per-se-Argument gegen reflektierte Analysen mit dem Homo-Oeconomicus-Modell gewinnen. Zweitens tun Ökonomen, die mit dem Homo-Oeconomicus-Modell arbeiten, gut daran, verhaltenstheoretische Erkenntnisse ernst zu nehmen und Rückschlüsse für die Modellierung der Akteure und der Restriktionen zu ziehen. Und drittens wird sich die Güte von Homo-Oeconomicus-Modellen sowie von Alternativ-Ansätzen nur im Wettbewerb um die „bessere" Erklärung zeigen (können).

Literatur

Atkinson, John William (1964), An introduction to motivation, Van Nostrand.

Brandt, Karl (1979), Die Nachfrage bei anspruchsniveauorientiertem Verhalten, in: Zeitschrift für die gesamte Staatswissenschaft, Bd. 135, S. 181-206.

Buchanan, James M. (1975), The Limits of Liberty: Between Anarchy and Leviathan, Chicago.

Cyert, Richard M. und *James G. March* (1963), A Behavioral Theory of the Firm, Englewood Cliffs und New Jersey.

Deci, Edward L. und *Richard M. Ryan* (1985), Intrinsic motivation and self-determination in human behavior, New York.

Denzau, Arthur T. und *Douglass C. North* (1994), Shared Mental Models: Ideologies and Institutions, in: Kyklos, Vol. 47, S. 3-31.

Erlei, Mathias, Martin Leschke und *Dirk Sauerland* (2007), Neue Institutionenökonomik, Stuttgart.

Falk, Armin, Ernst Fehr und *Urs Fischbacher* (2003), On the Nature of Fair Behavior, in: Economic Inquiry, Vol. 41, S. 20-26.

Fehr, Ernst and *Klaus M. Schmidt* (1999), A Theory of Fairness, Competition and Cooperation, in: Quarterly Journal of Economics, Vol. 114, S. 817–868.

Forsythe, Robert, John Kennan und *Barry Sopher* (1991), An Experimental Analysis of Strikes in Bargaining Games with One-Sided Private Information, in: American Economic Review, Vol. 81, S. 253-278.

Frey, Bruno S. und *Alois Stutzer* (2002), Happiness and Economics, Princeton und Oxford.

Grossekettler, Heinz (1980), Zur wirtschaftspolitischen Relevanz neoklassischer und verhaltenstheoretischer Ansätze der Volkswirtschaftslehre, in: *Wolfgang Rippe* und *Hans-Peter Haarland* (Hg.), Wirtschaftstheorie als Verhaltenstheorie, Berlin, S. 11-57.

Güth, Werner, Rolf Schmittberger und *Bernd Schwarze* (1982), An experimental analysis of ultimatum bargaining, in: Journal of Economic Behavior and Organization, Vol. 3, S. 367-388.

Hayek, Friedrich August von (1952), The Sensory Order, Chicago.

Hayek, Friedrich A. von (1960), The Constitution of Liberty, London.

Heiner, Ronald (1983), On the Origins of Predictable Behavior, in: American Economic Review, Vol. 73, S. 560-595.

Herrnstein, Richard J. (1990), Rational Choice Theory: Necessary but Not Sufficient, in: American Psychologist, Vol. 45, S. 356-367.

Ingram, John Kells (1888), A History of Political Economy, London.

Kahneman, Daniel und *Amos Tversky* (1979), Prospect Theory: An Analysis of Decision under Risk, in: Econometrica, Vol. 47, S. 263-291.

Kahneman, Daniel und *Amos Tversky* (1982), On the study of statistical intuitions, in: Cognition, Vol. 11, S. 123-141.

Kahneman, Daniel und *Amos Tversky* (1986), Rational choice and the framing of decisions, in: Journal of Business, Vol. 59, S. S251-S278.

Kirsch, Werner (1977), Einführung in die Theorie der Entscheidungsprozesse, Bd. 1 bis 3, Wiesbaden.

Knight, Frank H. (1921): Risk, Uncertainty and Profit, Boston.

Langer, Ellen (1975), The Illusion of Control, in: Journal of Personality and Social Psychology, Vol. 32, S. 311-328.

Layard, Richard (2005), Happiness: lessons from a new science, London.

Lewin, Kurt, Tamara Dembo, Leon Festinger, Pauline Snedden Sears: Level of Aspiration, in: *J. McV. Hunt* (Hg.), Personality and the Behavior Disorders, Bd. l, New York, S. 333-378.

Lichtenstein, Sarah und *Paul Slovic* (1971), Reversals of Preference between Bits and Choices in Gambling Decisions, in: Journal of Experimental Psychology, Vol. 89, S. 45-55.

March, James G. und *Herbert Simon* (1976), Organisation und Individuum, Führung – Strategie – Organisation, Bd. 3, Hg. von *Michael Hofmann*, Wiesbaden.

Mill, John Stuard (1844), Essays on some Unsettled Questions of Political Economy, London.

Ockenfels, Axel (1999), Fairness, Reziprozität und Eigennutz – Ökonomische Theorie und experimentelle Evidenz, Tübingen.

Ofshe, Richard und *Lynne Ofshe* (1970), Utility and Choice in Social interaction, New, Jersey.

Putnam, Robert D. (1993), Making Democracy Work, Princeton.

Radner, Roy (1986), Can Bounded Rationality Resolve the Prisoners' Dilemma?, in: *Andreu Mas-Colell* und *Werner Hildenbrand* (Hg.), Contributions to Mathematical Economics, Amsterdam, S. 387-399.

Rubinstein, Ariel (1986), Finite Automata Play the Repeated Prisoner's Dilemma, in: Journal of Economic Theory, Vol. 39, S. 83-96.

Sauermann, Heinz und *Reinhard Selten* (1962), Anspruchsanpassungstheorie der Unternehmung, in: Zeitschrift für die gesamte Staatswissenschaft, Bd. 118, S. 577-597.

Simon, Herbert (1957), Models of Man, New York – London.

Simon, Herbert (1959), Theories in Decision-making in Economics and Behavioral Science, in: American Economic Review, Vol. 49, S. 253-283.

Simon, Herbert (1978), Rationality as Process and Product of Thought, in: American Economic Review, Papers and Proceedings, Vol. 68, S. 1-16.

Simon, Herbert (1981), Entscheidungsverhalten in Organisationen, Landsberg am Lech.

Smith, Adam (1776), An Inquiry into the Nature and Causes of the Wealth of Nations, London.

Staw, Barry M. (1976), Knee-deep in the big muddy: A study of escalating commitment to a chosen course of action, in: Organizational Behavior and Human Performance, Vol. 16, S. 27-44.

Thaler, Richard H. (1980), Toward a Positive Theory of Consumer Choice, in: Journal of Economic Behavior and Organization, Vol. 1, S. 39-60.

Thaler, Richard H. (1992), The winner's curse: paradoxes and anomalies of economic life, New York.

Thaler, Richard H. und *Cass R. Sunstein* (2008), Nudge: Improving Decisions About Health, Wealth, and Happiness, Yale.

Tietzel, Manfred (1981), Die Rationalitätsannahme in den Wirtschaftswissenschaften oder der Homo Oeconomicus und seine Verwandten, in: Jahrbuch für Sozialwissenschaften, Bd. 32, S. 115-137.

Tietzel, Manfred (1985), Wirtschaftstheorie und Unwissen, Tübingen.

Tversky, Amos und *Daniel Kahneman* (1974), Judgement under Uncertainty, Heuristics and Biases, in: Science, Vol. 185, S. 1124-1131.

Pareto, Vilfredo (1906), Manuale d'economia politica, Mailand.

Weber, Max (1922), Der Sinn der »Wertfreiheit« der soziologischen und ökonomischen Wissenschaften, in: *Max Weber*, Gesammelte Werke, Tübingen, S. 489-540.

Christian Müller, Frank Trosky und Marion Weber (Hg.)
Ökonomik als allgemeine Theorie menschlichen Verhaltens
Schriften zu Ordnungsfragen der Wirtschaft · Band 94 · Stuttgart · 2012

Geltungs-, Anwendungs- und Reflexivitätsprobleme von Prognosen – Befunde und Anmerkungen

Ullrich Heilemann

Inhalt

1. Einleitung ... 40

2. Treffsicherheitsanalyse, Treffsicherheit gesamtwirtschaftlicher Prognosen, „Geltungsproblematik" I ... 43
   2.1. Treffsicherheitsanalyen gesamtwirtschaftlicher Prognosen ... 43
   2.2. Zur Treffsicherheit gesamtwirtschaftlicher Prognosen – „Geltungsproblematik" I ... 45

3. „Anwendungsprobleme": Annahmen und Treffsicherheit – „Geltungsproblematik" II ... 48
   3.1. Treffsicherheit der Annahmen ... 48
   3.2. Annahmen und Treffsicherheit – „Geltungsproblematik" II ... 49

4. Zur „*Ödipus*-Problematik" ... 52

5. Zusammenfassung und Schlussfolgerungen ... 54

Literatur ... 55

1. Einleitung

Der Befund, wir lebten in *dem* „Zeitalter der Prognosen", zählt zu jener Art von Zuschreibungen, mit denen sich die Zeitgenossen gerne ihrer Einzigartigkeit versichern. Wie häufig bei derlei Diagnosen, erweist sie sich jedoch bei näherem Hinsehen als kaum zu halten. Tatsächlich standen Prognosen in den Zeitaltern der Orakel, der Prophezeiungen, der Astrologie und der Utopien unserem „Zeitalter der wissenschaftlichen Prognosen" keineswegs nach (*Minois* 1998, *Mackay* 1992 [1852]). Das gilt sowohl hinsichtlich der Zahl der Prognosen als auch mit Blick auf die für Prognosen aufgewendeten Ressourcen. Ersteres hat seinen Grund vor allem auch darin, dass bis Ende des 19. Jahrhunderts die Prognosen in besonderer Weise personenbezogen waren; letzteres dürfte darüber hinaus auch an den vielfältigen Effizienzverbesserungen der Prognose-Produktion und ihrer Massenverbreitung liegen. Beides ändert an dem Befund wenig. Bedeutsamer ist freilich, dass wir hinter den Alten zurückbleiben, wenn es um die Reflexion der grundsätzlichen Möglichkeiten und die Sinnhaftigkeit von Prognose geht, wie z. B. die Auseinandersetzungen um Chancen und Rolle der Mantik in der griechischen Geistesgeschichte vor Augen führen (*Nestle* 1944). Wir werden zwar täglich z. B. mit Wirtschaftsprognosen – auf sie sollen sich die weiteren Ausführungen beschränken – konfrontiert, aber die Reflektion ihrer Möglichkeiten und Grenzen bewegt sich angesichts ihrer Bedeutung nicht nur in der Öffentlichkeit, sondern auch im Fach in engen Grenzen. Gewiss, *Oskar Morgensterns* (1928) Skeptizismus bezüglich der grundsätzlichen Möglichkeit treffsicherer Wirtschaftsprognosen wird gelegentlich wieder entdeckt, die praktische Bedeutung des „Reflexivitätsproblems" dann aber leider sehr überschätzt, (siehe unten). Viele wichtigere grundsätzliche, prognoselogische Aspekte bleiben jedoch im Dunkeln oder werden nur kursorisch behandelt. Die beiden führenden wissenschaftlichen Zeitschriften zum Thema – das „Journal of Forecasting" und das „International Journal of Forecasting" – verschließen sich ebenso wie z. B. die „Principles of Forecasting" (*Armstrong*, Hg., 2001) methodologischen Diskussionen und beschränken sich auf Beiträge zu Prognosetechniken.[1]

Manfred Tietzel kommt das Verdienst zu – von etlichen weiteren ist in diesem Band die Rede –, seit Beginn der 1980er Jahre in einer Reihe von Beiträgen zentrale methodologische Probleme der Wirtschaftsprognose und ihrer Beurteilung systematisch herausgearbeitet zu haben. Wie bei methodologischen Erörterungen unvermeidlich, waren sie partiell zunächst von einer sehr großen Rigorosität getragen, die aber später partiell einer pragmatischeren Sicht Platz machte, so z. B. was die „Wissenschaftlichkeit" von Prognosen angeht, die den Verfasser des vorliegenden Beitrages seinerseits zu einigen Fragen veranlasst hatten.[2]

---

[1] Ein ehemaliger Herausgeber einer der beiden Zeitschriften antwortete dem Verfasser auf seinen Vorschlag, sich in der Zeitschrift mit konzeptionellen Problemen der Prognosebeurteilung auseinanderzusetzen, dass ein solcher Beitrag keine Chance hätte, publiziert zu werden. Im Personenregister der „Principles of Forecasting " taucht z. B. *Morgensterns* Name nicht auf.

[2] Vgl. *Tietzel* (1980/1981a), *Heilemann* (1980/81), *Tietzel* (1980/81b).

In seinem Aufsatz von 1989 weist *Manfred Tietzel* vor allem auf drei Probleme rationaler, „wissenschaftlicher" Prognose hin: das „Geltungsproblem", das „Anwendungsproblem" und das „*Ödipus*-Problem" (*Tietzel* 1989). Mit ersterem ist, vereinfacht ausgedrückt, angesprochen, dass die Gesetzesaussage etwa im Rahmen des *Hempel-Oppenheim* (im Folgenden: HO)-Schemas im Prognosezeitraum wahr ist (und dass sie empirischen Gehalt besitzt). – Mit dem Anwendungsproblem ist gemeint, „ob die Gültigkeit der Anwendungsbedingungen im deduktiven Prognoseargument vor dem Eintritt des Prognoseergebnisses feststellbar ist, ob also schon zum Zeitpunkt der Prognoseerstellung die tatsächliche Erfüllung der in der wenn-Komponente der Gesetzesaussage genannten Bedingungen behauptet werden kann". – Beim „*Ödipus*-Effekt" schließlich geht es um „die Verstärkungswirkungen des Bekanntwerdens von Aussagen über das Verhalten von Aktoren auf deren Verhalten", also die Selbsterfüllungs- oder Selbstzerstörungsproblematik von Prognosen (Zitate *Tietzel* 1989).

Im Folgenden soll die empirische Bedeutung dieser drei Probleme exemplarisch beleuchtet werden, auf eine theoretische Auseinandersetzung wird weitgehend verzichtet. Als Beispiel dienen vielbeachtete gesamtwirtschaftliche Prognosen für Deutschland, im Wesentlichen für den Zeitraum 1981 bis 1999, auch wenn von vornherein feststeht, dass es sich dabei nicht um wissenschaftliche Prognosen im oben genannten Sinn handelt, immerhin aber um Prognosen von Wissenschaftlern.

Von den drei genannten Problemen hat bislang vor allem das „Geltungsproblem" oder das „Wahrheitsproblem" empirisches Interesse gefunden. In der Tat ist die Literatur zur Treffsicherheit gesamtwirtschaftlicher Prognosen recht umfangreich, wie der nächste Abschnitt zeigt. Allerdings wird dabei durchgehend ignoriert, dass es sich bei Konjunktur- oder gesamtwirtschaftlichen Prognosen um durch *konjunktiver* Verknüpfung von *Teilprognosen zusammengesetzte, mehrstufige* Prognose (der *kurzfristigen gesamtwirtschaftlichen* Entwicklung) handelt.[3] Analysen der Treffsicherheit der realen BIP-Prognosen, auf die sich die Analysen, neben der Inflationsrate, in der Regel beschränken müssen (s.u.), sind jedoch das Ergebnis definitorischer Verknüpfungen der Verwendungsaggregate. Die Fehler der BIP-Prognosen vermitteln damit dem Prognosekonsumenten zwar ein Bild von deren Unschärfe, besagen aber wenig über den „Wahrheitsgehalt" der den Prognosen der einzelnen Verwendungsaggregate zugrundeliegenden Hypothesen, zumal die BIP-Prognosen von den durch die sachliche und zeitliche Verknüpfung entstehenden Aggregationsgewinnen profitieren. Ähnliches gilt für die Prognosen des BIP-Deflators. – Im Falle der Verwendung makroökonometrischer Modelle stellt sich das Problem zunächst günstiger dar, denn statistisch-ökonometrische Kriterien geben, mit den bekannten Einschränkungen, Hinweise auf den bisherigen und aufgrund ihrer Stabilität in der Vergangenheit auch künftigen „Wahrheitsgehalt" der verwendeten Hypothesen. Allerdings mit ihrer in der Regel erforderlichen sachlichen und dynamischen Verknüpfung bei der Lösung der Gleichungssysteme büßen diese Kriterien ihre Aussagekraft ein, von den in aller Regel ebenfalls erforderlichen Ergänzungen zur Berücksichtigung externer Informationen („add-Faktoren") ganz abgesehen.[4]

---

[3] Vgl. hierzu und dem Folgenden z. B. *Tichy* (1994), S. 196 ff.

[4] Vgl. dazu z. B. *Heilemann* (2002); *Intriligator, Bodkin* und *Hsiao* (1996), S. 518 ff.

Deutlich schlechter stellt sich die Lage mit Blick auf das „Anwendungsproblem" dar. Ein Grund war, dass bis zu Beginn der 1980er Jahre bei gesamtwirtschaftlichen Prognosen für Dritte die ihnen zugrundeliegenden Annahmen im Dunkeln blieben; bezüglich der Hypothesen gilt das übrigens bis zum heutigen Tag, wenn man von der Verwendung makroökonometrischer Modelle absieht. Es liegt auf der Hand, dass dies den kognitiven Wert des „Prognosetests", die Aussagen zur Treffsicherheit wissenschaftlicher Prognosen, d.h. nach Maßgabe des HO-Schemas, wenn nicht völlig zunichte macht, so doch stark schmälert. Auch in handlungsorientierter Perspektive beeinträchtigt dies ihren Nutzen erheblich, da der Einfluss der Annahmen nicht deutlich wird und so u. a. einen Vergleich mit anderen Vorausschätzungen Dritten im Grunde unmöglich macht. Ein zweiter Grund dafür, dass bislang recht wenig über den Einfluss der Annahmen auf die Treffsicherheit der gesamtwirtschaftlichen Prognosen bekannt ist, hat methodische Gründe. Die zur gesamtwirtschaftlichen Prognosen überwiegend verwendeten Methoden gestatten kaum eine Isolation des Einflusses von Hypothesen und Annahmen auf die Prognoseergebnisse – entsprechende Ergebnisse oder auch nur Versuche in neuerer Zeit sind dem Verfasser jedenfalls nicht bekannt. Auch dazu unten mehr.

Wiederum anders liegen die Dinge bezüglich des „*Ödipus*-Problems".[5] Es wird von Prognostikern zwar häufig als Argument bemüht, wenn sich ihre Einschätzungen als falsch herausgestellt haben. Konkrete Untersuchungen zu ihrer tatsächlichen Bedeutung aber fehlen weitgehend, wenn man von der auch von *Tietzel* (1989) angesprochenen im Gefolge des Börsenkrachs am 19. Oktober 1987 für das folgende Jahr befürchteten schweren weltweiten Krise absieht.

Die angesprochenen Schwierigkeiten einer empirischen Untersuchung der drei Probleme haben sich seit Mitte der 1970er Jahre durch die zunehmende Verwendung makroökonometrischer Modelle grundlegend verringert: Sie erlauben nicht nur eine detaillierte Beleuchtung der Treffsicherheit gesamtwirtschaftlicher Prognosen, sondern vor allem gestatten sie die Isolierung des Einflusses der Annahmen auf das Prognoseergebnis. Dies soll im Folgenden geschehen. Grundlage bilden Erfahrungen mit den Prognosen eines makroökonometrischen Modells für die Bundesrepublik, genauer des RWI-Konjunkturmodells. Die Ergebnisse sind allerdings nicht auf das verwendete Modell beschränkt, sondern lassen sich tendenziell auch auf die Prognosen der „Gemeinschaftsdiagnose" und in Grenzen auch auf die Prognosen des Sachverständigenrats zur Begutachtung der gesamtwirtschaftlichen Entwicklung übertragen.

Der nächste Abschnitt 2 gibt einen Überblick über Treffsicherheit und Treffsicherheitsanalysen und zur Abschätzung der quantitativen Bedeutung der zu untersuchenden Probleme und damit erste Anhaltspunkte zur „Geltungsproblematik". Abschnitt 3 untersucht dann den Einfluss der Annahmen auf die Treffsicherheit makroökonometrischer Modellprognosen, setzt sich also mit dem „Anwendungsproblem" und im Anschluss daran nochmals mit dem „Geltungsproblem" auseinander. Abschnitt 4 enthält Bemerkungen und Befunde zum „*Ödipus*-Problem". Der letzte Abschnitt 5 fasst die Ergebnisse zusammen und fragt nach ihren Konsequenzen für das Verständnis gesamtwirtschaftlicher Prognosen – aber auch für die Schwierigkeiten ihrer Überprüfung im Zusammen-

---

[5] Vgl. dazu ausführlich z. B. *Tichy* (1994), S. 198 ff.

hang mit gesamtwirtschaftlichen Prognosen, d.h. mehrstufigen, verbundenen Prognosen.

2. Treffsicherheitsanalyse, Treffsicherheit gesamtwirtschaftlicher Prognosen, „Geltungsproblematik" I

Für die Bundesrepublik werden gesamtwirtschaftliche Prognosen seit 1950 erstellt, etwa seit Mitte der 1960er Jahre auch durchgehend konsistent quantifiziert in den Aggregaten der Volkswirtschaftlichen Gesamtrechnungen (VGR) (*Antholtz* 2005). Der Prognosehorizont der maßgeblichen Prognosen wurde sukzessiv von etwa 1 Jahr auf heute überwiegend 2 Jahre erweitert. Das Prognoseangebot vergrößerte sich seit den 1950er Jahren beträchtlich – von weniger als zehn Instituten bzw. Institutionen auf mehr als 50. Die theoretische und methodische Basis der Prognosen ist unterschiedlich, genaue Informationen dazu liegen aber nicht vor. Insgesamt ist die methodische Vorgehensweise – wie auch die theoretische Basis, soweit sich das ersehen lässt – eklektisch, wobei methodisch die sog. Iterative VGR-Prognose den Kern bildet und durch die Ergebnisse einer Reihe anderer Verfahren, namentlich ökonometrischer Einzelschätzungen, aber auch makroökonometrischer Modelle, ergänzt werden (*Niehaus* und *Sturm* 2003; *Tichy* 1994, S. 206 ff.).

2.1. Treffsicherheitsanalyen gesamtwirtschaftlicher Prognosen

Iterative VGR-Prognose und makroökonometrische Strukturmodelle fußen auf Hypothesen, über die nur bei letzteren Klarheit besteht, sowie auf expliziten und impliziten Annahmen, letzteres ein Umstand der im HO-Schema wenig Beachtung zu finden scheint.

Zu den expliziten Annahmen zählen bei Prognosen für die Bundesrepublik vor allem Annahmen bezüglich außenwirtschaftlicher Entwicklungen wie des Welthandels, der Importpreise und des Ölpreises, politischer Setzungen bezüglich der Fiskalpolitik (Investitionen des Staates), der Sozialpolitik (Beitragssätze zur Sozialversicherung) oder der Geldpolitik (Zinssätze, Geldmengenexpansion). Von den Prognostikern, hier vor allem von den der „Gemeinschaftsdiagnose" (GD) der großen deutschen Forschungsinstitute im Auftrag der Bundesregierung (*Arbeitsgemeinschaft* 1967 ff.), werden diese erst seit etwa Mitte der 1980er Jahre ausgewiesen. Der Sachverständigenrat zur Begutachtung der gesamtwirtschaftlichen Entwicklung (SVR) (*Sachverständigenrat* 1967 ff.) hält sich diesbezüglich noch immer sehr zurück.

Bei der Verwendung makroökonometrischer Strukturmodelle sind explizite „Annahmen" unverzichtbar[6], lediglich Zeitreihenmodelle, die für ultra-kurzfristige Progno-

[6] Vgl. dazu ausführlich die Prognosen mit dem RWI-Konjunkturmodell (*Rheinisch-Westfälisches Institut für Wirtschaftsforschung* 1976 ff.). – Der Zwang zu entsprechenden Vorgaben bei der Verwendung makroökonometrischer Modelle war es denn offenbar auch, der die „Gemeinschaftsdiagnose" der großen Wirtschaftsforschungsinstitute bewegte, die ihren Vorausschätzungen zugrundeliegenden Annahmen zu veröffentlichen. Die Angaben bezüglich der Annahmen der makoökonometrischen Modellprognosen gehen allerdings zwangsläufig weit über die bei den „Iterativen VGR-Prognosen" veröffentlichten hinaus. Sie geben nicht nur über die zeitliche Verteilung der Annahmen Auskunft, sondern auch über

sen (Monatswerte) Verwendung finden, kommen ohne „Annahmen" aus, wenn man die verzögerten erklärenden Variablen, auf die sich die Modelle stützen, nicht als solche interpretieren will. Wie es zur Quantifizierung der Annahmen kommt, ist für Dritte schwer auszumachen. „Urteile ohne Überzeugung" (*Meinong*) sind es sicher nicht, denn z. B. bezüglich des Welthandels, des Ölpreises oder der Zinsentwicklung herrscht durchaus die Vorstellung, dass es sich um die in Augen der Prognostiker „wahrscheinlichste" Entwicklung handelt. Wie die Prognosen erstellt werden – „wissenschaftlich" im Sinne der Forderungen von *Tietzel* (1989) oder aufgrund von Plausibilitäts- oder Erfahrungsregeln –, ist jedenfalls für Dritte nicht auszumachen. Vieles spricht auch hier für Letzteres, jedenfalls steht fest, dass keine makroökonometrischen, vollständig endogenisierten „Weltmodelle" verwendet werden. Die Gründe liegen dabei nicht nur im Theoretischen und im Empirischen, d. h. einem Mangel an leistungsfähigen Erklärungen z. B. der Beziehungen innerhalb des monetären Sektors und seines Einflusses auf die Realwirtschaft, wie die Krise 2007 ff. gezeigt hat. Andererseits, so wünschenswert mit Blick auf den Erklärungsgehalt der Prognose (*Wild* 1974, S. 138 ff.) eine vollständige Endogenisierung ist – sie bedeutet jedoch eine vollständige Determiniertheit der künftigen Entwicklung.

Die gesamtwirtschaftlichen Prognosen basieren indessen nicht nur auf expliziten, sondern auch auf impliziten Annahmen. Dies wird bei der Beurteilung des Informationsgehaltes und der Treffsicherheit in der Regel übersehen, und insofern erweist sich auch das HO-Schema, wie erwähnt, als zu eng. Ihre vollständige Angabe ist z. B. allein für das staatliche Handeln allerdings ausgeschlossen, denn stets können prognoserelevante Maßnahmen aufgehoben oder verändert werden oder neue eingeführt werden (*Giersch* 1977, S. 109). Das Gleiche gilt für andere Träger der Wirtschaftspolitik oder das Ausland. Noch weiter gegriffen: Es wird vom Eintritt von Naturkatastrophen, Kriegen usw. abgesehen.

Die systematische, quantitative Analyse der Treffsicherheit der gesamtwirtschaftlichen Prognosen setzte in Deutschland in größerem Umfang erst Mitte der 1970er Jahre ein (*Antholtz* 2005). Die Analysen erfolgten dabei – wie z. B. in den Vereinigten Staaten – bis in die jüngste Zeit fast ausnahmslos durch Dritte. Die „Rückblicke" z. B. des Sachverständigenrates waren in der Regel wenig systematisch und überwiegend affirmativ, ohne dies weiter zu begründen. Die „Gemeinschaftsdiagnose" begann erst vor wenigen Jahren mit einer Analyse der Treffsicherheit ihrer Prognosen, die aber noch immer zu wünschen übrig lässt, weil z. B. die Rolle der Annahmen kaum beleuchtet wird.

Ungeachtet der beachtlichen Zunahme von Treffsicherheitsanalysen in den letzten Jahrzehnten finden zwei zentrale Aspekte nach wie vor wenig Aufmerksamkeit: die Rolle der Annahme für die Treffsicherheit und die Frage der Zeitstabilität der verwendeten Hypothesen (*Tietzel* 1989). Im Fall der „Iterativen VGR-Prognosen" fällt die Erklärung nicht schwer. Zum einen basieren deren Prognosen allenfalls partiell auf testbaren Hypothesen, zum andern ist die Wiederholung der Prognose mit beobachteten Wer-

---

geplante wirtschaftspolitische Maßnahmen und sonstige, für die Prognose als wichtig erachtete Entwicklungen, die in die Modellprognose Eingang finden.

ten für die Annahmen wenn nicht unmöglich, so doch extrem aufwändig. Hinzu kommt, dass sich die Prognostiker weniger kognitiven, sondern primär handlungsorientierten Interessen verpflichtet fühlen und diesen es offenbar vor allem auf die zu erwartende Treffsicherheit und nicht auf die „Qualität" der Prognose im *Wild*schen Sinne (*Wild* 1974, S. 134 ff.) ankommt. Außerdem bemühen die Prognostiker, wie erwähnt, gerne das *Ödipus*-Problem bzw. Reflexivitätsproblem und betonen, dass es ihnen nicht auf richtige Prognosen, sondern auf die Korrektur ungünstiger Entwicklungen ankommt (siehe Abschnitt 4).

Sehr viel besser als im Fall der „Iterativen VGR-Prognose" stellt sich die Situation im Fall der makroökonometrischen Modelle dar. Die Überprüfung der Rolle der Annahmen für das Prognoseergebnis bereitet heute zwar ebenso wie die Überprüfung der Zeitstabilität der verwendeten Hypothesen dank der wesentlich verbesserten rechentechnischen Möglichkeiten wenig Schwierigkeiten. Da es sich auch bei den hier betrachteten Modellprognosen um konjunktive, mehrstufige Prognosen handelt, sagt das Ergebnis wenig über die Qualität der verwendeten Einzel-Hypothesen im Modellzusammenhang aus: Die Treffsicherheit der Modellprognose ist das Ergebnis von „Einzelgleichungsfehler", „Modellfehler" und „Dynamikfehler", wobei in dem hier verwendeten Modell und wohl auch generell der „Einzelgleichungsfehler" den weitaus größten Anteil am Gesamtfehler der einzelnen Erklärungen hat (*Heilemann* 2004). An Prognosen für den Privaten Verbrauch illustriert: die in der Regel verwendete erweiterte „permanent income"-Hypothese erweist sich bei der Schätzung als äußerst leistungsfähig, bei der Prognose leidet sie indessen darunter, dass das zur Erklärung des Privaten Verbrauchs erforderliche Einkommen u.a. auch wegen der Rolle des Privaten Verbrauchs im Nachfrage-Beschäftigungs-Einkommenskreislauf erhebliche „Fehler" aufweist, die zu fehlerhaften Prognosen in der ersten Prognoseperiode führen und sich in den folgenden Perioden fortpflanzen und insgesamt dann weit über den Fehler der Schätzgleichung hinausgehen können. Immerhin finden sich seit längerem bei den makroökonometrischen Modellprognosen und neuerdings auch bei den Iterativen VGR-Prognosen Angaben zu den Unsicherheitsbereichen der Prognosen.[7]

2.2. Zur Treffsicherheit gesamtwirtschaftlicher Prognosen – „Geltungsproblematik" I

Ehe in den nächsten Abschnitten detaillierter auf das Geltungsproblem und das Anwendungsproblem eingegangen wird, erscheint es zweckmäßig, einen kurzen Überblick über die Treffsicherheit einflussreicher gesamtwirtschaftlicher Prognosen für die Bundesrepublik zu geben. Die Darstellung beschränkt sich auf die Prognosen der GD, des SVR, der OECD und den Jahreswirtschaftsbericht der Bundesregierung („JWB"),[8] die diese im Herbst für das jeweils folgende Jahr bzw. im Januar für das jeweilige (JWB) vorlegen. Die Prognosen umfassen praktisch alle VGR-Aggregate, die folgende Aus-

---

7 Vgl. z. B. *Wallis* (2003), neuerdings auch die GD.

8 Vgl. dazu *Arbeitsgemeinschaft* (1967 ff.); *Sachverständigenrat zur Begutachtung der gesamtwirtschaftlichen Entwicklung* (1967 ff.); *OECD* (1967 ff.); *Bundesregierung* (1967 ff.) sowie *Antholtz* (2005).

wahl beschränkt sich auf die Zielvariablen „Wirtschaftswachstum", das reale BIP, und „Preisstabilität", hier den BIP-Deflator, jeweils gemessen als Veränderungsraten gegenüber dem Vorjahr. Beide sind wichtige Determinanten der Beschäftigung und des Fiskaldefizits, zwei weitere Variablen von zentralem wirtschaftspolitischem Interesse.

Der Untersuchungszeitraum umfasst die Jahre 1967 bis 2010, auch wenn die weitere Analyse sich nur auf den Zeitraum 1980 bis 1995 beschränkt. Als beobachtete Werte wurden jeweils die im Frühjahrsgutachten der GD wiedergegebenen Werte für das abgelaufene Jahr verwendet, den späteren Revisionen, Neuberechnungen usw. konnte nur durch Fortschreibung der alten Daten mit den beobachteten Veränderungsraten Rechnung getragen werden. Die Prognosewerte wurden jeweils auf halbe v.H.-Punkte gerundet, da bis in die 1990er Jahre einige Prognosen nur mit dieser Genauigkeit ausgewiesen wurden. Als Prüfmasse dienten – wie üblich – der Mittlere absolute Fehler (MAE), die Verzerrung (Bias), also der Saldo der einzelnen Über- und Unterschätzungen, sowie die Wurzel des Mittleren quadratischen Fehlers, standardisiert mit der Varianz im jeweils betrachteten Zeitraum (RMSE/σ). Ferner wird der *Theil*sche Ungleichheitskoeffizient (U) ausgewiesen, der darüber Auskunft gibt, ob die Prognosen einer „naiven" Prognose in Gestalt einer Fortschreibung der Veränderungsrate des Vorjahrs überlegen gewesen wären.[9]

Wie Tabelle 1 zeigt, ist die Bilanz ernüchternd. Die Wachstumsprognosen haben, über den gesamten Untersuchungszeitraum gerechnet, einen durchschnittlichen absoluten Fehler (MAE) von mehr als 1 v.H.-Punkt, die Inflationsprognosen von mehr als ½ v.H.-Punkt. Die Unterschiede zwischen den einzelnen Institutionen sind vergleichsweise gering und reflektieren vermutlich in erster Linie (s. u.) den Zeitpunkt der Prognoseerstellung.[10] Die Prognosen neigen durchgehend zu einer deutlichen Überschätzung. Immerhin sind sie, wie der *Theil*sche Ungleichheitskoeffzient zeigt, deutlich besser als die oft als Referenz verwendeten „no change"-Prognosen. Konjunkturelle Wendepunkte werden nur selten „rechtzeitig "gesehen (*Heilemann* und *Stekler* 2010). Für die Inflationsprognosen hat sich die Bilanz deutlich gebessert. Dagegen hat sich bei den Wachstumsprognosen in den letzten 45 Jahren wenig gebessert, wie die bemerkenswert stabilen Ergebnisse für die vier Dekaden zeigen.[11] Zwar sind die absoluten Fehler mit den Wachstumsraten Deutschlands etwas zurückgegangen, die mit den Veränderungsraten des BSP/BIP[12] standardisierten Fehler lassen jedoch eine bemerkenswerte Konstanz erkennen. Die beträchtliche makroökonomische Theorieentwicklung, das stark verbesserte, vor allem detailliertere und aktuellere Datenangebot und die enorm verbesserten

9 Dass diese im Herbst auch für das jeweilige Jahr nur als Schätzung vorliegen wird dabei, ebenfalls wie üblich, ignoriert. – Die Daten finden sich in *Heilemann* und *Wappler* (2011), Anhang und stehen auf Anfrage auch beim Verfasser zur Verfügung.

10 Die GD veröffentlicht ihre Vorausschau im Oktober, der Sachverständigenrat Mitte November, die OECD im Dezember, und der „Jahreswirtschaftsbericht" wird im Januar des jeweiligen Jahres vorgestellt.

11 Der Befund stimmt mit einer Analyse von *Zarnowitz* (1992) für die Vereinigten Staaten überein.

12 Das BSP wurde als zentrale Variable der gesamtwirtschaftlichen Aktivität in den Veröffentlichungen des Statistischen Bundesamtes ab 1992 vom BIP abgelöst.

rechentechnischen Möglichkeiten sind offenbar ohne erkennbare Folgen für die Treffsicherheit geblieben. Auch die Treffsicherheitshierarchie der Prognostiker änderte sich kaum. Für die Inflationsprognosen sieht es besser aus – sei es, weil die Öl-Krisen nicht mehr das Bild stören, wir „gelernt“ haben oder weil die Geldpolitik erfolgreicher als zuvor die Preisstabilisierung durchsetzen konnte.[13]

Tabelle 1: Zur Prognosegüte ausgewählter Wachstums- und Inflationsprognosen, 1967 bis 2010

	Wirtschaftswachstum				Inflation			
	GD	SVR	OECD	JWB	GD	SVR	OECD[1]	JWB
	1967 bis 2010							
MAE	1,5	1,3	1,3	1,2	0,7	0,7	0,6	0,7
Bias	0,3	0,3	0,3	0,2	-0,0	-0,1	-0.0	-0,1
U	0,7	0,6	0,6	0,5	0,3	0,3	0,3	0,3
RMSE/ σ	0,9	0,8	0,7	0,7	0,4	0,4	0,4	0,4
	1970 bis 1979							
MAE	1,9	1,5	1,4	1,3	1,2	1,3	0,8	1,2
Bias	0,7	0,7	0,6	0,6	-0,7	-0,8	-0,4	-0,9
U	0,6	0,6	0,6	0,5	0,3	0,3	0,2	0,3
RMSE/ σ	0,9	0,8	0,8	0,7	0,8	0,8	0,5	0,8
	1980 bis 1989							
MAE	1,1	0,9	1,0	1,0	0,4	0,5	0,8	0,5
Bias	-0,1	0,1	0,2	0,1	0,1	-0,2	-0,2	-0,2
U	0,5	0,5	0,5	0,5	0,1	0,2	0,3	0,2
RMSE/ σ	0,8	0,7	0,8	0,8	0,3	0,5	0,7	0,5
	1990 bis 1999							
MAE	1,0	0,9	0,9	0,8	0,5	0,5	0,4	0,5
Bias	0,5	0,3	0,4	0,4	0,1	0,3	0,3	0,1
U	0,5	0,5	0,5	0,4	0,2	0,3	0,2	0,2
RMSE/ σ	0,7	0,7	0,7	0,6	0,4	0,5	0,3	0,4
	2000 bis 2010							
MAE	1,7	1,5	1,2	1,1	0,5	0,5	0,5	0,6
Bias	0,7	0,7	0,6	0,3	0,2	0,3	0,2	0,4
U	1,1	1,0	0,7	0,6	0,6	0,6	0,7	0,7
RMSE/ σ	1,1	1,0	0,7	0,6	0,9	0,9	1,0	1,1

Quelle: eigene Berechnungen. – Fehler: prognostizierte ./. beobachtete Werte. Prognosen im Herbst für das kommende Zu den weiteren Abkürzungen vgl. Text, zur Berechnung der Prüfmaße siehe Anhang. – [1] Für 1970 und 1972 keine Angaben.

Noch unbefriedigender fällt die Bilanz freilich aus, wenn statt der Durchschnittsbetrachtung die Analyse gewissermaßen auf die Krisenfälle konzentriert wird: Keine der

[13] Zu weiteren Erklärungen vgl. *Heilemann* und *Stekler* (2010).

„Krisen", also Rezessionen oder Stagnationen seit 1966, wurde in den Herbstprognosen gesehen, wie überhaupt nie Krisen prognostiziert wurden (*Heilemann* und *Stekler* 2010).

3. „Anwendungsprobleme": Annahmen und Treffsicherheit – „Geltungsproblematik" II

Zur Abschätzung der Bedeutung der (expliziten) Annahmen für die Treffsicherheit wird im Folgenden auf die Ergebnisse makroökonometrischer Modellprognosen zurückgegriffen. Bei dem Modell handelt es sich um das RWI-Konjunkturmodell, ein makroökonometrisches Vierteljahresmodell (41 Verhaltensgleichungen, 96 Definitionen), das seit Mitte der 1970er Jahre für gesamtwirtschaftliche Prognosen mit einem Prognosehorizont von bis zu acht Quartalen verwendet wurde.[14] Die Prognosen wurden bis Ende 2004 veröffentlicht und in den folgenden „Vierteljährlichen Modellrechnungen" überprüft (*Rheinisch-Westfälisches Institut für Wirtschaftsforschung* 1985 ff.). Zusammengefasst wurden die Überprüfungen, d. h. die Treffsicherheit der Prognosen mit den jeweiligen tatsächlichen Annahmen, die Treffsicherheit der (expliziten) Annahmen und die Ergebnisse einer Wiederholung der Prognose mit den „richtigen" Annahmen für den Zeitraum 1981 bis 1999 veröffentlicht.[15] Daneben wurden in einer Reihe von Einzeluntersuchungen detaillierte Analysen der Treffsicherheit einzelner Prognosen durchgeführt, die zusätzlich der Rolle von Parameteränderungen oder von sonstigen aktuellen Ergänzungen der Annahmen nachgingen (*Heilemann* 1989, 1990, 2002, 2004b), auf die hier nicht weiter eingegangen wird, die aber von den dem hier gegebenem Bild nicht abweichen.

3.1. Treffsicherheit der Annahmen

Zur Beurteilung der Rolle der Annahmen für die Treffsicherheit der makroökonomischen Prognosen wird zunächst nach der Treffsicherheit der Annahmen selbst gefragt und anschließend nach ihrer Bedeutung für die Prognosen. Die Analysen beschränken sich auf „Öffentliche Bauinvestitionen", die „Tarife zur Sozialversicherung", die „Weltexporte" (das Welthandelsvolumen, „Preisindex der Importe" (jeweils Veränderungsraten gegenüber dem Vorjahr in v.H.) sowie den „Kurzfristigen Zinssatz" (Diskontsatz) und den „Langfristigen Zinssatz" (Umlaufsrendite 10jähriger festverzinslicher Wertpapiere) (jeweils in v.H.). Bei den Werten handelt es sich um die jeweiligen Vorgaben für die entsprechenden Prognosen mit dem RWI-Konjunkturmodell im Rahmen seines Einsatzes bei den jeweiligen (Herbst-)Prognosen der „Gemeinschaftsprognose". Die Angaben dürften daher identisch mit den überwiegend unveröffentlichten Annahmen der entsprechenden GD sein und weitgehend auch mit denen des Sachverständigenrats, mit geringfügigen Abstrichen auch der OECD und des JWB. Wie ausgeführt, basieren die Ausführungen auf einer Reihe weiterer expliziter und impliziter Annahmen. Über sie liegen allerdings keine durchgehenden Angaben oder – wie z. B. im Fall wirtschaftspo-

---

[14] Vgl. hierzu und dem Folgenden *Heilemann* (2004a).

[15] Dort finden sich auch entsprechende Ergebnisse für Prognosen mit einem Horizont von einem halben Jahr und bis zu zwei Jahren.

litischer Maßnahmen – keine beobachteten Werte vor, mit denen diese Annahmen verglichen werden könnten.

Tabelle 2: Zur Annahmegenauigkeit[1] ausgewählter exogener Variablen in makroökonomischen Prognosen 1982 bis 1999

Variable	1982 bis 1989	1990 bis 1999	1982 bis 1999
Öffentliche Bauinvestitionen	2,9	4,7	3,9 (4,6)
Tarife zur Sozialversicherung	0,1	0,2	0,1 (0,2)
Weltexporte	1,3	1,8	1,5 (2,1)
Preisindex der Importe	2,3	2,5	2,4 (2,8)
Kurzfristiger Zinssatz	0,8	0,3	0,6 (07)
Langfristiger Zinssatz	0,5	0,8	0,6 (0,8)

Quelle: eigene Berechnungen nach Angaben in *Heilemann* (2004a), Tabelle 1. Zu den Dimensionen vgl. Text. – [1] Durchschnittlicher mittlerer absoluter Fehler (MAE). In (...) Standardabweichung.

Tabelle 2 fasst die Ergebnisse zusammen, wobei wie üblich die Durchschnittswerte ein zu positives Bild geben.[16] Ein Zusammenhang der Fehler mit der Variabilität der jeweiligen Variablenentwicklung ist auch hier nicht zu übersehen. In einzelnen Jahren gehen die Fehler z. T. sehr deutlich über diese Werte hinaus[17], was hier aber nicht weiter interessiert. Immerhin wird deutlich, dass sich die Treffsicherheit mit Ausnahme der Annahmen bezüglich der Kurzfristigen Zinsen in den 1990er Jahren deutlich verschlechtert hat. Eine wichtige Ursache dafür dürfte in der deutschen Einigung liegen, was hier aber ebenfalls nicht interessieren soll.

3.2. Annahmen und Treffsicherheit – „Geltungsproblematik" II

Zur Beurteilung der Rolle der Annahmen-Fehler für die Treffsicherheit der Prognosen und damit der Geltungsproblematik wurden die auf Schätzwerten für die Annahmen basierenden Modellprognosen mit ihren beobachteten Werten wiederholt. Da es hier nicht um substanzwissenschaftliche Fragen im Sinne einer Beurteilung der strukturellen Sensitivität des Modells geht, wurde lediglich der gemeinsame Einfluss aller Annahmen-Fehler untersucht.

In Tabelle 3 sind für ausgewählte Variablen der Entstehungs-, Verwendungs- und Preisseite des BSP die MAE der Modellprognosen ausgewiesen. Dabei zeigt sich, neben der sehr unterschiedlichen Prognosegüte der einzelnen Variablen und damit deutlichen

---

16 So zeigen sich z. B. die Annahmen zur Welthandelsentwicklung in den Jahren 1988, 1989 und 1992 als entschieden zu optimistisch, ebenso die Annahmen zu den Zinsen in den Jahren 1982 und 1989 (Kurzfristige Zinsen) bzw. 1984, 1990 und 1993. – Die Berechnungen stützen sich auf die Tabellen 1, 2 und 3 in *Heilemann* (2004a).

17 Vgl. *Heilemann* (2004a), Tabelle 1, S. 185.

Hinweisen auf Aggregationsgewinne der BIP-Prognosen[18], vor allem zweierlei: Erstens, die Einflüsse der Annahmen-Fehler sind – wie zu erwarten – je nach Variable sehr unterschiedlich. So weisen z. B. die Erwerbstätigen-Prognosen mit den beobachteten Werten für die Annahmen überraschenderweise deutlich höhere Fehler als mit den geschätzten Werten auf. Dies ist zum einen Folge der erheblichen Datenrevisionen[19], hängt aber auch, wie erwähnt, mit den Problemen der deutschen Einigung zusammen. Im Falle der Exporte und bei allen anderen Variablen mit Ausnahme der Staatlichen Defizite sind mehr oder weniger deutlich geringere Fehler zu verzeichnen. Das gilt insgesamt aber auch für die beiden Teilräume des Untersuchungszeitraums.

Tabelle 3: Zum Einfluss wichtiger Annahmen[1] auf die Treffsicherheit der Prognosen[2] des RWI-Konjunkturmodells 1980 bis 1999, Veränderungsraten gegenüber dem Vorjahr in v.H.

	Annahmen					
Variable	Geschätzt			Beobachtet		
	1982 bis 1989	1990 bis 1999	1980 bis 1999	1982 bis 1990	1990 bis 1999	1982 bis 1999
Zahl der Erwerbstätigen, in 1 000	270	573	480 (740)	336	843	619 (926)
Privater Verbrauch, real	0,6	1,1	0,8 (1,0)	0,5	1,0	0,8 (1,0)
Anlageinvestitionen, real	1,9	3,5	2,8 (3,3)	1,0	3,2	2,3 (2,7)
Exporte, real	1,6	3,7	3,3 (4,3)	1,3	1,8	1,6 (1,9)
Bruttosozialprodukt, real	0,9	1,2	1,0 (1,3)	0,3	1,1	0,8 (0,9)
Preisindex des Privat. Verbrauchs	0,3	0,3	0,3 (0,4)	0,2	0,3	0,3 (0,3)
Staatliches Defizit	15	43	31 (61)	14	43	30 (62

Quelle: eigene Berechnungen nach Angaben in *Heilemann* 2004a. In (...) Standardabweichung. – [1] Zu den Annahmen im Einzelnen vgl. Text.- [2] Mittlerer absoluter Fehler.

Auf den ersten Blick überrascht das Ergebnis. Bei näherer Betrachtung bzw. mit einem Blick auf die Inzidenz-Matrix der Modellbeziehungen, in der periodenweise die

[18] Was einmal mehr den beschränkten kognitiven Aussagewert der üblichen Analysen der Treffsicherheit der BIP-Prognosen unterstreicht.

[19] Im Jahre 1982 hatte das Statistische Bundesamt im Rahmen seiner periodischen Revisionen für das Jahr 1978 die Zahl der Abhängig Erwerbstätigen um 450 000 heraufgesetzt, wodurch die Prognose für 1983 erheblich beeinträchtigt wurde.

exogenen und endogenen Modellbeziehungen qualitativ dargestellt sind,[20] lässt es sich jedoch leicht erklären: Der Einfluss der einzelnen exogenen Variablen ist oft stark verzögert und auf einzelne (endogene) Variablen konzentriert, d.h. nur von sehr indirekter Bedeutung für das reale BIP oder die Inflationsrate, von ihrem jeweiligen Gewicht ganz abgesehen. Insgesamt entsprechen die Ergebnisse offenbar auch denen für andere große makroökonometrische Strukturmodelle (z. B. *Kuh, Neese* und *Hollinger* 1985), was mit Blick auf die Interdependenz-Struktur ökonometrischer Modelle *Herbert Simon* zur „empty world"-Hypothese führte: „ (...) most things are only weakly connected with most other things; for a tolerable description of reality only a tiny fraction of all possible interactions needs to be taken into account" (*Simon* 1981, S. 221). Von den mehr als 20000 möglichen Beziehungen der 137 endogenen Variablen untereinander enthält das Modell deutlich weniger als 5 v.H.

Insgesamt bestätigen diese Ergebnisse zumindest für den hier betrachteten Zeitraum die früherer Untersuchungen, dass bei den Herbstprognosen für das kommende Jahr die Annahmen-Fehler im Durchschnitt für die Treffsicherheit nicht entscheidend waren (*Heilemann* 1985), ein Befund, der sich auch in entsprechenden Untersuchungen für die Vereinigten Staaten und das Vereinigte Königreich ergab (*Fildes* und *Stekler* 2002, *Wallis*, Hg., 1986). Bei näherer Betrachtung zeigt sich allerdings, dass sie teilweise beträchtliche Richtungsfehler aufwiesen, so z. B. in den Jahren 1986, 1988, 1989, 1990, 1991 und 1994.[21] Setzt man die Prognosefehler in Bezug zu denen der letzten 8 Quartale des Stützbereichs, so signalisieren die Werte für den Janus-Koeffizient (*Gadd* und *Wold* 1964, zur Berechnung siehe Anhang), dass die Prognosestabilität der einzelnen Variablen sehr unterschiedlich ist. Sie erreicht Werte zwischen 6,1 (Zahl der Erwerbstätigen) und 1,2 (Preisindex des Privaten Verbrauchs), für das reale BSP beträgt sie 1,9, d.h. er liegt um 90 v.H. über dem Fehler im Stützbereich (*Heilemann* 2004a). Die Treffsicherheit-Ergebnisse sind keineswegs selbstverständlich. So zeigte sich z. B. bei einem Teil englischer und amerikanischer Modellprognosen, dass die um die Fehler der Annahmen bereinigten Prognoseergebnisse oft weniger treffsicher als die ursprünglichen Prognosen waren (*Wallis*, Hg., 1986, *Evans, Haitovsky, Treyz* und *Su* 1972). Die Gründe für dieses „right for the wrong reason" müssen hier offen bleiben. Zu vermuten ist, dass dabei vielfach Veränderungen der Prognoseergebnisse mit dem Ziel, eine größere Nähe zum herrschenden Prognosebild zu erreichen, eine Rolle spielten – Zwänge, die bei den Prognosen mit dem RWI-Konjunkturmodell angesichts der mit ihnen verfolgten primär kognitiven Interessen nicht gegeben waren. Für die auf dem „Iterativen VGR-Modell" basierenden Prognosen fehlen, wie erwähnt, leider entsprechende Untersuchungen.

Vergleicht man die Treffsicherheitsmaße der Modellprognosen mit denen der GD, des SVR, der OECD, des JWB und einer „Naiven Prognose"[22] über die beiden Teilräume (Tabelle 4), so zeigt sich für die realen BSP-Prognosen, dass sich die Modellprognosen vor allem im Zeitraum 1980/1990 von denen für die anderen Prognosen unterschie-

---

[20] Vgl. dazu *Heilemann* (2004a), Übersicht 3, und – zu den methodischen Grundlagen – *Gilli* (2004).

[21] Vgl. *Heilemann* (2004a), Tabelle 3 und 4.

[22] Die Prognose besteht in einer Fortschreibung der Veränderungsrate gegenüber dem Vorjahr.

den. Insgesamt halten sich die Unterschiede allerdings in engen Grenzen, vor allem in handlungsorientierter Perspektive. Wenig ermutigend ist freilich, dass die Treffsicherheit der Naiven Prognose nicht völlig aus dem Rahmen fällt. – Ein deutlich größerer Einfluss der Annahmen-Fehler ist dagegen bei den Inflationsprognosen zu registrieren.

Tabelle 4: Zur Treffsicherheit der Wachstums- und Inflationsprognosen ausgewählter gesamtwirtschaftlicher Prognosen 1980 bis 1999, Veränderungen gegenüber dem Vorjahr in v.H.

	GD	SVR	OECD	JWB	Naive Prog nose[1]	RWI-Konjunkturmodell mit Annahmen ….	
						geschätzt	beobachtet[1]
Wachstum (reales BIP)							
1980-1990	1,1	0,9	0,9	1,0	1,2	0,9	0,3
1990-1999	1,0	0,9	0,9	0,8	1,5	1,2	1,1
1980-1999	1,1	0,9	0,9	0,9	1,4	1,0	0,8
Inflation (BSP-Deflator)							
1980-1990	0,4	0,5	0,7	0,5	0,9	0,5	0,2
1990-1999	0,5	0,6	0,4	0,5	0,6	0,6	0,3
1980-1999	0,5	0,6	O,6	0,5	0,8	0.3	0,3

Eigene Berechnungen nach Angaben in *Heilemann* 2004a, Tabellen 2 und 3. – [1] Nach dem Ansatz $y_t = y_{t-1}$. [2] Beginn jeweils 1982.

4. Zur „*Ödipus*-Problematik“

Das *Ödipus*-Problem – die Rückwirkungen der Prognose auf die tatsächliche Entwicklung mit der Folge der „Zerstörung“ der Prognose – hat bekanntlich eine lange Geschichte.[23] Generell sollte es sich um eine Selbstverständlichkeit handeln, dass in Fällen, wo der Prognoseadressat auf unerwünschte prognostizierte Ereignisse oder Entwicklungen mit Erfolgsaussicht reagieren kann, er dies auch unternimmt. Wie erwähnt, weisen

---

[23] Vgl. im Einzelnen dazu *Tietzel* (1989).

die Autoren gesamtwirtschaftlicher Prognosen gerne darauf hin, dass es ihnen nicht um deren Treffsicherheit geht, sondern darum, die staatlichen oder privaten Akteure ggfs. zum Reagieren zu veranlassen.

Eine diesbezügliche Überprüfung gesamtwirtschaftlicher Prognosen müsste fallbezogen untersuchen, warum es nicht zur „Selbstaufhebung“ gekommen ist und z. B. die prognostizierten Werte der wirtschaftspolitischen Ziele nicht erreicht wurden. Hilfsweise ließe sich fragen, ob und in welchem Umfang Fiskal-, Geld- oder Lohnpolitik etwa auf die prognostizierten Zielverfehlungen reagiert haben. Beides ist hier nicht zu leisten. Im Folgenden wird daher nur gefragt, inwiefern prognostizierte Schwächephasen – ausgeprägte Boom-Phasen waren im betrachteten Zeitraum mit Ausnahme des Einigungsbooms 1990/91 nicht zu verzeichnen – die Politik zu Handlungen veranlasste, die deren Eintritt ganz oder teilweise verhinderten. Dabei ist weiterhin einschränkend zu berücksichtigen, dass es, erstens, *die* Prognose, die z. B. Wirtschaftspolitiker – ebenfalls eine Mehrzahl (von Akteuren) – ihrem Handeln zugrunde legen, nicht gibt.[24] Das Angebot an gesamtwirtschaftlichen Prognosen ist beträchtlich, namentlich wenn auch ihre Unschärfen oder Bandbreiten berücksichtigt werden. Auch wenn sie sich selten fundamental – siehe oben – voneinander unterscheiden, für die Therapie gilt das nicht. Zweitens, es ist offen, ob der Prognoseadressat stets über ausreichende Mittel in den notwendigen Fristen verfügt und diese einsetzen will, um die für die einzelnen Ziele prognostizierte Entwicklung mehr oder weniger vollständig abzuwenden. Gerade mit Blick auf die Krisenbekämpfung waren ja aus einer Reihe von Gründen in den letzten Jahrzehnten in Deutschland mehrere Paradigmenwechsel zu beobachten und die Bereitschaft, z. B. seitens der Fiskal- oder der Geldpolitik stabilisierend zu intervenieren, sehr unterschiedlich (*Heilemann* und *Wappler* 2011, S. 30 ff.).

Beschränkt auf einen Vergleich der Prognosen von wirtschaftspolitischen Zielvariablen und deren Realisierungen, ergibt sich zumindest für die Wachstumsprognosen im Untersuchungsbereich ebenfalls ein ernüchterndes Ergebnis[25]: Fälle einer vollständigen Aufhebung der prognostizierten Entwicklung sind nicht zu erkennen.

Eine Ausnahme bildet die als Folge des Börsenkrachs vom 19. Oktober 1987 für 1988 erwartete weltweite Stagnation bis Rezession, die aber dank der davon weltweit ausgelösten massiven geld- und fiskalpolitischen Interventionen abgewendet wurde. In den Prognosen von GD, SVR, OECD und JWB für 1988 hatte sich dies – übrigens anders als *Tietzel* (1989) damals vermutete – allerdings noch nicht niedergeschlagen. Vor allem die fiskalpolitischen Reaktionen der Bundesregierung hielten sich, jedenfalls mit

---

[24] Zu den Voraussetzungen des *Ödipus*-Effektes vgl. *Tietzel* (1989), wobei die Forderung nach „rationalem Verhalten“ der wirtschaftspolitischen Akteuren – wie oben ausgeführt – zu streng ist. Ob eine wirtschaftspolitische Reaktion und damit die Aufhebung der Prognose rational ist, dürfte z. B. je nach konjunkturpolitischem Verständnis unterschiedlich gesehen werden. Hinzu kommt, dass die Akteure, wie ebenfalls bereits angesprochen, über hinreichend Möglichkeiten verfügen, die befürchtete Entwicklung gänzlich zu vermeiden. Im Falle der Finanz- und Wirtschaftskrise 2007 ff. ist dies, z. B. was den Rückgang des realen BIP in Deutschland im Jahre 2009 um fast 5 v.H. betrifft, auszuschließen (*Heilemann* und *Wappler* 2011, S. 115 ff.).

[25] Vgl. *Heilemann* und *Wappler* (2011), insbesondere Anhang, Tabelle A.4.

Zinssubventionen von 2,6 Mrd. DM verteilt über 10 Jahre (p. a. ca. 01, v.H. des BSP) in sehr engen Grenzen (*Heilemann* 1990). Von größerer Bedeutung waren die internationalen Reaktionen, die sich in einer sehr deutlichen Erhöhung des Welthandels, verglichen mit der sonst zu erwartenden Entwicklung (-1,6 v.H. des realen BSP), niederschlugen und maßgeblich für den *swing* der gesamtwirtschaftlichen Entwicklung in 1988 (3,5 v.H.) von mehr als 4 v.H.-Punkten des realen BSP gewesen sein dürften.

Insgesamt reagierte die deutsche Wirtschaftspolitik selbstverständlich z. B. auf die Krisen 1967, 1974/75, 1978, 1981/82, 1993 oder 2008 ff. Aber Diagnose-, Entscheidungs- und Implementierungslags sowie fehlende „fiskalische Masse" (2008 ff.) einerseits und die Dominanz von Konsolidierungsabsichten (1981/82) andererseits, schlossen faktisch eine „Selbstaufhebung" der Wachstumsprognosen aus.

5. Zusammenfassung und Schlussfolgerungen

Manfred Tietzel hat mit seiner Thematisierung und systematischen Herausarbeitung der „Geltungs-, „Anwendungs-" und „*Ödipus*-Problematik" „wissenschaftlicher" Prognosen der empirischen Wirtschaftsforschung wichtige Anregungen gegeben, denen diese bislang nur zögerlich folgte. Dies war Anlass am Beispiel der Prognosen von GD, SVR, OECD und JWB sowie eines makroökonometrischen Modells, diesen Problemen empirisch nachzugehen.

Da über die verwendeten Hypothesen seitens der Prognostiker keine Dritten zugänglichen Informationen vorliegen, wurde zur Untersuchung der „Geltungsproblematik" zunächst nur nach der Treffsicherheit der Wachstums- und der Inflationsprognosen gefragt. Dabei zeigten sich bei allen Prognosen beträchtliche Unschärfen, die sich zudem bislang nicht verringerten.

Bezüglich der „Anwendungsproblematik" deuteten die Ergebnisse des makroökonometrischen Modells – wie nicht anders zu erwarten – auf einen deutlichen, je nach betrachteten Annahmen und prognostizierten Variablen variierenden Zusammenhang zwischen der Treffsicherheit der Annahmen und der der Prognosen. Der Zusammenhang ist je nach im Einzelnen betrachteten Variablen mehr oder weniger groß. Mit Blick auf die Folgen für die Treffsicherheit der Wachstums- und Inflationsprognosen hält er sich allerdings in engen Grenzen und ändert zumindest bei ersteren nur wenig am zuvor gewonnenen Bild von der „Geltungsproblematik". Inwiefern dies der Genauigkeit der Prognosen der Annahmen geschuldet ist oder der Bedeutung der betroffenen Variablen für die betrachteten Prognosen, musste hier jedoch offenbleiben. Die angesichts der überwiegend indirekten bzw. verzögerten Einflüsse (auch) der exogenen Variablen – *Simon*s „empty world"-Hypothese – lässt, unabhängig von ihrem Gewicht, nur für wenige exogene Variablen (z. B. den Welthandel oder die Importpreise oder die Öffentlichen Investitionen) und nur bei drastisch fehlerhaften Annahmen, einen deutlichen direkten Einfluss der „Anwendungsbedingungen" erkennen.

Der „*Ödipus*-Problematik" in ihrer strengen Form kam im hier untersuchten Zusammenhang keine Bedeutung zu, wenn man von dem Sonderfall des Börsenkrachs 1987 absieht. Angesichts des späten Erkennens der Krisen und der bislang zwangsläufig verzögerten Reaktionen des politischen Prozesses – *Ödipus* hatte viel Zeit! – dürfte es sich daher auf absehbare Zeit um einen Fußnotenfall handeln.

Die Konsequenzen für die Prognosepraxis liegen, soweit sie Ansprüchen an wissenschaftliche Prognosen genügen wollen, auf der Hand. Nicht neu ist dabei die Angabe der verwendeten Hypothesen und ihrer Bewährung. Desgleichen sollten die Annahmen so weit wie möglich und, soweit sie mindestens tendenziell von Einfluss sind, explizit gemacht, quantifiziert und überprüft werden. Ihre Rolle für Prognosen sollte dem Prognoseadressaten verdeutlicht werden. Bei der Verwendung nicht-formaler Prognosemethoden wie der „Iterativen VGR-Prognose" bereitet dies zwar Schwierigkeiten, ist aber nicht gänzlich ausgeschlossen. Allerdings sind auch bei makroökonometrischen Modellen die Schwierigkeiten der Überprüfung des Geltungsmodus' konjunktiver, mehrstufiger, dynamischer, stochastischer Prognosen sehr viel schwieriger, als dies das HO-Schema zunächst vermuten lässt. Bedauerlicherweise halten sich allerdings die entsprechenden Bemühungen im makroökonometrischen Modellbau in sehr engen Grenzen. Schließlich: Auch wenn die vollständige „Selbstaufhebung" von Prognosen ein Fußnotenfall bleibt – die Rolle wirtschaftspolitischer Prognosereaktionen verdient bei der Treffsicherheitsanalyse von Prognosen mit einem Horizont von mehr als einem halben Jahr durchaus Beachtung.

In der „Göttlichen Komödie" müssen die Prognostiker in der Hölle mit rückwärtsgerichtetem Gesicht gehen, „dieweil die Sicht nach vorn benommen war". Die Prognostiker sollten darin nicht nur eine Strafe sehen. Die Treffsicherheit der gesamtwirtschaftlichen Prognosen der letzten 50 Jahre gibt jedenfalls wenig Anlass, den prognoselogischen Erfordernissen bei der Analyse der Treffsicherheit von Wirtschaftsprognosen nicht deutlich mehr Aufmerksamkeit zu schenken als bisher. Umgekehrt sollte auch deutlich geworden sein, dass dies *in praxi* sehr viel mehr Probleme bereitet, als bislang gesehen.

Literatur

Antholtz, Birger (2005), Zur Treffsicherheit von Wachstumsprognosen: Prognostizierte und tatsächliche Wachstumsraten des Bruttoinlandsprodukts Deutschlands 1950-2004, Münster.

Arbeitsgemeinschaft deutscher wirtschaftswissenschaftlicher Forschungsinstitute e.V. (1967 ff.), Die Lage der Weltwirtschaft und der deutschen Wirtschaft im Herbst 1966 ff., Essen u.a.O.

Armstrong, Scott J. (Hg.) (2001), Principles of forecasting: A handbook for researchers and practitioners, Dordrecht.

Bundesregierung (1967 ff.), Jahreswirtschaftsbericht der Bundesregierung, Bonn – Köln.

Evans, Michael K., Yoel Haitovsky, George I. Treyz und *Vincent Su* (1972), An analysis of the forecasting properties of U.S. econometric models, in: *Bert G. Hickman* (Hg.), Econometric models of cyclical behavior: Studies in Income and Wealth, No. 36, New York, NY, S. 949-1139.

Fildes, Robert und *Herman O. Stekler* (2002), The state of macroeconomic forecasting, in: Journal of Macroeconomics, Vol. 24 (4), S. 435-468.

Gilli, Manfred (2004), The logical structure of a model, in: *Werner Gab, Ullrich Heilemann* und *Jürgen Wolters* (Hg.), Arbeiten mit makroökonometrischen Modellen, Heidelberg, S. 213-256.

Gadd, A. und *Herman Wold* (1964), The Janus coefficient: a measure for the accuracy of prediction, in: *Herman Wold* (Hg.), Econometric model building, Amsterdam, S. 229-235.

Giersch, Herbert (1977), Konjunktur- und Wachstumspolitik, Wiesbaden.

Heilemann, Ullrich (1980/81), Unmöglichkeit von Wirtschaftsprognosen? Anmerkungen zu einem Beitrag von *Manfred Tietzel*, in: List Forum, Bd. 11, S. 190-193.

Heilemann, Ullrich (1985), Zur Prognosepraxis ökonometrischer Modelle, in: Zeitschrift für Wirtschafts- und Sozialwissenschaften, Bd. 105, S. 683-708.

Heilemann, Ullrich (1989), Was leisten Prognosemodelle? Eine empirische Untersuchung am Beispiel des RWI-Konjunkturmodells, in: *Bernhard Gahlen, Bernd Meyer* und *Jochen Schumann* (Hg.), Wirtschaftswachstum, Strukturwandel und dynamischer Wettbewerb: Ernst Helmstädter zum 65. Geburtstag, Berlin, S. 254-272.

Heilemann, Ullrich (1990), Die Prognosen für 1988 im Rückblick: Der Börsenkrach vom 19. Oktober 1987 und seine gesamtwirtschaftlichen Folgen, in: Kredit und Kapital, 23. Jg., S. 174-195.

Heilemann, Ullrich (2002), Increasing the transparency of macroeconomic forecasts: A report from the trenches, in: International Journal of Forecasting, Vol. 18, S. 85-105.

Heilemann, Ullrich (2004a), Das RWI-Konjunkturmodell, in: *Werner Gaab, Ullrich Heilemann* und *Jürgen Wolters* (Hg.), Arbeiten mit makroökonometrischen Modellen, Heidelberg, S. 161-212.

Heilemann, Ullrich. (2004b), Besser geht's nicht: Genauigkeitsgrenzen von Konjunkturprognosen, in: Jahrbücher für Nationalökonomie und Statistik, Bd. 224, S. 51-64.

Heilemann, Ullrich und *Herman Stekler* (2010), Has the Accuracy of German Macroeconommic Forecasts improved? RPF Working Paper No. 2010-001, The George Washington University, March 4, 2010, http://www.gwu.edu/~forcpgm/2010-001.pdf.

Heilemann, Ullrich und *Stefan Wappler* (2011), „Haushalt geht vor Wirtschaft" – Effizienz und Effektivität der deutschen fiskalischen Konjunkturpolitik 1967 bis 2010 (Arbeitstitel), erscheint demnächst.

Intriligator, Michael D., Ronald G. Bodkin und *Cheng Hsiao* (1996), Econometric models, techniques, and applications, Upper Saddle River, NJ.

Kuh, Edwin, John W. Neese und *Peter Hollinger* (1985), Structural sensitivity in econometric models, New York, NY.

Mackay, Charles (1992 [1852]), Zeichen und Wunder: Aus den Annalen des Wahns, Frankfurt a. M.

Minois, Georg (1998), Geschichte der Zukunft: Orakel, Prophezeiungen, Utopien, Prognosen, Düsseldorf.

Morgenstern, Oskar (1928), Wirtschaftsprognose: Eine Untersuchung ihrer Voraussetzungen und Möglichkeiten, Wien.

Nestle, Wilhelm (1944), Griechische Geistesgeschichte, Leipzig.

Nierhaus, Wolfgang und *Jan-Egbert Sturm* (2003), Methoden der Konjunkturprognose, in: *Ifo-Schnelldienst*, 56. Jg., Nr. 4, S. 7-23.

OECD (1967 ff.), Economic Outlook, Vol. 1 ff., Paris.

Rheinisch-Westfälisches Institut für Wirtschaftsforschung (Hg.) (1976 ff.), Vierteljährliche Prognose mit dem RWI-Konjunkturmodell, Essen.

Sachverständigenrat zur Begutachtung der gesamtwirtschaftlichen Entwicklung (1967 ff.), Jahresgutachten 1967/68 ff., Mainz, ab 1989 Stuttgart.

Simon, Herbert A. (1981), The Sciences of the Artificial, 2. Auflage, Cambridge MA.

Tichy, Gunther (1994), Konjunktur: Stilisierte Fakten, Theorie, Prognose, Berlin.

Tietzel, Manfred (1980/1981a), Über die Unmöglichkeit von Wirtschaftsprognosen, in: List Forum, Bd. 11, S. 31-44.

Tietzel, Manfred (1980/1981b), Unmöglichkeit von Wirtschaftsprognosen! Replik auf U. Heilemann, in: List Forum, Bd. 11, S. 194-197.

Tietzel, Manfred (1989), Prognoselogik oder: Warum Prognostiker irren dürfen, in: Jahrbücher für Nationalökonomie und Statistik, Bd. 206, S. 546-562.

Wallis, Kenneth. F., Martyn J. Andrews, Paul G., Fisher, J. Andrew Longbottom, John D. Whitley (Hg.) (1986), Models of the UK Economy: A Third Review by the ESRC Macroeconomic Modelling Bureau, Oxford.

Wallis, Kenneth, F. (2003), Chi-squared tests of interval and density forecasts, and the Bank of England's fan charts, in: International Journal of Forecasting, Vol. 19, S. 165-175.

Wild, Jürgen (1974), Grundlagen der Unternehmensplanung, Reinbek.

Zarnowitz, Victor (1992), Has macroeconomics failed? in: Cato Journal, Vol. 12, S. 129-160.

Anhang
Verwendete Prognosefehlermaße

Bias	BIAS	=	$\frac{1}{T}\sum_{t=1}^{T}(p_t - a_t)$ mit: *p*: Prognosewert *a*: Beobachtungswert *T*: Anzahl der Beobachtungen
Mittlerer absoluter Prognosefehler (Mean-absolute-error)	MAE	=	$\frac{1}{T}\sum_{t=1}^{T}\lvert p_t - a_t\rvert$
Mittlerer Prognosefehler (Root-mean-square-error)	RMSE	=	$\sqrt{\frac{1}{T}\sum_{t=1}^{T}(p_t - a_t)^2}$
Mittlerer relativer Prognosefehler (Root mean square-percentage error)	RMSPE	=	$\sqrt{\frac{1}{T}\sum_{t=1}^{T}\left(\frac{p_t - a_t}{a_t}\right)^2}\cdot 100$
*Theil*scher Ungleichheitskoeffizient	U	=	$\sqrt{\frac{\sum_{t=1}^{T}(p_t - a_t)^2}{\sum_{t=1}^{T}a_t^2}}$
Janus-Koeffizient	J^2	=	$\frac{\frac{1}{m}\sum_{t=n+1}^{n+m}(p_t - a_t)^2}{\frac{1}{n}\sum_{t=1}^{n}(p_t - a_t)^2}$

Christian Müller, Frank Trosky und Marion Weber (Hg.)
Ökonomik als allgemeine Theorie menschlichen Verhaltens
Schriften zu Ordnungsfragen der Wirtschaft · Band 94 · Stuttgart · 2012

Macht, Gesetz und Erklärung im ökonomischen Denken

Hans Albert

Inhalt

1. Zur Rolle von Gesetzmäßigkeiten im ökonomischen Denken 60

2. Zum Problem der historischen Relativität von Gesetzen 62

3. Der methodologische Individualismus und die institutionellen Bedingungen 68

4. Das Machtproblem und der Charakter adäquater Erklärungen 74

Literatur 76

1. Zur Rolle von Gesetzmäßigkeiten im ökonomischen Denken

Im Gegensatz zur neoklassischen Theorie, die, wie *Manfred Tietzel* mit Recht feststellt, „für das Phänomen der Macht nahezu blind ist“, und zwar, wie er meint, „vielleicht wegen ihrer rein tauschtheoretischen Ausrichtung und wegen der üblichen Betrachtungsweise von Wirtschaftssubjekten als Mengenanpasser, deren Verhalten auf das Gesamtergebnis von Interaktionsprozessen keinen spürbaren Einfluß hat“ (*Tietzel* 1985, S. 160), hat sich die österreichische Schule der Nationalökonomie ausdrücklich mit diesem Phänomen beschäftigt.

Zu Beginn des zwanzigsten Jahrhunderts gab es bekanntlich eine Kontroverse über die Rolle der Macht im Wirtschaftsgeschehen, die mit einem Aufsatz *Eugen von Böhm-Bawerks* begann, der den Titel hatte „Macht oder ökonomisches Gesetz?“ (*Böhm-Bawerk* 1914, S. 205-271), einen Titel, in dem zum Ausdruck kommt, dass der Verfasser das Problem im Sinne einer sehr merkwürdigen Alternative zu analysieren sucht.[1] Wenn man mit *Richard Strigl*, ebenfalls einem Mitglied dieser Schule, Güter als „Komplexe alternativer Verwendungsmöglichkeiten“ auffasst (*Strigl* 1923, S. 47), dann folgt daraus offenbar, dass schon im Begriff des Gutes der Begriff der Macht enthalten ist, denn alternative Verwendungsmöglichkeiten sind nichts anderes als alternative Möglichkeiten des Handelns, also Verfügungsmacht zur Verwirklichung eigener Ziele.

Interessanterweise hat *Böhm-Bawerk* in seiner Habilitationsschrift schon selbst die Machtkomponente des Gutsbegriffs entdeckt und analysiert (*Böhm-Bawerk* 1881/1924, S. 18 ff.). Man hat also Grund anzunehmen, dass er in dem oben erwähnten Aufsatz einen anderen Begriff der Macht verwendet als in dieser Schrift. Wenn man der *Strigl*schen Deutung folgt, dann scheint jedenfalls im ökonomischen Denken kein Problem von der Art entstehen zu können, wie es in der Machtkontroverse diskutiert wurde.

Was nun diese Kontroverse angeht, so kann man *Böhm-Bawerk* zugestehen, dass die bloße Berufung auf soziale Macht oder auf Machtverhältnisse noch keine Erklärung ist, wie man sie im ökonomischen Denken anstrebt, und dass es grundsätzlich notwendig ist, die Machtproblematik im Rahmen der in Betracht kommenden Gesetzmäßigkeiten, also etwa im Rahmen der Gesetze der Preisbildung, zu bewältigen. Mit dem Hinweis auf Faktoren, die in keiner theoretischen Aussage vorkommen, ist nichts gewonnen.

Allerdings könnten die Gegner *Böhm-Bawerks* in der Machtkontroverse trotzdem etwas Richtiges gesehen haben. Unter Umständen lassen sich nämlich ernst zu nehmende Einwände gegen den theoretischen Ansatz formulieren, von dem dieser bei seiner Analyse der Machtproblematik ausgegangen ist (*Albert* 2009, S. 198-228; *Stützel* 1952). Diese Einwände könnten sich zum Beispiel gegen die Realistik seines Ansatzes, gegen seine Erklärungskraft, gegen seine Prüfbarkeit oder seine Fruchtbarkeit richten. Derartige Einwände sind aber gewöhnlich erst wirksam, wenn es gelungen ist, eine theoretische Alternative zu formulieren, die mehr leistet als die kritisierte Konzeption. Das ist

[1] Dass diese Alternative merkwürdig ist, dürfte sofort klar werden, wenn man eine naturwissenschaftliche Analogie zur *Böhm-Bawerk*schen Fragestellung formuliert, etwa „Kraft oder physikalisches Gesetz?“, denn der Begriff der Kraft kann offenbar nur innerhalb physikalischer Gesetzesaussagen auftreten.

wohl damals keinem seiner Gegner gelungen. Ihnen fehlte offenbar der theoretische Rahmen für eine Lösung der Probleme.

Wer sich mit dem von *Böhm-Bawerk* formulierten Problem befasst, hat Anlass, auf die Idee der Gesetzmäßigkeit und die Rolle des Gesetzesbegriffs im ökonomischen Denken einzugehen. Man hat den Eindruck, dass der Titel „Gesetz" einigermaßen willkürlich verliehen wurde. Es handelt sich dabei teilweise um isolierte Einzelaussagen vom Charakter empirischer Generalisierungen, andererseits wieder um Aussagen, die einem umfassenden Systemzusammenhang angehören, also einer mehr oder weniger ausgearbeiteten ökonomischen Theorie. Im letzten Falle kann es durchaus sein, dass andere Bestandteile derselben Theorie, die im Grunde genommen den gleichen Charakter haben, dieses Ehrentitels nicht teilhaftig geworden sind oder einen anderen erhalten haben, zum Beispiel den eines „Prinzips". Ich gehe daher nicht von der Benennung aus, sondern von der Gesetzesidee, die wir im wissenschaftlichen Denken finden, um zu sehen, inwieweit sie für die theoretische Ökonomie Bedeutung gewonnen hat.

In dieser Hinsicht kann man sagen, dass die Nationalökonomie schon sehr früh, vermutlich unter dem Eindruck des Erfolges der theoretischen Physik, die in dieser Disziplin vorherrschende Idee des Naturgesetzes übernommen hat. Wie *Taylor* feststellt, besteht sogar eine unverkennbare Analogie zwischen *Newtons* Mechanik des Sonnensystems und *Smiths* Theorie der quasi-gravitationalen Mechanik eines ökonomischen Konkurrenzsystems (*Taylor* 1960, S. 56). Auch das *Bentham*sche Erkenntnisprogramm, das sich dann im neoklassischen Denken auswirkte, war offenbar durch *Newton*sche Ideen beeinflusst (*Halevy* 1928, S. 3-7).

Man kann natürlich fragen, ob solche Ideen von den Nationalökonomen nicht unzulässigerweise in den sozialen Bereich übertragen wurden. Es könnte ja sein, dass es im Objektbereich der Ökonomik so etwas wie „Gesetze" im naturwissenschaftlichen Sinne nicht gibt. Auch könnte ein Missverständnis darin liegen, dass man die Aussagen der ökonomischen Theorie im Sinne der naturwissenschaftlichen Gesetzesidee deuten zu müssen meint. Man könnte sie zum Beispiel im Sinne normativer Urteile auffassen, in denen etwa Kriterien für ein optimales Funktionieren bestimmter sozialer Mechanismen, wie etwa des Preismechanismus zum Ausdruck kämen.

Eine solche Deutung vieler ökonomischer Aussagen ist keineswegs ausgeschlossen.[2] Sie wird sogar durch manche Formulierungen vieler Vertreter dieser Wissenschaft nahegelegt (*Myrdal* 1963).[3] Viele ihrer Vertreter haben ohne Zweifel gleichzeitig ein Ideal der sozialen Ordnung vertreten und eine Theorie angeboten, um das Funktionieren bestimmter sozialer Mechanismen in dieser Ordnung zu erklären. Sie haben mitunter beides in einer Weise konfundiert, die es nicht erleichtert, diesen Unterschied zu sehen.

Aber wir können jedenfalls beides auseinanderhalten und uns auf die theoretische Analyse der betreffenden Ökonomen konzentrieren, denn es ist immer möglich, von den Wertakzenten zu abstrahieren, mit denen bestimmte soziale Ordnungen, Zustände oder

---

2 Ich habe sie früher einmal selbst vorgeschlagen, vgl. *Albert* (2009).

3 Vgl. dazu *Myrdal* (1963), wo der krypto-normative Charakter vieler ökonomischer Aussagen herausgearbeitet wird.

Vorgänge versehen wurden. Die Erklärung bestimmter Zusammenhänge im Rahmen normativ ausgezeichneter Bedingungen unterscheidet sich in keiner Weise von anderen Erklärungen, auch dann nicht, wenn diese Bedingungen nur approximativ realisierbar sind.

Idealisierungen im theoretischen Sinne gibt es bekanntlich auch in den Naturwissenschaften. Es gibt keinen Grund, die in den Sozialwissenschaften auftretenden Idealisierungen nicht in genau derselben Weise aufzufassen, wie es dort geschieht. Erschwert wird diese Auffassung nur dadurch, dass diese Idealisierungen hier gleichzeitig eine normative Bedeutung zu haben scheinen. Aber das braucht niemanden zu stören, der es durchschaut hat. Wenn man sie nicht in der von mir vorgeschlagenen Weise auffasst, kommt man übrigens in große Schwierigkeiten bei dem Versuch, die theoretischen Erklärungen zu verstehen, die für die Nationalökonomie charakteristisch sind. Es empfiehlt sich also, für gewisse Zwecke von der normativen Rolle solcher Idealisierungen zu abstrahieren.

Die theoretischen Realwissenschaften pflegen sich nicht darauf zu beschränken, nach isolierten Gesetzmäßigkeiten zu suchen. Sie versuchen vielmehr mehr oder weniger umfassende Systeme nomologischer Aussagen zu konstruieren, um möglichst tief in die Struktur des sie interessierenden Realitätsausschnitts hineinleuchten zu können. Das gilt auch für die theoretische Nationalökonomie.

2. Zum Problem der historischen Relativität von Gesetzen

Wer ihre Entwicklung seit dem 18. Jahrhundert überschaut und sie mit anderen Versuchen der Theoriebildung in den Sozialwissenschaften vergleicht, muss wohl zugestehen, dass es sich hier um einen Ausnahmefall handelt. Es handelt sich nämlich um den einzigen Fall eines theoretischen Gebäudes in diesem Bereich, der sich mit den Paradebeispielen der Theoriebildung in den Naturwissenschaften vergleichen lässt. Außerhalb der theoretischen Ökonomie gibt es in den Sozialwissenschaften nur Programme und mitunter ganz interessante Ansätze der Theoriebildung. Und auch sie sind vielfach durch ökonomische Ideen inspiriert.[4]

Was sind nun die Kennzeichen eines solchen theoretischen Gebäudes? Zunächst hat es überwiegend einen systematischen Charakter. Es besteht also aus miteinander verknüpften Aussagen, die mit Hilfe eines relativ einheitlichen Begriffsapparates formuliert sind, zu dessen Aufbau meist auch Teile der Mathematik herangezogen wurden. Den Kern dieses Systems bilden nomologische Aussagen, die durch die Einschränkung logischer Möglichkeiten einen Spielraum realer Möglichkeiten für das Geschehen festlegen. Damit haben sie gleichzeitig Realitätsbezug: sie beziehen sich auf einen bestimmten Ausschnitt der Wirklichkeit, dessen strukturelle Eigenschaften sie zu erfassen suchen (*Popper* 1995, S. 144-153).

Mit dieser Eigenschaft hängt ihr Erklärungsanspruch mit den Vorgängen in diesem Bereich zusammen. Inwieweit dieser Anspruch berechtigt ist, das System also Erklärungskraft besitzt, hängt davon ab, in welchem Maße es sich der Wahrheit nähert, in-

[4] Eine Ausnahme bildet in dieser Hinsicht, soweit ich sehe, allerdings die Psychologie.

wieweit in ihm also die Beschaffenheit dieses Realitätsauschnitts adäquat erfasst ist. Die Frage der Feststellbarkeit dieser Eigenschaft gehört in die Prüfungs- und Bewährungsproblematik.

Die These, dass das Gebäude der theoretischen Ökonomie als ein derartiges System nomologischer Hypothesen aufzufassen ist, ist keineswegs unproblematisch. Auch wenn man darüber Einigkeit erzielen kann, welche Aussagen zu diesem System zu rechnen sind – wenn also das Identifikationsproblem gelöst ist –, führt das Interpretationsproblem zu einer Rekonstruktionsaufgabe, deren Lösung keineswegs trivial ist. Im Allgemeinen werden nämlich die Aussagen der theoretischen Realwissenschaften nicht in einer Form dargestellt, die nur eine Deutung zulässt. Es sind daher nicht selten mehrere Deutungen im Umlauf, über deren Brauchbarkeit diskutiert wird.

Außerdem werden nomologische Hypothesen fast immer unvollständig formuliert. Man ist also genötigt, ihre vollständige Formulierung unter Heranziehung des Kontextes erst mühsam herzustellen. Für diese Formulierung bietet sich die Form einer allgemeinen Konditionalaussage an. Eine nomologische Hypothese enthält nämlich den Anspruch, dass unter bestimmten, allgemein charakterisierten Bedingungen immer und überall bestimmte, allgemein charakterisierte Konsequenzen auftreten.

Gerade die Allgemeinheit ökonomischer Gesetze ist nun unter dem Einfluss des Historismus im Laufe des 19. Jahrhunderts strittig geworden. Und die Kontroverse, die um diese Frage damals entstand – die Debatte über das Verhältnis von Theorie und Geschichte –, hängt eng mit der Machtkontroverse zusammen. Die reine Theorie, die in beiden Fällen attackiert wurde, schien nicht nur den Machtphänomenen im sozialen Leben zu wenig Rechnung zu tragen, sie schien im Zusammenhang damit auch die Allgemeinheit der von ihr postulierten Gesetzmäßigkeiten zu überschätzen und die historische Wandelbarkeit aller sozialen Phänomene zu übersehen. Die in stärkerem Maße historistisch argumentierenden Vertreter der Ökonomik pflegten auch die Machtproblematik stärker zu akzentuieren.

In der Kontroverse zwischen *Carl Menger* und *Gustav Schmoller* spielte die Frage der Historizität sozialer Gesetze noch keine Rolle. Es scheint vor allem der Einfluss des Marxismus auf die wissenschaftstheoretische Diskussion in den Sozialwissenschaften gewesen zu sein, der diese Problematik ins Blickfeld gerückt hat. *Karl Marx* spricht bekanntlich von den „Naturgesetzen der kapitalistischen Produktion". Und er sieht den Endzweck seines Werkes darin „das ökonomische Bewegungsgesetz der modernen Gesellschaft zu enthüllen", das er als Naturgesetz betrachten möchte. Er erhebt den Anspruch, „die Entwicklung der ökonomischen Gesellschaftsformation als einen naturgeschichtlichen Prozeß aufzufassen" (*Marx* 1867/1955, S. 6 ff.). Und er stimmt einem Rezensenten zu (*Marx* 1867/1955, S. 16 f.), der ihm die Auffassung zuschreibt, dass „jede historische Periode ihre eigenen Gesetze" hat und dass es keine „allgemeinen Gesetze des ökonomischen Lebens" gibt.

Anknüpfend an die oben erwähnte Rezension, behauptet *Nicolai Bucharin*, *Marx* hebe hier strikt den historischen Charakter seiner Wirtschaftstheorie und die Relativität ihrer Gesetze hervor (*Bucharin* 1926, S. 49). Daraus folge allerdings keineswegs, daß er „die Existenz von jeglichen allgemeinen Gesetzen in Abrede stelle", die den Gang des gesellschaftlichen Lebens auf seinen verschiedenen Entwicklungsstufen lenken. „Die materialistische Geschichtstheorie stellt z. B.“, so fährt er fort, „Gesetze auf, die sich zur Erklärung der gesellschaftlichen Entwicklung schlechthin eignen. Doch schließt dies nicht die besonderen geschichtlichen Gesetze der politischen Ökonomie aus, die, im Gegensatz zu den soziologischen Gesetzen, das Wesen einer bestimmten gesellschaftlichen Struktur, nämlich die der kapitalistischen Gesellschaft, ausdrücken" (*Bucharin* 1926, S. 50).

Aber die folgenden Passagen zeigen, dass *Bucharin* den allgemeinen Charakter solcher Gesetze im oben erläuterten Sinne klar gesehen hat. „Historisch“ sind die von ihm erwähnten Gesetze der politischen Ökonomie insofern, als die in ihnen formulierten Bedingungen nur auf einer bestimmten Entwicklungsstufe des sozialen Lebens realisiert sind. Diese Kennzeichnung trifft also eigentlich nicht die Eigenart der betreffenden Gesetze selbst, sondern nur das Auftreten ihrer Anwendungsbedingungen. Sie gilt zum Beispiel auch für die Gesetze der Genetik und aller anderen Bestandteile der theoretischen Biologie.

Problematisch ist nur die damit verbundene Behauptung, dass die „politische Ökonomie als Wissenschaft [...] zu ihrem Gegenstand nur die Waren-, resp. die kapitalistische Warengesellschaft haben“ könne, da in keiner anders organisierten Gesellschaft auch nur ein einziges Problem zu finden sei, „dessen Lösung in das Aufgabengebiet der theoretischen politischen Ökonomie“ falle (*Bucharin* 1926, S. 51). Offenbar stand für ihn a priori fest, dass es nicht möglich sei, ökonomische Gesetzmäßigkeiten zu finden, die gleichzeitig auch für andere Gesellschaftsformationen gültig sind. Dass die wissenschaftliche Forschung zu tiefer liegenden Gesetzmäßigkeiten vorstoßen könne, aus denen sich etwa eine Erklärung der Gesetze verschiedener Gesellschaftsformationen ergeben könnte, scheint er von vornherein für unmöglich gehalten zu haben.

Auch *Oskar Lange* spricht davon, dass ökonomische Gesetze „Produkte der geschichtlichen Entwicklung der menschlichen Gesellschaft“ seien und dass „ihr Wirkungsbereich bestenfalls geschichtlich determiniert“ sei. Jedes Gesetz in Natur und Gesellschaft habe seinen raumzeitlichen Wirkungsbereich, denn es sei unter „streng definierten Bedingungen“ wirksam und verliere an Wirksamkeit, wenn diese Bedingungen sich änderten. Eine derartige Änderung ereignet sich von einer historischen Epoche zur anderen. Diese selbst seien mithin nicht allgemeingültig, sie seien vielmehr historische Gesetze, die sich auf bestimmte Stufen der geschichtlichen Entwicklung bezögen (*Lange* 1963, S. 63).

Er unterscheidet darüber hinaus Gesetzmäßigkeiten verschiedener Reichweite, die teilweise für mehrere oder alle Gesellschaftsformationen gelten, und zwar je nach Dauer der Bedingungen, die für ihre Wirksamkeit maßgebend sind (*Lange* 1963, S. 63 ff.). Im Gegensatz zu anderen marxistischen Theoretikern betont er, dass auch unter den Bedingungen des Sozialismus ökonomische Gesetze objektiv wirksam blieben, das heißt „unabhängig vom menschlichen Willen und Bewusstsein“. Nur bietet das gesellschaftliche Eigentum an den Produktionsmitteln diesen Gesetzen die Möglichkeit, zu „durch den Menschen beabsichtigten Resultaten zu führen“ (*Lange* 1963, S. 82). Wie immer man diesen Anspruch und die sich daran anknüpfenden optimistischen Äußerungen über die Kontrolle der sozialen Entwicklung im Sozialismus beurteilen mag, zunächst ist wieder festzustellen, dass der „historische" Charakter von Gesetzen auch bei *Lange* mit dem Allgemeinheitsanspruch vereinbar ist, der üblicherweise für Gesetze erhoben wird.

Von einer Geschichtlichkeit sozialer – oder spezieller: ökonomischer – Gesetzmäßigkeiten in einem für unsere Problematik wesentlichen Sinne könnte nur dann die Rede sein, wenn die Geltung der betreffenden Aussagen auf bestimmte Raum-Zeit-Gebiete eingeschränkt würde, so dass die für Gesetze der bisher erwähnten Art charakteristische Allgemeinheit – im Sinne einer essentiellen Nicht-Bezogenheit auf individuell charakterisierte Raum-Zeit-Gebiete (*Popper* 1971, S. 34 ff.) – hinfällig würde. Manche Äußerungen von Theoretikern, die dem Historismus verpflichtet sind, klingen so, als ob sie derartige Gesetzmäßigkeiten, die man „Quasi-Gesetze" nennen könnte, als Bestandteile „geschichtlicher Theorien" zur Erklärung konkreter Phänomene heranziehen wollten.

So spricht zum Beispiel *Gerhard Mackenroth*[5] von „historisch-soziologischen Bevölkerungsweisen", die er als „Bevölkerungsgesetze" bezeichnet. Die Bevölkerungsweise oder die generative Struktur einer Menschengruppe nennt er das geschichtliche Zusammenspiel generativer Verhaltensweisen dieser Gruppe. Bevölkerungsweisen sind, seiner Auffassung nach, keine Kausalgesetze im Sinne der Naturwissenschaften, sondern innere Strukturgesetzlichkeiten, die alle Elemente einer Bevölkerungsweise miteinander und diese Bevölkerungsweise mit der historisch-soziologischen Konstellation korrelieren. Eine Bevölkerungsweise ist nach *Mackenroth* ein Sinnzusammenhang, in dem die Elemente eines generativen Verhaltens – Familienverfassung, Heiratshäufigkeit, Fruchtbarkeit und so weiter – in sinnvoller Weise aufeinander abgestimmt sind und eine Struktur bilden. Wenn man von der Verwendung des Sinn-Begriffs absieht, fühlt man sich an die oben angeführte *Marx*sche Konzeption erinnert. Die Idee, die hinter solchen Erwägungen steckt, ist keineswegs unplausibel. Immer wieder lassen sich im Laufe der historischen Entwicklung Invarianzen feststellen, die in ganz bestimmten, wenn auch nicht immer scharf abgrenzbaren Raum-Zeit-Gebieten auftreten. Für die Kennzeichnung einer Gesamtheit derartiger Züge von relativer Allgemeinheit hat man teilweise den Stilbegriff aus der Kunstwissenschaft übernommen und von „Sozial"- oder auch „Wirtschaftsstilen" gesprochen. Dabei wurde meist mehr oder weniger deutlich unterstellt, dass es sich hier um Tatbestände handelt, die für die „geschichtlich-gesellschaftliche Wirklichkeit" charakteristisch sind, so dass ihre Berücksichtigung zu Aussagen führen müsse, wie sie in den Naturwissenschaften nicht vorkämen.

Dagegen ist mit Recht geltend gemacht worden, dass es zwischen den Eigenheiten eines physisch-geographischen und den Besonderheiten eines sozio-kulturellen Milieus keinen prinzipiellen Unterschied gebe (*Popper* 1971, S. 77 ff.). Es ist also durchaus möglich, Quasi-Gesetze der von mir genannten Art auch in den Naturwissenschaften zu formulieren und sie in Quasi-Theorien zu kodifizieren. So wäre es denkbar, dass jemand auf die Idee gekommen wäre, noch vor Entdeckung der *Kepler*schen Gesetze eine Aus-

---

[5] Vgl. *Mackenroth* (1953). Er stellt sich in diesem Buch die Aufgabe, „das historische Bevölkerungsgesetz unserer heutigen europäischen Konstellation herauszuarbeiten, seine räumliche und geschichtliche Reichweite abzustecken, es unter Umständen durch Gegenüberstellung mit anderen geschichtlichen und außereuropäischen Bevölkerungsweisen diesen gegenüber abzuheben und in seiner historischen Einmaligkeit und Einzigartigkeit deutlich werden zu lassen."

sage über die spezielle Beschaffenheit der Jupiterbahn zu formulieren und als Quasi-Gesetz über diese Planetenbewegung anzubieten.

Ebenso kann man in den Sozialwissenschaften gewisse typische Muster des Funktionierens, die in speziellen Kultur- und Sozialmilieus zu beobachten sind, in quasinomologischen Aussagen festzuhalten suchen, von denen man von vornherein annimmt, dass ihre Geltung auf diese Umgebungen beschränkt sein wird. Eine solche Einsicht in die essentielle Raum-Zeit-Bezogenheit der betreffenden Aussagen kann natürlich auch das Resultat einer späteren Entdeckung sein, so dass man zu Anfang glauben konnte, es mit einem allgemeinen Gesetz zu tun zu haben.

In methodologischer Hinsicht ist nun die Frage interessant, wie man mit Aussagen dieser Art umgehen soll. Offenbar besteht das einfachste Verfahren darin, sie historisch zu relativieren, sie also mit einem Raum-Zeit-Index zu versehen und sie dadurch ausdrücklich auf ihren historischen Geltungsbereich zu beziehen. Damit wird allerdings nur erreicht, dass ihre historische Relativität deutlich hervorgehoben wird. Ein Erkenntnisfortschritt kann auf diese Weise also nicht erzielt werden.

Stattdessen kann man versuchen, die Allgemeinheit dieser Aussagen zu verifizieren, indem man diese so konditionalisiert, dass diese zu analytischen Aussagen verwandelt werden. Eine solche Konditionalisierung ist eine gehaltsvermindernde Schlussweise nach dem Schema: Wenn p, dann: wenn q dann p. Eine analytische Relativierung dieser Art reduziert damit also den Informationsgehalt der betreffenden Aussage auf Null, was man ebenfalls kaum als theoretischen Fortschritt werten kann.

Außerdem könnte man den Versuch unternehmen, Bedingungen zu eruieren, die dafür verantwortlich sind, dass die betreffenden Muster des Funktionierens gerade in dem betreffenden Raum-Zeit-Gebiet aufzutauchen pflegen, und sie auf diese relativ invarianten Bedingungen beziehen. Eine derartige strukturelle Relativierung führt zur Eliminierung des Raum-Zeit-Bezuges der betreffenden Aussage, ohne dass ihr Informationsgehalt dadurch verschwinden muss.

Zur Klasse derartiger strukturell relativierter Quasi-Gesetze kann man wohl ohne weiteres die von den Vertretern des Marxismus angeführten Gesetzmäßigkeiten bestimmter Gesellschaftsformationen rechnen, die, wie wir gesehen haben, durchaus als allgemeine Gesetze üblicher Art aufgefasst werden können. Sie haben durch Relativierung auf bestimmte strukturell bestimmbare Gesellschaftsformationen ihren quasinomologischen Charakter verloren.

Eine Erklärung solcher Gesetzmäßigkeiten auf der Grundlage von Theorien höheren Niveaus ist allerdings keineswegs ausgeschlossen, von Theorien nämlich, aus denen sich für verschiedene relativ invariante Bedingungskonstellationen verschiedene Muster des Funktionierens ergeben. Während vom Resignationsstandpunkt des quasitheoretisch orientierten Historismus schon die Möglichkeit einer strukturellen Relativierung ausgeschlossen werden muss, scheinen bestimmte Vertreter des Marxismus, die gegen ein solches Verfahren kaum etwas einzuwenden haben dürften, eine tiefergehende Erklärung durch allgemeinere Theorien, etwa durch Theorien, die auf beliebige Sozialsysteme anwendbar sind, aus mir nicht erkennbaren Gründen für unmöglich zu halten.

So gehört offenbar für *Oskar Lange* das Streben nach Profitmaximierung notwendig zum kapitalistischen Unternehmen (*Lange* 1963, S. 164 ff.). Und die Aussage, in der dieser Tatbestand formuliert wird, bringt nach *Lange* ein Gesetz zum Ausdruck, das für die kapitalistische Gesellschaftsformation spezifisch ist (*Lange* 1963, S. 66), eine Auffassung, die nicht unplausibel erscheint. Aber nach *Langes* oben erwähnter wissenschaftstheoretischer Auffassung muss man eine solche Gesetzmäßigkeit offenbar als Letztgegebenheit hinnehmen. Es besteht demnach keine Aussicht, sie auf der Basis allgemeiner Theorien zu erklären.

Nun sagt aber *Lange* selbst in seiner Erörterung dieser Gesetzmäßigkeit, dass die „Tendenz der Maximierung des Geldeinkommens die unvermeidliche Konsequenz der Aufspaltung der wirtschaftlichen Tätigkeit in gewinnbringende und in hauswirtschaftliche Tätigkeit" ist und dass diese Tendenz „sich nicht voll entwickeln kann unter Bedingungen, in denen es andere Möglichkeiten neben der gewinnbringenden Tätigkeit gibt, die Mittel der Bedürfnisbefriedigung zu erhalten" (*Lange* 1963, S. 166). Schon diese Formulierungen lassen erkennen, dass er die Möglichkeit nicht ausschließen kann, das Auftreten oder Nicht-Auftreten dieses Verhaltensstils unter diesen oder jenen Bedingungen durch den Rückgriff auf allgemeinere Theorien zu erklären, deren Anwendung nicht an eine bestimmte Gesellschaftsformation gebunden ist.

Gerade wenn man von der Wandelbarkeit der sozialen und natürlichen Bedingungen – und damit auch von der Geschichtlichkeit sozialer Strukturen – ausgeht, ist es meines Erachtens besonders naheliegend, nicht nur nach der Möglichkeit struktureller Relativierung von Quasi-Gesetzen, sondern darüber hinaus auch nach ihrer Erklärung durch Rekurs auf tiefere Theorien zu suchen.

Natürlich kann man stets die Frage stellen, ob die Gesetzmäßigkeiten, die man bisher gefunden hat, wirklich allgemeinen Charakter haben, ob man also nicht historisch beschränkten Regelmäßigkeiten den Charakter allgemeiner Gesetzmäßigkeiten zugeschrieben hat. Das ist eine Frage, die in allen Wissenschaften auftauchen kann. Sie ist nicht damit zu beantworten, dass man einfach die Historizität bisher gefundener Gesetze behauptet. Es ist vielmehr notwendig, in jedem Fall zu zeigen, dass die behauptete Allgemeinheit nicht zutrifft. Dazu genügt nicht eine allgemeine Geschichtsphilosophie, die die Geschichtlichkeit sozialer Tatbestände behauptet.

Wenn Geschichtlichkeit Gesetzlosigkeit bedeutete, dann würde man übrigens gerade in der Geschichtswissenschaft vor einem unüberwindlichen Dilemma stehen, denn es gäbe keine Möglichkeit, Ereignisabläufe früherer Zeiten zu rekonstruieren (*Goldstein* 1976; *Albert* 1994, S. 113-135). Heute sind daher auch die Historiker eher geneigt anzunehmen, dass es solche Gesetzmäßigkeiten gibt. Die Zeit des methodologischen Historismus scheint auch in der Geschichtswissenschaft zu Ende zu sein.

Soweit ich sehe, hat auch in der Periode der Klassik kaum jemand bezweifelt, dass der soziale Rahmen, innerhalb dessen die von der Nationalökonomie analysierten Prozesse ablaufen, historisch wandelbar ist. *Adam Smith* zum Beispiel geht ausdrücklich von diesem Tatbestand aus und vergleicht verschiedene Sozialsysteme. Gerade die Klassiker haben schon für einen bestimmten Wandel dieses Rahmens plädiert, weil sie als Resultat einer solchen Änderung eine bessere Versorgung der Bevölkerung mit Mitteln zur Befriedigung der Bedürfnisse erwarteten.

Dass sozialstrukturelle Wandlungen mit der Existenz allgemeiner Gesetzmäßigkeiten vereinbar sind, haben wir gesehen. Wendet man derartige Gesetze auf unterschiedliche Bedingungskonstellationen an, dann können sich daraus bekanntlich durchaus unterschiedliche Konsequenzen ergeben, also etwa: unterschiedliche soziale Abläufe. Es dürfte also eigentlich niemanden überraschen, dass bei geänderten sozialen Rahmenbedingungen – etwa auf Grund neuer normativer Regulierungen – aus den gleichen sozialen Gesetzen andere Prozesse und Zustände resultieren.

3. Der methodologische Individualismus und die institutionellen Bedingungen

In der Entwicklung der Sozialwissenschaften ist nun schon relativ früh die Idee aufgetaucht, dass die grundlegenden nomologischen Aussagen, auf die man bei der Erklärung sozialer Phänomene – zum Beispiel ökonomischer Prozesse und ihrer Resultate – zurückzugreifen habe, sich auf das Verhalten der beteiligten Individuen beziehen müssten. Dieser methodologische Individualismus ist schon bei den schottischen Moralphilosophen wirksam, deren Ideen die Entwicklung des ökonomischen Denkens stark beeinflusst haben. Er kommt dann noch einmal deutlich im *Bentham*schen Erkenntnisprogramm zum Ausdruck, das sich vor allem im neoklassischen Denken ausgewirkt hat.

Die grundlegenden Annahmen, mit denen die Vertreter der klassischen Ökonomie arbeiteten, bezogen sich im Wesentlichen auf das typische Verhalten von Geschäftsleuten, die ihr Handeln an Gewinnerwartungen orientieren. Sie waren daher in der Lage, das von ihnen analysierte Marktsystem als einen finanziellen Sanktionsmechanismus aufzufassen, als ein System, das durch monetär messbare positive und negative Sanktionen gesteuert wurde. Allerdings wurden im ökonomischen Denken von vorherein stets auch andere Belohnungsarten als finanzielle Vorteile berücksichtigt, wenn es notwendig erschien. So wies zum Beispiel *Adam Smith* daraufhin, dass die Ehre in gewissen Fällen – nämlich bei den Professionen – einen wesentlichen Teil der Belohnung ausmacht, wodurch die niedrigen Einkommen, die in diesem Bereich damals offenbar erzielt wurden, kompensiert werden könnten.

Für seine allgemeine Theorie des Tauschwertes macht er ausdrücklich darauf aufmerksam, dass sie nur für die Systeme der Produktion einen Geltungsanspruch habe, die von Kapitalisten für Profit, nicht von Arbeitern für ihren Lebensunterhalt betrieben werden (*Smith* 1776/1910, S. 480). Die allgemeine Verhaltensannahme für den kommerzialisierten Bereich einer Gesellschaft, das Prinzip der Gewinnmaximierung, hatte offenbar den Charakter einer mehr oder weniger bewusst als Idealisierung eingeführten Hypothese, für die man unter bestimmten Bedingungen – das heißt: in Systemen bestimmter struktureller Prägung – approximative Wahrheit in Anspruch nehmen zu können glaubte.

Erst im *Bentham*schen Utilitarismus wurde eine allgemeine – von der Beschränkung auf spezielle Sozialstrukturen unabhängige – nomologische Verhaltensannahme formuliert, die auf die alte Idee der Glücksmaximierung zurückging. Als das *Bentham*sche

Erkenntnisprogramm, in dem die Reduktion aller sozialen Phänomene auf diese psychologische Grundannahme als Zielsetzung enthalten war, in der marginalistischen Revolution für die ökonomische Theoriebildung wirksam wurde, ergab sich daraus zunächst die Theorie des Marktverhaltens von Konsumenten, die in der klassischen Ökonomie gefehlt hatte. Gleichzeitig ergab sich daraus eine auf die subjektiven Bedürfnisse bezogene Wertlehre, die – so glaubte man jedenfalls teilweise – die Möglichkeit zu eröffnen schien, alle ökonomischen Wertphänomene auf Bedeutungsgrößen zu reduzieren, die die Wichtigkeit der Güter für die Bedürfnisbefriedigung zum Ausdruck brachten. Vor allem die österreichische Zurechnungslehre geht von dieser Idee aus (*Schumpeter* 1952, S. 361).

Schon *Alfred Marshall* hat sich nachdrücklich gegen die Vorstellung gewendet, dass diese Konsumtheorie die wissenschaftliche Basis der Ökonomie überhaupt sei (*Marshall* 1961, S. 87 ff.). Sein Grund für die Zurückweisung dieser Vorstellung war, dass er eine Theorie der Bedürfnisse für notwendig hielt, die den Zusammenhang zwischen der Vielfalt menschlicher Tätigkeiten und den Bedürfnissen berücksichtigt und sich daher nicht auf die Konsumbedürfnisse beschränkt, von denen die Theorie der Nachfrage nach Konsumgütern ihren Ausgang nahm.

Das Resultat der theoretischen Revolution der 1870er Jahre war eine sehr eindrucksvolle Umstrukturierung und Ausgestaltung des theoretischen Gebäudes der klassischen Ökonomik. Aber das *Bentham*sche Programm wurde dabei keineswegs voll durchgeführt, denn das allgemeine Nutzenprinzip des Utilitarismus wurde hier letzten Endes in eine spezielle Verhaltensannahme des Konsumbereichs transformiert, während für den Bereich der Produktion die typischen Verhaltensannahmen der Klassik im Wesentlichen übernommen wurden. Die „eigenproduzierte psychologische Basis" der reinen Ökonomie (*Morgenstern* 1931), die auf diese Weise entstanden war, hatte keinen wesentlichen Einfluss auf die Verhaltensannahmen außerhalb des Konsumbereichs.

Was den Anspruch angeht, die Arbeit der Grenznutzenschulen habe zu einer Reduktion der ökonomischen Theorie auf Psychologie geführt, so ist er sicherlich schon aus diesem Grunde fragwürdig. Aber abgesehen davon hat man gegen die Nutzentheorie selbst immer wieder eingewendet, dass sie einer vollkommen veralteten psychologischen Auffassung entstamme und schon deshalb als psychologische Grundlage der Ökonomie nicht in Betracht komme (*Mackenroth* 1933).[6]

Andererseits haben Verfechter dieser Theorie selbst vielfach deren psychologischen Charakter bestritten und die theoretische Autonomie der reinen Ökonomie als einer „exakten Disziplin vom menschlichen Handeln," (*Schumpeter* 1908/1970, S. 17) und ihre völlige Unabhängigkeit von jeder psychologischen Begründung (*Schumpeter* 1908/1970, S. 541 ff.) behauptet. Einer dieser Ökonomen, *Ludwig von Mises*, hat darüber hinaus sogar ihren apriorischen Charakter behauptet und sie als „die Logik des Handelns und der Tat" auf eine Stufe mit den Formalwissenschaften gestellt (*Mises* 1933, S. 12 ff.). Soweit solche Deutungen in Frage kommen, kann man ohne weiteres

---

[6] Vgl. dazu die scharfe Kritik *Mackenroths* (1933).

davon sprechen, dass im neoklassischen Denken eine Marktsoziologie mit entscheidungslogischem Unterbau geschaffen wurde.

Nun kann es meines Erachtens heute kaum bezweifelt werden, dass eine formale Theorie, die, wie man angesichts derartiger Formulierungen annehmen kann, keinerlei Informationsgehalt besitzt, nicht als Grundlage eines theoretischen Gebäudes brauchbar ist, das dazu dienen soll, soziale Tatbestände, wie zum Beispiel die des Marktes und der marktgesteuerten Prozesse zu erklären. Andererseits ist die Richtigkeit dieser Charakterisierung keineswegs selbstverständlich. In den in Betracht kommenden Teilen der Theorie sind nämlich Aussagen zu finden, die einige nicht unwesentliche Einschränkungen hinsichtlich der möglichen Beschaffenheit der Bedürfnisstrukturen zu enthalten scheinen, wenn auch ihre empirische Prüfung auf erhebliche Schwierigkeiten stößt. Dass sie von der Art theoretischer Idealisierungen sind, muss sie keineswegs für die Erklärung unbrauchbar machen.

Um das Verhältnis dieser Lehre zur Psychologie beurteilen zu können, muss man meines Erachtens den Entwicklungsaspekt in die darauf abzielenden methodologischen Überlegungen einbeziehen. Dass die Begründer des Grenznutzendenkens in den 1870er Jahren den „psychologischen Unterbau" ihrer Lehre in dieser Weise selbständig entwickelt haben, hängt sicher teilweise mit dem damaligen Stand der psychologischen Forschung zusammen. In ihr gab es nämlich kaum Anhaltspunkte für die angemessene Bewältigung der Probleme des menschlichen Verhaltens.

Die Entwicklung der Psychologie zu einer autonomen Disziplin auf experimenteller Grundlage begann erst Ende der 1870er Jahre in Deutschland mit den Forschungen *Wilhelm Wundts* (*Wertheimer* 1971, S. 87 ff.). Und diese Psychologie beschäftigte sich anfangs noch mit Problemen, die kaum einen Zugang zu den Tatbeständen eröffnen konnten, die für die reine Ökonomie interessant waren. Erst kurz vor der Jahrhundertwende begann sich die Psychologie den Problemen der Motivation zuzuwenden, für die die Vertreter der Ökonomik von ihren Gesichtspunkten her ein Interesse hätten aufbringen können. Aber Forschungsresultate, die geeignet erschienen, eine neue Grundlage für diese Disziplin zu liefern, waren noch nicht in Sicht. Ihre Vertreter waren daher gezwungen, für die Erklärung der sie interessierenden sozialen Tatbestände auf theoretische Annahmen über menschliches Verhalten zurückzugreifen, die sie für diesen Zweck selbst konstruiert hatten.

Man kann gegen ein solches Verfahren auch unter methodologischen Gesichtspunkten kaum etwas einwenden. Die relative Autonomie einer Disziplin, auf die ihre Vertreter zugegebenermaßen oft einen übertriebenen Wert legen, hängt bisweilen mit einer Phasenverschiebung in der Entwicklung verschiedener Bereiche der Wissenschaft zusammen, und sie ist insoweit unvermeidbar. Allerdings ist es kaum zweckmäßig, den Autonomieanspruch einer Disziplin so fest zu verankern, dass man ihre Aussagen gegen jede relevante Kritik immunisiert, die von den Resultaten sich entwickelnder Nachbardisziplinen her möglich wird, wenn sie genügend ausgereift sind.

Die heutigen Ergebnisse der psychologischen Forschung scheinen mir jedenfalls den Schluss nahezulegen, dass von ihnen her eine fruchtbare Kritik an ökonomischen Verhaltenshypothesen möglich ist, die schließlich zu deren Revision beitragen mag. Eine solche Revision wird unter anderem auch notwendig sein, um eine konsequente Durchführung des *Bentham*schen Programms der psychologischen Reduktion zu erreichen, die ja in der neoklassischen Phase der Theoriebildung nicht ganz gelungen ist.

Die Notwendigkeit einer solchen Revision ergibt sich meines Erachtens auch daraus, dass gewisse interne Schwierigkeiten im ökonomischen Denken aufgetaucht sind, die sich offensichtlich nur durch tiefer dringende Untersuchungen zur Rolle kognitiver und motivationaler Faktoren in menschlichen Entscheidungsprozessen klären lassen. Wir können ja für die Erklärung sozialer Tatbestände aller Art auf individualistischer Basis von der theoretischen Idee ausgehen, dass außer bestimmten Faktoren motivationaler Natur auch die Überzeugungen der handelnden Personen eine konstitutive Bedeutung für ihre Entscheidungen haben (*Tietzel* 1985, S. 7 ff.).[7] In den Verhaltenshypothesen der reinen Ökonomie sind bestenfalls sehr einfache und rudimentäre Annahmen über diese Zusammenhänge enthalten, so dass zum Beispiel das wichtige Problem der Erwartungen auf diese Weise kaum zu lösen ist.

Für die Bildung des Erwartungshorizontes (*Tietzel* 1985, S. 131-134 und passim) der handelnden Personen werden deren Theorien nicht ohne Bedeutung sein. Und diese werden im Allgemeinen nicht nur einigermaßen komplex, sondern auch kaum invariant – das heißt zum Beispiel von ihren Erfahrungen unabhängig – sein. Man wird zwar auch in diesem Bereich für die Zwecke der Erklärung sozialer Phänomene oft mit starken Vereinfachungen und mit Idealisierungen arbeiten müssen. Aber ohne die Heranziehung psychologischer Forschungsresultate ist da meines Erachtens nicht weiterzukommen.

Im Übrigen macht auch die Tatsache, dass man in weiten Bereichen mit der extremen Annahme der Irrelevanz nicht-finanzieller Sanktionen für die Steuerung des Verhaltens nicht auszukommen scheint, eine Revision der Verhaltenshypothesen erforderlich. Hier ist etwa auf die Untersuchungen zur Leistungsmotivation hinzuweisen, die auf die *Lewin*schen Forschungen über die Rolle des Anspruchsniveaus in der Verhaltenssteuerung zurückgehen (*McClelland* 1961).

Interessanterweise hat gerade *Joseph A. Schumpeter*, der in seinem oben erwähnten ersten Werk so großen Wert auf die Autonomie der reinen Ökonomie gelegt hat, in seiner „Theorie der wirtschaftlichen Entwicklung“ (*Schumpeter* 1912, S. 131 ff. und S.138 f.) Bemerkungen über die Motivation des Unternehmerverhaltens gemacht, die sich weitgehend mit den Forschungen *McClellands* decken und deren Relevanz für die Lösung ökonomischer Probleme kaum zu bestreiten sein dürfte. Darin zeigt sich meines Erachtens, dass die scharfen Abgrenzungsversuche neoklassischer Ökonomen gegenüber der Psychologie mitunter dadurch verursacht waren, dass diese Theoretiker im damaligen psychologischen Denken keine für ihre Zwecke brauchbaren Ergebnisse entdecken konnten.

Unter dem Gesichtspunkt des theoretischen Fortschritts kann außer der Rekonstruktion der grundlegenden nomologischen Verhaltenshypothesen noch eine weitere Verfahrensweise ins Auge gefasst werden, die erfolgversprechend zu sein scheint. Sie geht

---

[7] Vgl. dazu auch *Tietzel* (1985), wo er unter anderem auf die Bedeutung des unvollkommenen Wissens für das Verhalten der Wirtschaftssubjekte eingeht.

davon aus, dass der ökonomische Begriffsapparat im Grunde genommen auf sehr allgemeine Merkmale menschlichen Verhaltens zugeschnitten ist, so dass man ihn in seiner Anwendung keineswegs auf den sogenannten wirtschaftlichen Bereich einschränken muss. Dieser Bereich ist ja, wie sich gezeigt hat, sehr schwer abgrenzbar.

Insofern kann man den Vertretern der reinen Ökonomik zustimmen, die in ihr eine exakte Disziplin vom menschlichen Handeln überhaupt sehen wollen, wie etwa *Ludwig von Mises* und *Joseph A. Schumpeter*. Sie haben überdies völlig richtig gesehen, dass eine Disziplin dieser Art prinzipiell durchaus geeignet ist, zur Grundlage der ganzen Sozialwissenschaft zu werden. „Die Wissenschaft vom menschlichen Handeln, die nach allgemeingültiger Erkenntnis strebt, steht", wie *Ludwig von Mises* feststellt, „vor uns als System der Gesellschaftslehre; in ihr ist das bisher am feinsten ausgearbeitete Stück die Nationalökonomie" (*Mises* 1933, S. 12).

Der ökonomische Denkansatz kann also durchaus als ein allgemeines soziologisches Paradigma angesehen werden, das mit anderen Ansätzen in Konkurrenz treten kann, zum Beispiel mit dem lange Zeit in der Soziologie vorherrschenden Funktionalismus, dessen Schwächen durch die methodologische und inhaltliche Kritik der letzten Zeit aufgedeckt worden sind. Die Auffassung solcher mit allgemeinen Erkenntnisprogrammen verbundenen theoretischen Perspektiven als konkurrierender Ansätze zur Lösung derselben Probleme ist unter den Gesichtspunkten einer am Erkenntnisfortschritt orientierten Methodologie schon deshalb empfehlenswert, weil sie zur vergleichenden Beurteilung dieser Ansätze hinsichtlich ihrer Erklärungsleistung und ihrer heuristischen Kraft Anlass gibt. Darüber hinaus ist die Konstruktion alternativer theoretischer Ansätze zur Lösung der in Frage kommenden Probleme schon deshalb empfehlenswert, weil sie die Möglichkeit der Widerlegung vorherrschender theoretischer Auffassungen erhöht (*Musgrave* 2011, S. 100-113).

Nun hat die Entwicklung des theoretischen Denkens in den Sozialwissenschaften seit den 60er Jahren des vorigen Jahrhunderts gezeigt, dass die Ausdehnung des ökonomischen Ansatzes auf bisher nicht berücksichtigte Anwendungsbereiche heuristisch außerordentlich interessant ist. In diesem Zusammenhang ist vor allem auf die Analysen von *Olson*, *Buchanan* und *Ostrom* hinzuweisen (*Downs* 1968; *Olson* 1968; *Thibaut* und *Kelley* 1969; *Buchanan* 1984; *Ostrom* 1999; *Vanberg* et al. 2008), die beanspruchen können, Beiträge zur Erklärung sozialer Phänomene auf theoretischer Grundlage geleistet zu haben, wie sie in den betreffenden Problembereichen bisher nicht vorhanden waren, und dadurch gezeigt zu haben, wie in der theoretischen Soziologie von der weitverbreiteten Praxis der atheoretischen Datensammlung unter Verwendung statistischer Methoden oder der Aufstellung immer neuer Ad-hoc-Hypothesen im Zusammenhang mit empirischen Spezialuntersuchungen loszukommen ist, ohne dass man in den Fehler verfällt, grandiose Begriffsapparate ohne nomologische Aussagen als Theorien über soziale Gesamtsysteme zu empfehlen.

Die hier angewandte Strategie des theoretischen Fortschritts zielt in eine ganz andere Richtung als das oben erörterte Verfahren der Verbesserung der verhaltenstheoretischen Grundlage und bedient sich dementsprechend auch anderer Mittel. Es handelt sich hier meist darum, dass die im ökonomischen Ansatz zur Verfügung stehenden Verhaltensannahmen auf mehr oder weniger komplexe Bedingungskonstellationen angewendet werden, die man als typisch für gewisse sozialkulturelle Bereiche ansehen kann.

Um das zu erreichen, pflegt man Modelle zu konstruieren, die außer den nomologischen Hypothesen über das Verhalten der Individuen noch spezielle Annahmen über die Beschaffenheit der relevanten Züge des jeweiligen sozialen und natürlichen Milieus aufweisen. Diese Analysen haben meist idealtypischen Charakter. Sie kommen also den faktischen Gegebenheiten in bestimmten sozialen Bereichen mehr oder weniger nahe, ohne sie genau zu beschreiben.

Die Bezeichnung solcher Modelle als Theorien hat erheblich dazu beigetragen, Missverständnisse zu verursachen. Denn ihre Konstruktion wird offenbar zur Anwendung allgemeiner Theorien auf besondere Konstellationen benötigt, zum Beispiel auf solche, die auf Grund sozialstruktureller Prägung typische raum-zeit-gebundene Invarianzen erkennen lassen. So werden etwa in einer Demokratietheorie dieser Art typische Züge demokratischer Verfassungen als gegeben vorausgesetzt, um in den betreffenden Systemen ablaufende Prozesse erklären zu können. Ein solches Verfahren kann als Herstellung einer idealtypischen Erklärungsskizze bezeichnet werden (*Popper* 1967). Es ist nun durchaus möglich, den Schwerpunkt der theoretischen Arbeit in den Sozialwissenschaften in der Herstellung solcher idealtypischer Erklärungsskizzen zu sehen, wobei die grundlegenden nomologischen Hypothesen – die allgemeinen Verhaltensannahmen – immer wieder auf andere komplexe soziale Situationen angewendet werden. Was man hier „Theorien" zu nennen pflegt, wären demnach im Allgemeinen solche Erklärungsskizzen oder „Erklärungen im Prinzip".

Das bekannteste Beispiel für eine solche Erklärungsskizze ist ohne Zweifel das Modell der vollkommenen Konkurrenz, bei dessen Konstruktion eine ganze Reihe extrem idealisierender Annahmen gemacht zu werden pflegen, sogar Annahmen, die dem Verdacht ausgesetzt sind, zu Widersprüchen zu führen (*Morgenstern* 1935). Man sollte sich in Bezug auf dieses und auf andere Modelle dieser Art darüber klar sein, dass es sich lohnt, einen Unterschied zu machen zwischen den Annahmen, die das Verhalten der Individuen betreffen, und den übrigen Annahmen, die Idealisierungen über deren Situation enthalten, denn letztere haben stets spezifischen Charakter.

Unter den Gesichtspunkten des *Bentham*schen Programms haben wir aber Anlass, in den Verhaltensannahmen Aussagen nomologischen Charakters zu suchen. Sie sind diejenigen Bestandteile der Modelle, die der Revision auf Grund von Fortschritten in den Verhaltenswissenschaften am ehesten offen stehen. Ihre Erklärung auf Grund von Aussagen über tiefer liegende Gesetzmäßigkeiten des menschlichen Verhaltens kann grundsätzliche Korrekturen von Aussagen der theoretischen Ökonomik zur Folge haben. Sie kann außerdem zur Klärung der wichtigen Frage beitragen, unter welchen Umständen man erwarten kann, dass die in dem betreffenden Modell jeweils anvisierte Konstellation wenigstens approximativ erreicht wird.

Die ökonomische Theorie hat zwar von vornherein bestimmte institutionelle Vorkehrungen rechtlicher Art vorausgesetzt, um den Preismechanismus erklären zu können, aber wir haben heute Grund anzunehmen, dass diese Voraussetzungen keineswegs zureichend waren. Im neoklassischen Modelldenken ist die soziale Einbettung dieses Mechanismus außerdem immer mehr aus dem Blickfeld geschwunden, so dass die Attacken des amerikanischen Institutionalismus durchaus plausibel erscheinen mögen. Will man das Funktionieren des Preismechanismus und anderer derartiger Mechanismen in verschiedenen sozialen Milieus einigermaßen adäquat erklären, dann geht das vermutlich nicht ohne Rekurs auf tiefer liegende Verhaltensgesetzlichkeiten, und zwar im Zusammenhang mit einer genaueren Analyse der in Betracht kommenden institutionellen Regulierungen als Ausgangspunkt für die Modellbildung.

Man kann wohl *Buchanan* darin zustimmen, dass die Wirtschaftswissenschaft den Versuch macht, „menschliche Handlungen innerhalb sich entwickelnder institutioneller Gegebenheiten" zu erklären, dass ihr wesentliches Thema also darin besteht, dieses Verhalten „innerhalb sozialer Institutionen zu untersuchen, nicht aber abstraktes menschliches Verhalten als solches" (*Buchanan* 1971, S. 99), und dass die Ökonomen für den Psychologen „eine ständige Herausforderung" darstellen, insofern, als sie von ihm erwarten, „mit einer besser erklärenden Verhaltenshypothese" versorgt zu werden (*Buchanan* 1971, S. 92). Aber vermutlich wird man in dieser Hinsicht die Autonomie des ökonomischen Denkens nicht übertreiben wollen, wenn man sieht, dass der theoretische Fortschritt von der Überschreitung der Grenzen der eigenen Disziplin abhängt. An der Feststellung von Gültigkeitsschranken ökonomischer Gesetze sind die meisten Ökonomen vermutlich selbst interessiert.

Diese Sicht der Anwendungsproblematik macht offenbar ein Verfahren plausibel, das ich „Methode der abnehmenden Abstraktion" nennen möchte. Die genaue Analyse konkreter institutioneller Regulierungen in komplexen sozialen Systemen unter theoretischen Gesichtspunkten gibt nämlich die Möglichkeit, die besonderen Annahmen bestimmter Modelltypen so weit an die Beschaffenheit konkreter historischer Situationen anzunähern, dass man zu echten Erklärungen kommt. Aus der idealtypischen Erklärungsskizze mit dem für sie charakteristischen hohen Grad von Idealisierung, auch bei den besonderen Annahmen, würde damit eine historische Erklärung mit weitgehend realistischen Annahmen.

4. Das Machtproblem und der Charakter adäquater Erklärungen

Kommen wir zurück zu unserem Ausgangsthema, der Machtkontroverse in der Nationalökonomie. Dass die bloße Berufung auf Macht im Rahmen eines Denkens, in dem dieser Begriff keine theoretische Bedeutung hat, weil er nicht in ein Netz nomologischer Aussagen eingebettet ist, nichts erklären kann, hatte ich schon zu Anfang erwähnt. Andererseits sieht es so aus, als ob die extremen Idealisierungen der reinen Ökonomie, die ihre Probleme weitgehend vom Grenzfall der vollkommenen Konkurrenz her entwickelt hatte, dafür verantwortlich waren, dass einige für die Struktur der sozialen Wirklichkeit wesentliche Tatbestände nicht adäquat erfasst werden konnten, die von den Machttheoretikern zumindest in Betracht gezogen wurden.

Die uns interessierende grundsätzliche Frage lautet nun: Wie kann man die sogenannte Machtproblematik in den Sozialwissenschaften – besonders in der Ökonomik – überhaupt theoretisch in den Griff bekommen? Wir hatten gesehen, dass nomologische Aussagen einen Spielraum realer Möglichkeiten für das Geschehen festlegen. In Anwendung auf bestimmte Bedingungskonstellationen geben sie also an, in welcher Weise das Geschehen kanalisiert ist. Soziales Geschehen besteht aber in nichts anderem als mehr oder weniger komplexen Verkettungen gegenseitigen individuellen Verhaltens, die theoretisch als soziale Wirkungszusammenhänge aufzufassen sind.

Wenn man unter sozialer Macht die Möglichkeit bestimmter sozialer Instanzen versteht, dieses Geschehen zu beeinflussen, also Steuerungswirkungen zu entfalten, dann besteht die adäquate theoretische Bewältigung der Machtproblematik darin, dass man nach Gesetzmäßigkeiten sucht, die das soziale Zusammenspiel erklärbar machen. Wenn sie das leisten, dann liefern sie gleichzeitig damit auch Erklärungen für den Erwerb, die Änderung, den Verlust und den Gebrauch von Machtpositionen durch die Mitglieder der Gesellschaft. Ob dabei das Wort „Macht" explizit verwendet wird, ist vollkommen gleichgültig.

Auch im Konkurrenzmodell üben die Teilnehmer des Marktgeschehens Einfluss auf dieses Geschehen aus, wenn auch nicht auf alle seine Aspekte. Von Machtlosigkeit im strengen Sinne kann also auch da keine Rede sein. Die Kritik an diesem Modell kann also nicht darin bestehen, dass in ihm „das" Machtproblem nicht berücksichtigt ist, denn ein einheitliches Problem dieser Art ist gar nicht identifizierbar. Wenn hier eine Kritik in Betracht kommt, dann muss sie sich auf den geringen Erklärungswert dieses Modells beziehen, der durch den hohen Idealisierungsgrad der üblichen Annahmen dieses Modells bedingt sein mag (*Tietzel* 1985, S. 111-118).

Im Übrigen besitzt die theoretische Ökonomik in den Grundvoraussetzungen, von denen sie ausgeht, einen ausgezeichneten Zugang zur Machtproblematik im oben angegebenen Sinn. Der „Tatbestand der Knappheit", der für alle ihre Aussagen konstitutive Bedeutung hat, scheint mir eine, wenn nicht gar die wesentliche, Grundlage auch der sozialen Macht zu sein (*Popitz* 1968).[8] Im gesellschaftlichen Zusammenhang wird die Knappheit ganz von selbst zu einem sozialen Tatbestand. Die reine Ökonomik mag wichtige Konsequenzen dieser Tatsache übersehen haben, besonders insoweit, als sie im Widerspruch zum methodologischen Individualismus die Gesellschaft als eine kooperative Gesamtheit mit gemeinsamer Wertskala behandelt hat (*Mydral* 1963).[9] Sie lassen sich aber ohne weiteres entwickeln, wenn man seine Aufmerksamkeit darauf richtet.

Eine der wichtigsten soziologischen Fragen ist die nach der Möglichkeit, im Rahmen bestimmter relativ konstanter institutioneller Vorkehrungen eine Form der Macht in eine andere zu transformieren (*Russell* 1947, S. 10 und passim). In der Nationalökonomie werden seit langem Transformationen dieser Art behandelt: zum Beispiel die Verwandlung von Kaufkraft in Verfügungsgewalt über Arbeitskräfte, über sachliche Produktionsmittel oder über militärische Instrumente. Andere, wie der Aufbau von Marktpositionen durch Transformation finanzieller Mittel in Organisation und Werbung, sind in letzter Zeit in ihr Blickfeld geraten.

---

8 Vgl. dazu die sehr instruktive Schrift *Popitz* (1968), in der der ökonomische Ansatz in einigen heuristisch sehr interessanten Gedankenexperimenten auf Probleme der Schichtung, der Legitimation und der Kristallisation sozialer Strukturen angewendet wird.

9 Vgl. dazu *Myrdal* (1963), wo die Wirksamkeit dieser „kommunistischen Fiktion" auch in der liberalen Ökonomie nachgewiesen wird.

Eine Sozialordnung kann unter anderem dadurch charakterisiert werden, welche Möglichkeiten der Verwandlung einer Form der Macht in eine andere sie zulässt. In modernen demokratischen Staaten hat im Allgemeinen bekanntlich nur die Regierung die Möglichkeit, in großem Maßstab finanzielle in militärische Macht zu transformieren, abgesehen von gewissen Ausnahmesituationen. Sie teilt mit anderen sozialen Gebilden und Personen die Möglichkeit, finanzielle in politische Macht zu verwandeln oder auch in die Verfügung über Arbeitskräfte. In anderen Systemen ist diese Transformationsmöglichkeit, wie wir wissen, stärkeren Beschränkungen unterworfen.

Man hat den Kapitalismus als das soziale System gekennzeichnet, das sich „von jedem anderen bekannten System der Macht durch die Schaffung eines Privatweges zur Macht" unterscheidet (*Heimann* 1954, S. 25). Die Politik der für dieses System charakteristischen Erwerbsunternehmungen ist an gewissen Transformationschancen der Macht orientiert, die sich mit der Sozialstruktur langsam ändern. Die Erklärung solcher sozialstruktureller Wandlungen ist, wie wir wissen, eines der schwierigsten Probleme der Sozialwissenschaften. Wir dürfen aber davon ausgehen, dass die sozialen Mechanismen, die diese Wandlungen hervorrufen, mit Hilfe des gleichen theoretischen Instrumentariums zu erklären sind, das auch für die Entwicklung anderer sozialer Prozesse in Betracht kommt.

Brauchbare Theorien, die den sozialen Wandel erklären, sind aber auch außerhalb des ökonomischen Denkens nicht zu entdecken. Es ist keineswegs aussichtslos, mit den Mitteln dieser Denktradition auch diese Problematik in Angriff zu nehmen, wenn man sich nicht scheut, ihre grundlegenden Verhaltensannahmen einer Revision zu unterziehen, die ihre Interpretation im Sinne einer reinen „Logik der Wahl" unmöglich macht.

Literatur

Albert, Hans (1994), Kritik der reinen Hermeneutik: Der Antirealismus und das Problem des Verstehens, Tübingen.

Albert, Hans (2009), Ökonomische Theorie als politische Ideologie: Das ökonomische Argument in der ordnungspolitischen Debatte, Tübingen.

Böhm-Bawerk, Eugen von (1881/1924), Rechte und Verhältnisse vom Standpunkt der volkswirtschaftlichen Güterlehre, in: *Eugen von Böhm-Bawerk*, Gesammelte Schriften, herausgegeben von *Franz X. Weiss*, Wien – Leipzig S. 18 ff.

Böhm-Bawerk, Eugen von (1914), Macht oder ökonomisches Gesetz? In: Zeitschrift für Volkswirtschaft, Sozialpolitik und Verwaltung, Bd. 23, S. 205-271.

Buchanan, James M. (1971), Das Verhältnis der Wirtschaftswissenschaft zu ihren Nachbardisziplinen, in: *Reimut Jochimsen* und *Helmut Knobel* (Hg.), Gegenstand und Methoden der Nationalökonomie, Köln, S.88-105.

Buchanan, James M. (1984), Die Grenzen der Freiheit: Zwischen Anarchie und Leviathan, Tübingen.

Bucharin, Nicolai (1926), Die politische Ökonomie des Rentners: Die Wert- und Profitheorie der österreichischen Schule, 2. Auflage, Wien – Berlin.

Downs, Anthony (1968), Ökonomische Theorie der Demokratie, Tübingen.

Goldstein, Leon J. (1994), Historical Knowing, Austin – London.

Heimann, Eduard (1954) Wirtschaftssysteme und Gesellschaftssysteme, Tübingen.

Halevy, Elie (1928), The Growth of Philosophical Radicalism, London.

Lange, Oskar (1963), Political Economy, Vol. I, Oxford u.a.

Mackenroth, Gerhard (1953), Bevölkerungslehre: Theorie, Soziologie und Statistik der Bevölkerung, Berlin – Göttingen – Heidelberg.

Mackenroth, Gerhard (1933), Diskussionsbeitrag, in: *Ludwig Mises* und *Arthur Spiethoff* (Hg.), Probleme der Wertlehre, Schriften des Vereins für Socialpolitik, Band 183/2, S. 74-79.

Marshall, Alfred (1961), Principles of Economics: An introductory Volume, 9. Auflage, London.

Marx, Karl (1867/1955), Das Kapital: Kritik der politischen Ökonomie, Band I, Berlin.

McClelland, David C. (1961), The Achieving Society, Princeton u.a.

Mises, Ludwig von (1933), Grundprobleme der Nationalökonomie: Untersuchungen über Verfahren, Aufgaben und Inhalt der Wirtschafts- und Gesellschaftslehre, Jena.

Morgenstern, Oskar (1931), Die drei Grundtypen der Theorie des subjektiven Wertes, in: *Ludwig von Mises* und *Arthur Spiethoff* (Hg.), Probleme der Wertlehre, Erster Teil, München – Leipzig, S. 1-41.

Morgenstern, Oskar (1935), Vollkommene Voraussicht und wirtschaftliches Gleichgewicht, in: Zeitschrift für Nationalökonomie, Bd. 6, S. 337-357.

Musgrave, Alan (2011), Brauchen wir Alternativen zu nicht widerlegten Theorien? In: *Alan Musgrave*, Weltliche Predigten: Essays über Wissenschaft und Philosophie, Tübingen, S. 100-113.

Myrdal, Gunnar (1963), Das politische Element in der nationalökonomischen Doktrinbildung, Hannover.

Olson, Mancur (1968), Die Logik des kollektiven Handelns, Tübingen.

Ostrom, Elinor (1999), Die Verfassung der Allmende: Jenseits von Staat und Markt, Tübingen.

Popitz, Heinrich (1968), Prozesse der Machtbildung, Tübingen.

Popper, Karl. R. (1995), Die Zielsetzung der Erfahrungswissenschaft, in: *Karl R. Popper*, Lesebuch, Tübingen, S. 144-153.

Popper, Karl R. (1971), Logik der Forschung, 4. Auflage, Tübingen.

Popper, Karl R. (1967), Rationality and the Status of the Rationality Principle, in: *Emil M. Claassen* (Hg.), Le Fondements philosophiques des systems economiques, Paris, S. 145-150.

Popper, Karl R. (1971), Das Elend des Historizismus: Sind Verallgemeinerungen auf Epochen beschränkt? 3. Auflage, Tübingen.

Russell, Bertrand (1947), Macht: Eine sozialkritische Studie, Zürich.

Schumpeter, Joseph A. (1908/1970), Wesen und Hauptinhalt der theoretischen Nationalökonomie, 2. Auflage, Berlin.

Schumpeter, Joseph A. (1926), Theorie der wirtschaftlichen Entwicklung, 5. Auflage, Berlin.

Schumpeter, Joseph A. (1952), Das Grundprinzip der Verteilungstheorie, in: *Joseph A. Schumpeter*, Aufsätze zur ökonomischen Theorie, Tübingen, S. 320-407.

Smith, Adam (1776/1910), An Inquiry into the Nature and the Causes of the Wealth of Nations, London.

Strigl, Richard (1923), Die ökonomischen Kategorien und die Organisation der Wirtschaft, Jena.

Stützel, Wolfgang (1952/1972), Preis, Wert und Macht: Analytische Theorie des Verhältnisses der Wirtschaft zum Staat, 2. Auflage, Aalen.

Taylor, Overton H. (1960), A History of Economic Thought: Social Ideas and Economic Theories from Quesnay to Keynes, New York u.a.

Thibaut, John W. und *Harold H. Kelley* (1969), The Social Psychology of Groups, New York – London.

Tietzel, Manfred (1985), Wirtschaftstheorie und Unwissen: Überlegungen zur Wirtschaftstheorie jenseits von Risiko und Unsicherheit, Tübingen.

Vanberg, Viktor, *Nils Goldschmidt* und *Michael Wohlgemuth* (Hg.) (2008), Wettbewerb und Regelordnung, Tübingen.

Wertheimer, Michael (1971), Kurze Geschichte der Psychologie, München.

Teil II:

Ökonomik und Institutionen

Christian Müller, Frank Trosky und Marion Weber (Hg.)
Ökonomik als allgemeine Theorie menschlichen Verhaltens
Schriften zu Ordnungsfragen der Wirtschaft · Band 94 · Stuttgart · 2012

Zur Interdependenz der ordnungspolitischen Krisenursachen

Helmut Leipold

Inhalt

1. Einleitung: Einige Schlaglichter zur aktuelle Krisendiagnose 82

2. Die ordoliberale Diagnose der Gesellschafts- und Wirtschaftskrise 84
   2.1. Die Diagnose von Walter Eucken 84
   2.2. Die Diagnose von Wilhelm Röpke 87
   2.3. Die Diagnose von Alfred Müller-Armack 88

3. Konzeptionelle Schlussfolgerungen aus der ordoliberalen Krisendiagnose 89
   3.1. Die neue Symbiose zwischen Staat, Markt und Moral 89
   3.2. Das Leitbild der Sozialen Marktwirtschaft 91

4. Die Interdependenz der Ordnungen unter veränderten Bedingungen 94

Literatur 94

1. Einleitung: Einige Schlaglichter zur aktuelle Krisendiagnose

In der öffentlichen Meinung breitet sich die dumpfe Vermutung aus, dass in der globalisierten Wirtschafts- und Staatenwelt etwas faul ist. Die Gründe dafür sind bekannt und seien hier nur stichwortartig benannt. Es sind die in der ersten Dekade dieses Jahrhunderts erfahrenen dramatischen Verwerfungen und Krisen in der Wirtschaft und der Politik.

Es begann mit dem Platzen der „New Economy-Blase", die durch irreale und spekulative Überbewertungen einiger Unternehmen entfacht wurde und die erste Eindrücke dafür vermittelte, dass die globalen Finanzmärkte eigenen und partiell irrationalen Gesetzen folgen. Diesem eher episodenhaften Ereignis folgte im Jahre 2007 die Banken- und Finanzkrise, welche die Weltökonomie an den Rand des Abgrunds führte und nur durch den Einsatz von Milliarden Dollar und Euro seitens der Regierungen glimpflich überstanden werden konnte. Gegenwärtig sind wir Zeugen einer besorgniserregenden Verschuldung einzelner Staatshaushalte, wodurch die Stabilität ganzer Währungsräume gefährdet wird. Die bisherige Strategie, die Folgelasten auf höhere Ebenen zu verschieben, ist eine aus der Not geborene kurzfristige Lösung und droht sich deshalb auf längere Frist zu einer sozialen und politischen Krise auszuwachsen. Denn das Vorhaben, Probleme der Wirtschaft zuerst auf den Staat und dann von einzelnen Staaten auf die Staatengemeinschaft im Hegelschen Verständnis „aufzuheben", muss in der kollektiven Selbstschädigung enden.

Die Zuschreibungen für die Ursachen der Krisen sind verschieden (vgl. *Kirchgässner* 2009; *Borner* und *Bodmer* 2010). Die Vertreter des eher rechten und liberalen Spektrums, zu der auch die Mehrheit der Ökonomenzunft zu zählen ist, sehen sie in falschen Vorgaben der Politik und insbesondere der amerikanischen Geldpolitik und Finanzmarktregulierung. Der eigentliche Brandherd der Banken- und Finanzkrise wird in der Politik verschiedener amerikanische Regierungsadministrationen verortet, die ökonomisch schwachen Minoritäten oder Schichten gleichsam als Substitut für mangelnde soziale Sicherungssysteme den Erwerb von Hauseigentum ermöglichen wollten. Dazu wurden Banken und vor allem staatlich privilegierte Hypothekenbanken ermuntert, Kredite ohne gründliche Prüfung der Zahlungsfähigkeiten zu vergeben, was durch eine Deregulierung des Bankensystems und indirekt durch eine Politik des billigen Geldes durch die amerikanische Notenbank unterstützt wurde. Das Banken- und Finanzsystem nutzte diese Bedingungen und schuf mit handelbaren hochriskanten Kreditverbriefungen neue Instrumente zur Geld- und Profitvermehrung. Dadurch wurden Finanzpyramiden ohne solides Fundament aufgebaut, die sich mehr und mehr von der realwirtschaftlichen Entwicklung abkoppelten. Das Credo, dass die durch Ratingagenturen abgesegneten und verbrieften Schulden eigenständige und handelbare Werte verkörpern, hat sich im Nachhinein als Illusion erwiesen.

Auch die Erklärung der hohen Staatsverschuldung einzelner Länder verweist vorrangig auf ein Versagen der Politik. Als Hauptursachen werden Unvollkommen-heiten des demokratischen Kontrollmechanismus wegen der rationalen Ignoranz der Wähler und des großen Einflusses organisierter Interessengruppen sowie Unvoll-kommenheiten konstitutioneller Verschuldungsbegrenzungen bzw. deren politische Missachtung angeführt. Im Falle der EU wird auf die frühe Überschreitung der Grenzen für die jährliche Neuverschuldung und die Gesamtverschuldung, auf die Missachtung des Beistandsverbots für einzelne Mitgliedsländer und aktuell auf die Instrumen-talisierung der EZB für fiskalpolitische Zwecke verwiesen.

Die Diagnosen der wichtigen Krisenursachen scheinen aus ökonomischer Perspektive plausibel. Dabei bleibt jedoch die Anerkenntnis der Mitschuld einflussreicher ökonomischer Theorieansätze ziemlich unterbelichtet. Diese Mitschuld gilt etwa für die Theorie effizienter Finanzmärkte, wonach durch rational handelnde Akteure alle verfügbaren Informationen bestmöglich gebündelt und die denkbaren Risiken für eine realistische Preisbewertung der gehandelten Objekte antizipiert würden und deshalb jegliche staatliche Regulierung überflüssig, ja kontraproduktiv sei.

Deshalb sollten die abweichenden Diagnosen der Krisenursachen seitens der Vertreter eines eher linken politischen Spektrums nicht verwundern, bei denen die Argumente von einem Markt- bzw. Ökonomieversagen im Vordergrund stehen. Die Schuldzuweisungen von Politikern linker, aber auch wertkonservativer Richtungen, von Kirchenvertretern und von einigen wenigen Ökonomen sind allein schon deshalb uneinheitlich, weil sie positive und normative Aspekte vermengen. Die markante Einigkeit besteht darin, in der Dominanz des Neoliberalismus angloamerikanischer Prägung der nationalen und internationalen Wirtschaftspolitik den Sündenbock der verschiedenen Krisen zu sehen (vgl. zu unterschiedlichen neoliberalen Ansätzen *Renner* 2000). Gemeint ist damit der ökonomische Theorieansatz, wie er von prominenten Ökonomen der Chicago-Schule um und nach *Milton Friedman* propagiert wurde und dessen normatives Programm sich stichwortartig mit den Postulaten der Liberalisierung und Deregulierung der Märkte und der Privatisierung öffentlich-staatlicher Einrichtungen charakterisieren lässt. Die Umsetzung dieser Postulate hat tatsächlich die weltweite Verflechtung der Güter- und Finanzmärkte maßgeblich befördert. Diese Politik wird seitens der Kritiker jedoch für die ungezügelte Profitgier der Manager, für die weltweit entfesselte Macht der Finanz- und Gütermärkte, für die zunehmende Ökonomisierung aller Lebensbereiche, damit für die sich ausweitende Ungleichheit zwischen Reich und Arm und die zunehmende Erosion sozialer und ökologischer Standards verantwortlich gemacht (vgl. *Butterwege, Lösch* und *Ptak* 2008; *Crouch* 2011; *Leipold* 2010).

Diese aktuelle Krisendiagnose weist erstaunliche Parallelen zu den Argumenten der frühen Globalisierungskritiker auf. Hier wie dort ist die Rede vom Marktradikalismus, vom Turbo- oder Kasinokapitalismus, von der Abzockermentalität der Bankmanager, vom ruinösen Wettbewerb der Staaten und Standorte um Direktinvestitionen, wodurch der Abbau sozialer Leistungen, der Steuereinnahmen, der Löhne und der ökologischen Standards begünstigt, ja erzwungen werde und die Politik zum reinen Handlanger der Großkonzerne und der spekulativen Kapitalinteressen degeneriere. Schließlich ist die Rede von der Ökonomisierung aller Lebensbereiche und damit von deren zunehmender Amerikanisierung oder „Mc-Donaldisierung".

Als naheliegende wirtschaftspolitische Folgerung drängt sich aus dieser Krisendiagnose das Postulat vom Primat der Politik über die Ökonomie auf. Dieses vage Postulat kann jedoch so wenig überzeugen wie das auf das Vertrauen der Selbstregulierung der

Märkte gegründete Postulat der Staatsbegrenzung. Denn beide Erklärungsmuster der aktuellen Krisenursachen bleiben einseitig und deshalb oberflächlich, weil es einer Analyse der tiefer gehenden Ursachen für beide Fehlentwicklungen ermangelt. Indirekt offenbaren sich die analytischen Defizite darin, dass keine überzeugenden Anleitungen für die aktuelle Politik zu erkennen sind. Vielmehr werden allerorts teure Strohfeuer mit hochriskanten Folgelasten gezündet. Es verstärkt sich der Eindruck, dass sowohl die Ökonomen als auch die Politiker den Herausforderungen der Banken-, Schulden- und Währungskrise hilflos gegenüberstehen.

Weil es an einem überzeugenden ordnungspolitischen Kompass fehlt, gilt es den Blick dafür zu stärken, dass die von den Krisenherden gesprühten Funken deshalb einen weltweiten Flächenbrand entfachen konnten, weil sie auf einen moralisch-ethisch ausgedörrten Boden fielen. Die bis heute überzeugenden Argumente für diese These haben die geistigen Väter der Sozialen Marktwirtschaft geliefert. Sie standen am Beginn ihrer theoretischen Neubesinnung vergleichsweise zu der aktuellen Lage vor schwierigeren Fehlentwicklungen und Problemen in Wirtschaft und Politik. Eine ihrer theoretischen Grundeinsichten bestand darin, dass die politisch-rechtliche, die wirtschaftliche und die moralisch-ethische Ordnung in einem engen wechselseitigen Bedingungsverhältnis stehen. Deshalb scheint eine Rückbesinnung sowohl auf ihre Krisendiagnose (Kapitel 2) als auch auf die daraus abgeleiteten ordnungspolitischen Prinzipien (Kapitel 3) geboten. Diese Prinzipien sollen abschließend zeitgemäß reflektiert werden (Kapitel 4).

2. Die ordoliberale Diagnose der Gesellschafts- und Wirtschaftskrise

2.1. Die Diagnose von Walter Eucken

Die auslösenden Momente der liberalen Neubesinnung bildeten die Weltwirtschaftskrise und die damit verbundene Krise der Weimarer Demokratie. Anfang der 1930er Jahre standen. Deutschland wie auch die anderen westlichen Länder unter dem Schock der Wirtschaftskrise. Der Börsenkrach von 1929 führte zuerst zur Bankenkrise und dann zur lang andauernden realwirtschaftlichen Depression. Die Aktienmärkte verloren zwischen September 1929 und Juni 1932 85 Prozent ihres Anfangswertes. Im gleichen Zeitraum schrumpfte das Weltsozialprodukt um ca. 40 Prozent. Dadurch wuchs die Zahl der registrierten Arbeitslosen Anfang 1932 in Deutschland auf 6,1 Millionen, von denen die meisten Betroffenen keine Ansprüche auf Arbeitslosenunterstützung hatten. Die damit einhergehende Verarmung breiter Bevölkerungskreise bildete einen fruchtbaren Nährboden für das Aufkommen totalitärer Parteien, zumal sich die nationalen Regierungen und Notenbanken nicht auf eine koordinierte Stabilisierungspolitik einigen konnten. Die Wirtschaftskrise drohte sich also zu einer Staats- und Gesellschaftskrise auszuweiten. Gerade diese Gefährdung war den liberalen Ökonomen bewusst. Bereits im Jahre 1930 hat *Röpke* (1959, S. 84 ff.) in seinem Aufruf an seine niedersächsischen Mitbürger das Schreckensbild vom wirtschaftlichen Elend und zivilisatorischer Barbarei an die Wand gemalt, falls die Nationalsozialisten oder die Kommunisten zur politischen Herrschaft gelangen würden. Bekanntlich sollte sich diese Prophetie im Jahre 1933 bewahrheiten. Jedenfalls war seitens der liberalen Ökonomen die Notwendigkeit für ein Umdenken tradierter wirtschaftlicher Theoreme und Konzepte eine zentrale Herausforderung ihrer Zeit, der sie sich stellen mussten und auch zügig stellten.

Am Anfang der liberalen Neubesinnung stehen zwei Texte, die später häufig als Gründungsmanifeste des Neo- oder Ordoliberalismus bezeichnet worden sind (*Haselbach* 1991, S. 25 ff.). Der erste ist der Diskussionsbeitrag von *Rüstow* auf der Tagung des Vereins für Socialpolitik im Jahre 1932 in Dresden, der später unter verschiedenen Titeln nachgedruckt wurde. Für *Rüstow* war der Weimarer Staat ein ohnmächtiger Staat. Er war nicht Subjekt des Staatswillens, sondern Objekt und Beute organisierter Interessengruppen. Mit Bezug zu *Carl Schmitt* geißelte *Rüstow* den politischen Einfluss mächtiger Industrieverbände und deren erfolgreiches Streben, im Wege der Kartellisierung der Märkte machtbedingte Profite abzusichern. Zugleich entwarf er die neue liberale Vision: „Der neue Liberalismus jedenfalls, der heute vertretbar ist und den ich mit meinen Freunden vertrete, fordert einen starken Staat, einen Staat oberhalb der Wirtschaft, oberhalb der Interessenten, da, wo er hingehört" (*Rüstow* 1963b, S. 258). Dazu sei es nötig, dass sich der Staat aus den Verstrickungen mit den organisierten Wirtschaftsinteressen herauslöse und sich in seinen wirtschaftspolitischen Interventionen beschränke. Getragen von dieser Vision eines neuen Liberalismus hat *Rüstow* auf einem Internationalen Symposion im Jahre 1938 in Paris den Begriff des Neoliberalismus geprägt. In Deutschland hat sich die Bezeichnung Ordoliberalismus seit 1950 als synonymer Begriff in Anspielung an das von *Eucken* initiierte Jahrbuch ORDO herausgebildet, nicht zuletzt weil weder *Eucken* noch *Röpke* den Begriff Neoliberalismus schätzten. Wie *Röpke* (1950, S. 151) anmerkt, habe er den Ausdruck Neoliberalismus stets mit einem gewissen Unbehagen benutzt, weil er lediglich eine Neuformulierung alter Ideen in zeitgemäßen Formen suggeriere. Das eigentliche Anliegen der liberalen Neubesinnung sei jedoch viel umfassender gewesen und habe in einer fundamentalen Gesellschafts- und Kulturkritik bestanden, die primär eine Abrechnung mit überholten liberalen Dogmen des 19. Jahrhunderts intendierte.

Das zweite Gründungsmanifest hat *Eucken* (1932) mit seinem Aufsatz „Staatliche Strukturwandlungen und die Krisis des Kapitalismus" beigesteuert. Er diagnostizierte darin zwei Ursachen der wirtschaftlichen und gesellschaftlichen Krise: erstens den Wandel des liberalen Rechtsstaates hin zum Wirtschaftsstaat, der in der Fesselung des Staates durch private Interessengruppen gipfele, und zweitens den „Zusammenbruch der überkommenen Lebensordnung", dessen tiefere Ursache er in Übereinstimmung mit der Diagnose seines Vaters *Rudolf* in der modernen industriell-kapitalistischen Wirtschaftsform verortete. Im Unterschied zu der von seinem Vater propagierten Lösung, im Wege einer Stärkung der geistigen Wertewelt gegenüber materiellen Werten eine neue Lebensordnung zu schaffen, sah *Walter Eucken* die Lösung im Umbau der Gesellschafts- und Wirtschaftsordnung. Damit die Nationalökonomie dazu einen Beitrag leisten könne, sei eine systematische Analyse und Vergleichung alternativer Wirtschaftsordnungen erforderlich, womit er das Forschungsprogramm der ökonomischen Ordnungstheorie begründete. An deren Anfang steht die Analyse der Marktwirtschaft (Verkehrswirtschaft) und der Zentralverwaltungswirtschaft als den beiden grundlegenden Wirtschaftssystemen. Gemessen an den Werten der individuellen Freiheit und des wirtschaftlichen Wohlstandes als materielle Basis für die Lösung der sozialen Frage, bewertete *Eucken* die Marktwirtschaft als überlegene Option. Im nächsten Schritt unterzog er dann die verschiedenen Ordnungsmodelle der Marktwirtschaft einer kritischen Überprüfung. Als Grundformen unterschied und analysierte er erstens die freie, weitgehend unregulierte Marktwirtschaft nach dem tradierten Muster der Laissez-faire-Wirtschaft, zweitens die staatsinterventionistisch gelenkte Marktwirtschaft nach dem Weimaer Muster seiner Zeit und schließlich drittens die neu zu schaffende wettbewerblich geordnete Marktwirtschaft. Dabei belegte er anhand historischer Erfahrungen, dass das erste Modell zur Vermachtung der Märkte und zu sozialen Verwerfungen führt und das zweite Modell zur Indienstnahme und Fesselung der Politik zugunsten mächtiger organisierter Wirtschaftsinteressen tendiert, weshalb *Eucken* in der staatlich geordneten Wettbewerbswirtschaft die beste Option für eine produktive und leistungsgerechte Wirtschaftsordnung erkannte. Für deren konkrete Ausgestaltung hat er ein Bündel von ordnungspolitischen Prinzipien postuliert, die den eigentlichen, bis heute aktuellen Grundgedanken des Neo- oder Ordoliberalismus deutscher Prägung ausmachen und auf die noch einzugehen sein wird.

Der normativen Entscheidung für eine wettbewerblich geordnete Marktwirtschaft liegt die ethische Überzeugung zugrunde, dass ökonomischer Wohlstand und Gerechtigkeit gleichwertige Ziele seien. Denn im Vergleich zu den ordnungspolitischen Alternativen biete die Marktwirtschaft nicht nur die überlegene materielle Basis für den Wohlstand, sondern auch für ein moralisch menschenwürdiges Zusammenleben. *Eucken* war wie die meisten seiner ordoliberalen Mitstreiter bekennender Christ und ein überzeugter Kantianer. Gemäß der christlichen Soziallehre gilt der Mensch als Ebenbild Gottes, weshalb er nie als Mittel oder Ware erniedrigt werden dürfe. Bei *Kant* bedeutet Menschsein die Möglichkeit und die Pflicht zur Selbstverwirklichung des inneren Willens, das moralisch Gute zu tun. Ethos meint also das moralische Verhalten aus innerer Überzeugung. Bezogen auf die Wirtschaft ermögliche die Marktwirtschaft die besten Chancen dafür, ein Leben in Freiheit und Selbstverantwortung zu führen. Die Wahrnehmung dieser Chancen hängt jedoch von der Qualität der Ordnungsbedingungen in Staat, Wirtschaft und Gesellschaft ab. Wie *Eucken* (1952, S. 124 ff.) bemerkt, könne das moralische Bemühen für sich die politischen oder wirtschaftlichen Ordungsdefizite nicht beseitigen, so wie auch die formal-rechtlichen Ordungsbedingungen eines festen ethisch-moralischen Fundaments bedürften. Deshalb sei das angemessene Verständnis der Interdependenz von politischer, rechtlicher, wirtschaftlicher und moralischer Ordnung die wesentliche Voraussetzung sowohl für die Diagnose als auch für die Lösung des sozialen Ordnungsproblems.

In den Gründungsmanifesten ist bereits das ordoliberale Forschungsprogramm vorgezeichnet. Zuerst war eine umfassende Diagnose der gesellschaftlichen, politischen und wirtschaftlichen Fehlentwicklungen der Weimarer Tragödie und damit der modernen Gesellschafts- und Wertekrise gefragt. Darauf und auf dem wissenschaftlich fundierten Vergleich der Funktionsweise alternativer Wirtschaftsordungen konnten und sollten die wirtschafts- und sozialpolitischen Aufgaben des Staates in einer Marktwirtschaft neu bestimmt werden. Dazu haben neben *Eucken* vor allem *Röpke* und *Müller-Armack* in den 1940er und 1950er Jahren die maßgeblichen Arbeiten beigesteuert. Deren Diagnose der Gesellschafts- und Wirtschaftskrise sei im Folgenden in der gebotenen Kürze zusammengefasst.

2.2. Die Diagnose von Wilhelm Röpke

Röpke hat seine Kultur- und Gesellschaftskritik während seines Exils in der Türkei von 1933-37 und danach in der Schweiz in den 1942 und 1944 erschienenen Büchern „Die Gesellschaftskrise der Gegenwart" und „Civitas humana" formuliert und durch das 1958 veröffentlichte Buch „Jenseits von Angebot und Nachfrage" abgerundet. Sein Talent als eloquenter und kompetenter Gesellschaftstheoretiker wird bereits in seinem Aufsatz „Epochenwende" deutlich, den er als Vortrag im Februar 1933 eine Woche nach der nationalsozialistischen Machtergreifung in Frankfurt gehalten hat (*Röpke* 1962). Darin stellte er fest, dass die Gesellschaftskrise Ausdruck einer geistig-moralischen Krise sei. Im Einklang mit anderen liberalen Denkern sieht er die tiefere Ursache in der irreligiösen Säkularisierung der europäischen Kultur. Gut zwei Jahrzehnte später hat *Röpke* (1958, S. 25) diese Einsicht noch einmal in aller Deutlichkeit dahingehend wiederholt, dass der tiefste Sitz für die Krankheit unserer Kultur in der geistig-religiösen Krise liege, die aus dem selbstherrlichen Vorhaben der Menschen resultiere, ohne Gott auszukommen und an dessen Stelle den Menschen, die Wissenschaft, die Ökonomie und Technik und vor allem den Staat zu setzen. Da der Mensch jedoch nicht in einem religiösen Vakuum leben könne, klammere er sich an Ersatzreligionen, an Ideologien, die auf die mediokeren Bedürfnisse und Emotionen der Massen zugeschnitten seien. Den Begriff der Vermassung hat *Röpke* von *Ortega y Gasset* entlehnt. Vermassung war für *Röpke* gleichbedeutend mit der Auflösung gewachsener Bindungen und Werte und damit mit Individualisierung, Anonymisierung und Orientierungslosigkeit. Die Unterschiede zwischen der traditionalen Gesellschaft, in der sich die Menschen auf intakte Gemeinschaften der Familie, der Gemeinden, der Kirchen und des Arbeitslebens stützen konnten, und der modernen Massengesellschaft malte *Röpke* (1942, S. 24) mit grellen Farben an die Wand:

> „An die Stelle der echten Integration durch wirkliche Gemeinschaft, die das Band der Nähe, die Natürlichkeit des Ursprungs und die Wärme der unmittelbaren menschlichen Beziehung braucht, ist die Pseudointegration durch Markt, Konkurrenz, zentrale Organisation, äußere Zusammenpferchung, Stimmzettel, Polizei, Gesetz, Massenversorgung, Massenvergnügen, Massenemotionen und Massenbildung getreten ..."

Als das allerernsteste Krisensymptom wertete *Röpke* den Verfall der Familie als der natürlichsten Gemeinschaftszelle. Die Ehe sei zur Konsum- und Vergnügungsgemeinschaft degeneriert, die unter dem Vorbehalt der stetigen Aufkündigung stehe. Auch die Wirtschaftskrise interpretierte *Röpke* als Widerspiegelung der geistig-moralischen Krise, wenngleich er auch hausgemachte Fehler der Wirtschafts- und Geldpolitik konzediert. Als Symptome des Wertezerfalls nannte er die Auswüchse der monopolistischen Bereicherung, der erpresserischen Interessenpolitik, der spekulativen Übertreibungen im Börsensystem und die illegalen Geschäftspraktiken auf vielen Einzelmärkten. Für diese Entartungen machte er den dogmatischen Liberalismus in Gestalt des Laisser-faire-Liberalismus bzw. des Ökonomismus mitverantwortlich, dem er Soziologieblindheit vorwarf. Blind sei er deshalb, weil er die moralischen Voraussetzungen der Marktwirtschaft übersehen und die Selbststeuerungsfähigkeit der Märkte überschätzt habe. Die

Marktwirtschaft sei kein Naturgewächs, sondern ein fragiles Kunstprodukt der Zivilisation (*Röpke* 1942, S. 87). Markt und Wettbewerb erzeugten nicht die für ihr Funktionieren notwendigen moralischen Reserven, sondern setzten sie voraus und verzehrten sie. Die Menschen müssten also diese Werte mitbringen, wenn sie auf den Markt gehen und sich im Wettbewerb messen. Familie, Kirche, echte Gemeinschaften und gewachsene Überlieferungen müssten sie damit ausstatten.

Röpke (1944, S. 51) plädiert methodisch für einen soziologischen Liberalismus. Bei diesem Vorhaben ist er sich mit *Rüstow* einig, von dem er den Vorwurf der Soziologieblindheit des Liberalismus übernahm. *Rüstow* (1950b), bewertet den Mechanismus der „unsichtbaren Hand" von *Adam Smith* als pseudotheologische Vorstellung über das geheime Walten der göttlichen Vernunft und spricht von einer „Numinosierung" der Marktgesetze.

Röpke ist freilich kein Gegner, sondern ein engagierter Befürworter der Marktwirtschaft, weil sie vergleichsweise zu den alternativen Wirtschaftsordnungen zu einem höheren Wohlstand führe und zudem die einzige Wirtschaftsordnung sei, die mit der Freiheit und Würde der Menschen harmonisiere (vgl. *Röpke* 1958). Diese Harmonie sei jedoch nur im Rahmen einer wettbewerblich geordneten Marktwirtschaft erreichbar. Leistungs- und Verantwortungsbereitschaft könnten sich nur dort entfalten, wo die wirtschaftliche und staatliche Macht begrenzt seien. Deshalb erkennt er im konstitutionell begrenzten Staat mit rechtsstaatlicher Gewaltenteilung das komplementäre Pendant zur wettbewerblich geordneten Marktwirtschaft. Diese Komplementarität setze eine Begrenzung der wirtschafts- und sozialpolitischen Aufgaben des Staates voraus. Seine wirtschaftspolitische Hauptaufgabe bestehe in der Sicherung des Wettbewerbs, des Privateigentums, der Vertrags- und Außenhandelsfreiheit und der Geldwertstabilität. Die sozialpolitische Aufgabe bestehe in der Sicherung eines Mindestmaßes an sozialer Sicherung für sozial bedürftige Individuen oder Gruppen. Die sozialstaatlichen Leistungen sollten marktkonform und als Hilfe zur Selbsthilfe konzipiert sein.

2.3. Die Diagnose von Alfred Müller-Armack

Müller-Armack hat seine historisch weit ausholende Diagnose der modernen Gesellschaftskrise in seinen 1948 und 1949 erschienenen Büchern „Das Jahrhundert ohne Gott. Zur Kultursoziologie unserer Zeit" und noch intensiver und gebündelter in seiner „Diagnose unserer Gegenwart. Zur Bestimmung unseres geistesgeschichtlichen Standorts" beschrieben. Beide Bücher bauen auf den religionssoziologischen Studien der 1940er Jahre auf und schreiben die 1941 erschienene „Genealogie der Wirtschaftsstile", die mit dem 18. Jahrhundert abschließt, für das 19. und 20. Jahrhundert fort. Während in den religionssoziologischen Studien der Zusammenhang zwischen Religion und wirtschaftlicher Entwicklung interessiert, richtet sich in den späteren Arbeiten das Interesse auf das Wechselspiel zwischen Religion und kultureller Lebenswelt. Er betreibt also Religionssoziologie als Kultursoziologie. Als methodischen Ansatz bedient er sich der Stillehre, um die Einheit der verschiedenen Erscheinungen einzelner Lebenswelten erfassen zu können. Von dieser Idee der Einheit ist auch sein Menschenbild geprägt, das maßgeblich von der philosophischen Anthropologie beeinflusst wurde, wie sie *Plessner* und *Scheler* entwickelt haben.

Nach *Müller-Armack* zeichnet sich der Mensch durch die dialektische Einheit von Trieb und Geist, von geschichtlicher Gebundenheit und Freiheit sowie von Immanenz und Transzendenz aus. Dieses Menschenverständnis ist also eine Absage an enge disziplinenspezifische Menschenbilder wie z.B. den Homo Oeconomicus. Wichtig für das Verständnis seiner Diagnose ist die Annahme, dass der Mensch ein tranzendenzgebundenes Wesen sei, das ein natürliches Religionsbedürfnis habe. Einzelne könnten zwar der Religion absagen, ihrer natürlichen Veranlagung jedoch nicht entkommen, denn, ob im Glauben oder Nichtglauben, führe der Mensch sein Leben stets mit Blick auf die Transzendenz (*Müller-Armack* 1959a, S. 371). Deshalb sei auch die Säkularisierung an den Glauben gebunden. Die Säkularisierung, deren geistiger Samen in Gestalt säkularer Weltanschauungen im 19. Jahrhundert gesät und dessen Früchte im 20. Jahrhundert in Gestalt des Wertezerfalls, der Idolbildung und der totalitären Herrschaftssysteme geerntet wurden, hält *Müller-Armack* für das Grundübel der Gesellschaftskrise. Die säkularen Weltanschauungen verführten Menschen dazu, religiöse Werte durch profane und materielle Werte zu ersetzen und diese als Ersatz zu vergöttern. Dieser Ersatz mache die Essenz der Idolbildung aus, in der das eigentliche Verhängnis der Säkularisierung bestehe. Denn die Idole wechselten und versprächen stets mehr, als sie leisten könnten. Sie könnten Massen begeistern, endeten jedoch im Hedonismus und Nihilismus, mithin im Wertezerfall. Als die bedenklichsten Auswüchse der säkularen Verirrungen wertete *Müller-Armack* die kollektivistische Klassenideologie des Marxismus und die Rassentheorie des Nationalsozialismus. Insgesamt interpretierte er die Vermassung und den damit einhergehenden Wertezerfall als Korrelat der seelischen Säkularisierung und nicht der wirtschaftlich-technischen Entwicklung. Die Säkularisierung und deren verhängnisvolle Folgen seien kein spezifisch deutsches, sondern ein gesamteuropäisches Problem, ja das Problem der Moderne schlechthin. Den Gefährdungen könne nur durch die Wiederverwurzelung geistig-moralischer Werte begegnet werden. Auf die Maßnahmen, die *Müller-Armack* dazu vorgeschlagen hat und die er als einen wesentlichen Bestandteil der Sozialen Marktwirtschaft erachtete, wird später noch einzugehen sein.

3. Konzeptionelle Schlussfolgerungen aus der ordoliberalen Krisendiagnose

3.1. Die neue Symbiose zwischen Staat, Markt und Moral

Wie erwähnt, stand am Anfang des neoliberalen Forschungsprogramms die Diagnose der gesellschaftlichen und wirtschaftlichen Krisenerfahrungen, von der sich die ordoliberalen Theoretiker ein tragfähiges Fundament für die Neuordnung der Wirtschaft und für die Neubestimmung der Staatsaufgaben erhofften. Oberflächlich betrachtet, weist die Gesellschafts- und Kulturkritik, ungeachtet der gebrauchten Begrifflichkeiten, bemerkenswerte Gemeinsamkeiten mit der aktuellen Neoliberalismuskritik auf. Die Kritik an der Entfesselung der Marktkräfte, der Ökonomisierung der Gesellschaft und der Auflösung gewachsener kultureller und regionalen Bindungen und Werte findet in der Kritik von *Röpke* oder *Müller-Armack* an der Vermassung, der Säkularisierung, der Idolbildung und der Auflösung tradierter Wertgemeinschaften ihr Pendant. Allerdings werden die Ursachen dafür im Unterschied zur aktuellen Neoliberalismuskritik primär in geistig-moralischen Fehlentwicklungen ausserhalb der Ökonomie verortet. Die verschiedenen diagnostischen Verortungen erklären auch die verschiedenen therapeutischen Schlussfolgerungen. Da die Krisenursachen von den ordoliberalen Ökonomen vorrangig den geistig-moralischen Fehlentwicklungen zugeordnet werden, stellen sie die Marktwirtschaft und d.h. die arbeitsteilig und privatwirtschaftlich organisierte Tauschwirtschaft als vergleichsweise produktivste Wirtschaftsordnung nicht in Frage. Die ökonomischen Krisenursachen werden daneben verfehlten wirtschaftspolitischen Konzeptionen zugeschrieben. Sowohl die Wirtschaftspolitik des Laissez-Faire als auch die staatsinterventionistische Wirtschaftspolitik der Experimente werden für die Vermachtung der Märkte und die Entmachtung des Staates durch die organisierten Interessenverbände verantwortlich gemacht. Deshalb drängte sich die wettbewerblich bewusst geordnete Marktwirtschaft als wirtschaftspolitisches Leitbild für die Neugestaltung der Wirtschaft und indirekt der Politik auf. Die zentrale Einsicht der liberalen Neubesinnung hat *Röpke* (1950, S.142) mit der Feststellung auf den Punkt gebracht, dass die Freiheit der Märkte

„... einer umfassenden Politik bedarf, die das Feld der wirtschaftlichen Freiheit wie ein Spielfeld streng absteckt, ihre Bedingungen – sozusagen die Spielregeln – sorgfältig bestimmt und mit unparteiischer Strenge für die Respektierung dieses Rahmens der Marktwirtschaft (des Spielfeldes wie der Spielregeln) sorgt. Freiheit und Bindung werden derart zu einer Synthese verbunden ...“

Diese Synthese setze einen starken und unabhängigen Staat voraus und könne nur dann gelingen, wenn sich der Staat auf seine ureigenen Aufgaben konzentriere. „Der Staat soll sich auf die Rolle des Spielleiters und Schiedsrichters beschränken und hier volle Autorität genießen, aber er soll nicht gleichzeitig Fußball spielen“ (*Röpke* 1950, S. 142). Die Begrenzung der Staatsgewalt auf prinzipiengeleitete elementare ordnungs- und sozialpolitische Aufgaben ist die eine Vorbedingung für die Entfaltung einer produktiven und menschenwürdigen Wirtschaftsordnung, weil sie die Möglichkeiten zum Missbrauch der Staatsmacht zugunsten organisierter und marktmächtiger Sonderinteressen begrenzt.

Die andere komplementäre und nicht weniger wichtige Conditio ist die Existenz und Pflege der moralischen Ordnung, die jenseits von Angebot und Nachfrage ihre stärksten Wurzeln hat. Das moralische Basisprinzip läuft in allen ethischen Lehren auf das Postulat hinaus, bei der legitimen Verfolgung der Eigeninteressen die Würde und Rechte der Mitmenschen angemessen zu berücksichtigen und d.h. das pure Eigeninteresse zu beschränken. Dieses Postulat kommt in den verschiedenen Versionen der „Goldenen Regel“ zum Ausdruck: „Was Du nicht willst, dass man Dir tu, das füg auch keinem anderen zu!“. Als eine etwas anspruchsvollere Version sei der „Kategorische Imperativ“ von *Kant* genannt, stets so zu handeln, dass die Maxime des eigenen Handelns jederzeit zugleich als Prinzip einer allgemeinen Gesetzgebung gelten könne. Bezogen auf die erwähnten Krisen, standen und stehen viele Finanzpraktiken im Widerspruch zu diesem Imperativ, denn die Ausgabe und der Handel fauler Kreditverbriefungen können und dürfen kein allgemeines rechtliches Prinzip werden, weil es das allgemeine Misstrauen in verlässliche vertragliche Abmachungen zur Folge hätte. Dem ethischen Basisprinzip ist auch außerhalb des Finanzsektors in anderen Lebensbereichen in zunehmendem Maße nur unzulänglich genügt worden. Das führte zu einem unübersehbaren Vertrauensverlust der Bürger in die Verlässlichkeit der Politik. Die tiefere Ursache der angeführten Krisen ist in der schleichenden Erosion der persönlichen Verantwortung für die Folgen risikoreicher Entscheidungen, mithin in der Erosion des elementaren Haftungsprinzips zu vermuten. An dessen Stelle hat sich das Prinzip der Fremdschädigung und der Überwälzung der Kosten und Lasten auf unbeteiligte Dritte und d.h. vornehmlich auf die Steuerzahler mehr und mehr ausgebreitet (vgl. *Kirchhof* 2009).

Eine wichtige Lehre aus der Finanz-, Schulden- und Währungskrise besteht darin, dass die Wirtschaft, der Markt und die Politik kluge und verlässliche rechtliche Rahmenbedingungen benötigen. Verfassungsregeln, Gesetze und supranationale Vereinbarungen genügen jedoch nicht, denn sie werden oft auch umgangen, ignoriert oder machtbedingt verdreht. Sie bedürfen einer einvernehmlich geteilten und gelebten ethisch-moralischen Fundierung. Zur menschlichen Existenz gehört die bittere Erfahrung, dass rechtliche Regeln und vertragliche Vereinbarungen missachtet wurden und bis heute werden. Moral war und ist offensichtlich das knappste aller knappen Güter. Diese Einsicht ist nicht neu. Bereits *Kant* (1968) sah in der Erreichung einer rechtlich geordneten bürgerlichen Gesellschaft das „schwerste“ und „größte“ Problem der Menschengattung. Jeder wünsche sich zwar gerechte Regeln und Gesetze des Zusammenlebens, jeder möchte sich jedoch von deren Befolgung aus Eigeninteresse davon ausnehmen, weshalb es keine vollkommene Lösung des ewig aktuellen sozialen Ordnungsproblems geben könne. Mit ihrer Diagnose der Interdependenz von Staat, Markt und Moral und mit dem daraus abgeleiteten konzeptionellen Leitbild der Sozialen Marktwirtschaft haben die ordoliberalen Vertreter zwar keine vollkommene, aber eine bis heute überzeugende Lösung des Ordnungsproblems aufgezeigt. Dieses Leitbild kulminiert in der Einsicht, dass eine produktive und leistungsgerechte Marktwirtschaft einen festen und bewusst gesetzten „politisch–rechtlich-moralisch-institutionellen Rahmen“ erfordert (*Röpke* 1950, S. 143).

3.2. Das Leitbild der Sozialen Marktwirtschaft

Die konzeptionellen Schlussfolgerungen fließen im Leitbild der Sozialen Marktwirtschaft zusammen, wie es unter der Federführung von *Müller-Armack* formuliert worden ist Er definiert dieses Leitbild als Verbindung der Freiheit auf dem Markt mit dem sozialen Ausgleich. Freiheit auf dem Markt steht für elementare Menschen- und Freiheitsrechte. Sie umfassen die Vereinigungs-, Konsum-, Berufs- und Gewerbe-, Niederlassungs-, Außenhandels- und Reisefreiheit. Diese Freiheitsrechte sind am besten im Rahmen einer Marktwirtschaft gewährleistet, in der Menschen in ihrer Rolle als Konsumenten oder Produzenten über ihre Präferenzen, Fähigkeiten und Interessen autonom entscheiden und sich wechselseitig abstimmen können. Die Rückseite des Strebens nach Freiheit war und ist das Streben nach wirtschaftlicher Macht, damit nach leistungslosen Sondervorteilen und Einkommen zu Lasten der schwächeren Markt- und Tauschpartner. Deshalb erhält die Sicherung einer Wettbewerbsordnung absolute Priorität. Die dafür erforderlichen Maßnahmen hat *Eucken* (1952, S. 160 ff.) mit seinen konstituierenden Prinzipien einer Wettbewerbsordnung in aller Klarheit formuliert. Den Kern der Wettbewerbsordnung sieht er in der Schaffung und Sicherung eines funktionsfähigen Preissystems, das die relativen Güterknappheiten den Millionen von Wirtschaftsakteuren möglichst unverzerrt signalisiert und das für eine leistungsgerechte Allokation und Verteilung der Güter und Einkommen sorgt. Deshalb hat der Staat die gesetzlichen Grundlagen zum Schutz des Wettbewerbs und zur Verhinderung oder Kontrolle von Monopolstellungen zu schaffen und unparteiisch zu verwalten. Dieses Grundpostulat ist durch eine Reihe weiterer ordungspolitischer Prinzipien abzusichern. Dazu gehört das Primat der Währungspolitik, wonach durch die Schaffung einer unabhängigen Geldverfassung die Stabilität des Geldwertes gesichert und die mit Inflation oder Deflation verbundenen Fehllenkungen der Güter und Geldvermögen verhindert werden sollen. Ähnlich dominant und aktuell ist das Prinzip der offenen Märkte, das gegen die Abschottung vor Konkurrenz durch Zölle, Protektionismus oder einheimischer Regulierung gerichtet ist. Auch das Postulat des Privateigentums an Produktionsmitteln erfährt seine Legitimation im Rahmen einer Wettbewerbsordnung. Es gewährleistet den effizienten Einsatz von Kapital, bietet es doch die materiell-rechtliche Grundlage für die Kreditwürdigkeit. Privateigentum bedarf jedoch der Kontrolle durch die Konkurrenz und der Ergänzung durch die Prinzipien der Vertragsfreiheit und insbesondere der unbeschränkten Haftung für die individuellen und stets riskanten Entscheidungsfolgen. Die Vertragsfreiheit ist rechtlich zu untersagen, sofern sie im Wege kollektiver Vereinbarungen zur Beschränkung des Wettbewerbs missbraucht wird. Schließlich wird von *Eucken* das Prinzip der Konstanz und Vorhersehbarkeit der Wirtschaftspolitik eingefordert, um die unvermeidbaren Risiken privater und insbesondere längerfristig ausgerichteten Entscheidungen nicht zusätzlich zu erhöhen.

Zur wettbewerblich geordneten Marktwirtschaft gehört das nicht minder wichtige Postulat des sozialen Ausgleichs. Dieses Postulat meint bei *Müller-Armack* eine in neutraler Diktion formulierte Konzession an die Werte der sozialen Gerechtigkeit und Sicherheit, die sich im Denken der deutschen Bevölkerung seit jeher und gerade in den schwierigen Jahren der Nachkriegszeit einer hohen Wertschätzung erfreuten und bis heute erfreuen. Die Betonung der sozialen Komponente der Marktwirtschaft hat bei *Müller-Armack* eine doppelte Bedeutung und Intention. Sie steht erstens für die Einsicht, dass die Ergebnisse der Marktprozesse zugunsten sozial schwacher und bedürftiger Personengruppen durch staatlich organisierte Sicherungs- und Umverteilungsmaßnahmen zu korrigieren sind. Sie intendiert zweitens eine Versöhnung verschiedener und teils konfligierender Wertvorstellungen im Sinne einer sozialen Irenik. *Müller-Armack* ging es also in letzter Instanz um die Versöhnung der liberalen Postulate der Freiheit und Gleichheit mit den von den christlichen Soziallehren und dem demokratischen Sozialismus eingeforderten Werten der Solidarität und der sozialen Gerechtigkeit. Diese Versöhnung soll die gesellschaftliche Akzeptanz einer wettbewerblich und sozial organisierten Marktwirtschaft befördern. Aufgrund der profunden Diagnose der Gesellschafts- und Wirtschaftskrise kam er zu der Einsicht, dass die Wettbewerbswirtschaft alleine nicht imstande sei, „...die Gesellschaft als Ganzes zu integrieren, gemeinsame Haltungen und Gesinnungen, gemeinsame Wertnormen zu setzen, ohne die eine Gesellschaft nicht zu existieren vermag" (*Müller-Armack* 1966a, S. 235). Die Marktwirtschaft sei deshalb durch eine aktive staatliche Gesellschafts- und Sozialpolitik zu ergänzen.

Demgemäß umfasst die Konzeption der Sozialen Marktwirtschaft einen weiteren gesellschaftspolitischen und einen engeren sozialpolitischen Bereich von Maßnahmen. Die Aufgaben der Gesellschaftspolitik werden nur vage definiert. Nach *Müller-Armack*

(1966a, S. 237) geht es um die Eingliederung der Wirtschaft in einen ganzheitlichen Lebensstil, womit die Forderung gemeint ist, geistig-moralische Werte zu vereinheitlichen und zu festigen. An anderer Stelle ist die Rede von der Wiederverwurzelung und Regeneration bewährter geistig-moralischer Werte. *Röpke* (1943) forderte eine Gesellschaftspolitik, deren Hauptaufgabe es sei, die destruktive Dynamik der Vermassung und der Marktkonkurrenz einzuhegen. Das Pendant dazu ist bei *Rüstow* (1963a) die Forderung nach einer Vitalpolitik, deren Aufgabe es sei, die gesamten Lebensbedingungen der Menschen zu verbessern. Versucht man, die Maßnahmen der Gesellschaftspolitik zu systematisieren, so schälen sich zwei Schwerpunkte heraus: erstens das Bemühen, mittels Aufklärung, Überzeugung und Diskurs, also mittels geistig-intellektueller Anstrengungen die Verwurzelung und Akzeptanz moralischer Werte anzustreben; zweitens hat der Staat dieses Bemühen durch die Initiierung konkreter Gemeinschaftsprojekte zu befördern, was letztlich auf eine breiter verstandene Sozialpolitik hinausläuft, die zur Entfaltung natürlicher Gemeinschaften, also der Familien, Kommunen, Vereine, Kirchen und der Bildungseinrichtungen als den ursprünglichen moralstiftenden Kräften, beiträgt.

Vergleichsweise zur den gesellschaftspolitischen Postulaten sind die sozialpolitischen Gestaltungsmaßnahmen und Prinzipien bei *Müller-Armack* konkreter formuliert worden: Eingefordert werden die aktive Beschäftigungs- und Arbeitsmarktpolitik, die Umverteilungspolitik zur Reduzierung der Einkommens- und Vermögensunterschiede durch progressiv gestaltete Steuersätze, die staatliche Organisation der sozialen Sicherungssysteme, also der Renten-, Kranken- und Arbeitslosenversicherung, die Schaffung einer sozialen Betriebs- und Unternehmensordnung durch Stärkung der Arbeitnehmerrechte und die Sozialhilfe zugunsten schwacher und bedürftiger Schichten und Personen, schließlich eine aktive staatliche Regional-, Umwelt- und Wohnungsbaupolitik. Der nur unvollständig angeführte Katalog sozialpolitischer Maßnahmen ist kein Plädoyer für den umfassenden Sozialstaat. Für dessen Begrenzung soll die Orientierung der Sozialpolitik an zwei ordnungspolitischen Prinzipien sorgen: erstens am Prinzip der Marktkonformität staatlicher Maßnahmen und zweitens am Subsidiaritätsprinzip. Sozialstaatliche Korrekturen der Marktergebnisse genügen dann dem Prinzip der Marktkonformität, wenn sie die freie Preisbildung nicht ausser Kraft setzen, sondern die Bedingungen auf der Nachfrage- oder Angebotsseite gemäß sozialen Zielen indirekt verändern. Demgemäß sind sowohl staatlich festgesetzte Mindestpreise zugunsten der Anbieterseite als auch Höchstpreise zugunsten der Nachfragerseite marktinkonform. Dagegen wären sozialstaatliche Hilfen oder temporäre Unterstützungen für sozial bedürftige Gruppen marktkonform. Konzeptionell wird eine Sozialpolitik *mit* dem Markt und nicht *gegen* den Markt eingefordert. Das Konformitätsprinzip gibt allerdings nur eine Anleitung, wie die staatlichen Eingriffe zu gestalten sind. Es gibt keine Antwort für den Kreis der Adressaten, den Umfang und die Dauer der sozialpolitischen Unterstützungen und Hilfen.

Als sozialpolitischer Kompass dafür soll das Subsidiaritätsprinzip dienen, das seinen Ursprung in der christlichen Soziallehre hat. Es postuliert den Vorrang der Selbsthilfe und Selbstverantwortung gegenüber der Solidarhilfe. Die Einzelnen sind gefordert, für einen auskömmlichen Lebensunterhalt zu sorgen. Wenn sie dazu nicht in der Lage sind, tritt die Solidarpflicht der Gemeinschaft in abgestufter Verantwortung in Kraft. Gefordert sind zuerst die verwandtschaftlichen oder kirchlichen Selbsthilfeorganisationen, die im Falle einer Überforderung durch staatlich organisierte Hilfen zu unterstützen sind. Das Subsidiaritätsprinzip ist ein deutlicher Beleg dafür, dass das ordoliberale Menschenbild der christlichen Tradition von der Würde und Selbstverantwortung der Menschen verpflichtet ist. Die damit verbundene Überzeugung von der Doppelnatur der Menschen, zuerst frei und selbstverantwortlich leben zu wollen und sich zugleich für das Wohl der Gesellschaft zu engagieren, bildet die eigentliche normative Grundlage der Sozialen Marktwirtschaft.

4. Die Interdependenz der Ordnungen unter veränderten Bedingungen

Bleibt abschließend zu fragen, welche Aufschlüsse die ordoliberale Theorie sowohl für die Erklärung als auch die Überwindung der aktuellen Banken-, Schulden- und Währungskrise zu leisten vermag. Handelt es sich um eine überholte oder aber immer noch zeitgemäße Diagnose und Therapie? Auf den ersten Blick mag die ordoliberale Theorie als überkommene, von den traumatischen Weimarer Erfahrungen geprägte Denkrichtung empfunden und bewertet werden. Manche der begrifflichen und analytischen Kategorien wie Vermassung, Proletarisierung, Idolbildung und die Forderung nach einem starken Staat klingen etwas altmodisch und erwecken den Eindruck, als stellten die ordoliberalen Theoretiker einen Wechsel auf ein kulturelles Erbgut aus, das längst vergangen und verbraucht sei (vgl. *Haselbach* 1991). Dieser Eindruck ist jedoch voreilig und oberflächlich. Denn ungeachtet der nur aus den Zeitumständen verständlichen Begrifflichkeiten hatten die geistigen Väter der Sozialen Marktwirtschaft ähnliche, wenngleich sehr viel schwierigere Probleme im Blick, wie sie sich aktuell auf nationaler und globaler Ebene stellen. Ihre tiefgründige Reflektion sowohl der Ursachen als auch der Wege zur Überwindung der Gesellschafts- und Wirtschaftskrise in den frühen 1930er Jahren bleibt deshalb lehrreich. Dazu gehört die Einsicht, dass Märkte und speziell global verflochtene Märkte keine sich automatisch selbstregulierende, sondern fragile Gebilde sind, deren Funktionsweise von der Qualität und der wechselseitigen Angewiesenheit der staatlichen, rechtlichen und moralischen Rahmenbedingungen abhängt. Gefordert sind verlässliche Regeln zur Begrenzung des staatlichen Gewaltmonopols, der Marktmacht von Unternehmen und nicht zuletzt des exzessiven individuellen Vorteilsstrebens. Fehlen solche Begrenzungen, leidet das wechselseitige Vertrauen in die Einhaltung von Regeln und Absprachen als Grundlage für arbeitsteilige Transaktionen. Wie die aktuellen Erfahrungen belegen, kann das kurzfristige Streben nach persönlicher Macht und nach spekulativen Profiten bei einhergehender Abwälzung der Risiken und Lasten auf anonyme dritte Personen, letztlich auf die Steuerzahler, nicht nur zum Zusammenbruch der wirtschaftlichen, sondern auch der sozialen und politischen Ordnung führen. Deshalb sind die geistigen Väter der Sozialen Marktwirtschaft nicht müde geworden, das Gewissen dafür zu schärfen, dass Ehrlichkeit, Bescheidenheit, Pflichtbewusstsein, Verantwortung, Gemeinsinn und Bürgerengagement unentbehrliche Tugenden der wechselseitig vorteilhaften gesellschaftlichen und wirtschaftlichen Kooperation zu sein haben. In der aktuellen Krise ist die Rückbesinnung auf die von *Eucken*

(1952, S. 172) eingeforderte Mahnung geboten: „Wer den Nutzen hat, muß auch den Schaden tragen." Gerade dieses elementare Postulat wurde sowohl im Banken- und Finanzsystem, aber auch in der Politik durch raffinierte Praktiken und Regelverletzungen zunehmend ausgehebelt.

Die ungebrochene Relevanz der ordoliberalen Botschaft kommt in der „Berliner Rede" des ehemaligen deutschen Bundespräsidenten *Horst Köhler* vom 24. 3. 2009 am klarsten zum Ausdruck (*Köhler* 2009). Seine Analyse der Krisenursachen fällt weitgehend deckungsgleich mit der ordoliberalen Diagnose der Krise der frühen 1930er Jahren aus. Das gilt noch mehr für seine Botschaft zur Überwindung der aktuellen Krise. Weil sich das Vertrauen in die deregulierten Finanzmärkte nicht bewährt habe, kommt er zu der Schlussfolgerung:

> „Es braucht einen starken Staat, der dem Markt Regeln setzt und für ihre Durchsetzung sorgt. Denn Marktwirtschaft lebt vom Wettbewerb und von der Begrenzung wirtschaftlicher Macht. Sie lebt von Verantwortung und persönlicher Haftung für das eigene Tun. … Die Krise zeigt uns: Schrankenlose Freiheit birgt Zerstörung. Der Markt braucht Regeln und Moral."

Die neue Dimension der Herausforderung bestehe darin, dass die weltweit verflochtenen Märkte auch weltweit vereinbarte und interkulturell konsensfähige Regeln und geteilte Wertvorstellungen benötigten – womit er die Hauptaufgabe für das aktuelle ordnungstheoretische Forschungsprogramm skizzierte.

Kann aber die Konzeption der Sozialen Marktwirtschaft für die anstehende Neuordnung der weltweit verflochtenen Güter- und insbesondere der Finanzmärkte noch als ordnungspolitischer Kompass fungieren, und kann sie ein interkulturell konsensfähiges ordnungspolitisches Leitbild für die anstehenden Reformen der Gesellschafts- und Wirtschaftsordnungen in anderen Teilen der Welt wie etwa der arabischen Welt abgeben? Bei den Antworten auf diese Fragen gilt es zuerst einige kultur- und zeitgebundene Befangenheiten der ordoliberalen Theorie zu hinterfragen und zeitgemäß zu interpretieren. So hat Eucken immer wieder die veränderten wirtschaftlichen Bedingungen in der ersten Hälfte des 20. Jahrhunderts gegenüber dem 19. Jahrhundert betont, die neue Lösungen des Ordnungsproblems erforderlich machten (vgl. *Eucken* 1952, S. 21 ff.). Auch zu Beginn des 21. Jahrhunderts haben sich die politischen und wirtschaftlichen Bedingungen enorm verändert und sind deshalb neu zu durchdenken. Zwei Veränderungen seien nur kurz angesprochen: erstens das Verhältnis zwischen Staat und Wirtschaft in modernen Parteiendemokratien und zweitens das Verhältnis zwischen Wirtschaft, Recht und Moral in einer zwar zunehmend verflochtenen, aber kulturell nach wie vor diversifizierten Welt.

Bezogen auf das dargestellte konzeptionelle Verhältnis zwischen Staat und Wirtschaft, ist zu hinterfragen, ob Nationalstaaten unter den Regeln der modernen Parteiendemokratien und unter den Bedingungen der zunehmenden interstaatlichen Zusammenarbeit noch als „starker Staat" agieren können? Wie angedeutet, meint dieses Staatsverständnis einen gemeinwohlorientierten, über den Partialinteressen stehenden Staat. Gegen dieses Ideal spricht alleine die empirische Evidenz. In nahezu allen demokratisch verfassten Staaten sind in den letzten Jahrzehnten die Staatsquoten und die Staatsverschuldung angestiegen, und zwar unabhängig von den diversen Rettungsprogrammen zuerst für die Banken und nun für verschuldete Länder. Die jeweiligen Wirtschafts- und Steuerverfassungen weisen eine Fülle von Sonderregeln zugunsten mächtiger Interessengruppen auf. Die politischen Anreize dafür sind von der ökonomischen Theorie der Demokratie und der Politik hinreichend analysiert worden und sollen hier nicht wiederholt werden (vgl. *Tietzel* 2005). Von der Verfassungsökonomie sind überzeugende Konzepte zur Begrenzung der Staatsmacht und der Staatsverschuldung entwickelt worden, die jedoch in der praktischen Politik meist nur halbherzig umgesetzt und zudem oft missachtet wurden (vgl. *Tietzel* 1998; *Leipold* 1988). Gleichwohl bleibt deren konstitutionelle Verankerung ein drängendes Gebot der Stunde. Hinzu kommt die Tatsache, dass die nationalstaatliche Souveränität als Vorbedingung für einen starken Staat im Zuge der weltweiten Verflechtung aller Lebensbereiche und vor allem aber der Märkte mehr und mehr einer offenen Staatlichkeit gewichen ist. Die Notwendigkeit der staatenübergreifenden Zusammenarbeit erfordert naturgemäß Kompromisse und mehr Rücksichtnahmen auf nationale oder regionale Interessen. Sie bietet deshalb der Politik mehr Gelegenheiten für die Missachtung ordnungspolitischer Prinzipien.

Auch das Postulat des Strebens nach einem sozialen Ausgleich gilt es in der enger verflochtenen Staaten- und Wirtschaftswelt neu zu durchdenken. Im Verständnis von *Müller-Armack* soll dieses Postulat mittels einer aktiven staatlichen Sozialpolitik die konfligierenden Werte der Marktfreiheit und der sozialen Gerechtigkeit und Sicherheit versöhnen und damit ein möglichst einheitliches ideologisch-moralisches Wertefundament schaffen. Konkret strebte er eine soziale Irenik zwischen liberalen, christlichen und sozialdemokratischen Werten und Überzeugungen an. Dieses Vorhaben war auf die Versöhnung spezifisch europäisch und christlich geprägter Wertvorstellungen ausgerichtet und hat im Rückblick der Akzeptanz der Konzeption einer wettbewerblich und sozial geordneten Marktwirtschaft in Deutschland und in Europa den geistigen Boden bereitet.

Die aktuelle Herausforderung besteht darin, die ethisch-moralischen Möglichkeitsbedingungen für eine weltweit konsensfähige Ordnung der Waren- und Finanzmärkte neu zu verorten. Bisher wird in der Ökonomie und der Politik die Globalisierung der Märkte von der Vorstellung eines interkulturell einheitlich geteilten, weil wechselseitig vorteilhaften Wertekonsenses dominiert. Dabei wird jedoch übersehen, dass die Globalisierung maßgeblich von der weltweiten Übertragung des spezifisch westlich-europäischen Zivilisationsmodells und wirtschaftlich von der neoliberalen Theorie angloamerikanischer Prägung bestimmt wurde. Tatsächlich zeichnet sich die Weltgesellschaft immer noch durch eine kulturelle Vielfalt aus.

Die Kategorie der Kultur meint das von Mitgliedern einer Gemeinschaft oder Gesellschaft geteilte System von Deutungen, Bedeutungen und Bewertungen ihrer Umwelt, damit die Geltung und Befolgung kulturell spezifischer Regeln des sozialen Zusammenlebens und der alltäglichen Lebensführung (vgl. *Leipold* 2006, S. 3 ff.). Kulturen geben den Menschen einen Orientierungsrahmen vor, der ihrem Handeln Sinn und Richtung gibt. Davon hängt ab, welche Grade der Verlässlichkeiten in die Befolgung von formalen Regeln des Rechts oder aber in die informalen, auf persönlichen Netzen gegründeten Regeln dominieren. Unterschiedliche kulturelle Weltbilder und die davon beeinflussten Regeln des Zusammenlebens sind die maßgeblichen Faktoren für die interkulturell nach wie vor verschiedenen Grade der staatlichen Gewaltenteilung, der Rechtsstaatlichkeit von Politik und Justiz, der Trennung von Staat und Religion und damit auch von Recht und Moral. Nur bei Berücksichtigung solcher Einflussfaktoren lassen sich die Unterschiede bezüglich der Staatsverschuldung oder der wirtschaftlichen Wettbewerbsfähigkeit einzelner Staaten in der EU und in anderen Weltregionen angemessen erklären.

In der Mahnung, die Interdependenz zwischen politischer, wirtschaftlicher und moralischer Ordnung zu bedenken und zu verstehen, ist das bleibende methodische Vermächtnis der geistigen Väter der Sozialen Marktwirtschaft zu sehen. Heute besteht die Aufgabe darin, die Interdependenzen unter den Bedingungen einer weltweit zwar verflochtenen und digital flachen, kulturell gleichwohl unterschiedlichen und gekrümmten Welt neu zu durchdenken. Nur dann lässt sich die Frage beantworten, ob und inwieweit wirtschaftliche Leitbilder und die dazugehörigen Prinzipien und Regeln eine Übertragungs- und Akzeptanzchance haben. Mit Bezug zum Leitbild der Sozialen Marktwirtschaft sollten deren ordnungspolitische Prinzipien für eine wettbewerbliche Marktwirtschaft eine hohe universale Akzeptanz finden. Denn die wohl wichtigste interkulturelle Gemeinsamkeit ist in der Existenz des genetisch angelegten Reziprozitätsprinzips zu vermuten, wonach für Gaben oder Leistungen einzelner Personen oder Gruppen an Andere äquivalente Gegenleistungen erwartet werden. Darin ist das tragende ethisch-moralische Prinzip für das Eingehen von sozialen und wirtschaftlichen Tauschprozessen und für die Akzeptanz von Märkten zu sehen (vgl. *Noll* 2010, S. 44 f.; *Leipold* 2006, S. 91 f.).

Der ungleiche Transfer von Leistungen oder Geld stößt jedoch in den meisten Kulturen auf traditionale Vorbehalte. Er kann nur dort und dann erwartet werden, wo ein verwandtschaftlich-genetisch, religiös-ideelles oder national angelegtes Zusammenhörigkeitsgefühl zwischen den Individuen existiert. So fanden die enormen Transferzahlungen von West nach Ost im Gefolge der deutschen Vereinigung eine breite Zustimmung. Dagegen stoßen die gigantischen Rettungsprogramme zugunsten der hochverschuldeten Staaten innerhalb des Euro-Raumes nur auf eine geringe Zustimmung seitens der breiten öffentlichen Meinung in den Geberländern. Die Durchsetzung und noch mehr die Befolgung der ordnungs- und sozialpolitischen Prinzipien gemäß der Konzeption der Sozialen Marktwirtschaft auf globaler oder nationalstaatlicher Ebene können zudem nur dann erwartet werden, wenn die Staatsmacht verlässlichen Begrenzungen unterliegt. Hierzu sind konstitutionelle Restriktionen der Staatsaufgaben und der Staatsverschuldung nur eine Vorbedingung. Ohne ein aktives zivilgesellschaftliches Engagement der Bürger und ohne ein ethisch-moralisches Fundament drohen die Prinzipien und Regeln zu reinen Lippenbekenntnissen zu verkommen. Die einfache Lehre daraus lautet, dass sich konzeptionelle Leitbilder oder westliche Regelvorstellungen nicht einfach interkulturell übertragen lassen. Damit verbindet sich die Forderung an die ökonomische und speziell die institutionenökonomische Theorie, die kulturell vielfältigen Interdependenzen zwischen politischer, wirtschaftlicher und moralischer Ordnung angemessen zu berücksichtigen.

Literatur

Butterwege, Christoph, *Bettina Lösch* und *Ralf Ptak* (2008), Kritik des Neoliberalismus, 2. verb. Aufl., Wiesbaden.

Borner, Silvio und *Frank Bodmer* (2010), Crash: Marktversagen – Staatsversagen, Zürich.

Crouch, Colin (2011), Das befremdliche Überleben des Neoliberalismus, Berlin.

Eucken, Walter (1932), Staatliche Strukturwandlungen und die Krisis des Kapitalismus, in: Weltwirtschaftliches Archiv, Bd. 36, S. 297-321.

Eucken, Walter (1952), Grundsätze der Wirtschaftspolitik, Tübingen.

Haselbach Dieter (1991), Autoritärer Liberalismus und Soziale Marktwirtschaft: Gesellschaft und Politik im Ordoliberalismus, Baden-Baden.

Kant, Immanuel (1968), Idee zu einer allgemeinen Geschichte in weltbürgerlicher Absicht, in: Kants Werke (Akademie Textausgabe, Bd. VIII, Berlin, S. 15-32.

Kirchgässner, Gebhard (2009), Die Krise der Wirtschaft: Auch eine Krise der Wirtschaftswissenschaft?, in: Perspektiven der Wirtschaftspolitik, Bd. 10, H. 4, S. 436-468.

Kirchhof, Paul (2009), Der Schaden der anderen, in: Frankfurter Allgemeine Zeitung, Nr. 122 vom 28. 5. 2009, S. 31 f.

Köhler, Horst (2009), Der Markt braucht Regeln und Moral, in: Frankfurter Allgemeine Zeitung, Nr. 71 vom 25. 3. 2009, S. 8.

Leipold, Helmut (1988), Ordnungspolitische Konsequenzen der ökonomischen Theorie der Verfassung, in: *Dieter Cassel*, *Bernd-Thomas Ramb* und *H. Jörg Thieme* (Hg.) Ordnungspolitik, München, S. 257-284.

Leipold, Helmut (2006), Kulturvergleichende Institutionenökonomik. Studien zur kulturellen, institutionellen und wirtschaftlichen Entwicklung, Stuttgart.

Leipold, Helmut (2010), Das Zerrbild vom Neoliberalismus und der Sozialen Marktwirtschaft, in: Jahrbuch für Wirtschaftsprüfung, Interne Revision und Unternehmensberatung 2010, München, S. 1-17.

Müller-Armack, Alfred (1941), Genealogie der Wirtschaftsstile: Die geistesgeschichtlichen Ursprünge der Staats- und Wirtschaftsformen bis zum Ausgang des 18. Jahrhunderts, 3. Aufl., Stuttgart 1943.

Müller-Armack, Alfred (1959a), Das Jahrhundert ohne Gott: Zur Kultursoziologie unserer Zeit. in: *Alfred Müller-Armack*, Religion und Wirtschaft: Geistesgeschichtliche Hintergründe unserer europäischen Lebensform, Stuttgart, S. 371-512.

Müller-Armack, Alfred (1959b), Soziale Irenik, in: *Alfred Müller-Armack*, Religion und Wirtschaft: Geistesgeschichtliche Hintergründe unserer europäischen Lebensform, Stuttgart, S. 559-578.

Müller-Armack, Alfred (1966a), Stil und Ordnung der Sozialen Marktwirtschaft, in: *Alfred Müller-Armack*, Wirtschaftsordnung und Wirtschaftspolitik: Studien und Konzepte zur Sozialen Marktwirtschaft und zur Europäischen Integration, Freiburg i. Br., S. 231-242.

Müller-Armack, Alfred (1966b), Die zweite Phase der Sozialen Marktwirtschaft: Ihre Ergänzung durch das Leitbild einer neuen Gesellschaftspolitik, in: *Alfred Müller-Armack*, Wirtschaftsordnung und Wirtschaftspolitik: Studien und Konzepte zur Sozialen Marktwirtschaft und zur Europäischen Integration, Freiburg i. Br., S. 267-291.

Müller-Armack, Alfred (1966c), Das gesellschaftspolitische Leitbild der Sozialen Marktwirtschaft, in: *Alfred Müller-Armack*, Wirtschaftsordnung und Wirtschaftspolitik: Studien und Konzepte zur Sozialen Marktwirtschaft und zur Europäischen Integration, Freiburg i. Br., S. 293-315.

Müller-Armack, Alfred (1981), Diagnose unserer Gegenwart: Zur Bestimmung unseres geistesgeschichtlichen Standorts, 2. erweiterte Aufl., Bern, Stuttgart.

Noll, Bernd (2010), Grundriss der Wirtschaftsethik: Von der Stammesmoral zur Ethik der Globalisierung, Stuttgart.

Renner, Andreas (2000), Die zwei „Neoliberalismen", in: Fragen der Freiheit, Heft 26, S. 48-64.

Röpke, Wilhelm (1942), Die Gesellschaftskrisis der Gegenwart, Erlenbach-Zürich.

Röpke, Wilhelm (1943), Von alten zu neuen Wirtschaftsreformen, in: Neue Schweizer Rundschau, Bd. 11, S. 73-99.

Röpke, Wilhelm (1944), Civitas Humana: Grundfragen der Gesellschafts- und Wirtschaftsreform, Erlenbach-Zürich.

Röpke, Wilhelm (1950), Maß und Mitte, Erlenbach-Zürich.

Röpke, Wilhelm (1958), Jenseits von Angebot und Nachfrage, Erlenbach-Zürich, Stuttgart.

Röpke, Wilhelm (1959), Nationalsozialisten als Feinde der Bauern – Ein Sohn Niedersachsens an das Landvolk, in: *Wilhelm Röpke*, Gegen die Brandung, Erlenbach-Zürich, Stuttgart, S. 84-86.

Röpke, Wilhelm (1962), Epochenwende?, in: *Wilhelm Röpke,* Wirrnis und Wahrheit, Ausgewählte Aufsätze, Erlenbach-Zürich, Stuttgart, S. 105-124.

Rüstow, Alexander (1950, 1952, 1957), Ortsbestimmung der Gegenwart: Eine universalgeschichtliche Kulturkritik, I. Band: Ursprung der Herrschaft, II. Band: Weg der Freiheit, III. Band: Herrschaft oder Freiheit, Erlenbach-Zürich, Stuttgart.

Rüstow, Alexander (1950b), Das Versagen des Wirtschaftsliberalismus 2. Aufl., Bad Godesberg.

Rüstow, Alexander (1963a), Wirtschaftspolitik und Moral, in: *Alexander Rüstow,* Rede und Antwort, Ludwigsburg, S. 9-29.

Rüstow, Alexander (1963b), Die staatspolitischen Voraussetzungen des wirtschaftspolitischen Liberalismus, in: *Alexander Rüstow,* Rede und Antwort, Ludwigsburg, S. 249-258.

Tietzel, Manfred (1998), Politischer Wettbewerb als Aufgabe: Konstitutionelle Voraussetzungen der Sozialen Marktwirtschaft, in: *Dieter Cassel* (Hg.), 50 Jahre Soziale Marktwirtschaft, Stuttgart, S. 679-710.

Tietzel, Manfred (2005), Wohlstand für alle?, in: *Helmut Leipold* und *Dirk Wentzel* (Hg.), Ordnungsökonomik als aktuelle Herausforderung, Stuttgart, S. 231-242.

Christian Müller, Frank Trosky und Marion Weber (Hg.)
Ökonomik als allgemeine Theorie menschlichen Verhaltens
Schriften zu Ordnungsfragen der Wirtschaft · Band 94 · Stuttgart · 2012

Reformvorschläge für Ratingagenturen: Eine Analyse von Anreizen, Interessen und Restriktionen

Theresia Theurl und Dominik Schätzle

Inhalt

1. Einleitung 102

2. Funktionen und Probleme von Ratingagenturen 103
   2.1. Ökonomische Funktion von Ratingagenturen 104
   2.2. Probleme von Ratingagenturen 106
   2.3. Reputationsmechanismus zur Lösung der Probleme 107

3. Vorschläge zur Verringerung der Schwächen der Ratingagenturen 108
   3.1. Bezahlung des Ratings durch Investoren 109
   3.2. Steigerung des Wettbewerbs auf dem Ratingmarkt 111
   3.3. Staatliche/Europäische Ratingagentur 116
   3.4. Haftungsübernahme von Ratingagenturen 118
   3.5. Staatliche Regulierung/Aufsicht von Ratingagenturen 120

4. Schlussfolgerung 123

Literatur 125

1. Einleitung

Im globalen Finanzsystem nehmen die Ratingagenturen als Finanzintermediäre eine sehr wichtige Rolle ein. Daher ist es nicht überraschend, dass bei den vergangenen und aktuellen Problemen auf den Finanzmärkten den Ratingagenturen nicht nur eine Mitschuld am Auftreten der Probleme zugewiesen wird, sondern dass ihre Funktionen und die Ausgestaltung ihrer Governance auch Inhalt zahlreicher Reformvorschläge sind.

Informationsasymmetrien sind die Grundlage für die Existenz von Ratingagenturen in der Marktwirtschaft. Diese sollen die informatorisch verursachten Allokationsverzerrungen verringern – Marktversagen reduzieren. Die Existenz von Ratingagenturen, ihre Governance und ihre aktuelle Regulierung haben Erwartungen entstehen lassen, die das Verhalten von Beteiligten und Betroffenen verändert haben. Finanzmarktteilnehmer verhalten sich anders, weil Ratingagenturen aktiv sind. Dies gilt sowohl für Kapitalanbieter als auch für Kapitalnachfrager. Die Ratingagenturen selbst gestalten ihre Governance unter Berücksichtigung regulatorischer Vorgaben, die ihnen große Spielräume lassen und nur wenige Restriktionen auferlegen. Ihre Aktivitäten können daher selbst zur Ursache von zusätzlichen Informationsmängeln werden. Dass die Banken-, die Finanzmarkt- und die Verschuldungskrise, die 2008 begonnen hat und noch nicht beendet ist, nicht nur Marktversagen, sondern auch Regulierungsversagen zum Ausdruck bringt, zeigt sich auch bei den Ratingagenturen und ihren Reformvorschlägen, die entweder an deren Governance oder an ihrer Regulierung ansetzt.[1]

Ratingagenturen sind marktwirtschaftliche Organisationen. Als gewinnorientierte Unternehmen ist es ihre Aufgabe, den Finanzmarktteilnehmern eine Einschätzung zu liefern, inwiefern ein Fremdkapitalnehmer in der Lage ist, der aus einem Finanztitel resultierenden Zahlungsverpflichtung (Zins und Tilgung) termingerecht und in voller Höhe nachkommen zu können (z.B. *Cortez* und *Schön* 2010a, S. 170). Ihre Einschätzung basiert auf der Analyse sowohl von quantitativen (Eigenkapitalquote, Verschuldungsgrad, Liquidität) als auch von qualitativen (Unternehmensstrategie, Managementqualität, Nachfolgesicherung, Mitarbeiterqualifikationen) Faktoren (*Theilacker* 2005, S. 178), wobei das Ergebnis mittels Ratingsymbolen auf einer Ordinalskala (Ratingskala) dargestellt wird. Da jedem Ratingsymbol eine spezifische Definition der Bonität eines Emittenten zugeordnet werden kann (*Everling* 1991, S. 21), liefern die Ratings den Finanzmarktteilnehmern eine komprimierte Einschätzung über das Bonitätsrisiko eines Fremdkapitalnehmers durch die Agenturen (*Frost* 2007, S. 470). Somit können die Ratings sowohl Informationen über die für einen Kreditnehmer zur Verfügung stehenden Kreditmittel als auch für deren Finanzierungskonditionen liefern (*Wappenschmidt* 2009, S. 1).

---

[1] Das Wirken und die Funktionen von Ratingagenturen weisen sehr grundlegende ordnungspolitische Aspekte auf, die den Ausgangspunkt dieses Beitrages bilden. Governance und Regulierung von Ratingagenturen stehen im Fokus, sowohl ihr Status quo als auch ihre Reformvorschläge. Die Klammer für die folgenden Überlegungen bilden Anreizstrukturen von Rating-agenturen und von Finanzmarktakteuren, die deren Leistungen in Anspruch nehmen. Diese Thematik weist daher Schnittstellen zum wissenschaftlichen Wirken von *Manfred Tietzel* auf, und wir hoffen, dass der vorliegende Beitrag sein Interesse finden wird.

Die Leistungen und die Fähigkeiten der Ratingagenturen *Moody's*, *S&P* und *Fitch* sowie die Qualität und Aktualität ihrer Ratings sind im Zuge der jüngsten Finanz- und Staatsschuldenkrise in der öffentlichen Diskussion fortdauernder Kritik ausgesetzt. Dennoch ist die Kritik nicht neu. Die Kompetenz der Ratingagenturen wurde bereits bei den Insolvenzen großer Unternehmen am Beginn des Jahrtausends, z.B. von *WorldCom* (2001) und *Enron* (2002), angezweifelt. Die Kritik wurde dann besonders im Zuge der Finanzmarktkrise 2008 mit der Insolvenz von *Lehman Brothers* (2008) (*Frost* 2007, S. 470; *White* 2010, S. 218) intensiviert und konzentrierte sich auf die Vergabe fehlerhafter Ratings für strukturierte Finanzprodukte. Auch in der aktuellen Schuldenkrise in Europa werden sie von manchen Kommentatoren wegen der Herabstufung einiger Schuldenländer für deren höhere Zinsbelastung verantwortlich gemacht (*Beck* und *Wienert* 2010, S. 464). Große Aufmerksamkeit hat zusätzlich die Herabstufung der USA mit dem Verlust der Spitzenbewertung durch *S&P* erfahren. Basierend auf dieser öffentlichen Kritik sowie auch auf Zweifeln, die manche Ökonomen an der großen Bedeutung von Ratingagenturen und ihrer Arbeitsweise äußern,[2] werden inzwischen Maßnahmen für eine Reform des Ratings gefordert und vorgeschlagen, die die Ratingqualität erhöhen sollen. Die wichtigsten Reformvorschläge enthalten eine i) Bezahlung des Ratings durch die Investoren, ii) die Erhöhung des Wettbewerbs zwischen den Ratingunternehmen, iii) die Errichtung einer staatlichen oder einer europäischen Ratingagentur, iv) die Übernahme einer Haftung für ‚falsche Ratings' durch die Ratingagenturen sowie v) eine Intensivierung der staatlichen Regulierung/Aufsicht.

Im Rahmen dieser Diskussion, die meist kontrovers und anlassbezogen erfolgt, unterbleibt häufig eine differenzierte Analyse dieser Reformvorschläge, und die Funktionen und die Möglichkeiten von Ratingagenturen werden vernachlässigt. Daher soll im Rahmen dieses Beitrags eine kritische und vergleichende Betrachtung der Reformvorschläge erfolgen. Im Fokus der Analyse steht, inwiefern die gewünschte Wirkung durch die jeweils vorgeschlagenen Maßnahmen erreicht werden kann. Dabei werden, aufbauend auf der Darstellung der ökonomischen Funktionen der Ratingagenturen, die möglichen Probleme sowie ein marktbasierter Disziplinierungsmechanismus zur Verringerung dieser Probleme dargelegt (Kapitel 2). Basierend auf diesen Ausführungen, erfolgt eine differenzierte Analyse der genannten Reformvorschläge. Im Mittelpunkt dieser Betrachtung steht die Wirkung auf die Ratingqualität sowie auf die Fähigkeit der Ratingagenturen, ihre Aufgaben zu erfüllen (Kapitel 3). Aus den vorangegangenen Überlegungen werden in Kapitel 4 einige Schlussfolgerungen gezogen.[3]

2. Funktionen und Probleme von Ratingagenturen

Ratingagenturen haben seit ihrer Gründung zu Beginn des 20. Jahrhunderts auf den Finanzmärkten zunehmend an Bedeutung gewonnen (*Levich et al.* 2002, S. 1; *Sylla* 2002, S. 33). Durch die Bereitstellung einer Bonitätseinschätzung eines Fremdkapital-

---

[2] So fordert *Thomas Straubhaar* eine Entmachtung der Ratingagenturen (*o.V.* 2011a).

[3] Dieser Beitrag wurde vorab als *IfG*-Arbeitspapier zur Diskussion gestellt (*Theurl* und *Schätzle* 2011). Einige Kommentare wurden eingearbeitet und kleinere redaktionelle Veränderungen vorgenommen, während die Inhalte weitgehend unverändert sind.

nehmers können die Ratingagenturen einen maßgeblichen Einfluss auf seine Finanzierungskonditionen nehmen (*Rudolph* 2006, S. 404; *Wappenschmidt* 2009, S. 1), wenn die Ratings im Rahmen einer Investitionsentscheidung von Anlegern als Entscheidungshilfe (*Theilacker* 2005, S. 180) herangezogen werden (*Heinke* 2005, S. 163). Im Folgenden wird kurz dargelegt, wie ein Rating zu einem Abbau der ex ante- und der ex post-Informationsasymmetrien mit den daraus resultierenden Gefahren[4] im Rahmen einer Fremdfinanzierungsbeziehung beitragen kann.[5] Im Abbau von Informationsasymmetrien ist die ökonomische Funktion von Ratingagenturen zu sehen. Zusätzlich wird herausgearbeitet, welche Probleme in diesem Prozess auftreten können.

2.1. Ökonomische Funktion von Ratingagenturen

Damit die Ratingagenturen die Informationsprobleme in einer Fremdfinanzierungsbeziehung vor Vertragsabschluss verringern können, müssen sich ihre Ratings als Signaling- oder als Screening-Instrument[6] eignen. Wie aus Abbildung 1 hervorgeht, erfüllt ein Rating grundsätzlich die Vorrausetzungen für diese beiden Instrumente und kann somit die Gefahren der adversen Selektion (*Akerlof* 1970), der Kreditrationierung (*Stiglitz* und *Weiss* 1981) sowie des Unterbleibens einer für alle Beteiligten vorteilhaften Finanzierungsbeziehung verringern (*Spence* 1976, S. 592; *Heinke* und *Steiner* 2007, S. 689).

Abbildung 1: Rating als Signaling- und Screening- Instrument

	Signaling des Kreditnehmers	**Screening des Kreditgebers**
Voraussetzungen	• Rating ist öffentlich beobachtbar	
	• negative Korrelation zwischen Kreditnehmerbonität und Rating • positiver Nettoeffekt aus Fremdkapitalkostensenkung und Ratinggebühren	• Standardisierung der Kreditnehmerbeurteilung • Klassifizierung des Ratings in Ratingkategorien
Wirkung	➔ **Marktseparierung:** von einem höheren Rating lässt sich auf bessere Schuldnerbonität schließen ➔ Verringerung des Problems der **adversen Selektion,** der **Kreditrationierung und des Unterbleibens einer Finanztransaktion**	

Da ein Rating von den jeweiligen Emittenten beantragt wird, stellt es ein Signaling-Instrument dar (*Wappenschmidt* 2009, S, 29), durch welches die Fremdkapitalnehmer freiwillig versuchen, ex ante den Informationsstand der Fremdkapitalgeber zu erhöhen (*Spremann* 1996, S. 721; *Heinke* und *Steiner* 2007, S. 689).

Damit die Ratingagenturen neben der Verringerung der ex ante-Informationsasymmetrien auch die ex post-Informationsasymmetrien in einer Fremdfi-

---

4 Um die Probleme aus den Informationsasymmetrien zu verringern, entstehen sog. Agency-Kosten (*Jensen* und *Meckling* 1976, S. 308).

5 Für eine detaillierte Darstellung der Probleme von Informationsasymmetrien siehe auch *Schätzle* (2011a), S. 7.

6 Für eine detaillierte Darstellung des Ratings als *Signaling* und *Screening*-Instrument siehe *Schätzle* (2011a), S. 10 ff.

nanzierungsbeziehung reduzieren können, müssen die Agenturen erstens ein Anreizsystem schaffen, durch welches die Handlungen des Kreditnehmers neben seinen Zielen zugleich die Ziele des Kreditgebers positiv beeinflusst werden (*Barnea et al.* 1985, S. 27; *Heinke* und *Steiner* 2007, S. 691). Zweitens muss das Rating zur Einschränkung der Schädigungsmöglichkeiten des Kreditnehmers nach Abschluss des Finanzierungsvertrages herangezogen werden können (*Heinke* 1998, S. 199; *Heinke* und *Steiner* 2007, S. 691 f.). Wie aus Abbildung 2 hervorgeht, erfüllen die Ratings auch die Voraussetzungen, um eine wirksame Reduzierung der ex post-Informationsasymmetrien zu ermöglichen. Auf diese Weise kann ein Rating die Gefahren des Moral Hazards und des Hold up's in einer Fremdfinanzierungsbeziehung verringern (*Heinke* und *Steiner* 2007, S. 691).

Abbildung 2: Rating zur Verringerung von ex post Informationsasymmetrien

	Anreizsystem	**Einschränkung des Handlungsspielraums**
Voraussetzungen	• transparente und valide Abbildung der Kreditrisiken	
	• Erhöhung der Kapitalkosten bei unzureichender Informationsübermittlung des Kreditnehmers durch schlechteres Rating	• laufende Überwachung des Kreditnehmers durch Ratingagentur (Monitoring)
Wirkungen	• Verringerung der Moral Hazard- und Hold up-Gefahr	

Dabei wirkt der Einfluss eines Ratings auf die Finanzierungskosten eines Unternehmens disziplinierend auf die Informationsübermittlung. Eine unzureichende Übermittlung von bonitätsrelevanten Informationen kann somit durch eine Ratingagentur in Form eines schlechteren Ratings oder durch Zurückziehen eines bereits bestehenden Ratings sowie durch eine Herabstufung sanktioniert werden (*Heinke* und *Steiner* 2007, S. 691).[7] Da zusätzlich zu diesem Sanktionsmechanismus ein Emittent einer laufenden Überwachung[8] durch eine Ratingagentur unterliegt, können die Gefahren der ex post Informationsasymmetrien, des Moral Hazards und des Hold up's innerhalb einer Fremdfinanzierungsbeziehung reduziert werden (*Heinke* und *Steiner* 2007, S. 692; *Wappenschmidt* 2009, S. 29 f.).

Da Finanzierungsbeziehungen anfällig für Informationsasymmetrien mit ihren inhärenten Anreiz- und Allokationsproblemen sind, erfüllen Ratingagenturen eine wichtige Funktion und sind somit wohlfahrtserhöhende Institutionen. Ihre Wirkungen, die der Korrektur eines Marktversagens entsprechen, entfalten sie über die typischen Mechanismen geänderter Anreize. Diese Einschätzung gilt vorerst ohne Berücksichtigung der konkreten Governance der Ratingagenturen und in einem idealtypischen Umfeld. Die Generierung relevanter Informationen ist mit Kosten verbunden. Die konkrete Ausge-

---

7 Zu einer Übersicht des empirischen Zusammenhangs zwischen Rating und Rendite siehe *Schätzle* (2011b), S. 10 f.

8 Ratingagenturen können bei bonitätsrelevanten Veränderungen das Rating eines Emittenten sofort anpassen oder es zu einer weiteren Überprüfung auf die Überwachungsliste setzen (*Dimitrakopoulos* und *Spahr* 2004, S. 215).

staltung der Governance der Ratingagenturen wird diese Agency-Kosten ebenso beeinflussen wie die konkreten Inhalte der zu bewältigenden Informationsprobleme. Die Höhe der Kosten kann dazu führen, dass es nur zu einer partiellen Korrektur des Marktversagens oder sogar zu seiner Verstärkung kommt. Dies bildet den Hintergrund für die Probleme mit Ratingagenturen bzw. für eine eingeschränkte Erfüllung ihrer ökonomischen Funktionen, die im nächsten Abschnitt analysiert werden.

2.2. Probleme von Ratingagenturen

Obgleich Ratingagenturen grundsätzlich die Voraussetzungen zur Verringerung der Informationsasymmetrien zwischen Kreditnehmer und -geber erfüllen, ist die Verwendung von Ratings nur dann ökonomisch sinnvoll, wenn die neu entstehenden Agency-Kosten die Minderung der Agency-Kosten durch ein Rating nicht übersteigen.[9] Die folgende Abbildung zeigt die Probleme, die einer effektiven Verringerung der Informationsasymmetrien entgegenstehen können.[10]

Abbildung 3: Probleme von Ratingagenturen

	Abhängigkeit	Ressourceneinsatz	Subjektivität
Ursache	• Entlohnung • Nebengeschäfte	• Ratingqualität nicht beobachtbar	• Berücksichtigung qualitative Faktoren
Gefahr	• Vergabe guter Ratings zur Erhaltung des Mandats	• Kostensenkung zulasten der Ratingqualität	• Qualitätszugeständnisse zur Erhaltung des Mandats

Wie aus Abbildung 3 hervorgeht, besteht die zentrale Gefahr für die Nutzung von Ratings in qualitativ minderwertigen oder nicht zweckadäquaten Ratings. Anreize für eine solche Ratingvergabe können in der privatwirtschaftlichen Organisation der Agenturen mit dem Ziel der einzelwirtschaftlichen Gewinnmaximierung gesehen werden. Einerseits begünstigt die Abhängigkeit der Ratingagenturen von den jeweiligen Emittenten aufgrund der Anreize des ‚Issuer-Pay'-Modells[11] in Kombination mit der Subjektivität der Urteilsfindung die Gefahr von Qualitätszugeständnissen mit der Zielsetzung der Mandatserhaltung (*Ederington* 1986, S. 37 f.; *Heinke* und *Steiner* 2007, S. 697). Andererseits besteht eine Gefahr für die Ratingnutzer in kostensenkenden Maßnahmen der Ratingagenturen zulasten der Ratingqualität, indem z. B. eine mangelhafte Anpassung der personellen und materiellen Ressourcen an die aktuelle Auftragslage erfolgt (*Wieben* 2004, S. 29; *Wappenschmidt* 2009, S. 33). Können die Ratingagenturen diese Gefahren für einen Investor nicht glaubwürdig beseitigen, so werden deren Ratings bei Investitionsentscheidungen nicht weiter berücksichtigt. Dadurch bleibt ein Abbau des

---

9 Vgl. *Heinke* (1998), S. 215; *Wieben* (2004), S. 26; *Wappenschmidt* (2009), S. 31.

10 Zusätzlich besteht die Gefahr, dass Ratingagenturen den Zugang zu Insiderinformation zur Verbesserung des eigenen Anlageerfolgs verwenden (z.B. *Schätzle* 2011a, S. 21 f.).

11 Die Problematik der Abhängigkeit wird durch beratende Nebengeschäfte der Agenturen verstärkt. Vgl. *Hoffmann* (1991), S. 105; *Randow* (1996), S. 551; *SEC* (2003), S. 41; *Wieben* (2004), S. 27; *Frost* (2007), S. 479; *Heinke* und *Steiner* (2007), S. 694 f.; *Wappenschmidt* (2009), S. 31.

Misstrauens- und Unsicherheitszuschlages bei den Finanzierungskonditionen eines Fremdkapitalnehmers aus (*Wieben* 2004, S. 231; *Heinke* und *Steiner* 2007, S. 696). Erkennen hingegen die Ratingverwender die angeführten Probleme nicht und verwenden die Ratings dennoch ohne Berücksichtigung der eingeschränkten Qualität, entsteht eine neue Informationsasymmetrie. Zu einer solchen Konstellation kann es auch dadurch kommen, dass die Verwendung von Ratingeinschätzungen gesetzlich-verpflichtend für bestimmte Finanzmarkttransaktionen vorgeschrieben ist.

2.3. Reputationsmechanismus zur Lösung der Probleme

Ein Mechanismus, der die in Kapitel 2.2 beschriebenen Probleme für die Ratingnutzer verringern kann, ist die Reputation[12] bzw. die Glaubwürdigkeit einer Ratingagentur.[13] Ein solcher marktbasierter Mechanismus kann zur Signalisierung einer funktionsadäquaten Produktion von Ratings herangezogen werden (*Heinke* 1998, S. 216). Vor Vertragsabschluss wird durch die Reputation einer Ratingagentur die Wahrnehmung der Interessen der Kapitalgeber durch die Agentur signalisiert. Die Korrektur der Informationsasymmetrien nach Vertragsabschluss wird durch die einzelwirtschaftliche Zielorientierung der Agenturen ermöglicht (*Shapiro* 1983, S. 666; *Wappenschmidt* 2009, S. 36). Da die zukünftigen Erträge von der aktuellen Ratingqualität abhängig sind, werden die Agenturen Handlungen, die nicht im Interesse der Investoren sind, unterlassen (*Heinke* 1998, S. 233).

Abbildung 4: Einschränkung der Wirkung des Reputationsmechanismus

	Konvergenzanreiz[14]	**Standardsetzungsfunktion/ Netzwerkeffekte**[15]	**Einbettung in die Regulierung**
Bedeutung	• unvollkommene Messung der Ratingqualität • Schadenshöhe einer Agentur steigt mit zunehmendem Abstand zum Konkurrenzrating	• Verifizierung des eigenen Kreditwürdigkeitsstandards • hohe Wechselkosten der Ratingnutzer	• Verwendung zur Kapitalmarktregulierung • Beachtung auch bei schlechter Qualität • notwendig für die Platzierung bestimmter Finanztitel
Wirkung	• Orientierung an den Ratings der Konkurrenz • eine hohe Bedeutung aufgrund fehlender Konkurrenz und Split Ratings	• wenig sinkende Ratingqualität wirkt sich nicht negativ auf Ratingagentur aus • Konkurrenz um den besten Standard unterbleibt	• Gefahr der Erstellung ungenauer Ratings • Wettbewerbsbeschränkung durch Anerkennungsverfahren • ‚gesicherte Aufträge' und damit Möglichkeit zur Abschöpfung von Renten

[12] Reputation bezeichnet die auf der Grundlage des Verhaltens eines Transaktionspartners in der Vergangenheit gebildeten Erwartungen eines Individuums hinsichtlich aktuell unbeobachtbarer Charakteristika dieses Partners (*Kreps* und *Wilson* 1982; *Milgrom* und *Roberts* 1982; *Shapiro* 1983; *Hax* 1998, S. 129 ff.).

[13] Vgl. *Cantor* und *Packer* (1994), S. 4; *Partnoy* (2002), S. 67 f.; *Kerwer* (2005), S. 460; *Becker* und *Milbourn* (2008), S. 2.

[14] Vgl. *Merton* und *Bodie* (1992), S. 93; *Heinke* (1998), S. 238 f.; *Stover* (1996), S. 62; *Kuhner* (2001), S. 4; *Gras* (2003), S. 29.

[15] Vgl. *Kerwer* (2001), S. 26; *Gras* (2003), S. 25; *Wappenschmidt* (2009), S. 37.

Dennoch gibt es Faktoren, die die disziplinierende Wirkung der Reputation auf das Handeln der Agenturen einschränken können.

Obgleich die Faktoren aus Abbildung 4 die Wirksamkeit des Reputationsmechanismus außer Kraft setzen oder einschränken können, können i) in der freiwilligen Beschränkung der Geschäftstätigkeit[16] sowie ii) in der Diversifikation der Kundenstruktur[17] Gründe für den Reputationsaufbau von Seiten der Agenturen gesehen werden.[18] Durch die Verwendung von Ratings als Element der Finanzmarktregulierung, meist mit der Zielsetzung des Gläubigerschutzes, entsteht diesbezüglich eine weitere Gefahr. Diese besteht in der Schaffung von Anreizen zu einer Verringerung der Ratingqualität, da deren Bedeutung als Wettbewerbsfaktor verringert wird.[19]

3. Vorschläge zur Verringerung der Schwächen der Ratingagenturen

Ratingagenturen können zwar im Idealmodell die Informationsasymmetrien vollständig beseitigen, nicht jedoch in der aktuellen wirtschaftlichen Realität der Finanzmärkte. Die häufig unterstellte Automatik in der Funktionserfüllung von Ratingagenturen findet nicht statt. Die modelltheoretisch angenommene Informationseffizienz des Finanzmarktes ist in der Realität ebenso wenig vorhanden wie die effiziente Bereitstellung ‚optimaler Ratings'. Unter optimalen Ratings werden hier jene verstanden, die auf dem Finanzmarkt ein Wohlfahrtsoptimum ohne Informationsdefizite ermöglichen. Ratingagenturen sind also nicht in der Lage, Sicherheit zu liefern, wenngleich sie Unsicherheit abbauen können. Ratings können daher eine eigenständige Risikoeinschätzung im Rahmen einer Investitionsentscheidung von Anlegern nicht ersetzen, diese jedoch ergänzen und so zu einer Erhöhung der Informationseffizienz auf den Finanzmärkten beitragen (*Theilacker* 2005, S. 178).[20]

Obgleich also der skizzierte Reputationsmechanismus sowie andere Faktoren, die den Wettbewerb zwischen Ratingagenturen intensivieren, auf die Ratingagenturen disziplinierend wirken können, steht das Handeln der Ratingagenturen im Zusammenhang mit der Schuldenkrise in der Europäischen Währungsunion und jener der USA ebenso in der Kritik wie bei der Bewertung von strukturierten Finanzprodukten. Die Klammer der Begründungen besteht in ihrem unzureichenden Beitrag zum Abbau der Informationsasymmetrien. Reformvorschläge mit unterschiedlichen Ansatzpunkten sollen die aufgezeigten Probleme von Ratingagenturen verringern. Die Ansatzpunkte bestehen in

---

[16] Gewinneinbußen aus dem Ratinggeschäft können nicht durch Gewinne aus anderen Geschäftsfeldern ausgeglichen werden (*Megginson* und *Weiss* 1991, S. 881; *Heinke* 1998, S. 236 ff.).

[17] Dadurch verringert sich die Abhängigkeit der Ratingagentur gegenüber einzelnen Emittenten (*Heinke* 1998, S. 235 f.).

[18] Zu einer Darstellung der einzelnen Faktoren siehe auch *Schätzle* (2011a, S. 28 ff.).

[19] Vgl. *White* (2002a), S. 51 f.; *Gras* (2003), S. 22 f.; *Kerwer* (2005), S. 464 ff.; *Wappenschmidt* (2009), S. 38.

[20] Ratingagenturen haben im Vergleich zu den Kreditgebern Kostenvorteile bei der Bonitätsanalyse. Eine Übertragung der Aktivitäten zur Verringerung der Informationsasymmetrien auf die Ratingagenturen kann ökonomisch vorteilhaft sein (*Diamond* 1984; *Heinke* und *Steiner* 2007, S. 693).

der Governance oder in der Regulierung der Ratingagenturen. Die Vorschläge enthalten dabei i) die Bezahlung der Ratings durch die Investoren, ii) diverse Maßnahmen zur Erhöhung des Wettbewerbs zwischen den Anbietern von Ratings (*o.V.* 2011b), iii) der Errichtung einer staatlichen anstatt privater Ratingagenturen, dies vorwiegend auf der europäischen Ebene (*o.V.* 2009), iv) eine Haftungsübernahme durch die Ratingagenturen (*o.V.* 2007) sowie v) die Einführung bzw. die Intensivierung der staatlichen Regulierung von Ratingagenturen (*o.V.* 2010). Im Folgenden werden diese Vorschläge vorgestellt und analysiert.

3.1. Bezahlung des Ratings durch Investoren

Im Zuge der Aufarbeitung der Finanzmarktkrise 2007/2008 wird vor allem das typische Geschäftsmodell der Ratingagenturen kritisiert. Die Vergütung der Ratingerstellung durch die beurteilten Kreditnehmer würde zu verstärkten Interessenskonflikten führen, wodurch die Ratingqualität sinken könne (*Cortez* und *Schön* 2010a, S. 171).[21] Diese Problematik soll durch einen Wechsel des Vergütungsmodells der Agentur gelöst werden, in dem die Finanzierung des Ratings durch eine Subskriptionsgebühr der Kapitalgeber erfolgen soll. In diesem Modell würde die Abhängigkeit der Ratingagenturen von den Kapitalnehmern beseitigt werden (*Heinke* und *Steiner* 2007, S. 695). Die Ratingagenturen kämen hingegen in ein Abhängigkeitsverhältnis von den Kapitalgebern, die an qualitativ hochwertigen Ratings interessiert sind. Eine empirische Bestätigung einer schlechteren Ratingqualität aufgrund des ‚Issuer-Pay'-Modells findet die Analyse von *Jiang et al.* (2010, S. 2 ff.). Die Autoren stellen fest, dass *S&P* vor Einführung des ‚Issuer-Pay'-Modells im Vergleich zu *Moody's*[22] schlechtere Ratingnoten vergeben und häufigere Herabstufungen durchgeführt hat. Mit dem Wechsel des Vergütungsmodells stellen die Autoren i) eine Erhöhung der Ratingnoten, also eine Verbesserung der Ratings und ii) eine Verringerung der Anzahl von Herabstufungen fest. Dies führen sie auf die Existenz von Interessenkonflikten aufgrund der Bezahlung des Ratings durch den Emittenten zurück. Zusätzlich stellen *Jiang et al.* (2010, S. 2 ff.) fest, dass die Ratingqualität mit zunehmenden Gebühren sinkt (zu gute Ratingnoten), welches auf zunehmende Interessenkonflikte bei der Bonitätsbeurteilung großer Emissionen hinweist. Letztere Beobachtung findet durch die Analyse von *Hie et al.* (2011, S. 27) eine Bestätigung, die den Einfluss der Emittentengröße auf die Bepreisung von Mortgage Backed Securities untersuchen. Dabei stellen die Autoren fest, dass größere Emittenten im Vergleich zu kleinen Fremdkapitalnehmern ein besseres Rating erhalten. Diese Interessenkonflikte werden jedoch gemäß Annahme der Autoren von den Anlegern antizipiert. Da somit ein (freiwilliges) Rating die Finanzierungskosten eines Emittenten in geringerem Umfang senkt, verringert sich der Nettogewinn (Senkung der Finanzierungskosten – Ratinggebühr) aus der Ratingbeantragung des Emittenten (im Vergleich zu einer Situa-

---

[21] Bei der Einführung der Ratingagenturen zu Beginn des 20. Jahrhunderts erfolgte die Bezahlung der Ratings durch die Investoren. Erst seit Beginn der 1970er Jahre werden die Agenturen von den Emittenten für die Ratingerstellung vergütet (*Cantor* und *Packer* 1994, S. 4).

[22] Während *Moody's* und *Fitch* 1970 das ‚Issuer-Pay'-Modell einführten, änderte *S&P* bereits 1974 die Gebührenerhebung (*Jiang et al.* 2010, S. 4).

tion ohne solche Interessenkonflikte). Dadurch besteht für eine Ratingagentur die Gefahr, dass Fremdkapitalnehmer auf die Initiierung eines Ratings verzichten. Infolgedessen obliegt es den Ratingagenturen, die Interessenkonflikte glaubwürdig zu eliminieren.

Obgleich durch die Erhebung einer Subskriptionsgebühr, damit die Bezahlung des Ratings durch die Investoren, die empirisch bestätigten Interessenkonflikte gelöst werden können, stehen folgende Faktoren einer solchen institutionellen Veränderung entgegen:

Ein Rating stellt nach seiner Veröffentlichung ein freies Gut dar. Da somit das Rating nicht nur dem oder den Subskribenten, sondern auch der Allgemeinheit zur Verfügung steht, würde eine Änderung des Vergütungsmodells eine ‚Free-Rider'-Problematik hervorrufen (*Frost* 2007, S. 478 f.; *Heinke* und *Steiner* 2007, S. 695). Selbst bei einer möglichen Eliminierung dieser Problematik durch eine Eingrenzung des Nutzerkreises, der für die Bezahlung zuständig wäre, würde sich die Verfügbarkeit von bonitätsrelevanten Kapitalmarktinformationen aufgrund der Einschränkung des Nutzerkreises verringern (*Cortez* und *Schön* 2010a, S. 172). Infolgedessen wäre der Informationsstand der Ratingnutzer von der Anzahl der Subskribenten abhängig, wodurch ein Informationsgefälle zwischen potenziellen Kreditgebern entstehen kann (*Wieben* 2004, S. 28). Zusätzlich dürfte eine Einschränkung des Nutzerkreises eines Ratings nicht im Interesse eines Kreditnehmers liegen. So profitiert dieser von einer weiten Verbreitung des Ratings, wodurch dessen Bekanntheit und somit die Liquiditäts- und Markttiefe einer Fremdkapitalemission erhöht werden. Infolgedessen kann sich das Platzierungsrisiko einer Neuemission verringern (*Hoffmann* 1991, S. 37; *Heinke* und *Steiner* 2007, S. 695).

Neben diesem möglichen Problem, welches mit der Erhebung einer Subskriptionsgebühr einhergehen könnte, sind neu entstehende Interessenkonflikte im Rahmen eines ‚Investor-Pay'-Modells zu berücksichtigen. So sind die Investoren i) an konservativen Ratings sowie ii) an einer Konstanz des Ratings während des Anlagezeitraums interessiert. Letzteres wird durch Wertverluste, die eine Herabstufung i.d.R. auslöst, begründet. Infolgedessen besteht die Gefahr, dass Ratings i) einen Bias hin zu schlechteren Ratings aufweisen und ii) es zu einer Minimierung von Herabstufungen im Zuge der laufenden Überwachung eines Kreditnehmers kommt (*Utzig* 2011, S. 13). Verstärkt werden würde diese Problematik bei der Abhängigkeit von einer bestimmten Investorengruppe, die gewillt ist, verstärkt Einfluss auf das Rating zu nehmen. Bei einer erfolgreichen Beeinflussung der Agentur durch diese Investoren wäre eine weitere Reduzierung oder Verzögerung von Herabstufungen des Ratings eines Kreditnehmers zu befürchten (*Utzig* 2011, S. 13). Eine Steigerung der Ratingqualität und somit der Informationseffizienz auf dem Kapitalmarkt durch das Erheben einer Subskriptionsgebühr der Kapitalgeber ist also keinesfalls sichergestellt.

Eine weitere Problematik, die mit einer Änderung des Vergütungsmodells verbunden sein kann, ist in einer eventuell verringerten Vergütung der Ratinganalysten zu sehen. Dadurch bestünde die Gefahr des Abwanderns guter Analysten bspw. zu Investmentbanken. Da jedoch die Qualität der Ratings von den Fähigkeiten der Ratinganalysten abhängig ist, könnte dies eine Senkung der Ratingqualität nach sich ziehen (*Frost* 2007, S. 479).

3.2. Steigerung des Wettbewerbs auf dem Ratingmarkt

Ein weiterer Vorschlag, der zu einer Steigerung der Ratingqualität und einer Verringerung der Interessenkonflikte führen soll, wird in einer Erhöhung des Wettbewerbs auf dem Ratingmarkt gesehen. Dieser Markt kann trotz einer Vielzahl kleiner Ratingagenturen (weltweit 130-150) als beschränktes Oligopol charakterisiert werden, welches von den Agenturen *Moody's*, *S&P* und *Fitch* dominiert wird (*Estrella et al.* 2000, S. 14; *Wappenschmidt* 2009 S. 14). So verfügen *Moody's* und *S&P* jeweils über einen Marktanteil von ca. 40%, während die Agentur *Fitch* einen Anteil von ca. 16% vorzuweisen hat (*Gras* 2003, S. 15; *Wappenschmidt* 2009, S. 14). Der Marktanteil der Nischenanbieter ist somit im Vergleich zu den drei großen Agenturen relativ klein (*Wappenschmidt* 2009, S. 14). Neben diesem Marktcharakteristikum ist der Markt durch einen nur gering ausgeprägten Wettbewerb unter den großen Agenturen gekennzeichnet (*Langohr* und *Langohr* 2008, S. 407 f.). Diese beiden Merkmale des Marktes werden neben den bereits genannten Faktoren für die mangelnde Qualität der Ratings im Zuge der Finanzmarktkrise verantwortlich gemacht. So wird argumentiert, dass die oligopolistische Marktstruktur und die fehlende Haftung der Agenturen für ihre Bonitätseinschätzungen zu einer Verringerung der Wirkung des Reputationsmechanismus geführt haben (*Buschmeier* 2008, S. 29 f.). Durch vorgeschlagene Maßnahmen zur Intensivierung des Wettbewerbs durch die Markteintritte neuer Agenturen, insbesondere auch einer staatlichen oder europäischen Ratingagentur,[23] soll dabei eine Erhöhung der Ratingqualität erreicht werden. Inwiefern ein erfolgreicher Eintritt neuer Agenturen in den Ratingmarkt überhaupt möglich ist, wird in der aktuellen Diskussion meist nicht beachtet. Es fehlt eine Analyse der Markteintrittsbarrieren. Einer Vielzahl von Ratingagenturen ist in der Vergangenheit entweder der Markteintritt oder die Gewinnung von Marktanteilen nicht gelungen. Dies kann als ein erster Hinweis für die Schwierigkeiten eines erfolgreichen Markteintritts interpretiert werden. Vor diesem Hintergrund wird im Folgenden in einem ersten Schritt analysiert, welche Faktoren einen Markteintritt einer neuen Agentur verhindern oder zumindest erschweren können (*Utzig* 2011, S. 12). In einem zweiten Schritt erfolgt eine Analyse der Auswirkungen einer Wettbewerbsintensivierung auf die Ratingqualität. Dabei werden die möglichen Probleme eines Markteintritts nicht berücksichtigt. Abschließend erfolgt zusammenfassend die Beurteilung der Forderung zusätzlicher Ratingagenturen mit dem Ziel, den Wettbewerb auf dem Ratingmarkt zu intensivieren. Insgesamt wird sich herausstellen, dass die positiven Effekte einer Wettbewerbsintensivierung durch zusätzliche Markteintritte oder durch andere Maßnahmen, die aus dem neoklassischen Güter- und Finanzmarktmodell stammen, nicht unreflektiert übernommen werden können, sondern vielmehr auf die besonderen Merkmale des Ratingmarktes abzustellen ist.

Markteintritte neuer Ratingagenturen

Bei der Analyse der Forderung einer Wettbewerbssteigerung bedarf es einer genauen Betrachtung der Marktcharakteristika, die einen möglichen Markteintritt neuer Agentu-

---

[23] Näheres zur Forderung der Errichtung einer staatlichen/europäischen Ratingagentur siehe Kapitel 3.3.

ren erschweren könnten. Abbildung 5 stellt dabei vier wettbewerbsbeeinflussende Faktoren dar, die nachstehend näher betrachtet werden.

Die Dominanz von *Moody's*, *S&P* und *Fitch* kann auf die Merkmale eines Ratings zurückgeführt werden. Da die Ratingqualität für den Ratingnutzer erst ex post beobachtbar ist, stellt ein Rating ein Vertrauensgut dar, welches im Laufe der Zeit durch glaubwürdige und richtige Bonitätseinschätzungen zu einem Erfahrungsgut werden kann. Infolgedessen drückt sich eine über die Zeit hinweg konstante Ratingqualität in der Reputation einer Ratingagentur aus und beeinflusst somit den aktuellen Wert eines Ratings. Dieser dient, wie in Kapitel 2.3 dargestellt, als Signal für eine glaubwürdige Bonitätseinschätzung und stellt demnach einen bedeutenden Wettbewerbsvorteil einer Ratingagentur dar, die bereits auf dem Markt ist. Da die Reputation das Ergebnis einer langjährigen und häufigen Ratingerstellung ist, stellt dies für die Ratingagenturen *Moody's*, *S&P* und *Fitch* einen ‚Early-Mover-Advantage' dar. Die Bedeutung der Reputation für die Akzeptanz der Bonitätseinschätzungen ist für neue Agenturen eine erhebliche Markteintrittsbarriere und kann somit der Gewinnung von Marktanteilen einer neuen Agentur entgegenstehen (*Langohr* und *Langohr* 2008, S. 407 ff.).[24]

Abbildung 5: Markteintrittsrelevante Faktoren

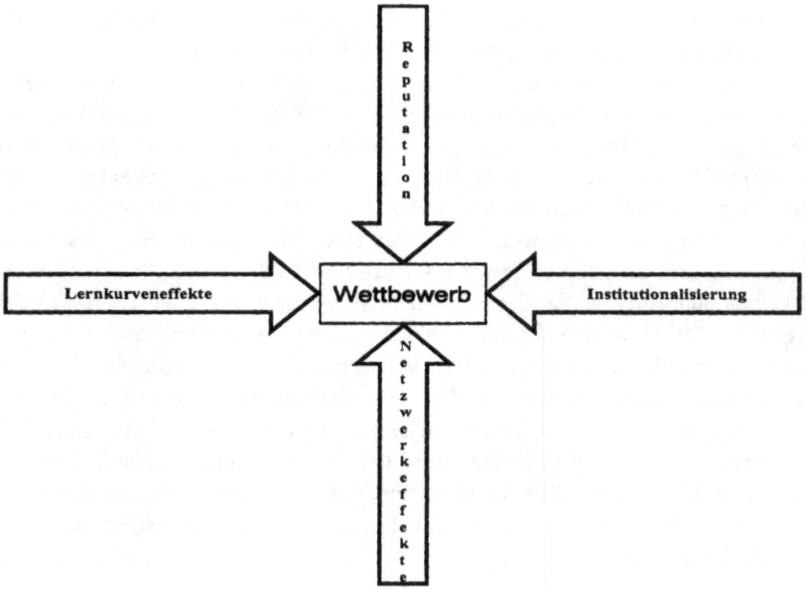

Neben dem reputationsbedingten Einfluss auf die Marktstruktur und die Wettbewerbsintensität kann den Netzwerkeffekten und den Wechselkosten eine hohe Bedeutung zugemessen werden. So stellt das Rating einer Ratingagentur für die Investoren

[24] Inwiefern der von *Cathcart et al.* (2010), S. 24 f., festgestellte Reputationsverlust der Agenturen im Zuge der Finanzmarktkrise 2008 einen Markteintritt neuer Agenturen erleichtert, muss beobachtet werden.

einen Kreditrisikostandard dar, so dass ein Abwenden von diesem Standard mit hohen Wechselkosten für die Investoren verbunden wäre. Diese sind bspw. in der Qualitätsunsicherheit einer neuen Agentur zu sehen (*Kley* 2004, S. 5 f.; *Langohr* und *Langohr* 2008, S. 408). Zusätzlich bevorzugen die Investoren Konsistenz und Vergleichbarkeit der Bonitätseinschätzung, wobei sich der Anlegernutzen mit steigender Ratinganzahl (‚Track-Record') und Verbreitung der Ratings (Netzwerkeffekte) einer Agentur erhöht (*Kerwer* 2002, S. 44; *Langohr* und *Langohr* 2008, S. 408). Durch diese Merkmale profitieren neben den Investoren die Emittenten von den positiven Netzwerkeffekten in Form von niedrigeren Finanzierungskosten (*Langohr* und *Langohr* 2008, S. 408). Da jedoch das Erreichen einer weiten Verbreitung der Ratings mit hohen Kosten verbunden ist, implizieren diese Netzwerkeffekte ‚Sunk-Costs' (*Kerwer* 2002, S. 44; *Langohr* und *Langohr* 2008, S. 408). Diese Kosten stellen für neue Ratingagenturen wiederum eine hohe Eintrittsbarriere dar, die für einen erfolgreichen Markteintritt erst überwunden werden muss (*Langohr* und *Langohr* 2008, S. 408).

Eine weitere Eintrittsbarriere für neue Ratingagenturen und somit ein Vorteil von bereits etablierten Agenturen resultiert aus Lernkurveneffekten.[25] So führen Informationsvorteile bei der Bonitätsbeurteilung aufgrund der langjährigen Erfahrungen zu einer kontinuierlichen Verbesserung der Effizienz eines Ratingsystems. Dadurch kann die Genauigkeit eines Ratings erhöht werden, wodurch die Reputation einer Agentur gesteigert werden kann. Dies begünstigt wiederum eine Erhöhung der Markteintrittsbarrieren neuer Agenturen (*Langohr* und *Langohr* 2008, S. 410). Infolgedessen ist ein erfolgreicher Markteintritt u.a. von der Gewinnung erfahrener Ratinganalysten abhängig. Da jedoch die Ratingagenturen mit den Finanzinstituten um die Ratinganalysten konkurrieren (*Habrecht* und *Wieland* 2010, S. 5), ist es für eine neue Agentur herausfordernd, qualitativ hochwertige Analysten zu akquirieren.

Zusätzlich zu diesen Faktoren wird in der regulatorischen Institutionalisierung der Ratings ein weiterer wettbewerbsbeeinflussender Faktor gesehen. Die Einführung einer ratingbasierten Regulierung der Finanzmärkte führt zu einer Beeinflussung des Wettbewerbs. Die Anerkennungspflicht der Ratingagenturen für bankaufsichtsrechtliche und regulatorische Zwecke induziert eine weitere Marktzugangsbarriere. Infolgedessen müssen neue Ratingagenturen gewisse Kriterien erfüllen, um z. B. für die Bestimmung der Mindestkapitalanforderungen der Kreditinstitute herangezogen werden zu können.[26] Da jedoch einerseits der Ratingmarkt bereits vor der Einführung einer ratingabhängigen Finanzmarktregulierung stark konzentriert war (*White* 2002a, S. 46; *Langohr* und

---

[25] Vgl. *White* (2002a), S. 46; *White* (2002b), S. 38; *Langohr* und *Langohr* (2008), S. 410, *Beck* und *Wienert* (2010), S. 465; *White* (2010), S. 217.

[26] Vgl. *White* (2002a), S. 46; *Kerwer* (2002), S. 44 ff.; *Langohr* und *Langohr* (2008), S. 408 f. In den USA muss eine Ratingagentur den Status einer Nationally Recognized Statistical Rating Organisation (NRSOR) erreichen und im Rahmen von Basel II/III als External Credit Assessment Insitution (ECAI) anerkannt werden, damit sie für die Eigenkapitalhinterlegung der Finanzinstitute herangezogen werden kann (*Wieben* 2004, S. 36–40; *Wappenschmidt* 2009, S. 41 f.). In Deutschland ist das Anerkennungsverfahren in der Solvabilitätsverordnung geregelt, welches sich an den Leitlinien der European Banking Authority orientiert (*Deutsche Bundesbank* 2011). Zur Anerkennung einer Agentur in der EU siehe *European Banking Authority* (2006).

Langohr 2008, S. 409 f.) und andererseits selbst die Anerkennung mehrerer Ratingagenturen für die Verwendung zur Bankenaufsicht nicht zu einer Wettbewerbsintensivierung geführt hat, wird die Bedeutung der übrigen Marktcharakteristika für die oligopolistische Marktstruktur verdeutlicht. Die ratingabhängige Finanzmarktregulierung dürfte die Marktstruktur lediglich verstärkt haben.[27]

Neben einer solchen regulatorischen Institutionalisierung der Ratings entwickelte sich im Laufe der Zeit eine sog. ‚Zwei-Rating-Norm', die neben den aufsichtsrechtlichen Bestimmungen auf Richtlinien und Handelsgebräuche der Investoren zurückzuführen ist (*Hill* 2004, S. 61; *OECD* 2009, S. 24). So muss bspw. in den USA bei der Platzierung eines Fremdkapitaltitels dieser mindestens zwei Ratings aufweisen. Da hierfür meist die Ratings von *Moody's* und *S&P* herangezogen werden, erfolgt dadurch eine weitere Erschwerung des Markteintritts neuer Agenturen (*White* 2002b, S. 40; *Beck* und *Wienert* 2010, S. 465).[28]

Aufgrund dieser Marktcharakteristika bleiben Zweifel, ob wettbewerbssteigernde Maßnahmen, die den Markteintritt zusätzlicher Ratingagenturen fördern wollen, auch tatsächlich zu einer zunehmenden Anzahl an Ratingagenturen führen können. Zwar stellt die Möglichkeit der Erstellung von unbeauftragten Ratings eine Gelegenheit der Expertisenbildung und somit der Reputationssteigerung dar. Da jedoch *Moody's*, *S&P* und *Fitch* mit dem Ziel einer vollständigen Marktabdeckung selbst unbeauftragte Ratings erstellen, um dadurch einem Wechsel eines Emittenten zu einer anderen Ratingagentur entgegenzuwirken,[29] ist auch diese Möglichkeit eines Markteintritts neuer Agenturen weniger erfolgversprechend als häufig vermutet.

Die skizzierten Marktspezifika stehen somit einem Aufbrechen der oligopolistischen Marktstruktur entgegen und müssen daher in der aktuellen Diskussion um die Wettbewerbsintensivierung durch zusätzliche Ratingagenturen zur Steigerung der Ratingqualität berücksichtigt werden.

Wettbewerb und die Wirkung auf die Ratingqualität

Die Zielsetzung einer Intensivierung des Wettbewerbs wird in einer Erhöhung der Ratingqualität gesehen, indem durch das Aufbrechen der oligopolistischen Marktstruktur die disziplinierende Wirkung der Reputation einer Agentur und damit die Marktkräfte erhöht werden sollen (*Buschmeier* 2008, S. 29 f.).

Inwiefern jedoch wettbewerbssteigernde Maßnahmen zu einer Erhöhung der Qualität der Bonitätseinschätzungen der Agenturen führen können, wird nun kritisch analysiert. So wird gerade in der oligopolistischen Marktstruktur und in der Marktmacht der drei Agenturen *Moody's*, *S&P* und *Fitch* auch ein Vorteil gesehen, der damit begründet wird, dass dies die Objektivität der Ratingerstellung fördern kann. Begründet werden

---

27 Aktuell verfügen zehn Ratingagenturen über den NRSRO-Status (*White* 2010, S. 222; *SEC* 2011, S. 3 f.).

28 Aufgrund dieser Gegebenheit erfolgt der Wettbewerb unter den Ratingagenturen nicht in einem Markt, sondern um einen Markt (*Hill* 2004, S. 64).

29 Ein Beispiel für einen erfolgreichen Markteintritt durch diese Strategie stellt die Ratingagentur *DBRS* dar (*Langohr* und *Langohr* 2008, S. 410).

kann dies dadurch, dass sich durch die Marktmacht der Agenturen ihre Abhängigkeit von den einzelnen Emittenten verringert. Dieser Effekt tritt selbst bei der Vergütung der Agentur durch den jeweiligen Emittenten auf. Es kann also von einem stabilen Zustand ausgegangen werden. Infolgedessen besteht bei zunehmender Konkurrenz die Gefahr, dass die Emittenten jene Agentur beauftragen könnten, die aus Sicht der Kapitalnehmer die besten Ratings (‚Rating-Shopping') vergibt. Da es sich bei den Ratingagenturen um gewinnorientierte Unternehmungen handelt, besteht die Gefahr, dass ein ‚Rating-Shopping' zu einer Senkung der Anforderungen für gute Ratings führt. In Konsequenz kann auf diese Weise die Entwicklung eines ‚Race-to-the-Bottom' resultieren, wenn sich aufgrund der Akquisition neuer Mandate ein Wettbewerb unter den Ratingagenturen um die für einen Emittenten besten Ratings einstellen würde (*Buschmeier* 2011, S. 179).[30] Einige empirische Arbeiten bezüglich des Einflusses einer Wettbewerbssteigerung auf die Ratingqualität bestätigen diesen theoretisch hergeleiteten Zusammenhang. So zeigen *Bolton et al.* (2009, S. 3), dass auf einem monopolistischen Ratingmarkt eine höhere Effizienz als auf einem duopolistischen Markt vorzufinden ist.[31] Begründet wird dies durch die verringerte Gefahr des ‚Rating-Shoppings' auf einem monopolistischen Ratingmarkt.[32] Ferner beobachten *Becker* und *Milbourn* (2011, S. 496) durch die Analyse des zunehmenden Marktanteils der Agentur *Fitch* eine Verschlechterung der Ratingqualität. Zusätzlich dazu stellen sie eine Verringerung sowohl der Korrelation zwischen Rating und der vom Kapitalmarkt implizierten Wertpapierrendite als auch der Ausfallvorhersage eines Ratings fest. Dagegen sehen *Skreta* und *Veldkamp* (2009, S. 2) im Wettbewerb unter den Ratingagenturen bei der Ratingerstellung von strukturierten Finanzprodukten lediglich eine Verstärkung des Problems der mangelnden Ratingqualität dieser Produkte. Die Ursache führen die Autoren stattdessen auf die Komplexität dieser Produkte zurück.

Auch die empirische Evidenz liefert also wenig Anhaltspunkte für eine Verbesserung der Ratingqualität durch wettbewerbssteigernde Maßnahmen auf dem Ratingmarkt. Neben der in Kapitel 0 genannten Problematik, dass Maßnahmen zur Intensivierung des Wettbewerbs aufgrund der Marktspezifika nur schwer umsetzbar sind, ist selbst ein erfolgreicher Markteintritt bezüglich seiner Ergebnisse skeptisch zu betrachten. Der Gefahr einer sinkenden Ratingqualität aufgrund eines stärkeren Wettbewerbs sollte bei den Forderungen nach wettbewerbssteigernden Maßnahmen unbedingt Beachtung geschenkt werden. Sie bedarf auch weiterer theoretischer Überlegungen und empirischer Prüfungen.

---

[30] Zu Modellen der Wettbewerbswirkung auf die Ratingqualität siehe *Bar-Isaac* und *Shapiro* (2010), S. 13-15; *Becker* und *Milbourn* (2011).

[31] Zusätzlich zeigen die Autoren, dass die Ratingagenturen anfällig für inflationäre Ratings i) bei einem hohen Anteil uninformierter Investoren und ii) wenn die erwarteten Reputationskosten gering sind (*Bolton et al.* 2009, S. 3). Neben diesen theoretischen Erkenntnissen stellen *Fraure-Grimaud et al.* (2009, S. 235) fest, dass sich mit zunehmendem Wettbewerb die Informationsveröffentlichung der Ratingagenturen verringert.

[32] Diese empirische Evidenz ist jedoch nicht ohne weiteres auf den Wandel eines Oligopols in einen Wettbewerbsmarkt übertragbar.

3.3. Staatliche/Europäische Ratingagentur

Zwei weitere Vorschläge setzen zwar auch an der Intensivierung des Wettbewerbs an. Es sollen jedoch zusätzliche Ziele mit einer entsprechenden Reform erreicht werden. Erstens geht es um die staatliche Bereitstellung von Ratings. Solche Forderungen zielen auf die Beseitigung der einzelwirtschaftlichen Anreize der Gewinnerzielung durch die privaten Ratingagenturen ab. Zweitens wird argumentiert, dass die Aktivitäten der dominanten Ratingagenturen besser auf die US-Finanzmärkte und deren Regulierung abgestimmt sind und daher zu wenig auf die Besonderheiten der europäischen Unternehmens- und Staatsfinanzierung Rücksicht nehmen. So wird die Gründung einer europäischen Ratingagentur motiviert. Die weiteren Überlegungen gehen von einer Kombination dieser beiden Vorschläge aus, was nicht zwingend ist, jedoch der aktuellen Diskussionspraxis entspricht.

Neben der damit einhergehenden Zielsetzung der in Kapitel 3.2 dargelegten Intensivierung des Wettbewerbs auf dem Ratingmarkt sollen durch die Errichtung einer staatlichen/europäischen Ratingagentur die Probleme aus der Abhängigkeit einer gewinnorientierten Ratingagentur von dem zu beurteilenden Kreditnehmer gelöst werden (*Theilacker* 2009, S. 643 f.; *Beck* und *Wienert* 2010, S. 467). Dabei wird häufig eine Angliederung der staatlichen/europäischen Ratingagentur an die *Europäische Zentralbank* (*EZB*) gefordert, da diese bereits eine Bewertungsabteilung für Kreditrisiken unterhält (*Beck* und *Wienert* 2010, S. 467; *Schäfer* 2010). Ein Vorteil wird dabei in der hohen Reputation der *EZB* sowie in ihrer Unabhängigkeit gesehen (*Beck* und *Wienert* 2010, S. 467), wodurch die Markteintrittsbarrieren verringert werden können.[33]

Inwiefern jedoch durch eine staatliche/europäische Ratingagentur die Probleme i) der Abhängigkeit und ii) der Interessenskonflikte gelöst werden könnten, soll hier kritisch betrachtet werden. So ist mit einer regionalen Beschränkung des Aktivitätsfeldes einer europäischen Ratingagentur das Problem einer mangelnden internationalen Akzeptanz der Agentur verbunden. Dies ist vor allem im Hinblick auf die hohe Bedeutung des amerikanischen Marktes zu sehen. Zusätzlich kann eine auf Europa oder die Europäische Union oder die Europäische Währungsunion beschränkte Ratingagentur mit einem Bonitätsbeurteilungsproblem bei internationalen Konzernen konfrontiert sein. Letzteres Argument findet durch die Aktivitäten japanischer Ratingagenturen eine Bestätigung, denen auf den internationalen Kapitalmärkten keine hohe Bedeutung beigemessen wird. Dieses Akzeptanzproblem könnte einerseits durch eine gesetzliche Vorgabe der Berücksichtigung der Bonitätsurteile einer europäischen Agentur gelöst werden. Andererseits kann die Akzeptanz von Ratings lediglich durch die Erstellung einer hohen Ratingqualität erreicht werden, die einen sukzessiven Aufbau von Reputation ermöglicht. Dabei bleibt jedoch ungeklärt, inwiefern eine staatliche Ratingagentur höheren Anreizen zur Erstellung von sorgfältigen und akkuraten Ratings im Vergleich zu privaten Ratingagenturen unterliegen soll und inwiefern es ihr gelingt, ein überlegenes Geschäftsmodell zu entwickeln und die besten Analysten zu attrahieren (*Beck* und *Wienert* 2010, S. 467 f.). Im Hinblick auf die Bedeutung der Reputation einer Agentur können verschiedene Ausgestaltungsmöglichkeiten einen Markteintritt beeinflussen. Im Rahmen dessen dürf-

---

[33] Zur Bedeutung der Reputation auf dem Ratingmarkt siehe Kapitel 0

te eine anfängliche Angliederung einer staatlichen Agentur an die Kreditbewertungsabteilung der *EZB* den Markteintritt erleichtern. Da dadurch die Reputation der *EZB* genutzt werden kann, weist eine solche Ausgestaltung zu Beginn der Geschäftstätigkeit der Agentur Vorteile gegenüber einer nicht an die *EZB* angegliederten staatlichen Ratingagentur in Bezug auf einen erfolgreichen Markteintritt auf.

Ferner stellt sich bei der Errichtung einer staatlichen/europäischen Ratingagentur die Frage nach der Finanzierung. Erfolgt die Finanzierung der Agentur über die Einnahmen aus dem Ratinggeschäft, so wäre eine staatliche/europäische Ratingagentur mit den gleichen Problemen wie die privat organisierten Agenturen konfrontiert. Infolgedessen könnten die Probleme aus der Abhängigkeit einer Agentur von dem zu beurteilenden Fremdkapitalnehmer nicht gelöst werden. Wird dagegen die staatliche/europäische Agentur von den Staaten subventioniert, stellt sich die Frage nach der Erreichung der Marktakzeptanz (*Beck* und *Wienert* 2010, S. 467 f.). Zu Beginn der Geschäftstätigkeit könnte durch eine zeitlich beschränkte Ansiedlung einer staatlichen/europäischen Agentur bei der *EZB* deren Reputation genutzt werden. Inwiefern eine solche Agentur jedoch von der Reputation der *EZB* profitieren kann, ist besonders durch den möglichen Unabhängigkeitsverlust der *EZB* im Zuge des Ankaufs von griechischen, italienischen und spanischen Staatsanleihen kritisch zu betrachten. Darüber hinaus besteht bei einer Ansiedlung solch einer Agentur die Gefahr einer weiteren Senkung der politischen Unabhängigkeit der *EZB* (*Beck* und *Wienert* 2010, S. 468; *Habrecht* und *Wieland* 2010, S. 3).

Auch wenn anfänglich die Reputation der *EZB* genutzt werden könnte, bleibt fraglich, inwiefern eine staatliche Finanzierung der Agentur zu mangelnden Aufwendungen bei der Erstellung der Ratingqualität führen kann (*Beck* und *Wienert* 2010, S. 467 f.). Diese Problematik kann durch Probleme bei der Generierung hochqualifizierter Analysten verstärkt werden. Da eine staatliche/europäische Agentur bei der Akquise von erfahrenen Analysten im Wettbewerb mit privatwirtschaftlich organisierten Ratingagenturen steht, können mögliche monetäre Vergütungsunterschiede der Attrahierung von Fachpersonal entgegenstehen. Verstärkt wird diese Problematik durch die zusätzliche Konkurrenz um die Analysten mit Finanzinstituten. Da die dominanten Ratingagenturen *Moody's*, *S&P* und *Fitch* bereits ein Abwandern der Analysten in den Bankensektor beklagen (*Habrecht* und *Wieland* 2010, S. 5), ist zweifelhaft, ob eine staatliche/europäische Ratingagentur die Einstellung erfahrener Analysten und einen damit einhergehenden Reputationsaufbau ermöglichen kann.

Neben diesen Einwänden zur Errichtung einer staatlichen/europäischen Ratingagentur müssen die Interessenkonflikte berücksichtigt werden, die möglicherweise bei Bonitätsbewertungen einzelner Staaten auftreten. Im Falle der Ratingerstellung von Fremdkapitalemissionen europäischer Staaten besteht die Gefahr der politischen Einflussnahme aufgrund der höheren Fremdkapitalkosten bei schlechteren Ratings oder Herabstufungen. Infolgedessen würde sich das Problem des Interessenkonflikts lediglich auf den Staat verlagern und so die geforderte Erhöhung der Ratingqualität nicht erfüllen. Darüber hinaus können diese Interessenkonflikte dem wichtigen Reputationsaufbau entgegenstehen, wenn die Gefahr einer staatlichen Einflussnahme von den Marktteilnehmern antizipiert wird (*Beck* und *Wienert* 2010, S. 468).

Ferner gibt es weitere politische Gründe, die gegen einen Aufbau einer staatlichen Ratingagentur sprechen. So kann z.B. die Politik von den Investoren für deren Verluste verantwortlich gemacht werden, wenn sich das Rating einer staatlichen Agentur im Laufe der Zeit als nicht korrekt herausstellen sollte (*Beck* und *Wienert* 2010, S. 468). Infolgedessen stellt sich auch bei einer staatlichen/europäischen Ratingagentur die Frage nach der Haftung bzw. der Kontrolle der erstellten und publizierten Ratings (*Buschmeier* 2011, S. 185).

Neben der Errichtung einer rein staatlichen Ratingagentur wird die Gründung einer staatlich unabhängigen Stiftung vorgeschlagen, wodurch eine europäische Ratingagentur privat finanziert werden soll. Da die private Finanzierung der Stiftung durch Investoren (europäische Finanzdienstleister etc.) erfolgen soll, wobei eine Bezahlung der Ratings von Seiten der Anleger vorgeschlagen wird, sollen die Interessenkonflikte zwischen Ratingagentur und Emittenten verhindert werden (*Lee* 2011). Da jedoch die Stiftungsgründer selbst als Investoren auf dem Kapitalmarkt auftreten, können sich daraus erneute Interessenkonflikte ergeben. Da Anleger, wie in Kapitel 3.1 dargestellt, an konservativen Ratings interessiert sind, besteht die Gefahr eines Bias hin zu niedrigeren Ratings sowie einer Verringerung der Anzahl der Herabstufungen. Begründet wird dies durch das Interesse der Investoren, die konstante Bonitätseinschätzungen bevorzugen, da Herabstufungen meist mit Wertverlusten verbunden sind. Infolgedessen ist es fragwürdig, inwiefern eine Finanzierung einer europäischen Ratingagentur durch eine Stiftung die Probleme der Agenturen verringern kann.

3.4. Haftungsübernahme von Ratingagenturen

Neben den bereits vorgestellten Reformvorschlägen wird häufig eine Haftung der Ratingagenturen für ihre Bonitätsbeurteilungen gefordert. Das Ziel dieser Forderung liegt in der Sanktionierung der Ratingagenturen für fehlerhaftes Verhalten, das vor allem in einer schlechten Ratingqualität gesehen wird. Durch eine verpflichtende Haftungsübernahme soll eine Erhöhung der Ratingqualität gewährleistet werden (*Krimphove* und *Kruse* 2005, S. 413).

Im Rahmen dieser Forderung muss zunächst betrachtet werden, inwiefern eine Haftungsgrundlage zwischen Ratingagenturen und den Emittenten sowie Investoren gegeben ist (*Krimphove* und *Kruse* 2005, S. 414 f.; *Buschmeier* 2011, S. 175).[34] Bei beauftragten Ratings entsteht zwischen einer Ratingagentur und dem Fremdkapitalnehmer ein rechtliches Vertragsverhältnis. Die für eine Ratingagentur daraus entstehenden Pflichten liegen in der Erstellung einer Bonitätseinschätzung durch die Analyse von relevanten Markt- und Unternehmensdaten des jeweiligen Emittenten. Diese Bonitätseinschätzung soll Auskunft über die Fähigkeit eines Emittenten geben, die aus einem Fremdkapitaltitel resultierenden Verpflichtungen (Zins und Tilgung) termingenau und in vollem Umfang nachkommen zu können (*Krimphove* und *Kruse* 2005, S. 414 ff.; *Buschmeier* 2011, S. 174 f.). Da somit der Fokus der Analyse auf die Zukunft gerichtet und dadurch prognoseorientiert ist, kann ein Rating gegenüber den Kreditgebern rechtlich einer Anlage-

[34] Zu einer detaillierten Darstellung der Rechtsbeziehung zwischen Ratingagentur und Emittenten und Investoren siehe *Lemke* (2007), S. 611 ff.

beratung gleichgestellt werden. So weisen die Ratingagenturen darauf hin, dass deren Urteil lediglich eine Einschätzung über die zukünftige Zahlungsfähigkeit eines Kreditnehmers darstellt. Infolgedessen beschränkt sich die Haftung der Ratingagenturen gegenüber den Ratingnutzern für deren Bonitätseinschätzung auf das Vorliegen eines eindeutigen Missbrauchs (bei Vorliegen eines nicht neutralen, objektiven, sachkundigen und sorgfältig durchgeführten Ratingverfahrens) bei deren Ratingerstellung (*Reidenbach* 2006, S. 374; *Buschmeier* 2011, S. 174 f.). Diese Argumentationsweise wurde bislang von den amerikanischen Gerichten anerkannt und angewandt (*Wappenschmidt* 2009, S. 40), sodass eine Ratinghaftung aus juristischer Sicht bisher ausgeschlossen wurde.

Zusätzlich zu dieser Gegebenheit stellt sich die Frage, inwiefern das deutsche Recht auf ausländische Ratingagenturen Anwendung finden kann (*Buschmeier* 2011, S. 174). So wurde eine Klage gegen die Ratingagentur *Moody's* durch das Landgericht Frankfurt am Main als unzulässig zurückgewiesen. Begründet wurde dieses Urteil damit, dass sich die internationale Zuständigkeit auf die USA bezieht, obgleich die Agentur in Frankfurt ein Büro unterhält (*o.V.* 2011c).

Neben diesen juristischen Problemen einer Haftung durch die Ratingagenturen bestünde die Gefahr einer steigenden Wahrscheinlichkeit der Inanspruchnahme, selbst wenn von Seiten einer Ratingagentur kein Fehlverhalten vorliegt. Die Sanktionierung der Ratingagentur über die Haftung für ihre Bonitätsurteile könnte zu einer Einschränkung der Ratingerstellung führen, obgleich aufgrund des Prognosecharakters die Probleme nicht gemindert werden könnten. Speziell bei risikoreichen Emissionen könnte die Haftungsverstärkung einer Ratingerstellung entgegenwirken. Dadurch würde sich die Verbreitung der Ratings verringern und somit einem Abbau der Informationsasymmetrien innerhalb einer Fremdfinanzierungsbeziehung entgegenstehen (*Randow* 1996, S. 559; *Wappenschmidt* 2009, S. 40). Besonders problematisch ist dies bei kleinen und mittleren Emissionen zu sehen, die ein höheres Risiko aufweisen, da in diesem Bereich die Informationseffizienz aufgrund eines geringen medialen und öffentlichen Interesses niedriger ist.[35] Zusätzlich würden sich durch eine verringerte Verbreitung der Ratings das Platzierungsrisiko neuer Emissionen sowie die Fremdkapitalkosten erhöhen.

Da durch die Einführung einer Ratinghaftung eine Verbesserung der Ratingqualität nicht gewährleistet werden kann (*Wappenschmidt* 2009, S.40),[36] ist eine Haftungsausweitung für die Bonitätsurteile von Ratingagenturen kritisch gegenüberzustehen. Dies gilt vor allem vor dem Hintergrund, dass für zahlreiche Finanztransaktionen Ratings verpflichtend vorgesehen sind.

---

[35] Gem. dem Modell von *Ho* und *Michaely* (1988), S. 53, weisen weniger gehandelte und kleine Unternehmen eine geringe Informationseffizienz auf.

[36] Die strengen und detaillierten Anforderungen an die Ratingerstellung der Agenturen durch die EU Verordnung über Ratingagenturen impliziert möglicherweise ein Haftungsrisiko für die Ratingagenturen (*Buschmeier* 2011, S. 175 f. und Kapitel 3.5).

3.5. Staatliche Regulierung/Aufsicht von Ratingagenturen

Neben den skizzierten Reformvorschlägen zur Verringerung der Probleme durch die Verwendung von Ratings wird zunehmend eine (stärkere) staatliche Regulierung von Ratingagenturen gefordert, die deutlich über die in der Vergangenheit praktizierte Selbstregulierung hinausgeht. Generell kann eine Regulierung i) durch das Vertrauen auf selbstregulierende Faktoren und ii) durch die Institutionalisierung einer staatlichen Regulierung, die anhand von Gesetzen die Aktivitäten der Agenturen kontrolliert, erfolgen. Ferner lässt sich die Selbstregulierung i) in die disziplinierende Wirkung der Reputation, ii) in die Haftung der Ratingagenturen[37] sowie iii) in die Errichtung von Verhaltenskodizes untergliedern (*Buschmeier* 2011, S. 182). Da i) und ii) bereits in Kapitel 2.3 und 3.4 dargestellt wurden, werden im Folgenden einerseits die Selbstregulierung der Agenturen durch Verhaltenskodizes und andererseits eine staatliche Regulierung betrachtet.

Neben den Forderungen zur staatlichen Regulierung durch Gesetze wird selbstverpflichtenden Ansätzen zur Erstellung ordnungsgemäßer Ratings ein hoher Stellenwert beigemessen. Sie standen bis zur Finanzmarktkrise im Vordergrund. So veröffentlichte die *International Organization of Securities Commissions* (*IOSCO*) bereits im Jahre 2004 aufgrund der Kritik der Agenturen im Zuge der Insolvenz von *Enron* und *WorldCom* einen Verhaltenskodex für Ratingagenturen, den diese in ihre eigene Kodizes implementieren sollten (*Buschmeier* 2011, S. 183; *Utzig* 2011, S. 7). Zentrale Ziele dieses Kodex sind i) in der Sicherung der Qualität, Integrität und Transparenz bei der Ratingerstellung, ii) in der Gewährleistung der Unabhängigkeit der Agenturen sowie iii) in der Vermeidung von Interessenkonflikten zu sehen (*Richter* 2010, S. 522).[38] Obgleich die Inhalte des Verhaltenskodex die Qualität und Transparenz des Ratings verbessern dürften, wird ein großes Defizit in der mangelnden rechtlichen Verbindlichkeit dieser Kodizes gesehen (*Meyer* 2006, S. 148). Aufgrund der freiwilligen Umsetzung erfolgt keine rechtliche Institutionalisierung dieses Kodex, so dass ein Nichtbeachten bzw. eine Abänderung einzelner Elemente keine Konsequenzen für die jeweilige Ratingagentur auslöst (*Meyer* 2006, S. 148; *Buschmeier* 2011, S. 183). Dennoch können durch eine effektive Umsetzung des Verhaltenskodex die Transparenz und die Qualität der Ratings verbessert werden. Dies gilt vor allem dann, wenn er die Reputation der Agenturen und ihrer Ratings beeinflusst. Selbstverständlich kann ein Verhaltenskodex einen vollumfänglichen Investorenschutz nicht gewährleisten (*Meyer* 2006, S. 148).

Einen Schritt weiter geht die *Europäische Kommission*. Im Zuge der Aufarbeitung der Finanzmarktkrise 2007/2008 sieht sie durch eine freiwillige Einhaltung des *IOSCO*-Verhaltenskodex einerseits eine mangelnde Möglichkeit der Zurückgewinnung des Vertrauens der Märkte. Andererseits kann nach der Meinung der EU-Kommission solch eine Selbstregulierung die Strukturmängel des Ratingmarktes nicht beheben. Infolge

---

[37] Die Haftungsverpflichtung stellt eine staatliche Regulierung dar.

[38] Weichen die Agenturen von diesem Kodex ab, so müssen sie diese Abweichung erklären (comply or explain) (*Utzig* 2011, S. 7). Nach den aufgedeckten Schwächen der Ratingagenturen im Zuge der Finanzmarktkrise wurde dieser Kodex überarbeitet (*Becker* 2010, S. 942). Zur überarbeiteten Version des Verhaltenskodex siehe *IOSCO* (2008).

dieser Erkenntnis wurde eine EU-Ratingverordnung verabschiedet (*Buschmeier* 2011, S. 134 f.), wodurch die Ratingagenturen in Europa erstmalig einer staatlichen Aufsicht unterworfen werden. Die Zielsetzung dieser Verordnung liegt dabei i) in der Vermeidung bzw. angemessenen Handhabung von Interessenkonflikten (*EU-Verordnung über Ratingagenturen* 2009, Art. 6-7), ii) in der Einhaltung von Qualitätsstandards (*EU-Verordnung über Ratingagenturen* 2009, Art. 7-8) sowie iii) in der Steigerung der Transparenz (*EU-Verordnung über Ratingagenturen* 2009, Art. 8) des Ratingverfahrens (*Buschmeier* 2011, S. 135, 177 f.). Die Inhalte der unterschiedlichen Zielsetzungen dieser Verordnung müssen dabei differenziert betrachtet werden. Auf der einen Seite sind die operationellen Anforderungen bzgl. der Vermeidung bzw. Handhabung von Interessenskonflikten u.a. i) durch eine Trennung zwischen dem Ratinggeschäft und den Beratungsleistungen, ii) durch eine Einführung eines Rotationsprinzips für Ratinganalysten und iii) durch die Sicherstellung der Unabhängigkeit der Vergütung der Ratinganalysten als positiv zu betrachten. Während i) zu einer Steigerung der Objektivität der Ratingerstellung führen dürfte, werden durch ii) und iii) mögliche Interessenkonflikte verringert (*Buschmeier* 2011, S. 137 f.). Auf der anderen Seite sind die Vorgaben zur Erhöhung der Ratingqualität kritisch zu betrachten. Neben personellen Anforderungen bzgl. der Qualität und Kenntnisse der Ratinganalysten (*EU-Verordnung über Ratingagenturen* 2009, Art. 7 Abs. 1) werden durch die EU-Ratingverordnung Vorschriften zur i) Analyse und Qualität bzgl. der einem Rating zugrundeliegenden Informationen und ii) bzgl. der Methoden der Ratingerstellung (*EU-Verordnung über Ratingagenturen* 2009, Art. 8 Abs. 3) vorgegeben (*Buschmeier* 2011, S. 138 f.). Dabei ist ein Abweichen mit monetären Sanktionen, die die einzelnen Mitgliedsstaaten selbst festlegen (*EU-Verordnung über Ratingagenturen* 2009, Art. 36 Abs. 1), verbunden (*Cortez* und *Schön* 2010b, S. 228 f.). Da die Höhe der Sanktionen, die in deutsches Recht implementiert wurden, im Vergleich zu den Umsätzen der Ratingagenturen gering sind,[39] bleibt abzuwarten, inwiefern dadurch eine disziplinierende Wirkung auf die Ratingerstellung ausgeht. Ferner ist die Einführung von Vorgaben zur Bonitätsbewertung (streng, systematisch, beständig) als kritisch zu betrachten. Bei solch einer qualitativen Forderung durch eine staatliche Aufsicht stellt sich generell die Frage, inwiefern solch eine Kontrollinstanz einen besseren Sachverstand über die Methodik der Ratingerstellung aufweist als erfahrene Ratinganalysten. Zusätzlich zu diesem qualifikatorischen Aspekt besteht auch hierbei, wie in Kapitel 3.3 dargelegt, die Gefahr der politischen Einflussnahme. Insbesondere bei der Erstellung eines Länderratings gilt es, diesen Interessenkonflikt zu beachten (*Buschmeier* 2011, S. 183 f.). Allerdings kann durch eine genaue und strenge materielle Anforderung an die Ratingmethodik die zivilrechtliche Haftung der Agenturen erleichtern werden (*Richter* 2010, S. 539; *Buschmeier* 2011, S. 141 f.). Da ein Rating, wie in Kapitel 3.4 dargelegt, eine Prognose bzgl. der Bonität eines Emittenten darstellt, ist einer Haftung jedoch kritisch gegenüberzustehen.[40] Da jedoch die EU-Ratingverordnung

---

[39] Das Bußgeld umfasst in besonders schweren Fällen bis zu 1 Million Euro, bei minder schweren Verstößen 200.000 € (*Ausführungsgesetz zur EU-Verordnung über Ratingagenturen* (2010, S. 13). Zu den genauen Verstößen siehe *WpHG (2011* Art. 39 Abs. 2a). Der Jahresumsatz 2010 von *Moody's* betrug dagegen rd. 2032 Mio. Dollar (*Moody's* 2010, S. 27).

[40] Näheres zur Haftung der Ratingagenturen siehe Kapitel 3.4.

ein ausschließliches Abstellen auf die Bonitätseinschätzungen der Agenturen verneint und das Erstellen eigener Investitionsanalysen fordert, bleibt abzuwarten, inwiefern dadurch eine juristisch-verbindliche Haftung der Agenturen ausgeschlossen werden kann (*Buschmeier* 2011, S. 141). Daneben ist die Forderung einer eigenen Investitions- und Risikoanalyse der Anleger als positiv zu bewerten, da sie die Verbindlichkeit relativiert sowie die eingeschränkte Aussage eines Ratings in den Vordergrund stellt.

Neben diesen inhaltlichen Bestimmungen der EU-Ratingverordnung unterliegen die Ratingagenturen einer Registrierungspflicht, wenn deren Bonitätseinschätzungen zu regulatorischen Zwecken innerhalb der EU herangezogen werden (*Buschmeier* 2011, S. 135, 177 f.). Da die Grundlage für diese Berechtigung das Vorweisen eines Sitzes einer Ratingagentur in der EU ist, erfolgt durch diese Verordnung eine Bevorzugung derjenigen Ratingagenturen, die bereits eine Niederlassung in der EU vorweisen können. Da *Moody's*, *S&P* und *Fitch* diese Anforderung bereits erfüllen, werden sie durch diese Verordnung begünstigt (*Buschmeier* 2011, S. 136). Neben dieser Registrierungspflicht müssen die Agenturen in den USA bereits seit 1975 Anforderungen der *Securities and Exchange Commission* (*SEC*) erfüllen, um den *Nationally Recognized Statistical Rating Organization* (*NRSRO*)-Status zu erlangen, sodass sie für regulatorische Zwecke herangezogen werden dürfen (*Utzig* 2011, S. 7 f.).[41] Obgleich durch die Implementierung von Anforderungen für die Registrierung der Ratingagenturen eine Harmonisierung der Ratingstandards ermöglicht wird (*Utzig* 2011, S. 17), verstärkt die Pflicht zur Registrierung die Konzentration auf dem Ratingmarkt.[42] Infolgedessen wirkt diese Maßnahme den Forderungen nach einer Steigerung des Wettbewerbs auf dem Ratingmarkt entgegen.

Zusätzlich besteht durch die ratingabhängige und ratingorientierte Finanzmarktregulierung die Gefahr, dass bei einem Verlust des ‚Investment-Grade'-Ratings eines Wertpapiers umfangreiche Verkaufsprozesse ausgelöst werden (‚Cliff-Effekte') und diese so zu einer Verstärkung eines realwirtschaftlichen Abschwungs und/oder des Platzens einer Finanzmarktblase beitragen können (*Utzig* 2011, S. 10). Begründet werden kann dies dadurch, dass ein ‚Investment-Grade'-Rating durch die gesetzliche Vorschrift eine Anlagebedingung darstellt.[43] Durch diese Anlagerestriktion besteht die Gefahr, dass einem Rating innerhalb einer Investitionsentscheidung gesetzlich vorgeschrieben zu viel Gewicht beigemessen wird, was einen Verzicht einer eigenständigen Investitionsanalyse nicht nur wahrscheinlich macht, sondern entsprechende Verkaufs- (oder Kaufs-) Aktivitäten bei einer Ratingänderung systemimmanent hervorruft. Da ein Rating jedoch lediglich eine Entscheidungshilfe darstellen kann, sollte eine staatliche Regulierung von Ratingagenturen Maßnahmen mit Anreizen enthalten, die die Eigenverantwortung der In-

---

[41] Als zentrales Anerkennungskriterium zur Erlangung des *NRSRO*-Status wurde bis in das Jahr 2007 die Marktanerkennung der Agentur herangezogen. Dies erschwerte den Markteintritt neuer Agenturen erheblich (*Richter* 2010, S. 524 f.).

[42] Zur regulatorischen Einbettung der Ratingagentur siehe Kapitel 0

[43] So sind Versicherungen und Pensionsfonds bei der Anlage des gebundenen Vermögens auf ein ‚Investment- Grade'-Rating beschränkt. Lediglich 5% der Kundengelder dürfen Versicherungen und Pensionsfonds in Anlagen investieren, die ein geringeres Rating aufweisen (*Bafin Rundschreiben* 4/2011, B. 4.3).

vestoren bei einer Anlageentscheidung stärken.[44] Die Forderung der Eliminierung einer ausschließlichen ratingabhängigen Eigenkapitalhinterlegung ist hierbei positiv zu bewerten (*Financial Stability Board* 2010). Dadurch wird einerseits die Eigenverantwortlichkeit der Investoren bei Anlageentscheidungen gestärkt, wodurch die Verwendung eines Ratings wieder auf seine Funktion als Entscheidungshilfe reduziert werden kann.[45] Andererseits kann dadurch zusätzlich das Herdenverhalten bei Verlust des ‚Investment-Grade'-Ratings eines Wertpapiers verringert werden (*Utzig* 2011, S. 10 f.).

4. Schlussfolgerung

Die Zielsetzung dieses Beitrags lag in der ökonomischen Analyse der aktuellen Reformforderungen und -vorschläge für die im Zuge der jüngsten Finanzmarkt- und Staatsschuldenkrise in Kritik geratenen Ratingagenturen. Zu diesem Zweck wurde in einem ersten Schritt die ökonomische Funktion der Ratingagenturen, die in einer Reduzierung der Informationsasymmetrien in einer Fremdfinanzierung zu sehen ist, dargelegt. Dabei muss beachtet werden, inwiefern die Abhängigkeit einer Ratingagentur von den jeweiligen Emittenten in Kombination mit der Subjektivität der Urteilsfindung die Ratingqualität negativ beeinflusst. Obgleich der Reputationsmechanismus zur Verringerung dieser Problematik geeignet ist, ist es nicht ausreichend, die Finanzmarktregulierung von Ratingagenturen auf die Wirkung dieses marktbasierten Regulierungsmechanismus zu beschränken. Auf diesen Erkenntnissen aufbauend, wurden die aktuellen Reformvorschläge genauer analysiert. Abbildung 6 zeigt die einzelnen Reformvorschläge, ihre Zielsetzung sowie die Wirkung der Forderungen. Diese können von den beabsichtigten Wirkungen abweichen.

Obgleich die Kritik an den Ratingagenturen im Zuge der Finanzmarktkrise 2007/2008 durchaus begründet und begründbar ist, sind auch die Reformvorschläge kritisch zu betrachten. Während eine Veränderung des Vergütungsmodells zu schlechteren Ratings sowie zu einer Verringerung von Herabstufungen aufgrund von Interessenkonflikten zwischen Ratingagentur und Investoren führen kann, ist durch eine Wettbewerbsintensivierung eine sinkende Ratingqualität nicht auszuschließen. Der Errichtung einer staatlichen/europäischen Ratingagentur stehen neu auftretende Interessenkonflikte bei der Erstellung von Länderratings sowie von Kompetenzdefiziten gegenüber privaten Agenturen entgegen, die eine höhere Ratingqualität zweifelhaft erscheinen lassen. Ferner kann die Implementierung einer Haftungsübernahme die Ratingerstellung und dadurch die Informationseffizienz auf den Finanzmärkten verringern. Dagegen ist die Einführung einer staatlichen Regulierung/Aufsicht von Ratingagenturen deutlich differenzierter zu sehen. Einerseits sind gesetzliche Vorgaben zur Bonitätsbewertung aufgrund der Frage nach einem höheren Sachverstand der Kontrollinstanz gegenüber den Ratingagenturen sowie der politischen Einflussnahme, vor allem im Zuge von Länderratings, kritisch zu betrachten. Dies ist jedoch kein spezielles Problem der Regulierung

[44] Da durch Basel II Staatsanleihen der *OECD*-Länder als risikolos eingestuft wurden, wurden Anreize für die Banken gesetzt, ihre liquiden Mittel in die bonitätsschwächsten europäischen Staatsanleihen anzulegen (*Utzig* 2011, S. 10).

[45] Zu den Funktionen der Ratings siehe Kapitel 2.

von Ratingagenturen, sondern gilt für jede staatliche Regulierungsmaßnahme. Die aufgezeigten Informationsasymmetrien und ihre Konsequenzen legen eine staatliche Regulierung nahe, die die bisherige Selbstregulierung ergänzt. Kritisch ist die konkrete Ausgestaltung der einzelnen Regeln zu betrachten, vor allem dann, wenn Details der Ratingmethodik vorgegeben werden sollen.

Abbildung 6: Analyse der Reformvorschläge

	Bezahlung durch Investoren	**Wettbewerbs-intensivierung**	**Staatliche Agentur**	**Haftungs-übernahme**	**Staatliche Regulierung**
Zielsetzung	Vermeidung von Interessen-konflikten	Verstärkung des Reputations-mechanismus	Verringerung der Interessen-konflikte	Sanktionierung von fehlerhaften Ratings	Vermeidung von Interessen-konflikten durch Einschränkung der Handlungs-freiräume
Wirkung	*Free rider*- Problematik neue Interessen-konflikte	Markteintritts-barrieren Gefahr sinkender Ratingqualität	Neue Interessen-konflikte Überlegene Informationsaus-wertung fraglich	Einschränkung von Ratings Verringerung der Informations-effizienz	Erhöhung der Ratingqualität und -transparenz Materielle Aufsicht: Erleichterung zivilrechtlicher Haftung

Andererseits sind durch verbindliche Verhaltenskodizes sowie durch regulative Vorgaben i) zur Steigerung der Transparenz und Objektivität des Ratingverfahrens und ii) zur Verringerung von Interessenkonflikten Verbesserungen zu erwarten. Obgleich dadurch eine Erhöhung der Ratingqualität zu erwarten ist, können Ratings den Anlegern auf einem durch Informationsasymmetrien gekennzeichneten Kapitalmarkt nie Investitionssicherheit liefern. Daher sollten im Mittelpunkt der aktuellen Diskussion die Funktionen von Ratingurteilen und -agenturen stehen, die tatsächlich erfüllt werden können. Es ist wichtig, dafür zu sensibilisieren, dass die Erwartungen einer unbedingten Prognose nicht erfüllbar sind und Ratings nur ein Element einer Investitionsentscheidung darstellen sollten: Ratings stellen Entscheidungshilfen bei der Analyse von Investitionsmöglichkeiten dar. Eine eigene Anlageanalyse können sie hingegen nicht ersetzen. Eine überzogene Erwartungshaltung von Investoren ist nicht zuletzt durch Anlagevorschriften und Finanzmarktregulierungsvorschriften gefördert worden, die Ratings für einzelne Transaktionen zwingend vorschreiben und Vorgaben für die erforderlichen Mindest-Ratingurteile machen. Auf diese Weise entstehen eine folgenreiche Abhängigkeit von Ratingagenturen sowie ein Einfluss auf die Anreize für die Ratingagenturen.[46] In Ver-

[46] Vgl. dazu auch *Straubhaar* (2011) und die folgende Diskussion.

bindung mit dem Faktum, dass optimale Ratings bei den aktuellen Rahmenbedingungen nicht möglich sind, verstärken diese Rahmenbedingungen sowohl Fehlleistungen von Ratingagenturen, also eine schlechte Ratingqualität, als auch strukturelle Defizite. Diese bestehen darin, dass hohe Agency-Kosten dazu führen können, dass die Aktivitäten der Ratingagenturen nicht oder nur wenig zur Verringerung der Informationsasymmetrien auf den Finanzmärkten beitragen. Eine realistische Einschätzung der idealtypischen Funktionen von Ratingagenturen im Vergleich zu ihren konkreten Möglichkeiten durch die Finanzmarktteilnehmer setzt nicht nur die Prüfung eines staatlichen Regulierungsbedarfs und der adäquaten -inhalte voraus, sondern ebenso die Hinterfragung der staatlich angeordneten Verwendung von Ratings. Kurz zusammengefasst ergeben sich als Schlussfolgerung aus der Analyse der aktuellen Reformvorschläge für Ratingagenturen erstens die Notwendigkeit einer realistischen Einschätzung der Möglichkeiten eines Ratings, zweitens die Überprüfung aller Bestimmungen für verpflichtende Ratings und drittens die Identifikation von staatlichen Regulierungsinhalten auf europäischer oder globaler Ebene, die positive Anreize für die Ratingagenturen enthalten und auf diese Weise die Ratingqualität verbessern. Dabei sollte die Orientierung nicht länger an der Erreichbarkeit von Sicherheit in Finanzierungsbeziehungen erfolgen.

Literatur

Akerlof, George A. (1970), The Market for "Lemons": Quality Uncertainty and the Market Mechanism, in: The Quarterly Journal of Economics, Jg. 84, H. 3, S. 488-500.

Ausführungsgesetz zur EU-Verordnung über Ratingagenturen (2010), Ausführungsgesetz zur Verordnung (EG) Nr. 1060/2009 des Europäischen Parlaments und des Rates vom 16. September 2009 über Ratingagenturen (Ausführungsgesetz zur EU-Ratingverordnung), http://www.bundesfinanzministerium.de/nn_1928/DE/BMF__Startseite/Aktuelles/Aktuelle__Gesetze/Gesetzentwuerfe__Arbeitsfassungen/Gesetzentwurf__Ratingagenturen__anl,templateId=raw,property=publicationFile.pdf (abgerufen am 12.08.2011).

Baar-Isaac, Heski und *Joel Shapiro* (2010), , http://www.cepr.org/meets/wkcn/1/1748/papers/Shapiro.pdf (abgerufen am 08.08.2011).

Bafin Rundschreiben 4/2011, Hinweise zur Anlage des gebundenen Vermögens von Versicherungsunternehmen, http://www.bafin.de/cln179/nn724174/SharedDocs/Veroeffentlichungen/DE/Service/Rundschreiben/2011/rs1104anlrva.html (abgerufen am 24.08.2011).

Barnea, Amir, Robert A. Haugen und *Lemma W. Senbet* (1985), Agency Problems and Financial Contracting, Englewood Cliffs.

Beck, Hanno und *Helmut Wienert* (2010), Brauchen wir eine europäische Rating-Agentur? Funktionsprobleme des Rating-Marktes und ein alternativer Lösungsvorschlag, in: Wirtschaftsdienst, Jg. 90, H. 7, S. 464–469.

Becker, Florian (2010), Die Regulierung von Ratingagenturen, in: Der Betrieb, Jg. 63, H. 17, S. 941-945.

Becker, Bo und *Todd Milbourn* (2008), Reputation and Competition: Evidence from the Credit Rating Industry. Harvard Business School, Working Paper, http://www.hbs.edu/research/pdf/09-051.pdf (abgerufen am 12.08.2011).

Becker, Bo und *Todd Milbourn* (2011), How did Increased Competition Affect Credit Ratings?, in: Journal of Financial Economics, Jg. 101, H. 3, S. 493-514.

Bolton, Patrick, Xavier Freixas und *Joel Shapiro* (2009), The Credit Ratings Game, NBER Working Paper Series, No. 14712, http: //www.nber.org/papers/w14712.pdf (abgerufen am 02.08.2011).

Buschmeier, Andreas (2011), Ratingagenturen: Wettbewerb und Transparenz auf dem Ratingmarkt, Wiesbaden.

Buschmeier, Andreas (2008), Modell zur Förderung des Wettbewerbs und der Transparenz auf dem Ratingmarkt unter Berücksichtigung der Besonderheiten der deutschen Bankenstruktur, Universität Kassel, Diskussionspapier, https:// kobra.bibliothek.uni-kassel.de/bitstream/urn:nbn:de:hebis:34-2008062622 217/3/BuschmeierRatingmarkt.pdf (abgerufen am 04.08.2011).

Cantor, Richard und *Frank Packer* (1994), The Credit Rating Industry, in: Federal Reserve Bank of New York Quarterly Review, Jg. 19, H. 2, S. 1–26, http://www.ny.frb.org/ research/quarterly_review/1994v19/ v19n2article1.pdf (abgerufen am 12.08.2011).

Cathcart, Lara, Lina El-Jahel und *Leo Evans* (2010), The Credit Rating Crisis and the Informational Content of Corporate Credit Ratings, http://papers.ssrn.com/ sol3/papers.cfm?abstract_id= 1729231# (abgerufen am 25.01.2011).

Cortez, Benjamin und *Stephan Schön* (2010a), Ratingagenturen im Schlaglicht der Finanzmarktkrise: Einordnung, Problemfelder und die neue EU-Verordnung über Ratingagenturen, in: Wirtschaftswissenschaftliches Studium, Jg. 39, H. 4, S. 170-175.

Cortez, Benjamin und *Stephan Schön* (2010b), Die neue EU-Verordnung über Ratingagenturen, in: Zeitschrift für das gesamte Kreditwesen, H. 5, S. 226-229.

Deutsche Bundesbank (2011), Basel II: Kreditrisiko-Standardansatz: Externes Rating, http://www.bundesbank.de/bankenaufsicht/bankenaufsicht_basel_kreditrisiko.php (abgerufen am 24.08.2011).

Diamond, Douglas W. (1984), Financial Intermediation and Delegated Monitoring, in: Review of Economic Studies, Jg. 51, H. 3, S. 393-414.

Dimitrakopoulos, Dimitrios und *Roland Spahr* (2004), Ablauf des Ratingverfahrens bei internationalen Ratingagenturen, in: *Ann-Kristin Achleitner* und *Oliver Everling* (Hg.), Handbuch Ratingpraxis, 1. Aufl., Wiesbaden, S. 211-222.

Ederington, Louis H. (1986), Why Split Ratings Occur?, in: Financial Management, Jg. 15, H. 1, S. 37-47.

Estrella, Arturo et al. (2000), Credit Ratings and Complementary Sources of Credit Quality Information. Basel Commitee on Banking Supervision, Working Papers, August, http://www.bis.org/publ/bcbs_wp3.pdf (abgerufen am 24.08.2011).

European Banking Authority (2006), European Supervisors agree on the Putcome of the Informal Joint Assessment Process of Three External Credit Assessment Institution, http://eba.uropa.eu/NewsCommunications/Year/2006/EUROPEANSUPERVISORS-AGREE-ON-THE-OUTCOME-OF-THE-I.aspx (abgerufen am 24.08.2011).

EU-Verordnung über Ratingagenturen (2009), Verordnung (EG) Nr. 1060/ 2009 des Europäischen Parlaments und des Rates über Ratingagenturen, http://eur-lex.europa.eu/LexUriServ/ LexUriServ.do?uri=OJ:L:2009:302:0001:0031: DE:PDF (abgerufen am 08.08.2011).

Everling, Oliver (1991), Credit Rating durch internationale Agenturen: Eine Untersuchung zu den Komponenten und instrumentalen Funktionen des Ratings, Wiesbaden.

Financial Stability Board (2010), Principles for Reducing Reliance on CRA Ratings, http://www.financialstabilityboard. org/publications/r_101027.pdf (abgerufen am 17.08. 2011).

Fraure-Grimaud, Antoine, Eloic Peyrache und *Lucia Quesada* (2009), The Ownership of Ratings, in: RAND Journal of Economics, Jg. 40, H. 2, S. 234-257.

Frost Carol A. (2007), Credit Rating Agencies in Capital Markets: A Review of Research Evidence on Selected Criticisms of the Agencies, in: Journal of Accounting, Auditing & Finance, Jg. 22, H. 3, S. 469-492.

Gras, Isabelle (2003), The Power to Rate: Eine Untersuchung zur Rolle der Ratingagenturen auf den internationalen Finanzmärkten, in: REGEM Analysis, H. 6, http://chinapolitik.org/studien/regem/ regem_no6.pdf (abgerufen am 12.08.2011).

Habrecht, Erich und *Martin Wieland* (2010), Ist eine europäische Ratingagentur sinnvoll, und wie sollte sie organisiert sein?, in: Ifo Schnelldienst, Jg. 63, H. 1, S. 3-6, http://www.cesifo-group.de/portal/pls/portal/docs/1/1193796.pdf (abgerufen am 11.08. 2011).

Hax, Georg (1998), Informationsintermediation durch Finanzanalysten: Eine ökonomische Analyse, Frankfurt am Main.

Heinke, Volker G. (2005), Nutzen und Funktionen von Ratings: Informationswert von Ratings, in: *Oliver Everling* und *Jens Schmidt-Bürgel* (Hg.), Kapitalmarktrating: Perspektiven für die Unternehmensfinanzierung, 1. Aufl., Wiesbaden, S. 161–186.

Heinke, Volker G. (1998), Bonitätsrisiko und Credit Rating festverzinslicher Wertpapiere: Eine empirische Untersuchung am Euromarkt, Uhlenbruch.

Heinke, Volker G. und *Manfred Steiner* (2007), Ansätze zur Theoriebildung im Rating: Rating aus Sicht der modernen Finanzierungstheorie, in: *Hans E. Büschgen* und *Oliver Everling* (Hg.), Handbuch Rating, 2. aktualisierte und erw. Aufl., Wiesbaden, S. 655–707.

Hie, Jie, Jun Qian und *Philip E. Strahan* (2011), Are all Ratings Equal? The Impact of Issuer Size on the Pricing of Mortgage-Backed Securities. in: NBER Working Paper, No. 17238, http://www.nber.org/papers/w17238.pdf?new_ window=1 (abgerufen am 1.08. 2011).

Hill, Claire A. (2004), Regulating the Rating Agencies, in: Washington University Law Quarterly, Jg. 82, S. 43–95.

Ho, Thomas S. und *Roni Michaely* (1988), Information Quality and Market Efficiency, in: Journal of Financial and Quantitative Analysis, Jg. 23, H. 1, S. 53–70.

Hoffmann, Peter (1991), Bonitätsbeurteilung durch Credit Rating: Funktionsweise und Einsatzmöglichkeiten eines Instruments zur Optimierung von Investitions- und Finanzierungsprozessen, Berlin.

IOSCO (2008), Code of Conduct Fundamentals for Credit Rating Agencies, überarbeitete Ausgabe, http://www.iosco.org/ library/pubdocs/pdf/IOSCOPD271.pdf (abgerufen am 04.08.2011).

Jenson, Michael C. und *William H. Meckling* (1976), Theory of the Firm: Managerial Behavior, Agency Costs and Ownership Structure, in: Journal of Financial Economics, Jg. 3, H. 4, S. 305–360.

Jiang, John, Mary H. Stanford und *Yuan Xie* (2010), Does it Matter Who Pays for Bond Ratings? Historical Evidence, http://papers.ssrn.com/sol3/papers. cfm?abstract_id=1683495 (abgerufen am 10.08.2011).

Kerwer, Dieter (2005), Holding Global Regulators Accountable: The Case of Credit Rating Agencies, in: Governance, Jg. 18, H. 3, S. 453–475.

Kerwer, Dieter (2002), Rating Agencies: Setting a Standard for Global Financial Markets, in: Economic Sociology - European Electronic Newsletter, Jg. 3, H. 3, S. 40–46, http://econsoc.mpi-fg-koeln.mpg.de/archive/esjune02.pdf#page=40 (abgerufen am 12.08. 2011).

Kerwer, Dieter (2001), Standardising as Governance: The Case of Credit Rating Agencies, MPI Collective Goods Reprint, 3, http://papers.ssrn.com/sol3/papers.cfm? abstract_id=269311&rec=1&srcabs=424440 (abgerufen am 10.08.2011)

Kley, Christian (2004), Einfluss von Banken-Credit Ratings auf deren Börsenwert, Working Paper, Februar, http://www.kreditrisikomanagement.info/2004_kley_ BANKEN-RATINGS_und_Bankbewertung_WorkingPaper3Feb2004.pdf (abgerufen am 12.08. 2011).

Kreps, David M. und *Robert B. Wislon* (1982), Reputation and Imperfect Information, in: Journal of Economic Theory, Jg. 27, H. 2, S. 253–279.

Krimphove, Dieter und *Oliver Kruse* (2005), Regulierung und Haftung von Ratingagenturen: Status Quo und Perspektiven, in: Zeitschrift für das gesamte Kreditwesen, H. 8, S. 413-416.

Kuhner, Christoph (2001), Financial Rating Agencies: Are They Credible? – Insights into the Reporting Incentives of Rating Agencies in Times of Enhanced Risk, in: Schmalenbachs Business Review, Jg. 53, S. 2–26.

Langohr, Herwig und *Patricia Langohr* (2008), The Credit Rating Agencies and their Credit Ratings: What They are, How They work and Why They are Relevant, Chichester.

Lee, Felix (2011), Rating-Agenturen: Konkurrenz aus Europa, in: Die Tageszeitung, Ausgabe 19.07, http://www.taz.de/!74780/ (abgerufen am 24.08.2011).

Lemke, Rudolf (2007), Haftung für Ratings unabhängiger Agenturen, in: *Hans E. Büschgen* und *Oliver Everling* (Hg.), Handbuch Rating, Wiesbaden, S. 611-626.

Levich, Richard M., Giovanni Majnoni und *Carmen Rheinart* (2002), Introduction: Ratings, Rating Agencies and the Global Financial System: Summary and Policy Implication, in: *Richard M. Levich, Giovanni Majnoni* und *Carmen Rheinart* (Hg.), Ratings, Rating Agencies and the Global Financial System, Boston, S. 1–15.

Megginson, William L. und *Kathleen A. Weiss* (1991), Venture Capitalist Certification in Initial Public Offerings, in: Journal of Finance, Jg. 46, H. 3, S. 879–903.

Merton, Robert C. und *Zvi Bodie* (1992), On the Management of Financial Guarantees, in: Journal of the Financial Management Association, Jg. 21, H. 4, S. 87–109.

Meyer, Marc (2006), Rechtsfragen des externen Ratings, Marburg.

Milgrom, Paul R. und *John Roberts* (1982), Predation, Reputation, and Entry Deterrence, in: Journal of Economic Theory, Jg. 27, H. 2, S. 280–312.

Moody's (2010), Annual Report, http://files.shareholder. com/downloads/MOOD/ 1355241571x0x448994/A62AF06C-38B5-442 9-A150-36AE9485822F/2010AR.pdf (abgerufen am 12.08.2011).

OECD (2009), Competition and Financial Markets: Key Findings, http://www.oecd.org/dataoecd/9/22/43067294.pdf (abgerufen am 31.12.2010).

o.V. (2007), Wirtschaftsprüfer fordert Haftung der Ratingagenturen, in: Handelsblatt, Ausgabe 03.09.2007, http://www.handelsblatt.com/unternehmen/ banken/wirtschaftspruefer-fordert-haftung-der-ratingagenturen/2856046.html (abgerufen am 26.08.2011).

o.V. (2009), Zock-Stopp für die Weltwirtschaft. 4. Teil: Ab zum Finanz-TÜV! Die Notwendigkeit einer staatlichen europäischen Rating-Agentur, in: Spiegel, Ausgabe 14.05.2009, http://www.spiegel.de/wirtschaft/0,1518,623653-4,00.html (abgerufen am 16.08.2011).

o.V. (2010), Ratingagenturen. EU-Politiker fordern stärkere Regulierung, in: Focus, Ausgabe 01.10.2010, http://www.focus. de/finanzen/news/ratingagenturen-eu-politiker-fordern-staerkere-reguli erung_aid_557940.html (abgerufen am 16.08.2011).

o.V. (2011a), Schweizer Ökonom will Rating-Agenturen entmachten, in: Neue Zuricher Zeitung, Ausgabe 16.05, http://www.nzz.ch/nachrichten/wirtschaft/aktuell/ schweizer_oekonom_fuer_brutale_entmachtung_der_ratingagenturen_1.10939211.html (abgerufen am 24.08.2011).

o.V. (2011b), Rösler: Wettbewerb unter Ratingagenturen fördern, http://www.kreiszeitung.de/nachrichten/politik/roesler-wettbewerb-unter-ratingagenturen-foerdern-zr-1318994.html (abgerufen am 16.08.2011).

o.V. (2011c), Klage gegen Ratingagentur Moody's abgelehnt, http://www.unternehmer.de/klage-gegen-ratingagentur-moodys-abgelehnt-106975 (abgerufen am 28.07.2011).

Partnoy, Frank (2002), The Paradox of Credit Ratings, in: *Levich, Richard M.,Giovanni Majnoni* und *Carmen Rheinart* (Hg.), Ratings, Rating Agencies and the Global Financial System, Boston, S. 65–84.

Randow, Philipp v. (1996), Rating im Recht der Finanzmärkte: Rating und Regulierung, in: *Hans E. Büschgen* und *Oliver Everling* (Hg.), Handbuch Rating, Wiesbaden, S. 543–576.

*Reidenbach, Dirk (*2006), Aktienanalysten und Ratingagenturen – Wer überwacht die Überwacher, Frankfurt am Main.

Richter, Malte (2010), Regulierung und Beaufsichtigung von Ratingagenturen, in: *Simon G. Grieser* und *Manfred Heemann* (Hg.), Bankaufsichtsrecht. Entwicklungen und Perspektiven, Frankfurt am Main, S. 519-540.

Rudolph, Bernd (2006), Unternehmensfinanzierung und Kapitalmarkt, Tübingen.

Schäfer, Dorothea (2010), Mehr denn je: Europa braucht eine europäische öffentliche Rating-Agentur, in: DIW Wochenbericht, Nr. 20, S. 20, http://www.diw.de/documents/ publikationen/73/diw01. c.356700. de/ 10-20-4.pdf (abgerufen am 28.07.2011).

Schätzle, Dominik (2011a), Ökonomische Funktionen von Ratingagenturen – Ratingagenturen in der neoinstituionalistischen Finanzierungstheorie, in: IfG Arbeitspapier, Nr. 113, http:// www.wiwi.uni-muenster.de/06//forschen/veroeffentlichungen/2011/material/ ap_113_schaetzle.pdf (abgerufen am 10.08.2011).

Schätzle, Dominik (2011b), Ratingagenturen in der neoklassischen Finanzierungstheorie – Eine Auswertung empirischer Studien zum Informationsgehalt, in: IfG Arbeitspapier, Nr. 110, http://www.wiwi.uni-muenster.de/06//forschen/veroeffentlichungen/ 2011/material/ap110_schaetzle_final.pdf (abgerufen am 12.08.2011).

SEC (2003), Report on the Role and Function of Credit Rating Agencies in the Operation of the Securities Markets, http://www.sec.gov/news/studies/ credratingreport0103.pdf (abgerufen am 12.08.2011).

SEC (2011), Annual Report on Nationally Recognized Statistical Rating Organizations, http://www.sec.gov/divisions/market reg/ratingagency/nrsroannrep0111.pdf (abgerufen am 12.08.2011).

Shapiro, Carl (1983), Premiums for High Quality Products as Returns to Reputations, in: Quarterly Journal of Economics, Jg. 98, H. 4, S. 659–680.

Skreta, Vasilik und *Laura Veldkamp* (2009), Ratings Shopping and Asset Complexity: A Theory of Ratings Inflation, in: Journal of Monetary Economics, Jg. 56, H. 5, S. 678–695.

Spence, Micahel (1976), Informational Aspects of Market Structure: An Introduction, in: Quarterly Journal of Economics, Jg. 90, H. 4, S. 591–597.

Spremann, Klaus (1996), Wirtschaft, Investition und Finanzierung, 5., vollst. überarbeitete und aktualisierte Aufl., München, Oldenbourg.

Stiglitz, Jospeh E. und *Andrew Weiss* (1981), Credit Rationing in Markets with Imperfect Information, in: American Economic Review, Jg. 71, H. 3, S. 393–410.

Stover, Roger D. (1996), Third-Party Certification in New Issues of Corporate Tax-Exempt Bonds: Standby Letter of Credit and Bond Rating Interaction, in: Journal of the Financial Management Association, Jg. 25, H. 1, S. 62–70.

Straubhaar, Thomas (2011), Zu mächtige Ratingagenturen, in: Neue Zürcher Zeitung, Ausgabe 6. Juli 2011, S. 29, http://www.nzz.ch/nachrichten/wirtschaft/aktuell/zu_maechtige_rating-agenturen_1.11212112.html (abgerufen am 31.08.2011).

Sylla, Richard (2002), An Historical Primer on the Business of Credit Rating, in: *Richard M. Levich, Giovanni Majnoni* und *Carmen Rheinart* (Hg.), Ratings, Rating Agencies and the Global Financial System, Boston, S. 19–40.

Theilacker, Bertram (2005), Rating: Entscheidungshilfe, kein Entscheidungsersatz, in: Zeitschrift für das gesamte Kreditwesen, H. 4, S. 177-180.

Theilacker, Bertram (2009), Ratingagenturen: Verstaatlichen oder beaufsichtigen, in: Zeitschrift für das gesamte Kreditwesen, H. 13, S. 643-644.

Theurl, Theresia und *Dominik Schätzle* (2011), Ratingagenturen in der Kritik – Eine Analyse der Reformforderungen und -vorschläge, in: IfG Arbeitspapier, Nr. 116.

Utzig, Siegfried (2011), Die Zukunft der Rating-Agenturen, in: Die Bank, H. 6, S. 8-13.

Wappenschmidt, Christian (2009), Ratinganalyse durch internationale Ratingagenturen: Empirische Untersuchung für Deutschland, Österreich und die Schweiz, Frankfurt am Main.

White, Lawrence (2002a), The Credit Rating Industry: An Industrial Organizational Analysis, in: *Richard M. Levich, Giovanni Majnoni* und *Carmen Rheinart* (Hg.), Ratings, Rating Agencies and the Global Financial System, Boston, S. 41-64.

White, Lawrence (2002b), The SEC's Other Problem, in: Regulation, Jg. 25, H. 4, S. 38–42.

White, Lawrence (2010), Markets: The Credit Rating Agencies, in: Journal of Economic Perspectives, Jg. 24, H. 2, S. 211–226.

Wieben, Hans-J. (2004), Credit Rating und Risikomanagement: Vergleich und Weiterentwicklung der Analysekonzepte, 1. Aufl., Wiesbaden.

WpHG (2011), Gesetz über den Wertpapierhandel, Ausgabe vom 26.07.2011, http://www.gesetze-im-internet.de/ bundesrecht/wphg/gesamt.pdf (abgerufen am 12.08.2011).

Christian Müller, Frank Trosky und Marion Weber (Hg.),
Ökonomik als allgemeine Theorie menschlichen Verhaltens
Schriften zu Ordnungsfragen der Wirtschaft · Band 94 · Stuttgart · 2012

Zur institutionellen Fundierung der Finanzintermediation in Chinas Reformära: Der *Law, Finance & Growth*-Ansatz und *Relational Lending Technologies*

Marcus Conlé und *Markus Taube*

Inhalt

1. Das Problem: Wachstum entgegen dem theoretischen Diktum ... 132

2. *Law, finance & growth* und der „Fall China“ ... 133

3. Das Konzept der *lending technologies* ... 134

4. Chinas Finanzsystem aus der Perspektive der *lending technologies* ... 137
   4.1. *Lending technologies* in Chinas formalem Bankensektor ... 138
   4.2. *Lending technologies* in Chinas informellem Bankensektor ... 142

5. Die Lösung: Wachstum dank Abkehr vom *law, finance & growth*-Standard ... 146

Literatur ... 147

1. Das Problem: Wachstum entgegen dem theoretischen Diktum

Die VR China (im Folgenden vereinfacht „China") hat in den vergangenen drei Jahrzehnten einen in historischer wie auch in globaler Perspektive einzigartigen Wachstums- und Entwicklungsprozess durchlaufen. Während der Jahre 1978 bis 2010 ist die ökonomische Leistungserbringung Chinas – gemessen über das Brutto-Inlandsprodukt (BIP) – pro Jahr um durchschnittlich über 10% angestiegen, während sich das BIP pro Kopf mehr als verzwölffacht hat. In Kaufkraftparitäten gemessen, ist China damit zur heute zweitgrößten Volkswirtschaft avanciert und konstituiert aus dieser Perspektive ca. ein Achtel der Weltwirtschaft.[1]

So beeindruckend diese Entwicklung auch sein mag – für die Wirtschaftswissenschaft ist die Erklärung des chinesischen „Wirtschaftswunders" alles andere als eine triviale Angelegenheit. Denn der chinesische Wachstumsprozess scheint sich dem Zugriff etablierter ökonomischer Analyseansätze zu entziehen. Dies betrifft u.a. Kernaussagen der *Property-Rights*-Schule (*Taube* 2011) und in besonderem Maße auch zentrale Erklärungsansätze der *law, finance & growth*-Schule. Die *law, finance & growth*-Schule z.B. geht von der Hypothese aus, dass die Befähigung einer Volkswirtschaft zu wachsen und sich weiterzuentwickeln in entscheidendem Maße von der Qualität ihres Finanzsystems und der Güte des (Gläubiger-)Rechtsschutzes abhängig ist (*Levine* 1997; 1999). Vergleicht man diese – für viele Volkswirtschaften und Perioden ökonometrisch substantiierte – Hypothese mit der chinesischen Realität der vergangenen 30 Jahre, so zeigt sich, dass in Anbetracht des desolaten Zustands des chinesischen Finanzdienstleistungssektors, mangelhafter Regulierungsansätze, unzureichenden Gläubigerschutzes, fehlenden Humankapitals und anhaltender Regierungsinterventionen in die Kredit- und Kapitalmärkte (*Durnev* et al. 2004; *Farrell* et al. 2006; *Chan*, *Fung* und *Thapa* 2007) die chinesische Volkswirtschaft eigentlich gar nicht auf einen Wachstumskurs hätte einschwenken können (*Yao* und *Yueh* 2009).

Wie also konnte die chinesische Volkswirtschaft so rapide wachsen, ohne offensichtlich die institutionellen Grundvoraussetzungen aufzuweisen, die in der *law, finance & growth*-Schule als unverzichtbar dargestellt worden sind? Handelt es sich bei dem chinesischen Wachstumsprozess lediglich um ein kurzfristiges Phänomen, das aufgrund der „falschen" institutionellen Basis nicht nachhaltig ist? Oder aber ist China so „speziell", dass es eine eigene Theorie beansprucht? Im Folgenden soll vor diesem Hintergrund erörtert werden, welche Finanzierungsstrukturen in China zum Einsatz gekommen sind und wie diese in die Forschungsagenda der *law, finance & growth*-Schule eingeordnet werden können. Zu diesem Zweck wird im Folgenden zunächst das Forschungsprogramm der *law, finance & growth*-Schule näher dargestellt und in Kontext zum „Fall China" gestellt (Kapitel 2). In Kapitel 3 wird sodann das Konzept der *lending technologies* eingeführt, das durch seine Differenzierung zwischen transaktionalen und relationalen Finanzierungsbeziehungen einen Lösungsansatz aufzeigen könnte. In Kapi-

---

[1] Vgl. zur gesamtwirtschaftlichen Statistik die interaktiven Datenbanken des *International Monetary Fund* (www.imf.org) und des *National Bureau of Statistics of the PR China* (www.stats.gov.cn).

tel 4 werden von daher aus dieser Perspektive verschiedene Finanzierungsmechanismen, die in den vergangenen drei Jahrzenten in China entwickelt wurden, näher untersucht und klassifiziert. Dabei werden sowohl Transaktionen, die dem formellen als auch solche, die dem informellen Sektor zuzuordnen sind, betrachtet. Kapitel 5 schließt die Diskussion mit einer resümierenden Erörterung ab.

2. *Law, finance & growth* und der „Fall China"

Aus der Perspektive der *law, finance & growth*-Schule basiert die Entwicklungs- und Wachstumsdynamik eines Landes auf der Güte seines Finanzsystems, da dieses in kapitalistischen Volkswirtschaften letztlich die Ressourcenallokation übernimmt (vgl. *Levine* 1997). Je besser das Finanzsystem funktioniert, desto effektiver werden die zu fördernden Investitionsprojekte überprüft und später überwacht, wodurch die knappen Mittel potentiell in die besten (d.h. erfolgversprechendsten) Verwendungen gelenkt werden. Ferner stellt ein effektives Finanzsystem eine breite Anzahl von Spar- und Investitionsinstrumenten zur Verfügung, die insgesamt zu einer höheren Intermediationsdichte und somit Investitionsneigung beitragen. Der gängigen Sichtweise zufolge beruht die Qualität des Finanzsystems auf einer übergeordneten Ebene im Wesentlichen auf der Effektivität des Rechtssystems. Denn inwiefern Investoren Kapital bereitstellen, hängt vor allem davon ab, wie gut die Gläubigerrechte sowie andere die Investitionsentscheidung betreffenden Rechte (z.B. Rechnungslegungsvorschriften; vgl. *Wachtel* 2003) ausgestaltet und durchgesetzt werden (*La Porta* et al. 1997; 1998). Auf der Mikroebene manifestiert sich der *law, finance & growth*-Zusammenhang folglich darin, dass Unternehmen in Ländern mit qualitativ hochwertigen Finanzsystemen, basierend auf starken Gläubigerrechten, ein umfangreicherer und transaktionskostengünstigerer Zugang zu externen Finanzierungsquellen zur Verfügung steht (vgl. *Demirgüc-Kunt* und *Maksimovic* 1998; für die Mesoebene vgl. *Rajan* und *Zingales* 1998).

Die Argumentationskette der *law, finance & growth*-Schule beruht somit grundsätzlich auf einer Drei-Stufen-Analyse, ausgehend von der Qualität des Rechtssystems (insbesondere der Existenz effektiver Gläubigerrechte) hin zur Qualität des Finanzsystems (insbesondere seiner Befähigung Ersparnisse zu mobilisieren und diese effizient zu allokieren) und letztlich der so ermöglichten ökonomischen Entwicklung. Dabei ist die Beziehung zwischen Rechtssystem und Finanzdienstleistungssektor in der Vergangenheit in erster Linie aus dem Verständnis und im Kontext von hochentwickelten Industriestaaten mit weit entwickelten Finanzsystemen und stark ausdifferenzierten Rechtstraditionen ausgearbeitet worden. Von daher waren die Diskussion und theoretische Ausformulierung in der *law, finance & growth*-Schule bislang fast ausschließlich auf eine Welt fokussiert, die durch umfassende formale institutionelle Arrangements und universalistische Ordnungsprinzipien geprägt ist.

Das Ansinnen, diesen analytischen Ansatz zur Erkenntnisgewinnung bzgl. des chinesischen Entwicklungs- und Wachstumsprozesses einzusetzen, erfährt somit bei der Konfrontation mit der chinesischen Realität eine grundlegende Herausforderung, insofern Grundannahmen nicht erfüllt werden: Im Hinblick auf die formalinstitutionelle Ausgestaltung sowohl des nationalen Rechtssystems als auch des Finanzsystems verfügt China bislang über keine in sich geschlossenen Strukturen, die lückenlos aufeinander aufbauen und miteinander harmonieren würden. Stattdessen offenbart sich eine Gemengelage von z.T. inkompatiblen, da ordnungspolitisch widersprüchlichen, fragmentarischen Versatzstücken (*Allen*, *Qian* und *Qian* 2005; *Zou* 2000; *Wilson* 2008). Gläubigerrechte waren in der Reformperiode – und sind es bis heute – kaum ausspezifiziert und wenn auf dem Papier vorhanden, so doch in der Realität oft nicht durchsetzbar (*Whiting* 1996, *Feng* 2006). Die theoretische Lücke klafft sogar noch weiter auf, wenn in Betracht gezogen wird, dass der private und semi-private Unternehmenssektor, der einen Großteil zur Wachstumsdynamik beigetragen hat, zu diesem unterentwickelten formalen Finanzdienstleistungssektor nur sehr eingeschränkten Zugang hatte und weitreichenden Diskriminierungen ausgesetzt war (*Huang* 2003; 2008; *Levine* und *Zervos* 1998). Das heißt, dass eine der tragenden Säulen des chinesischen „Wirtschaftswunders" grundsätzlich außerhalb des Erklärungszusammenhangs der *law, finance & growth*-Schule gestanden hat. Stattdessen haben über drei Jahrzehnte ökonomischer Reform und Transformation hinweg informelle institutionelle Arrangements, basierend auf partikularistischen Ordnungsprinzipien, eine entscheidende Rolle für die Definition und Durchsetzung exklusiver Verfügungsrechte gespielt (*Taube* 2007; 2009). Daraus ergibt sich zwingend, dass eine unreflektierte Übernahme des *law, finance & growth*-Analyserahmens auf den „Fall China" ins Leere laufen muss. Stattdessen gilt es, diesen Ansatz in einer Art zu modifizieren, die der großen Bedeutung informeller Institutionen für die Organisation ökonomischer Interaktion Rechnung trägt (*Pistor* et al. 2000; *Allen*, *Qian* und *Qian* 2005, *De Haas* 2004).

3. Das Konzept der *lending technologies*

Ein Blick auf die neuere Theorieentwicklung der Innovationsforschung könnte zur Lösung dieser Problemstellung von Nutzen sein. *Nelson* (2008) hat vorgeschlagen, ökonomische Aktivitäten als *social technologies* zu beschreiben, die mit *physical technologies* – also den Prozeduren, die zur Realisierung eines bestimmten physischen Outputs erforderlich sind – interagieren. Die Art, wie diese Prozeduren auf Akteure aufgeteilt und koordiniert werden, sind folglich die *social technologies*, deren Erscheinungsformen wiederum durch Institutionen ermöglicht und restringiert werden.[2] *Nelson* bezieht sich auf den herkömmlichen Bereich von Produktionstechnologien. Allerdings kann argumentiert werden, dass diese Perspektive auch auf *„financing" technologies* ausgeweitet werden kann.[3] Wie dies genau geschehen kann, zeigt ein Blick auf die von *Ber-*

---

2 "[A] recipe characterization of what needs to be done represses the fact that many economic activities involve multiple actors, and require some kind of a coordinating mechanism to assure that the various aspects of the recipe are performed in the relationships to each other needed to make the recipe work. The standard notion of a recipe is mute about how this is done. Sampat and I proposed that it might be useful to call the recipe aspect of an activity its "physical" technology, and the way work is divided and coordinated its "social" technology" (*Nelson* 2008, S. 3).

3 Unter *financing technologies* sollen sowohl *equity financing technologies* als auch *debt financing technologies* bzw. *lending technologies* verstanden werden. Aufgrund dessen, dass in China *equity financing* über lange Phasen des Transformationsprozesses keine Rolle gespielt hat und bis heute noch stark unterentwickelt ist, konzentrieren wir uns hier auf *lending technologies*.

ger und *Udell* (2006) und *Udell* (2008) – mit Bezug auf US-amerikanische KMU-Finanzierungen – vorgestellten *lending technologies*. Dabei unterscheiden die Autoren zwischen *transaction-based lending* einerseits und *relationship lending* andererseits. *Transaction-based lending* basiert auf „harten“ Informationen und bezeichnet einen Typus von Finanztransaktionen, der fest im formalen institutionellen Aufbau einer Wirtschaftsordnung verankert ist. Aufgrund ihrer Verankerung in standardisierten Rechtskonstrukten (Gläubigerrechte i.w.S.: Rechnungslegungsvorschriften, Konkursgesetzgebung, Rating-Institutionen etc.) können derartiger Transaktionen eigenständig und unabhängig von anderen Transaktionen der beteiligten Akteure bewertet und durchgeführt werden. Die Verhaltenshistorie, im Sinne von Reputation, der beteiligten Partner spielt hierfür – zumindest prinzipiell – keine Rolle. Im Gegensatz dazu basieren *relationship lending*-Transaktionen auf „weichen“ Informationen, die dem potentiellen Gläubiger aufgrund von Erfahrungswerten aus einer hohen Frequenz und u.U. Multiplexität von vorangehenden Interaktionen mit dem potentiellen Schuldner zur Verfügung stehen. D.h. die Verhaltenshistorie und Reputation der beteiligten Akteure spielt eine zentrale Rolle für das Zustandekommen einer derartigen Transaktion (*Udell* 2008). *Berger* und *Udell* (2006) beziehen in ihr Verständnis von realexistierenden *relationship lending*-Transaktionen nur solche ein, bei denen kleinere lokale Banken (Sparkassen bzw. Volks- und Raiffeisenbanken wären ein denkbares deutsches Äquivalent) als Kreditgeber fungieren oder aber (bedingt) Handelskredite. D.h. die Durchsetzung von Verfügungsrechten erfolgt bei ihnen grundsätzlich im Rahmen eines standardisierten, rechtsstaatlichen Systems des *third-party enforcement*.

Während die Unterscheidung zwischen *transaction-based lending* und *relationship lending* also bereits einen entscheidenden Beitrag zu einer problemorientierten Behandlung des „Falles China“ leistet, so reicht dies doch noch nicht aus, um die Realität des Wirtschaftsgeschehens in China adäquat zu erfassen. Um hier weiter vorzustoßen, muss die Dimension der Rechtsdurchsetzung weiter differenziert werden und dem *third-party enforcement* ein *second-party enforcement*-Mechanismus zur Seite gestellt werden. Wobei *second-party enforcement* verstanden wird als die Durchsetzung von Verfügungsrechten über Reputationsmechanismen innerhalb sozialer Gruppen (dichter Netzwerke). Nur hierdurch wird es möglich, die große Bedeutung partikularistischer Ordnungsstrukturen in der chinesischen Gesellschaft zu erfassen und in die Analyse einzubinden. Gleichzeitig wird es so möglich, auch Nicht-Banken als Kreditgeber und Gläubiger zu erfassen.

Durch die Kombination dieser Charakteristika kann letztlich eine Matrix erstellt werden, die vier *lending technologies* umfasst, welche durch die spezifische Ausprägung ihrer Informations- bzw. Durchsetzungsmechanismen charakterisiert werden (vgl. Abbildung 1). Grundsätzlich ist eine Mischung dieser Elemente denkbar. Es soll jedoch angenommen werden, dass es bei einer gegebenen Finanztransaktion immer einen dominanten Durchsetzungsmechanismus und eine dominante Informationsintensität gibt.

Abbildung 1: *Lending Technologies*

	hard information	**soft information**
third-party enforcement	Standardkonstellation der *law, finance & growth* Literatur. Standardisierte Informationsregime sind mit hochgradig formalisierten universalistischen Rechtssystemen kombiniert.	'Relationship lending' der *law, finance & growth* Literatur. Die zur Bewertung potentieller Finanztransaktionen benötigten Informationen werden in erster Linie auf der Basis von informellen Strukturen erlangt. Auf dieser Informationsgrundlage tatsächlich realisierte Transaktionen werden in formale Vertragsstrukturen eingebettet, die über das formale Rechtssystem durchgesetzt werden.
second-party enforcement	Diese Merkmalskombination ist in der Realität nur von stark untergeordneter Bedeutung. Sie verlangt einerseits eine enge (soziale) Beziehung zwischen den Transaktionspartnern um die Verfügungsrechtsdurchsetzung innerhalb partikularistischer sozialer Netzwerke zu ermöglichen. Andererseits sollen aber ‚softe' Informationen, die genau in diesen engen Beziehungen automatisch generiert und rezipiert werden, nur eine ‚harten' Informationsquellen untergeordnete Rolle spielen. Zu den wenigen real existierenden Beispielen zählen durch Pfandstellung besicherte und ähnliche Transaktionen.	Informationsbedarfe der Kreditvergabe werden in nicht-standardisierter Form im Rahmen von dichten Netzwerke, d.h. wiederholter und multiplexer Interaktion gewonnen. Weiterführende Probleme der Kooperation wie adverse Selektion und Ex-post-Opportunismus werden ebenfalls durch informelle Mechanismen gelöst. Dies erfolgt in erster Linie durch die Sanktionskraft dichter sozialer Netzwerke, die auf partikularistischen Ordnungsstrukturen basieren.

Quelle: Eigene Darstellung.

Der Vergleich dieser *lending technologies* macht deutlich, dass mit einem – universalistischen – *third-party enforcement* die Anzahl potenzieller Transaktionspartner, auf die ein Akteur innerhalb einer bestimmten formal ausgebauten Rechtsgemeinschaft rekurrieren kann, substantiell höher ist als im Kontext eines partikularistischen sozialen Netzwerks (*Annen* 2003). Dieser Zugewinn in der Anzahl potenzieller Transaktionspartner – und somit der Wahrscheinlichkeit einer besseren Passung und Komplementarität der Transaktionspartner – geht allerdings einher mit einem reduzierten Informationssatz über diese potenziellen Transaktionspartner. Oder aus der Perspektive des *second-party enforcement* heraus formuliert: Akteure, die innerhalb zwangsläufig kleinerer partikularistischer Netzwerke agieren, haben eine geringere Anzahl an potenziellen Transaktionspartnern zur Verfügung. Über einen jeden derselben verfügen sie aber über umfassendere, höherwertige Informationen. Denn Reputationseffekte beziehen sich nicht nur auf die Integrität der Transaktionspartner, sondern auch auf die Fähigkeiten eines gegebenen Akteurs (vgl. *Nooteboom* 2007). Unternehmerisches Potential wird innerhalb der sozialen Gruppe erkannt, bleibt in Systemen, die auf *hard information* basieren aber oft hinter dem formalen Zahlenwerk verborgen und nicht verifizierbar. Die Generierung von *soft information* (bzw. *tacit knowledge*) innerhalb dichter Netzwerke stellt somit einen erheblichen Wettbewerbsvorteil derselben im „Systemwettbewerb" dar.

Grundsätzlich kann somit keine der hier vorgestellten *lending technologies* als dominant im Sinne einer umfassenden Überlegenheit charakterisiert werden. Je nach Maßgabe des anliegenden institutionellen Umfeldes und des Charakters des Geschäftsmodells kommen die spezifischen Wettbewerbsvorteile der verschiedenen Technologien zum Tragen. D.h. auch, dass Rechts- und Finanzsysteme, die die Standardannahmen der *law, finance & growth*-Schule erfüllen, keineswegs in ihrer absoluten wachstums- und entwicklungsfördernden Kapazität solchen überlegen sein müssen, die im Kontext andersgearteter Umfelder Bestand haben.

4. Chinas Finanzsystem aus der Perspektive der *lending technologies*

Eine Übertragung des oben dargestellten und um die Dimension des *second-party enforcement* erweiterten Konzepts der *lending technologies* auf verschiedene konkrete Manifestationen der Finanzintermediation in der chinesischen Reform- und Transformationsökonomie der 1980er bis 2000er Jahre zeigt, dass hier eine breite Palette von unterschiedlichen Formen zum Einsatz gekommen ist. Dabei ist diese Diversität sowohl über die Dimension der Zeit (unterschiedliche Technologien in linearer zeitlicher Abfolge) als auch die Dimension des Raums (unterschiedliche Technologien zu einem gegebenen Zeitpunkt in unterschiedlichen Regionen) evident. Im Folgenden soll im Rahmen einer schlaglichtartigen Betrachtung allerdings nur eine kleine Auswahl derselben thematisiert werden. Die Betrachtung beginnt mit *lending technologies*, die im formalen Sektor unter Beteiligung von lizensierten Bankinstituten und Regierungsorganisationen entwickelt wurden. Im Anschluss daran rückt der informelle Sektor ins Zentrum der Betrachtung, bei dessen *lending transactions* weder lizensierte Bankinstitute noch Regierungsorganisationen explizit eingebunden waren.

4.1. *Lending technologies* in Chinas formalem Bankensektor

Das moderne formale chinesische Bankensystem hat sich auf Basis des von der UdSSR übernommenen *Gosbank*-Systems der Vorreformperiode entwickelt, indem die Bank als dem Plan subordinierte Verrechnungsstelle die Überweisung von Finanzmitteln an die staatlichen Unternehmen vornahm. Überwacht wurde die Produktivität der hierdurch finanzierten Projekte durch Regierungsorganisationen, die in Abwesenheit von Märkten allerdings keine wesentlichen Indikatoren hatten, mit Hilfe derer die Überprüfung hätte stattfinden können. In der Reformära wurden dann schrittweise an Stelle der bisherigen finanziellen Zuwendungen für die staatseigenen Unternehmen nur noch Kredite im herkömmlichen Sinne vergeben (*bo gai dai*). Ferner wurde das Monobanken-System zugunsten eines zweigliedrigen Systems mit der People's Bank of China (*Zhongguo Renmin Yinhang*) als Zentralbank und zunächst vier spezialisierten Geschäftsbanken aufgegeben.

Mit den Reformen war die Hoffnung verbunden, dass die Banken eine effizientere Ressourcenallokation herbeiführen würden. Allerdings gab es hierbei über Jahre hinweg eine Reihe von strukturellen Problemen:

- Die Banken verfügten in der Frühphase faktisch über keine Kompetenzen, um *lending technologies* überhaupt umzusetzen, da sie zuvor nur eine Verrechnungsfunktion erfüllt hatten. Auch das Bildungssystem war noch nicht darauf ausgerichtet, Fähigkeiten für das Bankwesen in einer kapitalistischen Volkswirtschaft zu vermitteln.
- Gleichermaßen war auf Seiten der Unternehmen die Fähigkeit, belastbare *financial statements* und ähnliche Dokumente zu produzieren, nicht gegeben. Ferner war die politische Situation so, dass Anreize bestanden (aus steuerlichen Gründen, aus Angst vor Enteignung, zur Beeinflussung der Allokation staatlich zugeteilter Ressourcen, Rentenerzielung im dualen Preissystem etc.), keine allzu detaillierten Informationen über die Situation des Unternehmens preiszugeben.
- Märkte wurden nur allmählich eingeführt, so dass sie ihre Informationsfunktion jahrelang nur stark eingeschränkt erfüllen konnten. Vor allem waren diese in den 1980er Jahren noch stark politisiert, so dass der Erfolg eines Projekts nicht ausschließlich auf der unternehmerischen Kompetenz und der Generierung von Nachfrage basierte, sondern in wesentlichem Maße auf den Interessen und dem Willen der politischen Führungen.
- Der Fortbestand der staatseigenen Unternehmen wurde von der Regierung garantiert, so dass im Prinzip für die Banken keine Wahlmöglichkeit bestand, Kredite nicht an Staatsunternehmen zu vergeben. Gleichermaßen war eine Durchsetzung von Pfändungen etc. im Sinne einer Durchsetzung residualer Kontrollrechte gegenüber Staatsunternehmen faktisch unmöglich. Da den Staatsunternehmen seitens der Herrscherelite eine wichtige soziale Funktion zugesprochen wurde (*Lin* und *Li* 2008), wurde die Einführung eines Insolvenzrechts für Staatsunternehmen über Jahre hinweg aufgeschoben.
- Zu Beginn der Reformära war es keineswegs gesichert, dass China eine Marktwirtschaft einführen würde. Bis in die 1990er Jahre hinein wurden keine individuellen

Verfügungsrechte an Land usw. vergeben. Erst mit der Verbesserung des Schutzes der Landnutzungsrechte konnten überhaupt substantielle Verfügungsrechtstitel zur Besicherung von Krediten zur Verfügung gestellt werden. Erst in den späten 1990er Jahren wurde Privateigentum rechtlich gleichgestellt mit staatlichem Eigentum. In den 1980er Jahren war der Umfang der zur Unterlegung von Finanztransaktionen verfügbaren Sicherheiten daher noch sehr gering.

- Zudem war die Durchsetzung residualer Kontrollrechte (Pfändung von Eigentumstiteln etc.) auch im Kontext von Nicht-Staatsunternehmen oftmals nicht möglich, wenn die betroffenen Unternehmen unter dem Schutz lokaler Regierungen standen (*Whiting* 1996).
- Explizit privat geführte und ambivalent als nicht-staatlich klassifizierte Unternehmen konnten in den 1980er Jahren zwar stark expandieren. Aufgrund dessen, dass Uneinigkeit und somit Unsicherheit über die ideologische Tragbarkeit und Legitimität dieser Unternehmen bestand, waren Kredite an diese Unternehmen jedoch riskant – riskanter als solche an Staatsunternehmen mit nicht funktionsfähigen Geschäftsmodellen.
- Zum Schutz der Staatsunternehmen durften Kredite nur innerhalb einer geringen Zinsspanne vergeben werden, die größere Risiken nicht abdeckten.

Kreditausreichung an den staatlichen Unternehmenssektor

Angesichts der oben skizzierten Konstellation haben zahlreiche Beobachter gemutmaßt, dass die chinesischen Banken nur deshalb Kredite überwiegend an Staatsunternehmen ausgereicht haben, obwohl nicht-staatliche Unternehmen in den 1980er Jahren stark expandierten, weil seitens der (Lokal-)Regierungen Druck ausgeübt wurde. Allerdings war es in der gegebenen Situation aber tatsächlich wenig rational, Kredite an den nicht-staatlichen Unternehmenssektor zu vergeben. Denn verschiedene Kampagnen während der 1980er Jahre ließen vermuten, dass nicht die gesamte politische Führung dieser Expansion wohlwollend gegenüber stand. Die Unternehmen waren zudem relativ klein und technisch rückständig und wiesen als im ländlichen Sektor verankerte Unternehmen eine hohe Vermögenswertspezifizität potenzieller Sicherheiten auf, so dass die Banken ihre Forderungen aus deren produktivem Vermögen kaum hätten erfüllen können.

Prinzipiell wurden von daher die Praktiken der Vorreformperiode fortgeführt. Aufgrund der fehlenden Kompetenzen der Staatsbanken überließen diese es weiterhin den lokalen Regierungsorganisationen, die Unternehmen zu überwachen. Dies war auch keineswegs irrational, denn mit den Reformen hatten die Lokalregierungen auch stärkere Anreize erhalten, ihre Überwachungsfunktion tatsächlich zu erfüllen. Durch die Steuerreform und das Kaderverwaltungssystem wurden Gehalt und Status an die Realisierung lokalen Wirtschaftswachstums gebunden (*Byrd* und *Gelb* 1990, *Huang* 1996, *Whiting* 2001, *Kwong* und *Lee* 2005). Und insofern das einer Lokalität zur Verfügung stehende Bankkreditvolumen begrenzt war, stand außer Frage, dass eine unproduktive Nutzung desselben tendenziell Rückwirkungen auf die Performanz der Lokalregierung hatte. Die immer stärkere Durchdringung des Wirtschaftsgeschehens mit Marktmechanismen und insbesondere der aufkommende interjurisdiktionelle Wettbewerb erforderten zudem auch, dass die Verluste der Unternehmen gering gehalten wurden, was nicht nur die Überwachungsanstrengungen erhöhte, sondern auch zu produktivitätsorientierten Reformen in der *corporate governance* führte.

In gewissem Sinne kann somit letztlich auch in diesem Kontext von *relationship banking* gesprochen werden, da *transaction-based technologies* (noch) keine Rolle spielten. Allerdings handelte es sich eher um die Beziehung zwischen Lokalregierung und Bankfiliale, die durch das *tiao-kuai*-System der Bankenüberwachung[4] institutionalisiert war, und nicht zwischen Bank und Unternehmen. Die Banken konnten hierdurch Informationen über die Unternehmensentwicklung in einem politisierten Markt, geplante Unternehmensreformen und die von der Lokalregierung in ihrer Entwicklungsstrategie bevorzugten Industriesektoren erhalten. Trotz der stärkeren Marktdurchdringung war es in dieser Periode des ordnungspolitischen Übergangs wichtiger zu wissen, was die Lokalregierung beabsichtigte, als eine genaue Kenntnis über die Leistungsfähigkeit der Unternehmen zu haben. Das Konzept unternehmerischer „Wettbewerbsfähigkeit" war in diesem Umfeld nur bedingt relevant. Ein Schutz der Banken vor opportunistischem Verhalten seitens der Lokalregierungen war dadurch gegeben, dass (a) beide Seiten an guten Leistungen der mit Krediten versorgten Unternehmen sein mussten, und (b) die Banken als letztliche Verwalter einer für die Lokalregierungen sehr knappen Ressource, Kapital, auch ein Druckmittel gegen letztere in der Hand hatten. In der Gesamtschau zeigt sich so, dass trotz unzureichender Spezifikation und Durchsetzbarkeit von Verfügungsrechten, ein Gleichgewicht der Kräfte bei gleichartigen Interessen in Bezug auf die Unternehmenskontrolle dazu führte, dass Banken und Lokalregierungen eine funktionsfähige *lending technology* zugunsten der in einem weiterhin stark politisierten Marktumfeld agierenden Unternehmen aufbauen und implementieren konnten.

Kreditausreichung an township village enterprises

Ein weiteres ideosynkratisches Phänomen der Kreditausreichung in der chinesischen Transformationsökonomie der 1980er und 1990er Jahre bezeichnet die Rolle des formalen Bankensektors bei der Bereitstellung von Fremdfinanzierung für die aufstrebenden *township village enterprises* (TVE). Diese Unternehmen waren in besonderem Maße durch intransparente und unklare Verfügungsrechtsstrukturen charakterisiert und waren somit für *transaction-based lending* disqualifiziert (*Taube* 2007; 2009). Tatsächlich konzentrierte sich der formale Banken Sektor in seiner Kreditausreichungstätigkeit tatsächlich auf den staatlichen Sektor, aber dessen ungeachtet wuchs das Volumen der an den TVE-Sektor ausgereichten Kredite von 1985 bis 1996 um das Zwanzigfache auf 531 Mrd. Yuan RMB (*Nongyebu xiangzhen qiye ju* 2003, *He* 2004). Auch für dieses Phänomen spielten die Lokalregierungen eine entscheidende Rolle. In zahlreichen Fällen agierten sie als Bürgen für die in ihren Regierungsgebieten tätigen Unternehmen und überbrückten somit deren unzureichende transaktionale ‚Geschäftsfähigkeit' (*Chen* 2006, *Ong* 2006). Der gleiche Effekt wurde aber auch durch die Organisation von *joint*

---

[4] Es handelt sich hierbei um ein aus der maoistischen Ära herrührendes Ordnungselement, demgemäß gleichzeitig sowohl eine Anleitung und Überwachung durch zentrale (i.d.R. funktional ausgerichtete) Akteure (*tiao*), als auch lokale Regierungsorganisationen (*kuai*) erfolgte.

liability lending-Konstrukten erreicht, die ebenfalls von Lokalregierungen ins Leben gerufen wurden, um Fremdkapitalfinanzierungen für ‚ihre' Unternehmen zu ermöglichen (*Park* und *Shen* 2003). Die in China praktizierten *joint liability lending*-Konstrukte basierten grundsätzlich auf dem Prinzip einer gemeinschaftlichen Haftung lokaler TVE für alle aus ihrem Kreis heraus aufgenommenen Bankkredite, wobei bereits vergleichsweise früh die Lokalregierung als zusätzlicher letztinstanzlicher Bürge agierte. Während somit also das *second-party enforcement* innerhalb eines dichten Netzwerks als grundlegender Ordnungsmechanismus angelegt war, erwies sich das letztere Ordnungselement letztlich als notwendig, da mit zunehmender wirtschaftlicher Expansion und Komplexitätssteigerung die zuvor dichten Unternehmernetzwerke immer weitmaschiger wurden und somit die Kraft der sozialen Kontrolle und Disziplinierung schwand. In diesem Umfeld wurde es einem derartigen Unternehmerpool immer schwieriger, Banken gegenüber glaubwürdig zu versichern, dass sie für das opportunistische Fehlverhalten eines ihrer Mitglieder tatsächlich einspringen würden (*Alchian* und *Demsetz* 1972; *Besley* und *Coate* 1995). Allein die Lokalregierung mit ihrem Interesse an einer langfristigen Versorgung ihres lokalen Unternehmenssektors konnte sich gegenüber den Banken glaubwürdig an ein entsprechendes Versprechen binden. Es bildete sich ein trilaterales *relationship lending* aus.

Das Phänomen des *joint liability-lending* wie es im TVE-Sektor der ländlichen Regionen Chinas praktiziert wurde, basierte somit letztlich auf den gleichen Ordnungsstrukturen, wie die Kreditausreichung an den staatlichen Unternehmenssektor (der i.d.R. die urbane Industrie konstituierte). Bankenmanager erhielten im Rahmen ihrer engen *tiaokuai*-Beziehungen zur Lokalregierung Zugang zu *soft information* über die Befähigung von Regierungskadern, unternehmerische Leistungsfähigkeit in der lokalen Wirtschaft zu entdecken und richtig einzuschätzen wie auch opportunistisches Fehlverhalten zu unterbinden. Und die Lokalregierungen mussten bestrebt sein, die Informationsbedürfnisse der lokalen Bankmanager über potenzielle Kreditnehmer zu bedienen, da sie in dieser Übergangsperiode nur Zugang zu einer oder höchstens einer sehr geringen Anzahl Fremdfinanzierungsquellen hatten.

Stärkung transaktionaler Strukturen bei der Kreditausreichung

Trotz der geschilderten Interessenkonstellationen kam es sowohl bei der relationalen Einbettung von Krediten an den staatlichen Unternehmenssektor als auch solcher an den TVE-Sektor im Verlauf der 1990er Jahre zu Fehlentwicklungen. Getrieben durch den Aufbau von Überkapazitäten einerseits und exzessive Geldmengenausweitung andererseits, wurden makroökonomische Ungleichgewichte aufgeworfen, die letztlich u.a. zur Neuordnung des Bankensystems und der zentralstaatlichen Bestimmungen zur Vergabe von Krediten führten. Als ein zentraler Reformschritt wurde es nun lokalen Regierungsorganisationen untersagt, als Bürgen für staatliche wie nicht-staatliche Unternehmen aufzutreten und Rückzahlungsgarantien zu vergeben. Gleichzeitig wurde die Implementierung von *transaction-based lending technologies* gefördert und hierzu komplementär auch der Gesetzesrahmen gestärkt (*Holz* 2001). Die Banken wurden nun darauf verpflichtet, Kredite nur noch auf Basis angemessener Sicherheiten zu vergeben.

Im Gleichschritt mit der Privatisierung des überwiegenden Teils der kleineren und mittleren Staatsbetriebe und der Stärkung exklusiver privater Verfügungsrechtsstrukturen sowie der Auslagerung politisch induzierter *non-performing loans* in spezielle staatlich finanzierte *Asset Management Companies* konnte der Bankensektor über die folgenden Jahre hinweg sein kommerzielles Kreditgeschäft neu aufbauen und am internationalen *best practice* ausrichten (*Yeung* 2009). Dies beinhaltete zunächst die Übernahme des fünfgliedrigen Kreditklassifikationssystems (*pass, special mention, substandard, doubtful, loss*) und schließlich die Einführung eines Schuldner-Klassifikationssystems, bei dem jeder (potenzielle) Kreditnehmer auf der Grundlage von Geschäfts- und der von Wirtschaftsprüfern bestätigten Finanzberichte der vergangenen drei Jahre gerankt wird. Bankmanager sind persönlich haftbar für Kreditausfälle bei Unternehmen, die nicht nach diesen Kriterien geprüft wurden.

Die Praxis der Kreditausreichung ist somit in hohem Maße in eine *transaction-based lending technology* überführt worden, die auf *hard information* beruht. Hierdurch konnte der Entstehung neuer Wellen von *non-performing loans* entgegengewirkt werden und die Ausbreitung der Korruption eingedämmt werden (*Yeung* 2009). Zudem konnte nun der weitest entwickelte Teil des privaten Unternehmenssektors in den formalen Finanzdienstleistungssektor aufgenommen werden. Gleichzeitig wurden aber mit dem Verbot relationaler Kreditarrangements zahlreiche kleine und mittelständische Unternehmen, die immer noch in intransparenten Eigentumsstrukturen und undurchsichtigen Geschäftsmodellen verharrten, von ihren früheren Finanzierungsquellen abgeschnitten. Die ‚Hintertür', die sie bislang genutzt hatten, war geschlossen worden. Ironischerweise wurde somit mit diesen, auf eine substanzielle Steigerung der Leistungsfähigkeit des formalen Finanzdienstleistungssektors abzielenden Reformen, gleichzeitig der informelle Finanzdienstleistungssektor des Landes erheblich gestärkt. Durch die Terminierung zahlreicher relational geprägter *lending technologies* im formalen Sektor wurde eine Ausweichbewegung hervorgerufen, die sich in verstärkter Nachfrage nach Finanzierungen im informellen Sektor niederschlug (*Kwong* und *Lee* 2005).

4.2. *Lending technologies* in Chinas informellem Bankensektor

Informelle institutionelle Arrangements haben während der Reform- und Transformationsära eine wichtige Rolle für die Finanzintermediation in China gespielt (*Gregory* und *Tenev* 2001; *Tsai* 2002; *Bradsher* 2004, *Farrell* et al. 2006). In dem Maße, in dem ab Ende der 1970er Jahre Freiräume für unternehmerisches Engagement geschaffen wurden, ist ein rapide anwachsender Bedarf an Fremdfinanzierungen und Risikokapital entstanden. Wie gesehen, wurde diese Nachfrage seitens des formalen Bankensektors nicht oder nur über die Mediation lokaler Regierungsorgane bedient, wodurch zahlreiche privatwirtschaftliche Unternehmer gezwungen wurden, alternative Quellen zu suchen. Sie fanden diese oft in traditionellen sozialen Netzwerken wie Sippenverbünden, Clans, Dorfgemeinschaften etc. oder aber in sozialen Organisationen, denen sie im Kontext der ideologischen Anstrengungen des maoistischen China zur Formung eines neuen kommunistischen Gesellschafts- und Wirtschaftssystems hatten beitreten müssen – Volkskommunen und deren Brigaden, Nachbarschaftskollektiven, Parteigruppen, Militärkameradschaften etc. Diese sozialen Netzwerke bzw. ‚Clubs' wurden nun zum gesellschaftlichen Ankerpunkt ihrer unternehmerischen Aktivitäten und wurden genutzt, um Finanzierungsarrangements zu treffen und Verfügungsrechtsansprüche abzusichern. Auf der Grundlage einer hohen Kontaktfrequenz wie auch Multiplexität der Beziehungen wurde in diesen dichten Netzwerkstrukturen ein hinreichendes Maß an glaubwürdiger Information über die Integrität und unternehmerische Leistungsfähigkeit der Akteure generiert, und gleichzeitig wurden sanktionsfähige (soziale) Abhängigkeiten aufgebaut, um das Kooperationsdilemma intertemporaler Finanztransaktionen zu lösen. *Bradsher* (2004) kommt so zu folgender Beobachtung:

> „Borrowers default on nearly half the loans issued by the state-owned banks, but seldom do so here on money that is usually borrowed from relatives, neighbors or people in the same industry. Residents insist that the risk of ostracism for failing to repay a loan is penalty enough to ensure repayment of most loans. Although judges have ruled that handwritten i.o.u.'s are legally binding, creditors seldom go to court to collect. "If it is a really good friend, I would lose face if I sued them in court," said Tu Shangyun, the owner of a local copper smelter and part-time "silver bearer" – a broker who puts lenders and borrowers in touch with each other, "and if it weren't a good friend, I wouldn't lend the money in the first place." Violence is extremely rare, but the threat of it does exist as the ultimate guarantor that people make every effort to repay debts."

Es wird also deutlich, dass das *second-party enforcement* als ein verlässlicher Mechanismus gewertet wird, der den diversen Kreditbeziehungen hinreichende Stabilität bietet. Im Hinblick auf die zugrundeliegende Informationsbasis fungiert i.d.R. im Netzwerk generierte *soft information* als Datengrundlage. Allein bei privat organisierten Pfandhäusern wird *hard information* genutzt. Im Folgenden sollen einige der auf dieser Grundlage entwickelten *lending technologies* exemplarisch näher betrachtet werden.

Guanxi-gestützte Finanztransaktionen

Kreditbeziehungen zwischen Sippenmitgliedern, Freunden und Bekannten, die in dichten Netzwerken (*guanxi*) miteinander in Beziehung stehen, spielen seit jeher eine wichtige Rolle für die Bedienung der Finanzierungsbedürfnisse chinesischer Haushalte, insbesondere in den ländlichen Gemeinden. Die aufgenommenen Gelder werden traditionell zumeist für statusorientierte Zwecke eingesetzt wie Hochzeitsfeier, Bestattungszeremonien etc. – die aus sich selbst heraus die Kohäsion des Netzwerkes, innerhalb dessen der Kredit aufgenommen wurde, stärken – oder aber für Aufwendungen für Arztbesuche, Medikamente etc. Die Kreditbeziehungen sind somit fest in das soziale Gewebe der lokalen Gesellschaft eingebunden, unterliegen deren Schutz und werden durch die Drohung umfassender sozialer Ausgrenzung durchgesetzt (*Ben-Porath* 1980). Von daher kommen diese Transaktionen i.d.R. ohne schriftliche Dokumentierungen und Verträge aus, insofern sie in der Gemeinschaft öffentlich bekannt gemacht werden. Die Kreditbeziehungen verfallen nicht dem Ableben eines der Transaktionspartner, sondern werden in dessen Familie über die Generationen vererbt (*Feng* 2006).

Die meisten *guanxi*-gestützten Kreditbeziehungen umfassen nur vergleichsweise geringe Geldbeträge und werden oft zinsfrei vergeben. Falls größere Summen benötigt werden, die nicht innerhalb eines gegebenen Netzwerks mobilisiert werden können, besteht die Möglichkeit, über Vermittler Kontakte zu anderen Netzwerken und Individuen herzustellen. Diese Vermittler nutzen dabei ihre über die betreffenden Netzwerke hinüberreichende Reputation und agieren in der Sprache der Netzwerktheorie *Burts* (1992) als ‚Brücken' über ‚strukturelle Lücken', und sie realisieren Renten aus der Herstellung von Kontakten zwischen bis dato isolierten Netzwerken. Derartige Transaktionen unterliegen i.d.R. einer inflationsbereinigten monatlichen Verzinsung von 1-2% und werden zumeist auch schriftlich dokumentiert.

Mit dem Aufkommen eines neuen privaten bzw. semi-privaten Unternehmenssektors sind *guanxi*-gestützte Kreditbeziehungen auch vermehrt zur Mobilisierung von Betriebskapital und zur Überbrückung von Liquiditätsengpässen eingesetzt worden (*Hu* 1998). Dabei werden im Prinzip die gleichen Netzwerke und sozialen Strukturen genutzt wie bei den privat-konsumptiv geprägten Verwendungszwecken. Allerdings sind die involvierten Geldsummen i.d.R. höher, sind Zinszahlungen im Normalfall vorgesehen und kommen einfache Schuldscheine zum Einsatz. Oft waren und sind auf beiden Seiten der Transaktion (Gläubiger und Schuldner) Unternehmer anzufinden, wobei der Gläubiger in der Lage sein sollte, das wirtschaftliche Umfeld, die Güte der unternehmerischen Fähigkeiten sowie des zugrundeliegenden Geschäftsmodells einzuschätzen.

Rotating Savings and Credit Associations

Rotating Savings and Credit Associations (ROSCA) sind weltweit von den verschiedensten Gesellschaften unabhängig voneinander entwickelt worden. Für China ist ihre Existenz für viele Jahrhunderte in die Vergangenheit hinein belegt (*Geertz* 1962). ROSCA können verschiedene konkrete Erscheinungsformen annehmen; sie werden aber vereint durch das Prinzip, dass eine feste Anzahl von Teilnehmern sich dazu verpflichtet, über eine feste Anzahl von Runden hinweg jeweils zum Stichtag einen festgelegten Geldbetrag in einen gemeinsamen ‚Topf' einzuzahlen. Dieser ‚Topf' wird in jeder Runde einem der Teilnehmer zur Befriedigung konsumtiver oder investiver Verwendungszwecke zur Verfügung gestellt. Nachdem ein Teilnehmer den ‚Topf' in einer Runde erhalten hat, zahlt er in den Folgerunden zusätzlich zu dem fixierten Einzahlungsbetrag einen Zinsbetrag, der entweder vorab fixiert, in einem Bieterverfahren oder einem anderen Prozess ermittelt wurde. Dieser Mechanismus, demgemäß der ‚Topf' aufgrund der kumulierten Zinszahlungen mit zunehmenden Runden immer größer wird, führt dazu, dass Teilnehmer, die den ‚Topf' erst zu einem späteren Zeitpunkt im Lebenszyklus einer ROSCA erhalten, faktisch als verzinste Sparanlage nutzen, da sie über die Gesamtlaufzeit hinweg eine positive Netto-Verzinsung auf ihre Einzahlung realisieren. Je früher ein Teilnehmer demgegenüber den ‚Topf' erhält, desto größer ist der Kredit-Charakter der Transaktion und umso höher sind die absolut zu leistenden Netto-Kreditzinszahlungen (*Besley*, *Coate* und *Loury* 1993).

ROSCA weisen eine außerordentliche institutionelle Flexibilität auf, die es ermöglicht, sie spontan ins Leben zu rufen, sobald in einer sozialen Gruppe Netto-Ersparnisbilder und Unternehmer mit Investitions- und Geschäftsideen zusammenkommen. Der Schlüssel zur Einrichtung einer ROSCA ist die Reputation des Organisators der ROSCA und dessen Bestand an *soft information* bzgl. der Vertrauenswürdigkeit und unternehmerischen Leistungsfähigkeit aller (potenziellen) Teilnehmer einer derartigen Gruppe. Von daher können ROSCA i.d.R. nur innerhalb eines bestimmten sozialen Netzwerks gebildet werden und reichen nicht über dessen Grenzen hinaus. Durch die im Rahmen dieser sozialen Bindungen gegebenen Kontroll- und Sanktionsmöglichkeiten ist es möglich, auf jegliche Überwachungstätigkeiten zu verzichten, nachdem ein Teilnehmer den ‚Topf' zugesprochen bekommen hat.

Der Lebenszyklus einer ROSCA ist kurz und umspannt zumeist nicht mehr als eine Reihe von Monaten. Sobald sie aufgelöst wurde, verbleiben keine Infrastruktur und keine *sunk costs* zurück. Der einzige über die Zeit hinaus verbleibende Effekt ist die (bestätigte bzw. gefestigte) Reputation des Organisators und der Mitglieder, ihre respektiven Verpflichtungen erfüllt und regelkonform agiert zu haben.[5]

Kredit-Broker und (illegale) Geldhäuser

Die vorangehend dargestellten Institutionen haben eine wichtige Funktion für die Finanzintermediation und somit die Entfaltung ökonomischer Entwicklung in der chinesischen Reform- und Transformationsära gespielt. Zur Mobilisierung größerer Summen waren sie jedoch zumeist nicht geeignet. In dieser Hinsicht scheinen andere institutionelle Arrangements komparative Vorteile aufzuweisen, wobei im Fall Chinas spezialisierten Finanzintermediären eine besondere Bedeutung zukommt.

Ausgehend von dem Verständnis, dass eine lückenhafte und verzerrte Informationsverfügbarkeit die grundlegende Existenzberechtigung von (Finanz-) Intermediären darstellt (*Bhattacharya* und *Thakor* 1993; *Boot* 2000), können die hier thematisierten chinesischen Intermediäre als Personen verstanden werden, die unter Ausnutzung ihrer individuellen Reputation eine Brücke (*Burt* 1992) zwischen Pools von Kreditnehmern und Kreditgebern errichten und somit Finanzströme in Gang setzen. Die Intermediäre erweitern die Reichweite des Reputationsmechanismus insofern, als ein spezifischer Intermediär dank seiner engen Beziehungen zu potentiellen Kreditnehmern *soft information* über diese generiert und diese Informationssätze in hochaggregierter Form – via seine individuelle Reputation – an potenzielle Kreditgeber weiterreicht. Potenzielle Gläubiger brauchen also nur die Reputation des eingeschalteten Intermediärs zu beachten und sparen die, u.U. prohibitiv hohen, Kosten der Informationsbeschaffung über einzelne Kreditsuchende. Aus dieser Befähigung zur Senkung der Transaktionskosten von Kreditgeschäften können die Intermediäre schließlich eine Rente realisieren.

Die Intermediäre haben einen hohen Anreiz, Finanzierungen nur an Kreditnehmer zu vermitteln, von denen sie sicher sind, dass die Befähigung und der Wille zur Rückzahlung gegeben sind. Denn letztlich basiert das Reputations-‚Kapital' des Intermediärs aus der impliziten Garantie, Transaktionsbrücken nur zu solchen Schuldnern zu errichten, die unternehmerisch fähig und vertrauenswürdig sind. Für Intermediäre ist somit die Aufrechterhaltung einer hohen Kontaktfrequenz zu ihrem Pool an potenziellen Schuldnern zwingend notwendig, um eine hinreichende *soft information*-Grundlage aufrecht zu erhalten.

Um diese zeitintensive Informationssammlung effizienter zu gestalten und ihre Geschäftstätigkeit zu skalieren, haben einzelne Finanzintermediäre insbesondere in Südwest-China bereits relativ früh begonnen, spezielle Instrumente und Beratungsleistungen zu entwickeln, die zur Errichtung von faktisch illegalen Geldhäusern und gesetzlich ebenfalls nicht gestatteten Proto-Banken geführt haben (*Feng* 2006). Diese illegalen

---

[5] Eine detaillierte und mit konkreten Fallstudien unterlegte Darstellung der Nutzung von ROSCA in China während der Reform- und Transformationsära findet sich bei *Feng* (2004); (2006) und *Hu* (2005).

Organisationen verfügen über eine Reihe von Eigenschaften, die sie faktisch zu gefährlichen Konkurrenten für den formalen staatlichen Bankensektor machen (*Bradsher* 2004):

- Insofern sie als illegale Einrichtungen nicht der Zinsregulierung der Zentralbank unterliegen, können sie ihre Zinssätze frei gestalten und somit besser den Marktverhältnissen anpassen.
- Dank ihrer nachfragegetragenen Entstehung als bottom-up-Einrichtungen sind sie fest in der lokalen Gesellschaft verankert und verfügen von daher über einen hohen Bestand an Vertrauenskapital.

Ein besonders gut dokumentiertes Beispiel für die spontane Entstehung einer derartigen Proto-Bank stellt der Fall der *Hebei Dawu Agricultur and Animal Husbandry Group Ltd.* dar. Ausgangspunkt der Entwicklung war die Emission von *futures* auf die Getreideernte der lokalen Bauern. Diese wurden derartig gut aufgenommen wurden, dass die so bewegten Finanzvolumina zu einem graduellen *crowding out* des lokalen staatlichen Finanzsektors führten. Obwohl die eingeworbenen Gelder zum weit überwiegenden Teil zur Finanzierung der Investitionstätigkeiten und Expansionsbestrebungen des Unternehmens genutzt und nicht an Dritte weiter gereicht wurden, wurden sowohl der Eigentümer *Sun Dawu* als auch das Unternehmen als juristische Person vor Gericht gebracht und wegen illegaler Bankgeschäfte verurteilt (*Feng* 2006).

Andere Beispiele von im Untergrund angesiedelten Fondsgesellschaften und Proto-Banken sind insbesondere für die Region Wenzhou dokumentiert, aber grundsätzlich landesweit anzutreffen, wo ‚Gesellschaften Alter Männer' oder ‚Vereine zur Gegenseitigen Unterstützung' Bilanzsummen von Millionen von Yuan RMB bewegt haben und weiterhin bewegen (*Tsai* 2002; *Feng* 2006).

5. Die Lösung: Wachstum dank Abkehr vom *law, finance & growth*-Standard

Eingangs dieses Beitrags wurde die Frage aufgeworfen, wie die chinesische Volkswirtschaft über Jahrzehnte hinweg einen dynamischen Entwicklungs- und Wachstumsprozess durchlaufen konnte, obwohl die in der *law, finance & growth*-Literatur aufgestellten Voraussetzungen für einen derartigen Prozess nicht gegeben waren und bis zum heutigen Tage nur teilweise erfüllt sind. Im Ergebnis zeigt die vorangehende Erörterung, dass diese Wachstumserfolge wohl weniger *trotz* massiver Abweichungen vom *law, finance & growth*-Paradigma erzielt wurden, als vielmehr dank des Einsatzes von Ordnungsstrukturen, die in der *law, finance & growth*-Forschungsagenda bislang ausgeklammert waren: Die Finanzierung unternehmerischer Aktivität erfolgte in China während der Reformära zu einem bedeutenden Maße über *lending technologies*, die auf *second party-enforcement*-Mechanismen und/oder *soft information* beruhen.

Der umfassende Einsatz derartiger Ordnungselemente mag als Indikator unterentwickelter formaler Rechts- und Finanzsysteme interpretiert werden. Diese Perspektive missachtet jedoch die hohe Leistungsfähigkeit derartiger Institutionen im Kontext partikularistisch ausgerichteter Gemeinschaften. So wurde das Problemfeld unklarer Verfügungsrechtsstrukturen und Gläubigerrechte im Besonderen durch den Einsatz relationaler Sicherungsmechanismen aufgelöst, wobei in hohem Maße *grim trigger*-Strategien zum Einsatz kamen, die innerhalb kleinerer, partikularistischer Gemeinschaften die gleiche Ordnungsfunktion erfüllen konnten wie ein voll ausgebildetes formales Rechtssystem. Sowohl im formalen wie auch dem informellen Sektor ist es so innerhalb dichter Netzwerke gelungen, spezifische (Verfügungsrechts-) Ansprüche abzusichern und somit die Grundlage für intertemporale Finanztransaktionen legten.

Noch bedeutsamer aber ist die überlegene Leistungsfähigkeit von sozialen Netzwerken bei der Identifikation und umfassenden Evaluation unternehmerischer Leistungsfähigkeit (*Nooteboom* 2007). *Soft information* bietet im Endeffekt eine bessere Handlungsgrundlage für die Förderung aufstrebenden Unternehmertums und neuer Geschäftsmodelle als klassische transaktionale Informationssysteme mit ihren ‚harten' Datensätzen. Und insofern es gerade die zahllosen *start-up*-Unternehmungen im ländlichen wie städtischen Raum waren, die zur zentralen Säule der Modernisierung der chinesischen Industrie und Volkswirtschaft insgesamt avancierten, war es gerade die aus dem formalen und insbesondere dem informellen Sektor heraus unter Nutzung relationaler *lending technologies* betriebene finanzielle Alimentierung dieser Unternehmen, die eine entscheidende Rolle für die Gestaltung des chinesischen ‚Wirtschaftswunders' gespielt hat.

Der Erfolg des chinesischen Entwicklungsprozesses der vergangenen drei Jahrzehnte basiert in hohem Maße auf der herausragenden Passung von *bottom-up* entwickelten relationalen Ordnungselementen zu den spezifischen Bedürfnissen einer im Übergang befindlichen Volkswirtschaft. Ob diese relationalen Strukturen in einer zunehmend ausgereiften Marktordnung weiterhin Bestand haben können, bleibt eine offene Frage.

Literatur

Alchian, Armen A. und *Harold Demsetz* (1972), Production, Information Costs, and Economic Organization, in: American Economic Review, Vol. 62, S. 777-795.

Allen, Franklin, Qian Jun und *Qian Meijun* (2005), Law, finance, and economic growth in China, in: Journal of Financial Economics, Vol. 77, S. 57-116.

Annen, Kurt (2003), Social capital, inclusive networks, and economic performance, in: Journal of Economic Behavior & Organization, Vol. 50(4), S. 449-463.

Ben-Porath, Yoram (1980), The F-Connection: Families, Friends, and Firms and the Organization of Exchange, in: Population and Development Review, Vol. 6, S. 1-30.

Berger, Allen N. und *Gregory F. Udell* (2006), A more complete conceptual framework for SME finance, in: Journal of Banking and Finance, Vol. 30(11), S. 2945-2966.

Besley, Timothy und *Stephen Coate* (1995), Group lending, repayment incentives and social collateral, in: Journal of Development Economics, Vol. 46, S. 1-18.

Besley, Timothy, Stephen Coate und *Glenn Loury* (1993), The Economics of Rotating Savings and Credit Associations, in: American Economic Review, Vol. 83, No.4, S. 792-810.

Bhattacharaya, Sudipto und *Anjan V. Thakor* (1993), Contemporary Banking Theory, in: Journal of Financial Intermediation, Vol. 3, S. 2-50.

Boot, Arnoud W. A. (2000), Relationship Banking: What Do We Know?, in: Journal of Financial Intermediation, Vol. 9, S. 7-25.

Bradsher, Keith (2004), China's Informal Lenders Pose Risks to Its Banks, in: The New York Times, 09.11.2004, online unter: http://prasad.dyson.cornell.edu/doc/press_citations/NYTimes_09November2004.pdf (letzter Zugriff am 20. November 2011).

Burt, Ronald S. (1992), Structural holes: The social structure of competition, Boston.

Byrd, Willian A. und *Alan Gelb* (1990), Why Industrialize? The Incentives for Rural Community Governments, in: *William A. Byrd* und *Qingsong Lin* (Hg.) (1990), China's Rural Industry: Structure, Development and Reform, New York, S. 358-387.

Chan, Kam C., Hung-Gay Fung und *Samanta Thapa* (2007), China financial research: A review and synthesis, in: International Review of Economics & Finance, Vol. 16, S. 416-428.

Chen Jianbo (2006), Finance and Economic Development: Financing Township and Village Enterprises in the People's Republic of China, ADB Institute Discussion Paper No. 45.

De Haas, Ralph (2004), Law, Finance, and Growth During Transition: A Survey, in: De Economist, Vol. 152, S. 375-402.

Demirgüc-Kunt, Asli und *Vojislav Maksimovic* (1998), Law, Finance, and Firm Growth, in: Journal of Finance, Vol. 53, S. 2107-2137.

Durnev, Art, Kan Li, Randall Morck und *Bernard Yeung* (2004), Capital markets and capital allocation: Implications for economies in transition, in: Economics of Transition, Vol. 12, S. 593-634.

Farrell, Diana, Susan Lund, Jaeson Rosenfeld, Fabrice Morin, Niyati Gupta und *Ezra Greenberg* (2006), Putting China's Capital to Work: The Value of Financial System Reform, McKinsey Global Institute Report.

Feng Xingyuan (2004), Toushi Zhedong hehui xianxiang [Analysis of the ROSCA phenomenon in East-Zhejiang], mimeo.

Feng Xingyuan (2006), Case Studies on Informal Finance in Rural China, World Bank Consultancy Report, Beijing.

Geertz, Clifford (1962), The Rotating Credit Association: A 'Middle Rung' in Development, in: Economic Development and Cultural Change, Vol. 10, S. 241-263.

Gregory, Neil und *Stoyan Tenev* (2001), The Financing of Private Enterprise in China, in: Finance & Development, Vol. 38, S. 14-17.

He Kang (2004), Zhongguo de xiangzhen qiye [China's Township Village Enterprses], Beijing.

Holz, Carsten (2001), China's Monetary Reform: the counterrevolution from the countryside, in: Journal of Contemporary China, Vol. 10, S. 189-217.

Hu Biliang (1998), Fazhan lilun yu Zhongguo [Development Theory and China], Beijing.

Hu Biliang (2005), Laizi yige Zhongguo cunzhuang de biaohui baogao [Report on a ROSCA in a Chinese village], mimeo.

Huang Yasheng (1996), Inflation and Investment Controls in China: The Political Economy of Central-Local Relations during the Reform Era, Cambridge.

Huang Yasheng (2003), Selling China: Foreign Direct Investment During the Reform Era, New York.

Huang Yasheng (2008), Capitalism with Chinese Characteristics: Entrepreneurship and the State, Cambridge.

Kwong, Charles C.L. und *Pak K. Lee* (2005), Bad Loans Versus Sluggish Growth: A Policy Dilemma of China's Banking Reform, in: Journal of the Asia Pacific Economy, Vol. 10, S. 1-25.

La Porta, Rafael, Florencio Lopez-de-Silanes, Andrei Shleifer und *Robert Vishny* (1997), Legal Determinants of External Finance, in: Journal of Finance, Vol. 52, S. 1131-1150.

La Porta, Rafael, Florencio Lopez-de-Silanes, Andrei Shleifer und *Robert Vishny* (1998), Law and finance, in: Journal of Political Economy, Vol. 106, S. 1133-1155.

Levine, Ross (1997), Financial Development and Economic Growth: Views and Agenda, in: Journal of Economic Literature, Vol. 35, S. 688-726.

Levine, Ross (1999), Law, Finance, and Economic Growth, in: Journal of Financial Intermediation, Vol. 8, S. 8-35.

Levine, Ross und *Sara Zervos* (1998), Stock markets, banks, and economic growth, in: American Economic Review, Vol. 88, S. 537-558.

Lin, Justin Yifu und *Zhiyun Li* (2008), Policy burden, privatization and soft budget constraint, in: Journal of Comparative Economics, Vol. 36, S. 90-102.

Nelson, R.R. (2008), What enables rapid economic progress: What are the needed institutions?, in: Research Policy, Vol. 37, S. 1-11.

Nongyebu xiangzhen qiye ju [TVE Bureau of the Ministry of Agriculture] (2003), Zhongguo xiangzhen qiye tongji ziliao (1978-2002 nian) [Statistical material on China's TVE, 1978-2002], Beijing.

Nooteboom, Bart (2007), Social Capital, Institutions and Trust, in: Review of Social Economy, Vol. 65, S. 29-53.

Ong, Lynette (2006), The Political Economy of Township Government Debt, Township Enterprises and Rural Financial Institutions in China, in: The China Quarterly, Vol. 186, S. 377-400.

Park, Albert und *Shen Minggao* (2003), Joint Liability Lending and the Rise and Fall of China's Township and Village Enterprises, in: Journal of Development Economics, Vol. 71, S. 497-531.

Pistor, Katharina, Martin Raiser und *Stanislaw Gelfer* (2000), Law and Finance in Transition Economies, in: Economics of Transition, Vol. 8, S. 325-368.

Rajan, Raghuram G. und *Luigi Zingales* (1998), Financial Dependence and Growth, in: American Economic Review, Vol. 88, S. 559-586.

Taube, Markus (2007), Institutionelle Lebenszyklen im chinesischen Transformationsprozess – Aufstieg und Fall der Township Village Enterprises, in: *Uwe Vollmer* (Hg.), Globalisierung und Wandel von Institutionen, Berlin, S. 133-177.

Taube, Markus (2009), Principles of Property Rights Evolution in China's Rural Industry, in: *Thomas Heberer* und *Gunter Schubert* (Hg.), Institutional Change, Stability and Regime Legitimacy in Contemporary China, London – New York, S. 108-128.

Taube, Markus (2011), Zu dynamisch für die Wirtschaftstheorie? – Chinas Wirtschaftswachstum „ohne Property Rights", in: *Martin Held, Gisela Kubon-Gilke* und *Richard Sturn* (Hg.) (2011), Ökonomik in der Krise, Normative und institutionelle Grundfragen der Ökonomik, Jahrbuch 10, Marburg, S. 193-218.

Tsai, Kelly S. (2002), Back-Alley Banking: Private Entrepreneurs in China, Ithaca.

Udell, Gregory F. (2008), What's in a relationship? The case of commercial lending, in: Business Horizons, Vol. 51, S. 93-103.

Wachtel, Paul (2003), How Much Do We Really Know about Growth and Finance?, in: Federal Reserve Bank of Atlanta Economic Review, S. 33-47.

Whiting, Susan (1996), Contract Incentives and Market Discipline in China's Rural Industrial Sector, in: *John McMillan* und *Barry J. Naughton* (Hg.) (1996), Reforming Asian Socialism: the Growth of Market Institutions, Ann Arbor, S. 63-110.

Whiting, Susan (2001), Power and Wealth in Rural China: The Political Economy of Institutional Change, Cambridge.

Wilson, Scott (2008), Law Guanxi: MNCs, state actors, and legal reform in China, in: Journal of Contemporary China, Vol. 17, S. 25-51.

Yao Yang und *Linda Yueh* (2009), Law, Finance, and Economic Growth in China: An Introduction, in: World Development, Vol. 37, S. 753-762.

Yeung, Godfrey (2009), How Banks in China make Lending Decisions, in: Journal of Contemporary China, Vol. 18, S. 285-302.

Zou, Keyuan (2000), Judicial reform versus judical corruption: Recent developments in China, in: Criminal Law Forum, Vol. 11, S. 323-351.

Christian Müller, Frank Trosky und Marion Weber (Hg.)
Ökonomik als allgemeine Theorie menschlichen Verhaltens
Schriften zu Ordnungsfragen der Wirtschaft · Band 94 · Stuttgart · 2012

Das Urheberrecht im Zeitenwandel: Von *Gutenberg* zum Cyberspace

Thomas Eger und Marc Scheufen

Inhalt

1. Einleitung 152

2. Die Ökonomische Analyse des Urheberrechts 152
   2.1. Theoretische und normative Grundlagen 153
   2.2. Die klassische Ökonomik des Urheberrechts 156

3. Das Urheberrecht im Zeitenwandel 160
   3.1. Entstehung und frühe Entwicklung des Urheberrechts 160
   3.2. Technischer Wandel und das moderne Urheberrecht 164
   3.3. Herausforderungen für das Urheberrecht im 21. Jahrhundert 169

4. Die Zukunft des Urheberrechts: Ein Ausblick 172

5. Schlussfolgerungen 174

Literatur 175

1. Einleitung

In der zunehmend globalisierten und digitalisierten Wissensgesellschaft sind wir mittlerweile zweifellos zu Zeitzeugen und Autoren eines bemerkenswerten neuen Kapitels in der Geschichte der Menschheit geworden. Unter dem Titel der Informationsgesellschaft sind es dabei insbesondere die Systeme zum Schutz geistigen Eigentums, die – in einem *Schumpeter*schen Evolutionsprozess der Innovation und Imitation – zugleich Antriebsmotor und Resultat des technologischen Wandels sowie der wirtschaftlichen Entwicklung sind. Genau dieser technologische Wandel scheint nunmehr im Rahmen einer zunehmenden Digitalisierung das System zum Schutz der Werke der Literatur, Kunst und Wissenschaft – namentlich das Urheberrecht – vor eine Zeitenwende zu stellen. Die Zukunft des Urheberrechts wird letztlich entscheidend von der Frage abhängen, wie diese Herausforderungen bewältigt werden. Welche Rolle spielt also das Urheberrecht in der Informationsgesellschaft?

Dieser Beitrag gibt einen Überblick über die Herausforderungen für das Urheberrecht in unserer globalen und digitalisierten Wissensgesellschaft und zeichnet die Argumentationsleitlinien der klassischen ökonomischen Analyse des Urheberrechts nach. Eine historische Einbettung der Entwicklung des Urheberrechts – von der Erfindung des Buchdrucks durch *Johannes Gutenberg*[1] bis hin zu den Möglichkeiten und Perspektiven einer vollständigen und freien Verfügbarkeit von Informationen im *Cyberspace*[2] bzw. Zeitalter des Internets – soll schließlich ein Verständnis für die unterschiedliche Ausgestaltung des Urheberrechts im europäisch/amerikanischen Vergleich und für die Vorraussetzungen und neuen Herausforderungen eines effektiven Schutzes von Werken der Literatur, Kunst und Wissenschaft im 21. Jahrhundert schaffen. Im Anschluss soll ein Überblick zum gegenwärtigen Forschungsstand zentrale offene Forschungsfragen aufzeigen sowie einen Ausblick in die Zukunft des Urheberrechts ermöglichen.

2. Die Ökonomische Analyse des Urheberrechts

Das Urheberrecht bzw. Copyright – abgeleitet aus dem lat. *copia*, Menge, Fülle, Masse bzw. Vorrat – dient allgemein dem Schutz von Werken der Literatur, der Kunst sowie der Wissenschaft. Im Besonderen definiert das Urheberrecht dabei ein exklusives Verwertungsrecht des Urhebers, d.h. das Recht zur Ausschließung anderer bezüglich der Vervielfältigung, Verbreitung, Bearbeitung, Ausstellung und öffentlichen Wiedergabe des urheberrechtlich geschützten Werkes (*Scotchmer* 2006, S. 76). Die urheber-

---

[1] Mit bürgerlichem Namen *Johannes Gensfleisch von Sorgenloch*, genannt *Gutenberg*. Siehe *Venzke* (2000).

[2] Der Begriff Cyberspace ist entlehnt aus dem englischen Wort „Cyber“ (Kurzform für Kybernetik, griechisch *Kybernetike*) und „Space“ (Raum bzw. Weltraum). Erstmals Verwendung findet der Begriff in dem Science-Fiction Roman „Neuromancer“ von *William Gibson*, der hiermit eine vom Menschen geschaffene virtuelle Realität beschreibt – auch als Matrix bezeichnet. Hier verstehen wir unter Cyberspace die technische Möglichkeit des Internets, Informationen für jeden und jederzeit (frei) zugänglich zu machen. Das Urheberrecht muss sich damit der rechtlichen Frage annehmen, wem, zu welchem Zweck und wann bestimmte Informationen zugänglich sein sollten.

rechtliche Schutzdauer in Deutschland sowie in den meisten Industrieländern sieht einen Schutz kreativer Werke aus Kunst, Literatur und Wissenschaft für die Dauer der Lebenszeit zuzüglich 70 Jahre nach dem Tod des Urhebers vor. Im Gegensatz zum Patentrecht, das eine explizite Anmeldung und Prüfung zum Schutz technischer Erfindungen vorsieht, erfolgt die Vergabe des Urheberrechts ohne eine explizite Anmeldung. Vielmehr entsteht das Urheberrecht selbstständig mit der Schaffung des Werkes. Damit einher geht eine Verpflichtung des Urhebers zum Nachweis der Urheberschaft (*Rehbinder* 2006).

Das heutige System zum Schutz geistigen Eigentums (auch als Immaterialgüterrecht bezeichnet) entstand maßgeblich in der zweiten Hälfte des 19. Jahrhunderts. Seinen konzeptionellen Ursprung findet die Idee zum Schutz geistigen Eigentums in der Diskussion zweier philosophischer Denkschulen: Dem *utilitaristischen Ansatz* nach *Thomas Jefferson*, *John Stuart Mill* und *Jeremy Bentham* und dem *naturrechtlichen Ansatz* mit *John Locke* und *Jean-Jaques Rousseau* als Vertretern.[3] Während der Utilitarismus dabei den kumulativen Charakter des Wissensschaffungsprozesses betont – wonach jede individuelle (geistige) Leistung letztlich auf den Gedanken anderer Individuen aufbaut – und damit die Gesellschaft als Ganze in diesem Produktionsprozess in den Vordergrund stellt, wird im Kontext einer naturrechtlichen Argumentation ein Anspruch, im Sinne eines natürlichen Rechts, jedes Individuums auf seine geistige und physische Arbeitsleistung in den Fokus gerückt. Entsprechend unterschiedlich sind die konzeptionellen Leitlinien für ein funktionsfähiges und effektives System zum Schutz geistigen Eigentums. Somit resultiert aus dem utilitaristischen Gedankengebäude die Sichtweise, dass nicht das Individuum, sondern die Gesellschaft als Ganzes von den Innovationserträgen des Schöpfers geistigen Eigentums profitieren sollte. Hingegen betont der naturrechtliche Ansatz den Anspruch auf die Ergebnisse geistiger Arbeitsanstrengungen als Erweiterung der individuellen Identität (*Menell* 1999; *Rehbinder* 2006, S. 9 ff.).

2.1. Theoretische und normative Grundlagen

Ideengeschichtlich basiert das System geistigen Eigentums allgemein bzw. das Urheberrecht im Besonderen damit auf sehr unterschiedlichen Konzepten. Aus ökonomischer Sicht ist die konzeptionelle Gestaltung des heutigen Urheberrechts dabei weitgehend dem utilitaristischen Denkmuster verpflichtet, wobei sich allerdings im Vergleich des Urheberrechts Kontinentaleuropas mit dem US Copyright Law gewisse Nuancen erkennen lassen. So unterscheidet sich das Urheberrecht europäischer Herkunft von seinem anglo-amerikanischen Pendant insbesondere durch die explizite Betonung persönlichkeitsrechtlicher Aspekte, die auch Färbungen einer naturrechtlichen Argumentation erkennen lassen (*Müller-Langer* und *Scheufen* 2011b, S. 137).

Die systematische Beschäftigung mit der Analyse des Urheberrechts aus ökonomischer Sicht ist dabei deutlich jünger als das Urheberrecht selbst. Obwohl bereits *Adam Smith* partiell auf urheberrechtliche Aspekte eingeht, kann von einer systematischen ökonomischen Analyse des Urheberrechts bis mindestens der Mitte des 20. Jahrhunderts

---

3 Ausführlich hierzu *Menell* (1999).

nicht die Rede sein (*Towse, Handke* und *Stepan* 2008, S. 1), wenn man einmal von dem frühen Beitrag von *Arnold Plant* (1934) absieht. Eine zunehmende Zahl von ökonomischen Arbeiten, die sich mit verschiedenen Aspekten des Urheberrechts beschäftigen, entstand Ende der 1960er bzw. Anfang der 1970er Jahre.[4] Als grundlegend für das heutige rechtsökonomische Verständnis von Urheberrecht ist die Arbeit von *Landes* und *Posner* (1989) hervorzuheben.[5] In der Folge hat sich zudem die Unterscheidung der ökonomischen Analyse des Urheberrechts in (1) *Economics of Copyright* und (2) *Economics of Copying*[6] durchgesetzt. Während der Bereich „Economics of Copyright" sich dabei auf die rechtlichen Rahmenbedingungen fokussiert, bezieht sich der Bereich „Economics of Copying" primär auf die technischen Hilfsmittel zur Reproduktion urheberrechtlicher Werke. Trotz der Vielzahl unterschiedlicher ökonomischer Methoden und der Breite behandelter Themen in der Literatur zur ökonomischen Analyse des Urheberrechts,[7] bilden im Besonderen zwei Ansätze die theoretische und normative Grundlage der traditionellen rechtsökonomischen Analyse (Law and Economics): Der *Public-Goods-Ansatz* und der *Property-Rights-Ansatz*.

Die ökonomische Intuition eines urheberrechtlichen Schutzes – im Sinne eines exklusiven Verwertungsrechts – ist letztlich entscheidend durch die Natur und die Eigenschaften des Marktes für Informationsgüter geprägt. So weisen aus ökonomischer Sicht Informationsgüter die klassischen Charakteristika eines öffentlichen Gutes auf (*Gordon* und *Bone* (1999), S. 191 f.).[8] Entsprechend kann etwa der Inhalt eines Buches bzw. das musikalische Werk eines Komponisten beliebig oft vervielfältigt oder genutzt werden, ohne dass dies einen Einfluss auf die Verfügbarkeit des Gutes für andere Konsumenten hat (*Nicht-Rivalität*). Von dem Werk als einem Informationsgut ist indes das Werkstück zu unterscheiden, also etwa das konkrete Exemplar eines Buches, einer Audio- bzw. Videokassette oder einer CD bzw. DVD. Bei diesem Werkstück, das die (geschützte) Information verkörpert, handelt es sich um ein privates Gut, bei dem sehr wohl Rivalität im Konsum besteht. Ferner können in einer Welt ohne Urheberrecht Trittbrettfahrer nicht oder nur zu prohibitiv hohen Kosten von dem Konsum des Gutes ausgeschlossen werden (*Nicht-Ausschließbarkeit*).[9] Folglich können andere Marktteilnehmer nicht da-

---

[4] Siehe hierzu etwa die Beiträge von *Smith*, *Keon*, *Liebowitz* und *Palmer* und die dort zitierte Literatur in *Palmer* (Hg.) (1986).

[5] Eine Weiterentwicklung des *Landes/Posner*-Modells erfolgte beispielsweise durch *Koboldt* und *Schmidtchen* (1991).

[6] Grundlegende Arbeiten gehen dabei zurück auf *Hurt* und *Schuchman* (1966), *Breyer* (1970), *Novos* und *Waldman* (1984) sowie *Johnson* (1985). Siehe hierzu auch *Varian* (2005).

[7] Einen ausführlichen Überblick hierzu bieten *Towse, Handke* und *Stepan* (2008).

[8] Obwohl der Public-Goods-Ansatz heutzutage als Standardargument in der Urheberrechtsökonomik gilt, war dies in den Arbeiten vor 1970 – wie beispielsweise bei *Plant* (1934) sowie *Hurt* und *Schuchman* (1966) – nicht üblich. Erst grundlegende Arbeiten zur Theorie öffentlicher Güter durch *Samuelson* (1954) und zur Informationsökonomik – hier insbesondere *Arrow* (1962) – lieferten hierzu die theoretischen Rahmenbedingungen (*Gordon* und *Bone* 1999, S. 192).

[9] Der Begriff „öffentliches Gut" sorgt gelegentlich für Verwirrung, wie auch *Landes* und *Posner* (2003, S. 14) betonen: „It sounds like a good produced by the government as opposed to the private sector. That is true of public goods that people cannot be excluded from having the benefit of even if they don't contribute to the cost of supplying the goods. The clearest

ran gehindert werden, die im Werk enthaltenen Informationen für sich nutzbar zu machen, sobald das Werk öffentlich zugänglich wird. Es resultiert schließlich ein klassisches *Trittbrettfahrerproblem*, bei dem die Marktteilnehmer einen starken Anreiz haben, das entsprechende Informationsgut zu konsumieren, ohne hierfür die Kosten der Erschaffung (im Sinne der Opportunitäts- sowie Risikokosten des Urhebers) des Werkes zu tragen.[10] Ohne Urheberrecht folgt somit eine klassische Gefangenendilemma Situation mit „Kopieren" als dominanter Strategie (*Gordon* 1992a), die sich in der Divergenz zwischen privaten und sozialen Anreizen zu und damit einer Unterversorgung an Innovationen manifestiert (*Arrow* 1962). Das Urheberrecht bietet einen Lösungsansatz zur Überwindung dieses Trittbrettfahrerproblems, indem es exklusive Rechte bezüglich des öffentlichen Gutes „Werk" definiert und damit die Erwartung zur Internalisierung einer wirtschaftlichen Rente – zumindest die Aussicht auf die Amortisation der Sunk Costs des Urhebers – ermöglicht. Der Public-Goods-Ansatz liefert somit einen allgemeinen Rechtfertigungsgrund für die Privatisierung immaterieller Güter durch den Verweis auf den Anreiz zur Schaffung von Innovationen.

Der Property-Rights-Ansatz ergänzt den Public-Goods-Ansatz, indem er die konkrete Ausgestaltung der Exklusivrechte des Urhebers bezüglich des von ihm geschaffenen öffentlichen Gutes „Werk" anhand des *ökonomischen Effizienzkriteriums* bewertet. Konzeptionell wird dabei speziell auf die Arbeiten von *Ronald H. Coase* zurückgegriffen. Nach *Coase* (1960) führt bei wohl definierten Property Rights und bei Abwesenheit von Transaktionskosten die Verhandlungslösung – unabhängig von der ursprünglichen Verteilung der Handlungsrechte zwischen Urheber und Nutzer – zur effizienten Allokation. Indes ist gerade der Markt für Informationsgüter durch hohe Transaktionskosten gekennzeichnet. Hätte jeder Marktteilnehmer ein allgemeines Recht zum Kopieren eines Werkes, so müsste der Urheber mit jedem potentiellen Nutzer in Verhandlung treten, was in vielen Fällen an prohibitiven Transaktionskosten scheitern würde (*Gordon* und *Bone* 1999, S. 193 f.; *Gordon* 1992b). Aber auch ein exklusives Verwertungsrecht des Urhebers ist häufig mit hohen Transaktionskosten verbunden, und zwar insbesondere dann, wenn zahlreiche weit verstreute Nutzer für jede Nutzung eine Genehmigung vom Urheber einholen müssen. Gerade aus diesem Grund wird beim Urheberrecht häufig vom klassischen Exklusivrecht (im Sinne einer „Property Rule") zugunsten einer „Liability Rule" abgewichen, bei der das Werk auch ohne Zustimmung des Urhebers genutzt werden kann und ein „fairer Preis" durch einen Dritten festgesetzt wird. *Calabresi* und *Melamed* (1972) haben in einer grundlegenden Arbeit zu diesem Thema gezeigt, dass zunehmende Transaktionskosten dabei einen Wechsel des Paradigmas von der „Property Rule" zur „Liability Rule" rechtfertigen können. So folgt beispielsweise das Prinzip der pauschalen Entlohnung von Urhebern durch die Verwertungsgesellschaften diesem

---

example is national defense. Many public goods, however, including intellectual property, are excludable in the sense that it is possible to condition access to them on payment."

10 In diesem Zusammenhang verschärft insbesondere die Natur der Kostenstruktur bei Informationsgütern dieses Dilemma. So sind Informationsgüter allgemein durch hohe Fixkosten, aber geringe Grenzkosten geprägt. Gerade hieraus erwachsen vor dem Hintergrund des technologischen Wandels (insbesondere des Internets) die zentralen Herausforderungen des modernen Urheberrechts. Siehe hierzu Kapitel 3.

Argument.[11] Der Property-Rights-Ansatz bietet dabei ein Instrumentarium, bei dem durch die Spezifizierung der Handlungsrechte zwischen Rechteinhaber und Nutzer Schlussfolgerungen in Bezug auf eine wohlfahrtsmaximale Ausgestaltung des Urheberrechts möglich sind. Demzufolge stellt sich die ökonomische Analyse des Urheberrechts (sowie des Systems geistigen Eigentums allgemein)[12] in Form eines klassischen wohlfahrtsökonomischen Maximierungskalküls dar. Die Suche nach dem „optimalen Urheberrecht" soll nun Gegenstand des folgenden Abschnitts sein.[13]

2.2. Die klassische Ökonomik des Urheberrechts

Die klassische rechtsökonomische Analyse des Urheberrechts stellt sich entsprechend in Form eines Zielkonflikts (Trade-off) zwischen dem Anreiz zur Produktion von und dem Zugang zu neuen Informationen dar. Entsprechend sieht sich die ökonomische Argumentation in der Tradition des Systems geistiger Eigentumsrechte und ist um einen effizienten Trade-off zwischen Unterproduktion und Unterkonsumtion von Informationen bemüht. Dieser manifestiert sich schließlich in einem Interessenkonflikt zwischen den Urhebern (und Verwertern) auf der einen Seite und den Nutzern der geschaffenen Werke auf der anderen Seite. Während die Urheber sowie die Verwerter (Buchverlage, Musikverlage, Verwertungsgesellschaften etc.) dabei in erster Linie an einem möglichst effektiven Schutz zur Internalisierung der wirtschaftlichen Erträge aus dem Informationsgut interessiert sind (Anreizfunktion), ist die Position der Nutzer auf einen möglichst freien Zugang bzw. eine ungehinderte Nutzung ausgerichtet (Informationsfunktion).[14] Die ökonomische Analyse des Urheberrechts sucht nach einem *Interessenausgleich* – im Sinne der Schaffung einer Balance zwischen den konfligierenden Zielen der Gesellschaftsmitglieder. Aus Sicht der ökonomischen Theorie kann dieser Interessenausgleich schließlich auf ein allgemeines Maximierungskalkül, im Sinne der Maximierung der Differenz aus Nutzen und Kosten einer Beschränkung des Zugangs zu Informationsgü-

---

[11] Speziell mit Blick auf die Märkte für Informationsgüter, die von Natur aus durch hohe Transaktionskosten charakterisiert sind, spielt das Paradigma der „Liability Rule" eine zunehmende Rolle. Der technologische Fortschritt hat die wissenschaftliche Diskussion zu dem Aspekt „Property Rule versus Liability Rule" im Urheberrechtskontext stark gefördert. Wir werden diesen Aspekt im Schlussteil noch einmal aufgreifen. Vertiefend siehe etwa *Lemley* und *Weiser* (2007).

[12] Einen allgemeinen Überblick über die ökonomische Analyse geistiger Eigentumsrechte bieten *Müller-Langer* und *Scheufen* (2011b).

[13] Neben dem Urheberrecht werden auch alternative Instrumente zur Schaffung von Anreizen von Innovationen in der Literatur diskutiert. So betont bereits *Arrow* (1962), dass aufgrund der Nicht-Rivalität im Konsum bei Informationsgütern das Mittel eines exklusiven Verwertungsrechts zur Lösung der „Tradegy of the Commons" wenig geeignet scheint. So zeigen etwa *Shavell* und *van Ypersele* (2001), dass ein „Reward"-System die Charakteristika des Marktes für Informationsgüter besser berücksichtigt als das klassische System geistiger Eigentumsrechte.

[14] Damit ist das Urheberrecht analog zum Patentrecht den beiden originären Funktionen des Systems geistigen Eigentums – der Anreiz- und der Informationsfunktion – verpflichtet. Schließlich kommuniziert auch das Patentrecht ein Exklusivrecht an den Rechteinhaber einer technischen Erfindung (Anreizfunktion). Diesem Monopolprivileg steht indes eine Verpflichtung zur Offenlegung der Patentinformation innerhalb von 18 Monaten nach der Patentanmeldung gegenüber (Informationsfunktion).

tern, zurückgeführt werden (*Müller-Langer* und *Scheufen* 2011b, S. 140; *Hilty* und *Peukert* 2004). Entsprechend ist aus wohlfahrtsökonomischer Perspektive die allokative Ineffizienz (dead-weight loss) durch die Zugangsbeschränkung (Monopolisierung) gegen den dynamischen Anreizeffekt abzuwägen. Auf der Suche nach dem optimalen Design des Urheberrechts stehen dabei drei Dimensionen als Stellschrauben zur Bestimmung eines gesellschaftlichen Gleichgewichtes zur Verfügung: (1) Die *Länge*, (2) die *Tiefe bzw. Höhe* sowie (3) die *Breite* des Urheberrechts (*Varian* 2005, S. 124; *Watt* 2004, S. 157).

Die erste Dimension, in Form der Länge des Urheberrechts, stellt dabei auf den Zeithorizont ab, d.h. für wie viele Jahre das Urheberrecht ein durchsetzbares Recht an den Rechteinhaber kommuniziert. Gegenwärtig beläuft sich die Länge des Urheberrechts in vielen Staaten auf die Lebenszeit des Urhebers zuzüglich 70 Jahre nach dessen Tod. Die Tiefe bzw. Höhe des Urheberrechts stellt schließlich auf die Definition des Werkbegriffes ab, d.h. die Konkretisierung des Schutzrechtsgegenstandes. So schützt das Urheberrecht lediglich den Ausdruck und nicht die Idee des Schöpfers. In dieser Hinsicht ist das Urheberrecht wesentlich restriktiver als das Patentrecht, das dem Schutz technischer Erfindungen dient.[15] Die Breite des Urheberrechts bezieht sich letztendlich auf Beschränkungen bzw. Ausnahmen in der Nutzung urheberrechtlich geschützter Werke und ist im europäischen Urheberrecht maßgeblich durch *geschlossene Schrankenkataloge* (in Deutschland in den §§ 44 ff. UrhG geregelt) bzw. im US Copyright Law durch die flexiblere Generalklausel der *Fair Use Doctrine* (17 U.S.C. § 107) begrenzt. Gerade die Schrankenbestimmungen stellen dabei ein wesentliches Instrument zur Schaffung einer Balance zwischen Anreiz zur Produktion von und Zugang zu Informationen dar. Die wohl bekannteste Schrankenbestimmung ist das Zitatrecht (§ 51 UrhG in Deutschland), wodurch die Übernahme fremder Werke oder Teile dieser in das eigene Wort möglich ist (*Kreutzer* 2006, S. 110 ff.). Gerade vor dem Hintergrund des kumulativen Charakters des Wissensschaffungsprozesses in der Wissenschaft[16] und der Einsicht *Newtons* – „if I have seen far, it is by standing on the shoulders of giants“ (*Scotchmer* 1991) – bildet die Zitatrechtsschranke das Fundament für die Funktionsfähigkeit von Wissenschaft und Forschung. Daneben ist zudem die Schrankenbestimmung zur Privatkopie hervorzuheben (§ 53 UrhG in Deutschland). So ist es erlaubt, ohne die Zustimmung des Urhebers einzelne[17] Kopien eines geschützten Werkes zum privaten Gebrauch herzustellen, sofern

---

[15] Anders als das Patentrecht schützt das Urheberrecht unabhängig voneinander geschaffene Werke gleichermaßen, es gibt keine Priorität wie beim Patentrecht („first-to-file“ oder „first-to-invent“).

[16] Gerade die Rolle des Urheberrechts in der Wissenschaft im Vergleich zu einem Modell des Open Access wird gegenwärtig intensiv diskutiert. Wir werden hierauf in Abschnitt 3.3 zurückkommen. Grundlegend hierzu sei verwiesen auf Arbeiten von *Shavell* (2010), *Müller-Langer* und *Watt* (2010) sowie *Feess* und *Scheufen* (2011).

[17] Nach einem Urteil des Bundesgerichtshofs (BGH, GRUR 1978, 474) wird die Obergrenze in Deutschland bei sieben privaten Vervielfältigungen gesehen. Mit den Urheberrechtsreformen 2003 und 2008 wurden die Grenzen der erlaubten Privatkopie jedoch immer weiter eingeschränkt. So kann seit 2008 beispielsweise bereits der Download einer (offensichtlich) rechtswidrigen Kopie strafrechtlich verfolgt werden. In diesem Zusammenhang wurden Intensivnutzer sog. Filesharing Börsen auch bereits erfolgreich verklagt. Im Juni 2011 wurde

die Kopiervorlage nicht offensichtlich rechtswidriger Herkunft ist und die Kopie nicht dem Erwerbszweck dient. Der ökonomische Grundgedanke folgt dabei dem simplen Modell aus Abbildung 1. Entsprechend ist keine Zustimmung des Urhebers erforderlich, da der Nutzen des Kopisten die potentiellen Kosten des Urhebers übersteigt und ein Verbot der Privatkopie nur mit geringer Wahrscheinlichkeit dazu in der Lage wäre, die Umsätze zu erhöhen und damit dem Interesse des Urhebers zu dienen. Allerdings definiert das Urheberrecht auch deutliche Grenzen bzw. Einschränkungen dieser erlaubten Vervielfältigung zum privaten Gebrauch (und sonstigen eigenen Gebrauch, z.B. für wissenschaftliche, berufliche und gewerbliche Zwecke). Darüber hinaus bleibt zu berücksichtigen, dass teilweise aber eine angemessene oder pauschale Vergütung über Verwertungsgesellschaften erfolgt („Liability Rule"). Die Schrankenbestimmungen (§§ 44 ff. UrhG) lassen sich letztlich in drei Gruppen zusammenfassen. So sind allgemein (1) Beschränkungen zugunsten privater Nutzer, (2) Beschränkungen zugunsten der Kulturwirtschaft und (3) Beschränkungen zugunsten der Allgemeinheit zu unterscheiden (*Rehbinder* 2006, S. 156 ff.). Die beiden letzten Dimensionen – die Tiefe bzw. Höhe und die Breite des Urheberrechts – werden in der (ökonomischen) Literatur häufig unter dem Überbegriff „scope" gebündelt (*Watt* 2004, S. 157).

Abbildung 1: Optimale Schutzrechtsbreite

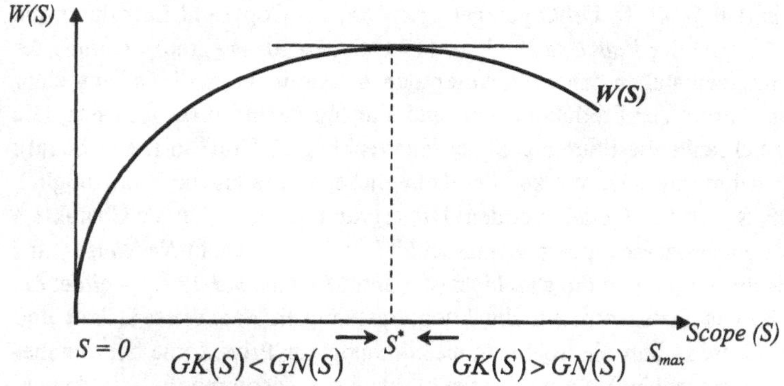

Quelle: In Anlehnung an *Müller-Langer* und *Scheufen* (2011a), S. 16.

Die ökonomische Intuition, die den Überlegungen hinsichtlich einer optimalen Schutzrechtsbreite (im Folgenden analog zu „scope") des Urheberrechts zugrunde liegt, lässt sich anhand eines einfachen ökonomischen Modells nachvollziehen.[18] So betonen *Landes* und *Posner* (1989), dass zwar ein Mindestmaß an urheberrechtlicher Schutzgarantie geboten ist, um überhaupt einen Anreiz zur Schaffung der Werke zu bieten, aber ein „Zuviel" des Schutzes indes zu einer Situation führt, in der die Grenzkosten (GK) die Grenznutzen (GN) eines zusätzlichen Schutzes übersteigen. Die Abbildung 1 ver-

hierzu der Fall „kino.to" über die Medien aktuell, eine deutschsprachige Video-on-Demand Internetseite, von der jederzeit die aktuellsten Kinofilme heruntergeladen werden konnten.

[18] *Müller-Langer* und *Scheufen* (2011a) analysieren vor diesem Hintergrund die „Fair Use"-Argumentation im Fall des Google Book Search Settlement.

deutlicht dabei (stark vereinfacht) die Nutzungsoptimierung durch eine Anpassung der Schutzrechtsbreite.

Es wird deutlich, dass die soziale Wohlfahrtsfunktion in Abhängigkeit der Schutzrechtsbreite (*Scope (S)*) einem klassischen umgekehrten U-Verlauf folgt, sodass $dW(S)/dS \geq 0$ für $0 \leq S \leq S^*$ und $dW(S)/dS < 0 \ \forall S > S^*$, wobei S^* die optimale Schutzrechtsbreite, im Sinne des Wohlfahrtsmaximums, symbolisiert. Entsprechend gilt in S^*, $dW(S)/dS = 0$ und damit $GK(S) = GN(S)$. Geometrisch ergibt sich die optimale Schutzrechtsbreite damit als horizontale Tangente zur sozialen Wohlfahrtsfunktion $W(S)$. Vor diesem Hintergrund geht also eine Ausweitung der Schutzrechtsbreite, über S^* hinaus, mit einem Wohlfahrtsverlust einher. Die Anpassung und Definition der Schutzrechtsbreite durch konkrete Schrankenbestimmungen im Urheberrecht folgt damit einer simplen Abwägung aus Nutzen und Kosten eines Schutzes entsprechender Nutzungsmöglichkeiten (englisch *uses*). Daraus wird bereits unmittelbar deutlich, dass die US Fair Use Doctrine wesentlich flexibler, auf der Grundlage einer Einzelfallanalyse, auf die Bedingungen in Abbildung 1 eingehen kann.

Die Argumentation zur optimalen Länge des Urheberrechts lässt sich stark vereinfacht ebenfalls analog zu den Überlegungen in Abbildung 1 führen. Indes scheint eine separate Betrachtung der einzelnen Dimensionen des Urheberrechts unter Anwendung des ökonomischen Effizienzkriteriums wenig zielführend. Vielmehr muss die Bedeutung eines optimalen Mix der jeweiligen Dimensionen betont werden, woraus sich wiederum Probleme hinsichtlich hoher Informationsanforderungen sowie Interdependenzen zwischen den einzelnen Dimensionen ergeben.[19] Dennoch hebt eine genauere Betrachtung der Schutzrechtslänge, insbesondere unter Berücksichtigung des kumulativen Charakters des Schöpfungsprozesses, einen weiteren zentralen Aspekt in der klassischen Ökonomik des Urheberrechts hervor: Schließlich wird das urheberrechtlich geschützte Werk für die Dauer von 70 Jahren der Allgemeinheit (*Public Domain*) entzogen, wodurch der Zugang zu diesen Werken und damit die Schaffung darauf aufbauender Werke sich verteuert. Eine Abwägung von statischer und dynamischer Effizienz verlangt unter diesem Aspekt gerade soviel Schutz, dass die Individuen zum Zeitpunkt $t = 0$ einen ausreichenden Anreiz zur Schaffung neuer Werke haben, ohne dass es hierdurch zu einem „Crowding Out" von Kreationen der 2. Generation von Individuen kommt. So ist gerade bei einer Laufzeit des Urheberrechts von 70 Jahren nach dem Tod des Schöpfers häufig das Auffinden der beerbten Rechteinhaber aufwendig und teuer. Gerade im Zusammenhang mit sog. *Orphan Works* – also solche Werke, bei denen eine Lokalisierung der Rechteinhaber unmöglich geworden ist – wird dieser Zielkonflikt damit unmittelbar evident. Da die Höhe der Transaktionskosten (Lizenzierungskosten, Informations- und Suchkosten etc.) direkt als Nebenbedingung in das Kalkül jedes zukünftigen Schöpfers mit einfließt, führt die individuelle Abwägung von Nutzen und Kosten folglich zu einer Unterlassung kostenintensiver Transaktionen. In diesem Zusammenhang wird in

---

[19] *Watt* (2004, S. 157 ff.) bietet ein Modell zur Suche eines optimalen Mix zwischen den unterschiedlichen Dimensionen des Urheberrechts. Er zeigt, dass speziell durch die Einführung von Asymmetrien (beispielsweise in Bezug auf die Risikoaversion unterschiedlicher Marktakteure) keine eindeutige Lösung zur Bestimmung eines optimalen Designs des Urheberrechts existiert.

der Literatur auch auf die sog. *Tragedy of the Anticommons* (*Heller* 1998) verwiesen: Je schwieriger es ist, neue Werke zu schaffen, ohne die Urheberrechte zahlreicher anderer Kulturschaffender zu verletzen, desto weniger neue Werke wird es geben.[20]

Zusammenfassend zeigt sich die klassische ökonomische Analyse des Urheberrechts folglich als Maximierungskalkül im Sinne der Schaffung einer Balance zwischen den Anreizen zur Produktion von und dem Zugang zu Informationen heute und morgen. Aus ökonomischer Sicht existiert letztlich ein optimales Niveau des Schutzrechtsumfangs, das sich in der Analyse und Ausgestaltung der Länge, Tiefe bzw. Höhe sowie der Breite manifestiert. Speziell unter Berücksichtigung der intertemporalen Wirkungszusammenhänge des Urheberrechts hat sich in der Tendenz eine engere Ausgestaltung der Schutzrechtsbreite zugunsten einer längeren Lebensdauer durchgesetzt. Allerdings haben sich die Bedingungen, im Sinne des technologischen Umfelds, in denen das Urheberrecht agiert, im Zeitablauf drastisch verändert. Die Zukunft des Urheberrechts in einer digitalisierten Wissens- und Informationsgesellschaft wird in entscheidendem Maße davon abhängen, was wir aus der Vergangenheit lernen und wie wir auf die veränderten Rahmenbedingungen und zentralen Herausforderungen für das Urheberrecht im 21. Jahrhundert reagieren. Vor diesem Hintergrund wollen wir zunächst einen Blick hinter den Vorhang der Geschichte werfen.

3. Das Urheberrecht im Zeitenwandel

3.1. Entstehung und frühe Entwicklung des Urheberrechts

Wie im Folgenden zu zeigen sein wird, ist die Entwicklung des Urheberrechts eng verknüpft mit technischen Neuerungen im Bereich der Herstellung, Vervielfältigung und Verbreitung der relevanten Werke. Die Entstehung des Urheberrechts ist nicht zu trennen von der Erfindung des Buchdrucks.[21] In der Antike und später in mittelalterlichen Klöstern und den aufkommenden Universitäten wurden Kopien von Werken der Literatur von talentierten Schreibern als handschriftliche Einzelanfertigungen erstellt, d. h. es wurde Seite für Seite von den verfügbaren Handschriften abgeschrieben. In Folge der Erfindung des Buchdrucks mit beweglichen Metalllettern durch *Johannes Gutenberg* Mitte des 15. Jahrhunderts in Verbindung mit der bereits in den vorangegangenen Jahrhunderten erfolgten Entdeckung der Papierherstellung in Europa änderte sich die Situation dramatisch.[22] Während die bisher vorherrschende Methode der Anfertigung von Literaturkopien durch vernachlässigbare Fixkosten und hohe variable Kosten gekennzeichnet war, war der Buchdruck mit hohen Fixkosten, relativ geringen variablen Kosten und insofern mit einer entsprechenden Stückkostendegression verbunden. Es wird geschätzt, dass ein Prachtdruck mit einer Auflage von 500 Exemplaren Mitte des 15. Jahrhunderts zu einem Fünftel und Ende des 15. Jahrhunderts bereits zu einem Ach-

---

[20] Siehe hierzu beispielsweise *Parisi, Schulz* und *Depoorter* (2005).

[21] Vgl. etwa *Tietzel* (1995, S. 32 ff.), *Wadle* (1996, S. 63 ff.) und *Rehbinder* (2006, S. 6 ff.).

[22] Zwar kannte man den Buchdruck mit hölzernen Blöcken bereits im 6. Jahrhundert in China, und im 11. Jahrhundert wurden dort bewegliche Holzlettern genutzt. Aber erst *Gutenberg* entwickelte den Druck mit gegossenen Einzellettern aus Metall zur Perfektion. Vgl. *Niemann* (1985, S. 88 f.).

tel der Kosten einer vergleichbaren Handschrift herzustellen war. Bei einfachen Drucken waren die Kosteneinsparungen sogar noch wesentlich höher (*Tietzel* 1995, S. 42). Die ökonomischen Konsequenzen des Buchdrucks werden aus Abbildung 2 deutlich. Vor *Gutenberg* war die Herstellung von Literaturkopien durch hohe, konstante Stückkosten (k_{alt}) gekennzeichnet. Es wurde eine relativ geringe Anzahl von Kopien für einen überschaubaren Nutzerkreis hergestellt. Mit der Erfindung des Buchdrucks waren die Druckereien aufgrund der Stückkostendegression gezwungen, eine bestimmte Mindestmenge zu produzieren und abzusetzen, um ihre fixen und variablen Kosten zu decken. Ohne das exklusive Recht, ein bestimmtes Werk zu drucken und zu verkaufen, war aber das wirtschaftliche Risiko des Erstverlegers sehr hoch, da immer ein Anreiz bestand, erfolgreiche Werke nachzudrucken. Der Nachdrucker spart bestimmte Kosten des Erstverlegers, wie Autorenhonorare und editorische Vorarbeiten, und trägt darüber hinaus ein deutlich geringeres Risiko, da er nur solche Werke nachdrucken wird, die sich beim Erstverleger gut verkaufen. Bei geringeren Stückkosten (k_N) kann er den Erstverleger leicht unterbieten. Erwartet der Erstverleger, dass er aufgrund von Nachdrucken weniger als die kritische Menge ($\bar{x}_0$) absetzen wird, bei der die Zahlungsbereitschaft der Konsumenten gerade den Stückkosten (k_0) entspricht, so wird er ganz darauf verzichten, das entsprechende Werk zu veröffentlichen. Wechselseitig vorteilhafte Verträge zwischen Erstverleger und Konsumenten kommen nicht zustande.

Abbildung 2: Kostenverläufe beim Buchdruck

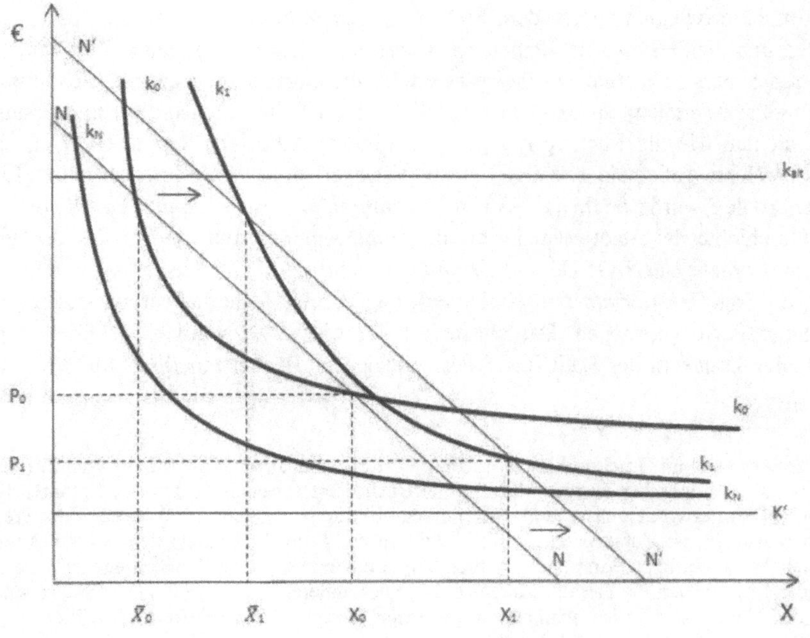

Tatsächlich häuften sich in den Jahrhunderten nach *Gutenberg* die Klagen über Nachdrucke. Bereits *Martin Luther* (1828, S. 368) beschwerte sich 1525 in seiner Rede über die Nachdrucker:

> „Was soll das sein, meine lieben Druckerherren, daß Einer dem Andern so öffentlich raubet und stiehlet das Seine, und unter einander euch verderbet? Seid ihr nun auch Straßenräuber und Diebe worden?"

Während sich *Luther* als Autor allerdings insbesondere gegen Verfälschungen seiner Werke wehrte, welche durch die Nachdrucker in Umlauf gebracht wurden, sahen die Druckereien (und Verlage) als Gewerbebetriebe durch die Nachdrucker ihre wirtschaftliche Existenz gefährdet. Bis zur Wende vom 18. zum 19. Jahrhundert bestand der einzig mögliche rechtliche Schutz des Erstverlegers darin, bei der Stadt, dem Landesherren oder dem Kaiser gegen eine Gebühr ein *Privileg* in Form eines ausnahmsweise erlassenen Nachdruckverbotes zu erwerben.[23] Hierbei lassen sich vier Arten von Privilegien unterscheiden (*Rehbinder* 2006, S. 7 ff.): Das sog. *Druckprivileg*, das erstmals 1469 durch die Stadt Venedig erteilt wurde, gewährte praktisch ein Gewerbemonopol, nämlich das exklusive Recht, für die Dauer von fünf Jahren in Venedig die neu entstandene Buchdruckerkunst auszuüben. Geschützt war somit das Verfahren, nicht das literarische Werk. Nachdem sich die Buchdruckerkunst in Europa in der zweiten Hälfte des 15. Jahrhunderts schnell verbreitet hatte – Ende des 15. Jahrhunderts soll es bereits etwa 1.000 Druckereien an 250 Orten in Europa gegeben haben (zitiert nach *Tietzel* 1995, S. 42), setzten sich in zunehmendem Maße sog. *Bücherprivilegien* durch, die den Nachdruck bestimmter Druckwerke oder bestimmter Klassen von Druckwerken[24] verboten. Diese Bücherprivilegien sollten dem Erstverleger einen hinreichend hohen Absatz garantieren und dienten insofern dem Investitionsschutz. Etwa zur gleichen Zeit wurden auch immer mehr sog. *Autorenprivilegien* erteilt, die einerseits die geistige Schöpfung des Autors anerkannten, aus ökonomischer Sicht aber letztlich ebenso dem Investitionsschutz dienten wie die Bücherprivilegien, da sie dem Autor das Recht verliehen, die exklusive Herausgabe seines Werkes einem Verleger seiner Wahl anzuvertrauen. Ein Autorenprivileg wurde erstmals 1486 in Venedig an *Marcus Antonius Sabellicus* für seine Geschichte der Stadt Venedig erteilt. Frühe Autorenprivilegien in Deutschland erhielten *Albrecht Dürer* (1511) und *Orlando di Lasso* (1581). Die letzte Art von Privilegien, die sog. *Territorialprivilegien*, erteilt allgemeine Nachdruckverbote zugunsten bestimmter Personengruppen. Das älteste Privileg dieser Art wurde 1531 erteilt und verbot allen Druckern der Stadt Basel, dort erschienene Bücher innerhalb von drei Jah-

---

[23] So heißt es etwa im Druckprivileg von König *Ferdinand* an *Johann(es) Walder* vom 29. Juni 1540: „da 'uns dargelegt worden, daß Du vier Bücher unter großen Kosten und Gefahren für Deinen Beruf erworben hast...und entschlossen bist, die genannten vier Werke mit der Presse herzustellen, ist Vorsorge zu treffen,...daß Du nicht um die Früchte deines Fleißes und Deiner Mühe betrogen wirst und Dir auch kein unwiderbringlicher Schaden entsteht. Da es nämlich eingerissen ist, daß die Räuber des Fleißes anderer, Bücher, die gut gedruckt sind, um des Verdienstes willen schmählich und meist fehlerhaft nachdrucken...". (Zitiert nach *Bappert* 1962, S. 190 f.)

[24] So erteilte beispielsweise die Stadt Venedig 1496 dem Drucker und Verleger *Aldus Manutius* das Generalprivileg für den Druck von Büchern in griechischer Sprache (*Rehbinder* 2006, S. 8).

ren nachzudrucken. Auch dieses Privileg dient aus ökonomischer Sicht dem Investitionsschutz des Erstverlegers.

Der Schutz der Drucker, Verleger und Autoren gegen den Nachdruck ihrer Werke durch die verschiedenen Arten von Privilegien war allerdings sehr unvollkommen. Dies galt insbesondere auf dem Gebiet des Deutschen Reichs, das in der zweiten Hälfte des 18. Jahrhunderts in über 300 souveräne Einzelstaaten zersplittert war. In allen Staaten, in denen kein Privileg bestand, herrschte Nachdruckfreiheit. Ein wirksamer Schutz hätte also Privilegien in möglichst vielen Einzelstaaten erfordert, was in der Regel an hohen Gebühren und Transaktionskosten scheiterte. *Goethe* war einer der wenigen, vielleicht der einzige, dem es (allerdings erst nach den Konsolidierungen durch den Wiener Kongress) gelungen war, sich 1825 von sämtlichen 35 Fürstentümern und 4 freien Städten, die sich im Deutschen Bund zusammengeschlossen hatten, Privilegien zwecks Schutzes der *Cotta*'schen Vollständigen Ausgabe letzter Hand einräumen zu lassen (*Rehbinder* 2006, S. 11).

Die Technik des Buchdrucks blieb seit der Erfindung durch *Gutenberg* bis Ende des 18./Anfang des 19. Jahrhunderts weitgehend unverändert (*Tietzel* 1995, S. 45 ff.). Gedruckt wurde mit Hilfe von gegossenen beweglichen Metalllettern, von denen jeweils Hunderte von Exemplaren in bisher unbekannter Präzision aus einer Form gegossen wurden (*Niemann* 1985, S. 89). Beim Drucken selbst bediente man sich einer Spindelpresse, d.h. einer Handpresse des Typs, den man auch bei der Weinproduktion verwendete. Die Auflagen waren relativ klein, selten höher als 1.000, die Preise waren noch relativ hoch. Die Nachfrage nach Büchern stieg in den Jahrhunderten nach *Gutenberg* stark an, was sich aber zunächst weniger in steigenden Auflagen als in einer zunehmenden Anzahl von publizierten Werken äußerte. Begünstigt wurde die steigende Nachfrage durch die Tatsache, dass sich mit dem Beginn der Reformationszeit das Deutsche als Literatursprache allmählich gegenüber dem Lateinischen durchsetzte, dass das allgemeine Bildungsniveau stieg, dass mit den handlicheren Quart- und Oktavausgaben das Format der Bücher besser an den Alltagsgebrauch angepasst wurde und dass der Markt mit der Entstehung der Buchmessen in Frankfurt und Leipzig und der stärkeren Spezialisierung auf Druckereien, Verlage und Sortimentsbuchhändler transparenter und besser organisiert wurde. Im Gefolge der industriellen Revolution wurde auch der Buchdruck revolutioniert.[25] Die einzelnen Arbeitsgänge wurden durch neue Maschinen und insbesondere den Einsatz von Dampfkraft und später von elektrischer Energie erheblich beschleunigt. Die neue Technik war durch deutlich höhere Fixkosten und entsprechend starke Stückkostendegression gekennzeichnet. Wie aus Abbildung 2 zu ersehen ist, ermöglichen die bei hoher Auflage geringeren Stückkosten (k_1) bei gestiegener Nachfrage (Verschiebung der Nachfragefunktion von NN nach $N'N'$) die Versorgung einer großen Menge an Konsumenten mit Büchern zu kostendeckenden Preisen (x_1, p_1). Eine Druckerei wird sich aber nur auf die neue Produktionsmethode einlassen, wenn sie erwartet, die Mindestmenge $\bar{x}_1 > \bar{x}_0$ abzusetzen, um die hohen Fixkosten zu decken. Der bisher bestehende Investitionsschutz durch Privilegien war, wie wir gesehen haben, sehr löchrig und bot somit nur einen schwachen Anreiz, sich der neuen Technik zu bedienen.

---

[25] Siehe hierzu auch *Wadle* (1996, S. 67 ff.).

Dies änderte sich erst mit der Entwicklung des modernen Urheberrechts, die wir im folgenden Abschnitt diskutieren werden.

3.2. Technischer Wandel und das moderne Urheberrecht

Die Zeit des modernen Urheberrechts, die nicht mehr durch Privilegien im Einzelfall, sondern durch allgemeine Gesetze gekennzeichnet war, begann in *England* mit der Verabschiedung des *Statute of Anne* im Jahre 1710 (*Rehbinder* 2006, S. 9 f., *Löhr* 2010, S. 39 ff.).[26] Dieses Gesetz war zunächst einmal gegen das Monopol der Buchhändlergilde gerichtet und diente insbesondere dem Zweck, eine bessere Bildung der Bevölkerung zu erreichen. Dem Autor wurde ein zeitlich befristetes, ausschließliches Vervielfältigungsrecht an seinen Werken („right to copy", „copyright") zuerkannt, das zunächst auf 14 Jahre befristet war und um weitere 14 Jahre verlängert werden konnte. Dadurch wurden einerseits Verleger und Autoren gegen Nachdrucke geschützt. Andererseits erhielt der Autor eine relativ starke Stellung gegenüber dem Verleger, da sich letzterer nach Ablauf der ersten 14 Jahre erneut um die Rechte bemühen musste. Nach mehreren Klagen seitens der Buchhändler, die sich auf das common law beriefen und ein unbefristetes „geistiges Eigentum" des Verlags am Manuskript einforderten, wurde schließlich 1774 in der Entscheidung *Donaldson v. Becket* klargestellt, dass der „Schöpfungsakt" des Autors letztlich alle Autorenrechte begründe und dass deren zeitliche Befristung somit auf einen Ausgleich der privaten Interessen von Autoren und Verlagen und dem öffentlichen Interesse an Weiterbildung der Gesellschaft in Wissenschaft, Kunst und Kultur abziele. Die *USA* übernahmen 1790 wesentliche Inhalte des Statute of Anne in ihre Verfassung, lehnten aber im Unterschied zur langen Diskussion in England naturrechtliche Begründungen der Autorenrechte von vornherein ab.

In *Frankreich* wurden im Gefolge der französischen Revolution die Urheberrechtsgesetze von 1791 und 1793 erlassen (*Löhr* 2010, S. 43). Im Mittelpunkt dieser Gesetze stand nicht das Werk, wie in England und den USA, sondern der Autor. Die Rechte des Verlegers und der Öffentlichkeit waren abgeleitete Rechte. Zunächst handelte es sich um rein wirtschaftliche Verwertungsrechte, Mitte des 19. Jahrhunderts kamen noch persönlichkeitsrechtliche Ansprüche des Autors (*droit morale*) hinzu, die nicht befristet waren.

In den *deutschen Staaten* war Preußen Vorreiter für ein modernes Urheberrechtsgesetz, das 1837 verabschiedet wurde, sich an dem französischen Modell orientierte und 1841 auch Rechte bezüglich musikalischer und dramatischer Schöpfungen einbezog.[27]

---

[26] Die Datierung des *Statute of Anne* auf das Jahr 1710 erfolgt in der Literatur nicht einheitlich. So ist auch eine Datierung auf das Jahr 1709 üblich, wie etwa in *Varian* (2005). Siehe ausführlich hierzu *Feather* (1980). Der Grund liegt in einer Änderung des Kalenders vom julianischen zum gregorianischen Kalender in Großbritannien im Jahre 1752. Zuvor stellte nach julianischem Kalender der 25. März den Beginn des neuen Jahres dar (Lady Day), der gregorianische Kalender addierte hierzu 11 Tage und verschob damit den Stichtag auf den 6. April. Obwohl eine erste Lesung zur Statute of Anne im Januar 1709 erfolgte, trat sie erst am 10. April 1710 – also nach dem Stichtag – in Kraft. Vor diesem Hintergrund scheint eine Datierung des Statute of Anne auf das Jahr 1710 bzw. 1709/10 korrekt.

[27] Siehe hierzu *Löhr* (2010, S. 43 ff); *Rehbinder* (2006, S. 11 f.); *Wadle* (1996, S. 72 f.); *Wadle* (2003, S. 73 ff.).

Erst 1870 verkündete der Norddeutsche Bund ein Gesetz betreffend das Urheberrecht an Schriftwerken, Abbildungen, musikalischen Kompositionen und dramaturgischen Werken, das 1871 zum Reichsgesetz erklärt und 1876 durch drei Gesetze ergänzt wurde, die den Schutz von Werken der Bildenden Künste, den Schutz der Photographien sowie das Urheberrecht an Mustern und Modellen betrafen. Diese Gesetze wurden Anfang des 20. Jahrhunderts durch das Gesetz betreffend das Urheberrecht an den Werken der Literatur und der Tonkunst (1901) und das Gesetz betreffend das Urheberrecht an Werken der Bildenden Künste und der Photographie (1907) abgelöst, welche die Vorläufer des bundesrepublikanischen Urheberrechtsgesetzes von 1965 sind.

Im letzten Drittel des 19. Jahrhunderts stellt sich die Situation wie folgt dar. In einer zunehmenden Zahl von Staaten sind Urheberrechtsgesetze erlassen worden, die sich zum einen teilweise beträchtlich darin *unterschieden*, welche Werke mit welchen Schutzfristen geschützt waren und welche Rechte den Autoren und den sonstigen Akteuren im Einzelnen gewährt wurden. Zum anderen ist der aus der nationalen Gesetzgebung resultierende Schutz *territorial begrenzt*, d.h. geschützt sind zunächst einmal nur die jeweiligen Inländer. Diese Begrenzung entwickelte sich schnell zu einem schwerwiegenden Problem, als der grenzüberschreitende Handel mit Werken der Literatur, Wissenschaft und Kunst zunehmend an Bedeutung gewann. Nachdem einige Staaten auf dieses Problem mit dem Abschluss bilateraler Staatsverträge reagiert hatten, schlossen sich 1886 zehn Staaten (Großbritannien, Frankreich, Deutschland, Belgien, Italien, Spanien, Schweiz, Tunesien, Haiti und Liberia[28]) durch die „Berner Übereinkunft zum Schutz von Werken der Literatur und Kunst" zu einem Staatenverband zusammen.[29] In dieser Übereinkunft, die regelmäßig unter Beteiligung der relevanten Berufsverbände revidiert wurde, sicherten sich die Verbandsstaaten wechselseitig zu, alle Angehörigen der Verbandsstaaten bezüglich des urheberrechtlichen Schutzes wie Inländer zu behandeln (Grundsatz der *Inländerbehandlung*) sowie in ihren nationalen Urheberrechtsgesetzen bestimmte *Mindestrechte* festzulegen (z.B. Definition der schutzfähigen Werke, Mindestmaß beim Schutz von Übersetzungen, Aufführungen und Vervielfältigungen rechtlich geschützter Werke). Nach langjährigen Diskussionen wurde schließlich 1948 als Mindestschutzfrist für die nationalen Urheberrechtsgesetze 50 Jahre nach dem Tode des Autors eingeführt.

Insbesondere bei den europäischen Gründungsmitgliedern handelte es sich um Staaten mit einer hohen kulturellen und wissenschaftlichen Produktion: Um die Wende zum 20. Jahrhundert stellten die Staaten der Berner Übereinkunft fast die Hälfte der weltweit produzierten Bücher her (*Löhr* 2010, S. 75). Staaten, die in stärkerem Maße kulturelle Güter importierten, traten der Berner Übereinkunft nicht bei. Das betraf insbesondere die USA, die bereits 1910 die britische Buchproduktion u.a. durch den nichtautorisierten Nachdruck britischer Autoren überholt hatten, die lateinamerikanischen Staaten sowie das Russische Reich, das Osmanische Reich und Österreich-Ungarn. Insbesondere für die USA gab es neben diesen wirtschaftlichen Gründen auch einen rechtlichen Grund, der einen Beitritt zur Berner Übereinkunft lange Zeit verhinderte. Durch

---

[28] Liberia ratifizierte den Vertrag als einziges der zehn Länder 1887 nicht.

[29] Zu den Details siehe *Löhr* (2010).

die Revisionskonferenz von 1908 wurde nämlich die zentrale Registrierung eines Werkes als Voraussetzung für einen Rechtsschutz abgeschafft. Stattdessen setzte sich die europäische Vorstellung durch, dass der Rechtsschutz mit dem „Schöpfungsakt" des Urhebers entsteht. Ein wesentliches Element des amerikanischen „Copyright"- Systems bestand aber gerade darin, dass das Recht auf Vervielfältigung und Verbreitung eines Werkes als staatlich gewährtes Recht aufgefasst wurde, das der formalen Registrierung bedarf.

Als Alternative zur (revidierten) Berner Übereinkunft gab es seit Ende des 19. Jahrhunderts eine Reihe multilateraler Abkommen zwischen südamerikanischen und zentralamerikanischen Staaten sowie den Staaten der Panamerikanischen Union, die die USA mit einschloss (*Löhr* 2010, S. 135 ff.). Seit 1922 verfolgte der Völkerbund die Idee, die rechtlichen Gemeinsamkeiten der Berner Konvention und der Urheberrechtsabkommen der Panamerikanischen Union in einer Weltkonvention zu vereinigen. Das Welturheberrechtsabkommen von 1952 war allerdings von Anfang an umstritten, weil die europäischen Staaten den Schutz außerhalb Europas als zu gering betrachteten. Die 1967 gegründete *World Intellectual Property Organization* (*WIPO*) sollte zwischen den konfligierenden Interessen vermitteln und scheint insofern erfolgreich gewesen zu sein, als die USA 1989 auf das Erfordernis der zentralen Registrierung verzichteten und der Berner Übereinkunft beitraten, die inzwischen (März 2011) von 164 Ländern ratifiziert wurde. Mit der Gründung der *World Trade Organization* (*WTO*) 1994 wurde schließlich auch das Abkommen über handelsbezogene Aspekte des geistigen Eigentums (TRIPS-Agreement), das durch Artikel 9 die wesentlichen Rechte und Pflichten der Berner Übereinkunft inkorporierte und mit der Handelspolitik verknüpfte, für alle *WTO*-Mitgliedstaaten verbindlich (*Trebilcock* und *Howse* 1999, S. 307 ff.).

Das moderne Urheberrecht gewährt den Schöpfern von Werken der Kunst, Literatur und Wissenschaft ein exklusives, befristetes Verwertungsrecht bezüglich ihrer Werke. Die Schutzfrist hat sich kontinuierlich nach oben angepasst und beträgt heute in vielen Staaten 70 Jahre nach dem Tode des Autors:[30] in Deutschland seit 1965, in den Mitgliedstaaten der heutigen EU harmonisiert durch die Richtlinie 93/98 EWG und in den USA durch den Sonny Bono Copyright Extension Act von 1999 (*Lévêque* und *Ménière* 2004, S. 68 f.).

Um einen Ausgleich der Interessen der Urheber an einer Verwertung ihrer Werke (und damit auch des Interesses der Gesellschaft an der Produktion möglichst vieler neuer Werke) und des Interesses der Öffentlichkeit an einer möglichst unbeschränkten Nutzung aller bereits bestehenden Werke herzustellen, wurden die Verwertungsrechte nicht nur befristet, sondern auch während der Schutzfrist einer Reihe von Beschränkungen unterworfen. Während der Gesetzgeber in Europa geschlossene Schrankenkataloge definiert hat (in Deutschland durch die §§ 44a – 63 UrhG), die Beschränkungen der Verwertungsrechte der Urheber zugunsten einzelner Nutzer (z.B. Privatkopien, spezielle Regelungen für Behinderte, Datenbanken und Computerprogramme), zugunsten der Kulturwirtschaft (z.B. spezielle Regelungen für Händler von Radio-, Fernseh- und

---

30 Spötter sprechen deshalb auch von einem „Autorenenkelschutz". Siehe hierzu etwa *Prosi* (1971, S. 10) sowie *Koboldt* und *Schmidtchen* (1991, S. 320).

Rundfunkanlagen) und zugunsten der Allgemeinheit (z.B. Zitate, Bildung und Wissenschaft, öffentliche Reden, Zeitungsartikel und Rundfunkkommentare) definieren, bedienen sich die USA der „Fair Use Doctrine", einer durch Richterrecht entwickelten und später in das Gesetz aufgenommenen flexiblen Generalklausel. Grob vereinfacht gestattet diese Doktrin die Nutzung urheberrechtlich geschützter Werke ohne Zustimmung des Urhebers umso eher, je schwieriger es für den Nutzer ist, einen entsprechenden Lizenzvertrag abzuschließen, je weniger kommerziell der Nutzer orientiert ist, je geringer der Teil des geschützten Werkes ist, der ungefragt genutzt wird, und je weniger diese Nutzung den Marktwert des Werkes beeinträchtigt (vgl. ausführlicher *Lévêque* und *Ménière* 2004, S. 73 ff.; *Gordon* 1994, S. 339 ff.).

Alle diese Ausnahmen vom exklusiven Verwertungsrecht des Urhebers sind damit verbunden, dass ein Werk ohne Zustimmung des Urhebers genutzt werden darf. Das bedeutet aber nicht notwendigerweise, dass der Urheber für diese Nutzung nicht vergütet wird. Viele Nutzungen von urheberrechtlich geschützten Werken sind dadurch gekennzeichnet, dass den Urhebern Tausende, Hundertausende oder gar Millionen von Nutzern gegenüberstehen, die über die ganze Welt verteilt sind. Ob es sich um die Nutzer großer Bibliotheken handelt, die Zuhörer von im Radio übertragenen Musiksendungen oder die Zuschauer von Sportübertragungen im Fernsehen; in allen diesen Fällen ist es mit prohibitiven Transaktionskosten verbunden, individuelle Lizenzverträge zwischen Urhebern und Nutzern abzuschließen. Aus diesen Gründen sind in vielen Teilen der Welt als Mittler zwischen Urhebern und Nutzern sogenannte Verwertungsgesellschaften getreten, die Kollektivverträge mit bestimmten Nutzergruppen abschließen und die Einnahmen nach einem bestimmten Schlüssel pauschal an die Urheber verteilen. So gibt es etwa in den USA die American Society for Composers, Authors and Publishers, die für diese Gruppen tätig wird (*Lévêque* und *Ménière* 2004, S. 72 f.). In Deutschland gibt es insgesamt 12 Verwertungsgesellschaften, die beim Deutschen Patent- und Markenamt registriert sind und jeweils im Auftrag spezifischer Urhebergruppen arbeiten (*Rehbinder* 2004, S. 298 ff.). Die *GEMA* ist die mit Abstand größte Gesellschaft und vertritt die Verwertungsinteressen der Komponisten, Textdichter und Musikverleger. Wichtigste Einnahmequelle der *GEMA* sind die Einnahmen aus Lizenzverträgen mit den Herstellern von Tonträgern, Veranstaltern von Live-Musik, Rundfunk- und Fernsehsendern, und seit 1965 die Pauschalabgabe auf den Verkauf von Tonband- und Videogeräten, die 1985 durch die Abgabe auf Leerkassetten und später auch auf andere Leermedien ergänzt wurde (vgl. auch *Rehbinder* 2006, S. 163 und *Haller* 2005, S. 48 ff.). Die dahinterstehende Philosophie ist einfach: Man geht davon aus, dass alle Geräte und Leermedien, die dazu geeignet sind, nicht-autorisierte Kopien herzustellen, in gewissem Umfang auch dazu genutzt werden. Die Geräte- und Leermedienabgaben dienen dann dazu, diese Nutzer zu einer pauschalen Vergütung zu zwingen. Im Jahr 2010 schüttete die *GEMA* insgesamt mehr als 735 Mio. Euro an ihre Mitglieder aus (*GEMA Geschäftsbericht* 2010, S. 33). Die zweitgrößte Verwertungsgesellschaft ist die *VG Wort*, welche die Verwertungsinteressen der Wortautoren und ihrer Verleger wahrnimmt. Fast die Hälfte der Einnahmen der *VG Wort* stammt aus der 1985 eingeführten Kopiergeräteabgabe, die von den Herstellern dieser und ähnlicher Geräte erhoben wird und deren Höhe sich nach der Leistungsfähigkeit der Geräte richtet, sowie der damit zusammenhängenden Betreiberabgabe für Kopien, die in öffentlichen Bibliotheken, Schulen, Hochschulen, Copy-Shops etc. gegen Entgelt hergestellt werden, und deren Höhe sich nach der geschätzten oder tatsächlichen Anzahl der Kopien berechnet.[31] Etwa 20% der Einnahmen stammen aus Hörfunk- und Fernsehsenderechten und ca. 8% aus der Bibliothekstantieme. Die Einnahmen der *VG Wort* beliefen sich 2010 auf knapp 137 Mio. Euro, die Auszahlungen an die Mitglieder waren in diesem Jahr ausnahmsweise mit 361 Mio. Euro wesentlich höher, da die *VG Wort* in 2009 für die Jahre 2002 bis 2007 umfangreiche Nachforderungen aus Gerätevergütungen für Multifunktionsgeräte geltend machen konnte (*VG Wort Geschäftsbericht* 2010). Neben diesen beiden wirtschaftlich bedeutendsten Verwertungsgesellschaften gibt es noch eine Reihe weiterer Verwertungsgesellschaften wie die *VG Bild-Kunst*, die *VG Musikedition* und eine Reihe sonstiger Gesellschaften zur kollektiven Wahrnehmung von Film- und Fernsehrechten, Leistungsschutzrechten u.a.m. (*Rehbinder* 2006, S. 299 ff.).

Die durch den technischen Fortschritt bedingte drastisch zunehmende Verbreitung von Werken der Literatur, Wissenschaft und Kunst in Verbindung mit der Stärkung des rechtlichen Schutzes der Urheber hat denjenigen, die direkt oder indirekt von der Verwertung dieser Rechte profitieren, insgesamt einen enormen Einkommenszuwachs beschert, der allerdings nicht alle relevanten Akteure in gleichem Umfang begünstigte.[32] Betrachten wir zwei Fallbeispiele:

Der erste Fall betrifft die Werke der Literatur. Ein kurzer Blick auf die Entwicklung der produzierten Buchtitel und der Höhe der Auflagen in Deutschland zeigt, wie sich hier die Dimensionen verändert haben. Während Ende des 18. Jahrhunderts auf dem Territorium des Deutschen Reiches (ohne Österreich) gerade einmal gut 1.000 Buchtitel mit einer durchschnittlichen Auflagenhöhe von 750 Stück produziert wurden, waren es 1990 auf dem Territorium der Bundesrepublik (inkl. West-Berlin) über 60.000 Titel mit einer durchschnittlichen Auflagenhöhe von 9.700 Exemplaren – das macht insgesamt mehr als 590 Mio. produzierte Buchtitel.[33] Diese Entwicklung ermöglichte einer zunehmenden Anzahl von Autoren und Verlegern, ihren Lebensunterhalt durch die Schriftstellerei zu verdienen, auch wenn es bis heute viele Schriftsteller geben mag, bei denen die Autoreneinnahmen hinten und vorne nicht ausreichen, einen angemessenen Lebensstandard zu finanzieren. *Joanne K. Rowling*, die sich mit ihrer *Harry Potter*-Serie und den damit verbundenen Vervielfältigungs-, Übersetzungs-, Filmrechten etc. von einer Sozialhilfeempfängerin zu einer der reichsten Frauen der Welt mit einem geschätzten Vermögen von über 1 Mrd. Dollar entwickelt hat, dürfte wohl eher die Ausnahme sein. Aber ohne einen entsprechenden Urheberschutz wäre eine solche Karriere nicht möglich gewesen.[34]

---

[31] Siehe hierzu *Rehbinder* (2004, S. 164 f.); *Weise, Brandes, Eger* und *Kraft* (2005, S. 539 f.); *Tietzel* und *Weber* (1994).

[32] Vgl. etwa die Studie von *Kretschmer* und *Hardwick* (2007) zur (ungleichmäßigen) Verteilung der Autoreneinkünfte in Großbritannien und Deutschland.

[33] Vgl. hierzu die detaillierten Zeitreihen bei *Tietzel* (1995, 116 ff.).

[34] Siehe http://www.dieterwunderlich.de/Joanne_Rowling.htm, aufgerufen am 11.08.2011. Bei so viel Geld tauchen unvermeidlich auch konkurrierende Interessenten auf. So reichten im Juni 2009 die Nachlassverwalter des verstorbenen britischen Autors *Adrian Jacobs* Klage gegen Frau *Rowlings* und ihren Verlag ein: Die Idee für die Figur des Zauberlehrlings *Harry*

Wenden wir uns unserem zweiten Fallbeispiel, der Musikindustrie, zu. Vor der Erfindung des Notendrucks im Jahre 1501 waren Komponisten und Interpreten identisch und konnten ihre musikalischen Werke nur dadurch verbreiten, dass sie von Ort zu Ort zogen und für ein Publikum spielten, das bereit war, ihnen etwas zu zahlen.[35] Auch nach der Erfindung des Notendrucks waren Komponisten und Interpreten als Hofmusiker oder Hofkomponisten lange Zeit von Mäzenen abhängig. Dies änderte sich erst seit Ende des 19. Jahrhunderts mit der Möglichkeit der Tonaufzeichnung auf Tonträger wie Walzen aus Wachs, Schallplatten und CDs. Seit Anfang des 20. Jahrhunderts wurde die Verbreitung von Werken der Musik durch Radio- und Fernsehübertragungen und später auch das Internet weiter beschleunigt. Diese Entwicklungen in Verbindung mit dem urheberrechtlichen Schutz von Werken der Musik schufen überhaupt erst die Voraussetzungen dafür, dass heute ein beträchtlicher Teil der Musikschaffenden ihren Lebensunterhalt auf der Basis ihres kreativen Schaffens bestreiten können. Nur so ist es zu erklären, dass ein musikalisches Genie wie Mozart verarmt verstarb und heute scheinbar jeder „Schlagerfuzzy", der sich nicht allzu ungeschickt anstellt, gut von der Musik leben kann (*Weise, Brandes, Eger* und *Kraft* 2005, S. 537 f.).

3.3. Herausforderungen für das Urheberrecht im 21. Jahrhundert

Es wird deutlich, dass die Entwicklung und die Bedeutung des Urheberrechtsschutzes untrennbar mit der Entwicklung neuer Technologien zur Verbreitung, Vervielfältigung, Bearbeitung und Wiedergabe urheberrechtlich geschützter Werke verbunden sind. Infolge des technologischen Fortschritts wurde das Urheberrecht speziell im letzten Drittel seiner Geschichte – parallel zu den Umwälzungen infolge der industriellen Revolution – immer weiter ausgebaut. Insbesondere die jüngsten Reformen im Urheberrecht verdeutlichen die zunehmende Beschleunigung einer Anpassung des Urheberrechts an die geänderten technologischen Rahmenbedingungen in einer nunmehr digitalisierten und globalen Wissens- und Informationsgesellschaft. Eingeleitet wurde diese Reformbewegung 1996 durch zwei internationale Verträge im Rahmen der *WIPO*, den *WIPO* Urheberrechtsvertrag und den *WIPO*-Vertrag über Darbietungen und Tonträger. Auf europäischer Ebene wurden 2001 durch die Richtlinie „zur Harmonisierung bestimmter Aspekte des Urheberrechts und verwandter Schutzrechte in der Informationsgesellschaft" (RL 2001/29/EG) und in Deutschland seit 2003 im Rahmen verschiedener Urheberrechtsnovellen (die Körbe 1 bis 3) Veränderungen des Urheberrechts spezifiziert und in deutsches Recht umgesetzt. So wurde ganz besonders durch die Einführung sog. Digital Rights Management (DRM)-Systeme, die den Zugriff, die Verwendung sowie den Handel mit elektrischen Inhalten (Filme, Musik etc.) kontrollierbar machen, die Position der Rechteinhaber im Interessenkonflikt zu Lasten der Endverbraucher immer weiter gestärkt.[36] Dadurch reagierte man in erster Linie auf Veränderungen in der

---

Potter sei aus *Jacobs* Buch „Willy the Wizard" gestohlen worden. Siehe hierzu http://www.boersenblatt.net/ 362949/?t=newsletter (Stand: 8.2011).

35 Siehe hierzu etwa *Haller* (2005, S. 27 ff.).

36 Neben einer Diskussion in der Literatur zur Urheberrechtsökonomik haben die DRM-Systeme auch eine Diskussion zu wettbewerbstheoretischen Problemen der missbräuchlichen Verwendung dieser entfacht. So koppelte *Apple* beispielsweise durch die DRM-Systeme ihren *iTunes Music Store* mit *Apple*-Abspielgeräten.

Kostenstruktur und in der Qualität der Kopiertechnologien infolge der Digitalisierungswelle. Während beispielsweise durch die Erfindung des Photokopierers die Kopierkosten bereits drastisch gesenkt werden konnten, gerade im Vergleich zur handschriftlichen Kopie, haben die Möglichkeiten zur Digitalisierung von Informationen zu einer Verschiebung der Grenzkosten des Kopierens nahe null geführt. Gleichzeitig treten Original und Kopie angesichts der Vermeidung von Qualitätsverlusten bei digitalisierten Daten als perfekte Substitute in den Wettbewerb zueinander.

Während im wissenschaftlichen Diskurs lange Zeit eine breite Akzeptanz gegenüber der Bedeutung des Urheberrechts (sowie des Systems geistiger Eigentumsrechte allgemein) bestand, wird in den letzten Jahren vermehrt Kritik an der Effektivität und der Bedeutung des Schutzsystems allgemein sowie besonders in Bezug auf den Schutzrechtsumfang laut. In diesem Zusammenhang hat vor allem ein Brief von siebzehn führenden Ökonomen (darunter fünf Nobelpreisträger) in Reaktion auf den Sonny Bono Copyright Term Extension Act (CTEA) am 20. Mai 2002 Aufmerksamkeit erregt.[37] So wird allgemein kritisiert, dass es sehr unwahrscheinlich ist, dass die angestrebten potentiellen Vorteile des CTEA in der Lage sind, die ökonomischen Kosten einer längeren Zugangsbeschränkung zu kompensieren. Schließlich ist der Anreizeffekt einer Laufzeitverlängerung durch eine hohe Diskontierung der zukünftigen Erträge gering (bzw. nahe null), während die Verlängerung des Schutzes für „alte" Werke unmittelbar mit Wohlfahrtsverlusten (dead-weight loss) einhergeht und die Schaffung der Werke von morgen verteuert. Zudem wird kritisiert, dass gerade die technologischen Möglichkeiten der DRM-Systeme die zentrale Intention eines „fair use" (bzw. von Schrankenbestimmungen im europäischen Urheberrecht) negieren.[38]

Aus ökonomischer Sicht scheint zudem die Kausalkette einer Argumentation, die allein auf den potentiellen Verdrängungswettbewerb durch bessere und günstigere (Kopier-)Technologien (geringere Grenzkosten, bessere Qualität) ausgerichtet ist, zu kurz gegriffen. Schließlich haben sich ebenso Veränderungen in der Kostenstruktur der Urheber hinsichtlich Produktion und Verbreitung der Werke ergeben. In diesem Zusammenhang zeigt *Pollock* (2007), dass – entgegen der allgemeinen Argumentation der Urheberindustrie – technologischer Wandel sowohl einen Anstieg als auch eine Senkung des (optimalen) Schutzumfangs rechtfertigen kann. Der Trade-off des Urheberrechts im digitalen Zeitalter ist dabei wesentlich komplexer, als es die simplen Einsichten und Ansätze der klassischen Ökonomik des Urheberrechts bisher zu verstehen vermochten. Auf der einen Seite induziert technologischer Fortschritt dabei eine Kostenreduktion der „Kopie" und reduziert damit den Anreiz zur Schaffung neuer Werke. Auf der anderen

---

[37] Zu den Unterzeichnern gehören *George A. Akerlof*, *Kenneth J. Arrow*, *Timothy F. Bresnahan*, *James M. Buchanan*, *Ronald H. Coase*, *Linda R. Cohen*, *Milton Friedman*, *Jerry R. Green*, *Robert W. Hahn*, *Thomas W. Hazlett*, *C. Scott Hemphill*, *Robert E. Litan*, *Roger G. Noll*, *Richard Schmalensee*, *Steven Shavell*, *Hal R. Varian*, *Richard J. Zeckhauser*. Siehe http://www.brookings.edu/reports/2002/05_copyright_litan.aspx (Stand: 08.2011).

[38] So zeigt *Gordon* (1982) in einem grundlegenden Werk zur „Fair Use Analysis", dass ohne die Generalklausel des „Fair Use" es gar nicht erst zur Entstehung bestimmter Märkte kommt („Missing Market"-Theorie). Die breite Verwendung und Toleranz technischer Schutzmaßnahmen scheint diese wesentliche Einsicht der ökonomischen Theorie zu negieren.

Seite kommt es gleichermaßen zu einer Reduktion der Kosten des „Originals", woraus ein positiver Effekt hervorgeht. Die Antworten zu dem Nettoeffekt dieser gegenläufigen Tendenzen sind – sowohl aus theoretischer Sicht, aber besonders in Bezug auf die Signifikanz und Vollständigkeit empirischer Ergebnisse – bisher wenig zufriedenstellend.

Gerade in der Musikindustrie haben die neuen technologischen Möglichkeiten, insbesondere die weit verbreitete Technologie des *File-Sharing*,[39] d.h. die internetbasierte Weitergabe von Dateien zwischen Konsumenten unter Verwendung eines Peer-to-Peer Netzwerkes, die Diskussion über die notwendige Ausweitung des Urheberrechts in einem Umfeld der Digitalisierung gefördert. So konzentriert sich die politische Diskussion im Kontext des File-Sharing primär auf die Legalität dieser neuen Technologie (Piraterie Debatte) und die zentrale Frage, ob das File-Sharing kausal für den beobachtbaren Absatzrückgang in der Musikindustrie – und damit entsprechend der klassischen Urheberrechtsökonomik für eine Reduktion der Anreize zur Schaffung neuer Werke – verantwortlich ist.[40] Die empirische Evidenz zeigt dabei ein sehr differenziertes Bild. Während einige Studien den von der Musikindustrie vorgebrachten Substitutionseffekt bestätigen, zeigen andere Studien, dass ein solcher signifikanter Zusammenhang nicht bestätigt werden kann. Zudem heben etwa *Connolly* und *Krueger* (2006) die Bedeutung komplementärer Einkommensressourcen hervor. So sind beispielsweise die Einnahmen aus Musikkonzerten gestiegen. Ferner betonen *Oberholzer-Gee* und *Stumpf* (2010), dass speziell in den „kreativen Industrien" wie der Musikindustrie monetäre Anreize nur eine untergeordnete Rolle spielen. Schließlich wäre ein Rückgang in der Produktion neuer Musiktitel bzw. -alben als Folge des Absatzrückganges nach klassischem Verständnis zu erwarten gewesen. Indes stieg die Anzahl veröffentlichter Werke von 35.516 Alben im Jahre 2000 auf 79.695 im Jahr 2007 um fast 125 Prozent. Ähnliche Entwicklungen sind in anderen Märkten für Informationsgüter, wie der Filmindustrie, zu konstatieren (*Oberholzer-Gee* und *Stumpf* (2010), S. 24).[41] Folglich stellt sich die Frage, ob das Urheberrecht überhaupt seiner originären Aufgabe (Anreiz- und Informationsfunktion) gerecht wird oder ob gegebenenfalls alternative Mechanismen bzw. Systeme besser geeignet scheinen.

Neuere Ansätze in der ökonomischen Analyse des Urheberrechts greifen diesen Aspekt auf und kritisieren die reine anreizorientierte Argumentation in der Urheberrechtsdiskussion. In diesem Zusammenhang zeigt etwa *Towse* (2001), dass die größere Marktmacht und die besseren Möglichkeiten zum *Rent-Seeking* der Verwertungsunternehmen, im Verhältnis zu den eigentlichen Urhebern (Schöpfern) zu einer Verzerrung in der Verteilung der (Innovations-)Erträge zugunsten der Verwerter beitragen. Zudem

---

39 File-Sharing fördert indes nicht nur den Austausch von Musikdateien, sondern bezieht sich zudem auf Filme, Software, Computerspiele sowie Bücher. Allerdings scheint vor allem in der Musikindustrie dem File-Sharing eine besondere Bedeutung zuzukommen. Einen Überblick hierzu bietet beispielsweise *Liebowitz* (2006).

40 Siehe hierzu beispielsweise *Zentner* (2006).

41 Hinzu kommt, dass gerade in den Märkten für Informationsgüter eine starke Ungleichverteilung der Einkommen zu konstatieren ist und letztlich nur in Bezug auf „Superstars" das Argument monetärer Anreize überzeugend scheint. Siehe hierzu insbesondere *Kretschmer* und *Hardwick* (2007).

ist die ursprüngliche Intention des Urheberrechts, nämlich die Schaffung eines monetären Anreizes, in vielen Bereichen der Industrie nicht vorrangig für die Schöpfer der Werke. So lassen sich viele Beispiele finden, in denen eine intrinsische Motivation oder alternative Erklärungsansätze (wie etwa Reputation, soziale Zugehörigkeit etc.) ausschlaggebend sind. Gerade in diesem Zusammenhang wird derzeit über die Rolle des Urheberrechts in der Wissenschaft und Forschung diskutiert. Zum einen hat der technologische Fortschritt dabei ganz neue Möglichkeiten für die Verlagsgesellschaften (Publishers) geschaffen, durch Preisdiskriminierungsstrategien ihre Gewinne auszuweiten. In der Konsequenz stiegen die Subskriptionspreise zum Bezug wissenschaftlicher Fachzeitschriften für (Universitäts-)Bibliotheken drastisch an (sog. Serial Crisis).[42] Zweitens sind es gerade in der Wissenschaft nicht die unmittelbar monetären Aspekte, die die Quantität und Qualität der Produktion neuen Wissens erklären. Vielmehr sind das Streben nach Reputation innerhalb der eigenen „Peer Group" sowie indirekte Effekte für die wissenschaftliche Biographie – und damit einhergehend die Möglichkeit eines Rufs an eine prestigeträchtige Universität, die Honorierung durch wissenschaftliche Auszeichnungen etc. – ausschlaggebend für den Output des Wissenschaftlers. *Shavell* (2010) stößt in diesem Zusammenhang eine Debatte darüber an, ob eine Abschaffung des Urheberrechts für wissenschaftliche Arbeiten aus wohlfahrtsökonomischer Perspektive sinnvoll wäre. Schließlich hat der technologische Wandel ein Forum geschaffen, schnell und preiswert wissenschaftliche Arbeiten einer breiten Leserschaft zur Verfügung zu stellen. Ein Modell des Open Access würde in dieser Hinsicht wesentlich eher auf die Anreizstrukturen in der Wissenschaft eingehen.[43] Ob und inwiefern eine Änderung des Urheberrechts für wissenschaftliche Arbeiten – in Form einer generellen Abschaffung des Schutzrechts in der Wissenschaft oder der Einführung zusätzlicher Schrankenbestimmungen – zur Förderung der Open Access-Bewegung erforderlich ist, bleibt bislang offen (*Feess* und *Scheufen* 2011, S. 12).

Inhaltlich zeigt diese Diskussion letztlich die Notwendigkeit, nicht nur die potentiellen Gefahren (z.B. Piraterie), sondern im besonderen Maße auch die Chancen des technologischen Wandels in Form neuer Möglichkeiten zur Verbreitung und Zugänglichmachung von Werken der Literatur, der Kunst sowie der Wissenschaft gegeneinander abzuwägen.[44] Eine branchenspezifische Betrachtung, die auf die expliziten Bedingungen und Charakteristika des jeweiligen Marktes eingeht, scheint daher unumgänglich.

4. Die Zukunft des Urheberrechts: Ein Ausblick

Die Zukunft des Urheberrechts wird in entscheidendem Maße davon abhängig sein, wie diese zentralen Herausforderungen und Chancen einer digitalisierten und globalen Wissens- und Informationsgesellschaft bewältigt werden. Klar ist indes, dass das verall-

---

[42] So zeigt *Ramello* (2010), dass die Ausgaben für wissenschaftliche Zeitschriften im Zeitraum von 1986 bis 2004 um 273 Prozent gestiegen sind, im Vergleich zu einem Anstieg des Consumer Price Index (CPI) in Höhe von 73 Prozent im gleichen Zeitraum.

[43] Siehe weiterführend *Müller-Langer* und *Watt* (2010) sowie *Feess* und *Scheufen* (2011).

[44] Ein Umstand, dem sich die neue politische Partei der „Piraten" angenommen hat und dessen gesellschaftspolitische Relevanz durch den Wahlerfolg der Piraten bei der Landtagswahl am 18. September 2011 in Berlin deutlich widergespiegelt wurde.

gemeinernde „*One-Size-Fits-All*"-Theorem angesichts der Komplexität der Mechanismen und Wirkungszusammenhänge in den (verschiedenen) Märkten für Informationsgüter wenig überzeugend scheint. So sprechen sich auch *Landes* und *Posner* (2002) mittlerweile für ein „indefinitely renewable copyright" aus. Das Urheberrecht würde damit analog zum Markenrecht immer wieder verlängert werden können. Sie argumentieren dabei, dass für die Mehrheit urheberrechtlich geschützter Werke eine solche Erneuerungs- bzw. Verlängerungsoption nicht in Betracht käme, wodurch diese bereits frühzeitig in die „Public Domain" übergehen würde. Vor allem in Bezug auf das Dilemma sog. *Orphan Works*, also solcher Werke, bei denen eine Lokalisierung der Rechteinhaber unmöglich geworden ist, würde damit eine Lösung bereitgestellt. Gleichzeitig würde man damit den Anreiz zum Rent-Seeking von Verwertungsgesellschaften wie im Sonny Bono Copyright Extension Act von 1998 reduzieren.

Klar hervorzuheben ist die Notwendigkeit, wieder einen Ausgleich in dem Interessenkonflikt zwischen Rechteinhaber und der Allgemeinheit, aber auch zwischen Schöpfer und Verwerter urheberrechtlicher Werke anzustreben. Gerade in der Wissenschaft zeigen hierzu Gegenbewegungen wie die *Creative Commons*[45]-Idee oder die *Open Access*-Bewegung die zunehmende Unzufriedenheit mit dem „modernen Urheberrecht".[46] So ermöglicht die Creative Commons-Idee auf der Basis von Standard-Lizenzverträgen, dass der Schöpfer eines Werkes sein Werk der Öffentlichkeit frei zur Verfügung stellen bzw. den Nutzern bestimmte Nutzungsrechte einräumen kann. Darüber hinaus heben die zahlreichen Open Access-Initiativen[47] sowie die zunehmende Anzahl an Open Access Zeitschriften[48] die Bedeutung von Alternativen zum konventionellen Publikationsmodell hervor. Als dritte Gegenbewegung in diesem Zusammenhang ist die Diskussion um *Google Book Search (GBS)* herauszustellen. So betonen *Müller-Langer* und *Scheufen* (2011a), dass GBS eine wichtige Lücke zur Creative Commons- und Open Access-Initiative schließt bzw. schließen würde, indem es eine „Retro-Digitalisierung", vor allem in Bezug auf Orphan Works, ermöglicht.

---

45 Die Creative Commons (CC)-Idee geht zurück auf *Lawrence Lessig* (2001), Rechtsprofessor der Stanford University (USA). Die CC-Lizenzen beziehen sich dabei nicht nur auf Werke der Literatur, sondern auch auf Bilder, Musik und Filme. In Deutschland gibt es die Möglichkeit der CC-Lizenzen seit dem 11. Juni 2004. Siehe http://de.creativecommons.org/ (Stand: 8.2011).

46 In diesem Zusammenhang muss zudem auf die Open-Source-Bewegung in der Softwareentwicklung verwiesen werden, die in einem engen Zusammenhang zur Open Access-Idee in den Wissenschaften steht (vgl. *Scheufen* (2011)). Kerngedanke ist dabei, dass die Softwareentwicklung im Zuge einer *Peer-Produktion* erfolgt, in der jeder Entwickler kostenlos und flexibel einzelne Verbesserungen (sog. Module) zum Source-Code der Software beitragen kann. Außerhalb der Softwareindustrie hat die Idee der sog. Peer-Produktion beispielsweise bei der freien Enzyklopädie *Wikipedia* Eingang gefunden. Wikipedia greift dabei auf die GNU-Lizenz für freie Dokumentation zurück. Siehe http://de.wikipedia.org (Stand: 9.2011).

47 Hervorzuheben sind dabei die *Budapest Open Access Initiative* (2001), das *Bethesda Statement on Open Access Publishing* (2003) und die *Berlin Declaration on Open Access to Knowledge in the Sciences and Humanities* (2003).

48 Gegenwärtig sind über 7000 wissenschaftliche Zeitschriften bei der Directory of Open Access Journals (DOAJ) registriert. Siehe http://www.doaj.org/ (Stand: 9.2011).

Offensichtlich sind hingegen die Unzulänglichkeiten der vorhandenen verallgemeinernden Theorieansätze, um der Komplexität der Mechanismen und Wirkungszusammenhänge wirkungsvoll zu begegnen. Nur durch die Förderung eines multidisziplinären Ansatzes, welcher Methoden aus der Rechtswissenschaft, der Ökonomie, aber auch der Psychologie berücksichtigt, werden Antworten zu den Fragen zur Ausgestaltung des Urheberrechts im 21. Jahrhundert zu erwarten sein. In der Ökonomie könnte etwa der Prinzipal-Agent-Ansatz eine Basis zur Modellierung von Fragen zur Piraterie-Problematik bieten, bei dem der „Pirat" als Agent seine Handlungsstrategien (Kopieren oder Nicht-Kopieren) wählt, ohne dass der Prinzipal, in diesem Fall der Rechteinhaber, diese (kostenlos) beobachten kann. Entsprechend könnte die Piraterie-Problematik auf ein klassisches *Moral Hazard*-Problem mit den bekannten Lösungsoptionen der Prinzipal-Agent-Theorie zurückgeführt werden. Durch die genaue Beschreibung des vertraglichen Beziehungsgefüges zwischen dem Prinzipal und Agent, wobei die rechtlichen Rahmenbedingungen als ein Bestandteil Berücksichtigung finden müssten, wären explizite Rückschlüsse zur Lösung des *Moral Hazard*-Problems „Piraterie" möglich. Erste Arbeiten, wie etwa von *Towse* (1999), zeigen bereits die Nützlichkeit des Prinzipal-Agent-Ansatzes zur Analyse von solchen Fragestellungen im Urheberrecht (*Watt* 2004, S. 169). Daneben bleiben die fehlende Aussagekraft und die Widersprüchlichkeit empirischer Forschung zu wesentlichen Wirkungszusammenhängen in den jeweiligen Märkten herauszustellen.[49]

5. Schlussfolgerungen

Zusammenfassend wird deutlich, dass sich die Bedingungen im Sinne des technologischen Umfelds, in denen das Urheberrecht agiert, im Zeitablauf drastisch verändert haben und damit die Herausforderungen, denen sich das „moderne Urheberrecht" im 21. Jahrhundert gegenübersieht. Während die klassische Ökonomik des Urheberrechts noch die Abwägung zwischen dem Anreiz zur Produktion von und dem Zugang zu Informationen betont, um dem Trade-off zwischen Unterproduktion und -konsumtion zu begegnen, hat der technische Fortschritt gerade diesen Trade-off fundamental verändert. Allerdings verdeutlichen die Unzulänglichkeiten der vorhandenen verallgemeinernden Theorieansätze, die lediglich auf das klassische Trittbrettfahrerproblem (Public-Goods-Ansatz) durch die Definition von exklusiven (intellektuellen) Eigentumsrechten reagieren, die immanenten Grenzen, auf die gegenwärtigen Fragen einer zunehmend digitalisierten und globalen Wissens- und Informationsgesellschaft Antworten zu finden. Wie beeinflusst die Möglichkeit der Digitalisierung bzw. digitaler Kopier- und Speichertechnologien das Angebot urheberrechtlicher Werke? Oder ist das Urheberrecht gegebenenfalls sogar hinderlich im Hinblick auf einige (wünschenswerte) Aspekte des technologischen Wandels?[50]

Die Zukunft des Urheberrechts wird dabei in entscheidendem Maße davon abhängig sein, ob und inwiefern die ökonomische Forschung – aber auch die Rechtswissenschaft

[49] *Handke* (2010a, S. 74 ff.) gibt in diesem Zusammenhang einen Überblick über zentrale Fragestellungen für die zukünftige empirische Forschung.

[50] Vgl. *Handke* (2010a, S. 6).

sowie die Psychologie im Rahmen eines multidisziplinären Ansatzes bzw. Dialogs – Antworten auf diese Fragen anbieten können. Deutlich hervorzuheben ist die Notwendigkeit, nicht nur die potentiellen Gefahren (z.B. Piraterie), sondern im besonderen Maße auch die Chancen des technologischen Wandels in Form neuer Möglichkeiten zur Verbreitung und Zugänglichmachung von Werken der Literatur, der Kunst sowie der Wissenschaft gegeneinander abzuwägen. Eine branchenspezifische Betrachtung, die auf die expliziten Bedingungen und Charakteristika des jeweiligen Marktes eingeht, scheint vor diesem Hintergrund unumgänglich. Neue (verhaltens-)ökonomische Ansätze zeigen bereits Alternativen zu der konventionellen Wahrnehmung des Problems eines exklusiven Urheberrechtsschutzes auf. Eine stärkere Konzentration auf die Wirkungsmechanismen der jeweiligen Märkte sowie der Präferenzen der eigentlichen Schöpfer wie etwa der Wissenschaftler, der Musiker oder Künstler zeigen den Gestaltungswillen zur Schaffung einer neuen Balance zwischen den unterschiedlichen Interessen der Parteien (Urheber, Verwerter und Nutzer) in der digitalen Welt. Darüber hinaus ist die vermehrte Forderung im „Law and Economics"-Bereich nach einer Stärkung der „Liability Rule" gegenüber der „Property Rule" im Urheberrecht Ausdruck der Unzufriedenheit mit der Fähigkeit der Politik, adäquat auf die Chancen und Gefahren des technischen Fortschritts einzugehen. Schließlich werden weitere technologische Entwicklungen in der Zukunft zusätzliche und bisher unverhoffte Möglichkeiten bieten und das „moderne Urheberrecht" erneut vor Herausforderungen stellen, auf die flexibel und mit Augenmaß für die beteiligten Interessenlagen zu reagieren sein wird. Ob mit dem digitalen Zeitalter bzw. der digitalen Revolution „the end of copyright history" (*David* 2004) eingeleitet ist – und damit ein Umfeld der schöpferischen Zerstörung[51] geschaffen wurde –, bleibt abzuwarten. Sicher ist indes, dass auch in Zukunft der technische Fortschritt Ausgangspunkt und Gegenstand zur Ausgestaltung geeigneter Rahmenbedingungen zur Förderung der Schöpfung von Werken der Literatur, der Kunst und der Wissenschaft sein wird.

Literatur

Arrow, Kenneth (1962), Economic Welfare and the Allocation of Resources for Invention, in: *Richard Nelson* (Hg.), The Rate and Direction of Inventive Activity, New York, S. 609-624.

Babbert, Walter (1962), Wege zum Urheberrecht: Die geschichtliche Entwicklung des Urheberrechtsgedankens, Frankfurt.

Breyer, Stephen (1970), The Uneasy Case for Copyright: A Study of Copyright in Books, Photocopies and Computer Programs, in: Harvard Law Review, Vol. 84, S. 281-351.

Calabresi, Guido und *A. Douglas Melamed* (1972), Property Rules, Liability Rules, and Inalienability: One View of the Cathedral, in: Harvard Law Review, Vol. 85, Nr. 6, S. 1089-1128.

[51] In diesem Zusammenhang betonen neuere evolutionstheoretische Ansätze in der ökonomischen Forschung die Möglichkeit, den *Schumpeter*schen Ansatz eines Innovationsprozesses der schöpferischen Zerstörung als Referenzkonzept zur Analyse heranzuziehen. So bietet beispielsweise *Handke* (2010b) einen (empirischen) Einblick in die „schöpferische Zerstörung" in der deutschen Musikindustrie.

Coase, Ronald (1960), The Problem of Social Cost, in: Journal of Law and Economics, Vol. 3, Nr. 1, S. 1-44.

Connolly, Marie und *Alan Krueger* (2006), Rockonomics: The Economics of Popular Music, in: Handbook of Arts and Culture, Amsterdam, S. 667-720.

David, Paul A. (2004), The End of Copyright History, in: Review of Economic Research on Copyright Issues, Vol. 1, Nr. 2, S. 5-10.

Feather, John (1980), The Book Trade in Politics: The Making of the Copyright Act in 1710, in: Publishing History, Vol. 8, Nr. 1, S. 19-44.

Feess, Eberhard und *Marc Scheufen* (2011), Academic Copyright in the Publishing Game: A Contest Perspective, http://papers.ssrn.com/sol3/papers.cfm?abstract_id=1793867 (Stand: 8.2011).

GEMA, Geschäftsbericht 2010,

https://www.gema.de/fileadmin/user_upload/Presse/Publikationen/Geschaeftsbericht/geschaeftsbericht_2010.pdf (aufgerufen am 15.09.2010).

Gordon, Wendy J. (1982), Fair Use as Market Failure: A Structural and Economic Analysis of the Betamax Case and its Predecessors, in: Columbia Law Review, Vol. 82, S. 1600-1657.

Gordon, Wendy J. (1992a), Asymmetric Market Failure and Prisoner's Dilemma in Intellectual Property, in: University of Dayton Law Review, Vol. 17, S. 853-869.

Gordon, Wendy J. (1992b), Of Harms and Benefits: Torts, Restitution and Intellectual Property, in: Journal of Legal Studies, Vol. 21, S. 449-482.

Gordon, Wendy J. (1994), Systemische und fallbezogene Lösungsansätze für Marktversagen bei Immaterialgütern, in: *Claus Ott* und *Hans-Bernd Schäfer* (Hg.), Ökonomische Analyse der rechtlichen Organisation von Innovationen, Tübingen, S. 328-369.

Gordon, Wendy J. und *Robert G. Bone* (1999), Copyright, in: Encyclopedia of Law and Economics, No. 1610, http://encyclo.findlaw.com/1610book.pdf (Stand: 08.2011).

Haller, Jochen (2005), Urheberrechtsschutz in der Musikindustrie: Eine ökonomische Analyse, Lohmar.

Handke, Christian (2010a), The Economics of Copyright and Digitisation, Report for the Strategic Advisory Board for Intellectual Property Policy (SABIP), London, UK: Intellectual Property Office, 2010. Online: http://www.ipo.gov.uk/ipresearch-economics-20105.pdf (Stand: 8.2011).

Handke, Christian (2010b), The Creative Destruction of Copyright – Innovation in the Record Industry and Digital Copying, Doctoral Dissertation, Erasmus University Rotterdam, http://www.ssrn.com/abstract=1630343 (Stand: 9.2011).

Heller, Michael A. (1998), The Tragedy of the Anticommons: Property in the Transition from Marx to Markets, in: Harvard Law Review, Vol. 11, Nr. 3, S. 621-688.

Hilty, Reto M. und *Alexander Peukert* (2004), Interessenausgleich im Urheberrecht, München.

Hurt, Robert M. und *Robert M. Schuchman* (1966), The Economic Rationale of Copyright, in: American Economic Review (Papers and Proceedings), Vol. 56, Nr. 1/2, S. 421-432.

Johnson, William R. (1985), The Economics of Copying, in: Journal of Political Economy, Vol. 93, S. 158-174.

Koboldt, Christian und *Dieter Schidtchen* (1991), Copyrights: A und O in Literatur und Musik?, in: ORDO – Jahrbuch für die Ordnung von Wirtschaft und Gesellschaft, Bd. 42, S. 295-323.

Kretschmer, Martin und *Philip Hardwick* (2007), Authors' Earnings from Copyright and Non-Copyright Sources: A Survey of 25,000 British and German Writers, ALCS Report, http://www.cippm.org.uk/downloads/ACLS%20Full%20report.pdf (Stand: 8.2011).

Kreutzer, Till (2006), Das Spannungsfeld zwischen Wissen und Eigentum im Neuen Urheberrecht, in: *Jeanette Hofmann* (Hg.), Wissen und Eigentum: Geschichte, Recht und Ökonomie stoffloser Güter, Bonn, S. 109-140.

Landes, William M. und *Richard A. Posner* (1989), An Economic Analysis of Copyright Law, in: Journal of Legal Studies, Vol. 18, Nr. 2, S. 325-363.

Landes, William M. und *Richard A. Posner* (2002), Indefinitely Renewable Copyright, Working Paper No. 154, University of Chicago John M. Olin Law and Economics.

Landes, William M. und *Richard A. Posner* (2003), The Economic Structure of Intellectual Property Law, Cambridge/Mass.

Lemley, Mark A. und *Phil Weiser* (2007), Should Property or Liability Rules Govern Information, in: Texas Law Review, Vol. 85, Nr. 4, S. 783-841.

Lessig, Lawrence (2001), The Future of Ideas: The Fate of the Commons in a Connected World, New York.

Lévêque, Francois und *Yann Ménière* (2004), The Economics of Patents and Copyrights, http://papers.ssrn.com/sol3/papers.cfm?abstract_id=642622 (Stand: 8.2011).

Liebowitz, Stanley J. (2006), File-Sharing: Creative Destruction or Just Plain Destruction?, in: Journal of Law and Economics, Vol. 22, Nr. 1, S. 1-28.

Löhr, Isabella (2010), Die Globalisierung geistiger Eigentumsrechte: Neue Strukturen internationaler Zusammenarbeit 1886 – 1952, Göttingen.

Luther, Martin (1828), Geist aus Luthers Schriften oder Concordanz der Ansichten des grossen Reformators über die wichtigsten Gegenstände des Glaubens, der Wissenschaft und des Lebens; Luther; herausgegeben von *Friedrich Wilhelm Lomler, G. F. Lucius, J. Rust, L. Sackreute* und *Ernst Zimmermann*, Erster Band, Darmstadt 1828.

Menell, Peter S. (1999), Intellectual Property: General Theories, in: Encyclopedia of Law and Economics, No. 1600, http://encyclo.findlaw.com/1600book.pdf (Stand: 8.2011).

Müller-Langer, Frank und *Marc Scheufen* (2011a), The Google Book Search Settlement: A Law and Economics Analysis, in: Review of Economic Research on Copyright Issues, Vol. 8, Nr. 1, S. 7-50, http://papers.ssrn.com/sol3/papers.cfm?abstract_id=1775678 (Stand: 8.2011).

Müller-Langer, Frank und *Marc Scheufen* (2011b), Die ökonomische Analyse geistiger Eigentumsrechte, in: WiSt – Wirtschaftswissenschaftliches Studium, Vol. 40, Nr. 3, S. 137-142.

Müller-Langer, Frank und *Richard Watt* (2010), Copyright and Open Access for Academic Works, in: Review of Economic Research on Copyright Issues, Vol. 7, Nr. 1, S. 45-65.

Niemann, Hans-Werner (1985), Vom Faustkeil zum Computer: Technikgeschichte – Kulturgeschichte – Wirtschaftsgeschichte, Stuttgart.

Novos, Ian und *Michael Waldman* (1984), The Effects of Increased Copyright Protection: An Analytic Approach, in: Journal of Political Economy, Vol. 92, S. 236-246.

Oberholzer-Gee, Felix und *Koleman Stumpf* (2010), File-Sharing and Copyright, in: *Josh Lerner* und *Scott Stern* (Hg.), NBER Book Series Innovation Policy and the Economy, Vol. 10, S. 19-55, http://www.nber.org/chapters/c11764.pdf (Stand: 8.2011).

Palmer, John P. (Hg.) (1986), *The Economics of Patents and Copyrights*: Research in Law and Economics series, volume 8. Greenwich, Conn.: JAI Press, 1986.

Parisi, Francesco, Norbert Schulz und *Ben Depoorter* (2005), Duality in Property: Commons and Anticommons, in: International Review of Law and Economics, Vol. 25, Nr. 4, S. 578-591.

Plant, Arnold (1934), The Economic Aspects of Copyright in Books, in: Economica, Vol. 1, S. 167-195.

Pollock, Rufus (2007), Optimal Copyright Over Time: Technological Change and the Stock of Works, in: Review of Economic Research on Copyright Issues, Vol. 4, Nr. 2, S. 51-64.

Prosi, Gerhard (1971), Ökonomische Theorie des Buches, Düsseldorf.

Ramello, Giovanni B. (2010), Copyright & Endogenous Market Structure: A Glimpse from the Journal Publishing Market, in: Review of Economic Research on Copyright Issues, Vol. 7, Nr. 1, S. 7-29.

Rehbinder, Manfred (2006), Urheberrecht, 14. Auflage, München.

Samuelson, Paul A. (1954), The Pure Theory of Public Expenditure, in: Review of Economics and Statistics, Vol. 36, S. 387-389.

Scheufen, Marc (2011), What Scientists Can Learn from the Penguin?, Open Access and Open Source, paper presented at the 10th Annual Congress of the Society of Economic Research on Copyright Issues, July 2011, http://www.serci.org/congress/papers/Scheufen.pdf (Stand: 9.2011).

Scotchmer, Suzanne (2006), Innovation and Incentives, Cambridge.

Scotchmer, Suzanne (1991), Standing on the Shoulders of Giants: Cumulative Research and the Patent Law, in: Journal of Economic Perspectives, Vol. 5, No. 1, S. 29-41.

Shavell, Steven (2010), Should Copyright for Academic Works Be Abolished?, in: Journal of Legal Analysis, Vol. 2, Nr. 1, S. 301-358.

Shavell, Steven und *Tanguy van Ypersele* (2001), Rewards Versus Intellectual Property Rights, in: Journal of Law and Economics, Vol. 44, S. 525-548.

Tietzel, Manfred (1995), Literaturökonomik, Tübingen.

Tietzel, Manfred und *Marion Weber* (1994), Urheberrechte im Zeitalter der Fotokopie: Zur Ökonomik von Verwertungsgesellschaften am Beispiel der VG Wort, in: *Claus Ott* und *Hans-Bernd Schäfer* (Hg.), Ökonomische Analyse der rechtlichen Organisation von Innovationen, Tübingen, S. 128-147.

Towse, Ruth (1999), Copyright and Economic Incentives: An Application to Performers' Rights in the Music Industry, in: Kyklos, Vol. 52, S. 369-390.

Towse, Ruth (2001), Creativity, Incentive and Reward: An Economic Analysis of Copyright and Culture in the Information Age, Cheltenham.

Towse, Ruth, Christian Handke und *Paul Stepan* (2008), The Economics of Copyright Law: A Stocktake of the Literature, in: Review of Economic Research on Copyright Issues, Vol. 5, Nr. 1, S. 1-22.

Trebilcock, Michael J. und *Robert Howse* (1999), The Regulation of International Trade, 2nd Edition, London.

Varian, Hal R. (2005), Copying and Copyright, in: Journal of Economic Perspectives, Vol. 19, Nr. 2, S. 121-138.

Venzke, Andreas (2000), Johannes Gutenberg – Der Erfinder des Buchdrucks und seine Zeit, München.

Verwertungsgesellschaft Wort, Geschäftsbericht 2010, http://www.vgwort.de/fileadmin/pdf/geschaeftsberichte/Geschäftsbericht_2010.pdf (aufgerufen am 15.09.2011).

Wadle, Elmar (1996), Geistiges Eigentum: Bausteine zur Rechtsgeschichte, Weinheim.

Wadle, Elmar (2003), Geistiges Eigentum: Bausteine zur Rechtsgeschichte, Band II, Weinheim.

Watt, Richard (2004), The Past and the Future of the Economics of Copyright, in: Review of Economic Research on Copyright Issues, Vol. 1, Nr. 1, S. 151-171.

Weise, Peter, Wolfgang Brandes, Thomas Eger und *Manfred Kraft* (2005), Neue Mikroökonomie, 5. Auflage, Heidelberg.

Zentner, Alejandro (2006), Measuring the Effect of Music Downloads on Music Purchases, in: Journal of Law and Economics, Vol. 49, Nr. 1, S. 63-90.

Christian Müller, Frank Trosky und Marion Weber (Hg.)
Ökonomik als allgemeine Theorie menschlichen Verhaltens
Schriften zu Ordnungsfragen der Wirtschaft · Band 94 · Stuttgart · 2012

Mit Wettbewerb zu gerechteren Wasserpreisen

Christian Rüttgers und *Nicole van de Locht*

Inhalt

1. Was treibt die Wasserpreise? 182

2. Trinkwasserversorgung in Deutschland 183
   2.1. Lokale Gebietsmonopolisten dominieren 183
   2.2. Entwicklungstendenzen 184

3. Wasserpreise in Nordrhein-Westfalen 185
   3.1. Determinanten des Wasserpreises 185
   3.2. Methodik und Datenbasis 185
   3.3. Ergebnisse 186

4. Mehr Wettbewerb auf dem Wassermarkt! 188
   4.1. Durchleitungswettbewerb in Ballungsräumen ermöglichen 189
   4.2. Flächendeckend Vergleichswettbewerb einführen 190

5. Fazit 191

Literatur 192

1. Was treibt die Wasserpreise?

Während Fachleute und interessierte Öffentlichkeit noch vor etwa zehn Jahren eine intensive Debatte über mögliche Reformen in der deutschen Wasserwirtschaft führten, ist das Thema danach eine ganze Weile in den Hintergrund gerückt. Erst in jüngster Zeit hat es die Trinkwasserversorgung zurück in die Schlagzeilen geschafft. Im Fokus steht dabei die Preisbildung. So sind die durchschnittlichen Wasserpreise in Deutschland im internationalen Vergleich hoch (*National Utility Services Consulting Group* 2008). Vor allem aber schwanken die Entgelte zwischen einzelnen Versorgungsgebieten massiv. Insofern stellt sich die Frage, ob und inwieweit neben Unterschieden in den Produktionsbedingungen weitere Ursachen eine Rolle spielen, die im Zusammenhang mit der Organisation der Wasserversorgung stehen. Bis heute dominieren in der Trinkwasserwirtschaft im Gegensatz zu anderen Netzbranchen vertikal integrierte Gebietsmonopolisten, die weitestgehend dem Zugriff der jeweiligen Gebietskörperschaft unterstehen.

Als Reaktion auf nicht nachvollziehbare Preisdifferenzen hat die Landeskartellbehörde in Hessen seit 2007 mehrfach Preissenkungen bei einzelnen Versorgern innerhalb des Bundeslandes verfügt. Nur greift das Kartellrecht bei all jenen Versorgern nicht, die in öffentlich-rechtlicher Organisationsform Wasserentgelte als Gebühren erheben. Auch wenn die Vorgehensweise der Landeskartellbehörde in Hessen mittlerweile vom Bundesgerichtshof bestätigt wurde,[1] ist kein flächendeckender Druck auf die deutschen Wasserversorger zu erwarten. Im Zuge so genannter Rekommunalisierungstendenzen könnte sich im Gegenteil sogar eine Flucht ins Gebührenrecht ergeben (*Haucap* und *Kühling* 2011).

Bei 396 Kommunen im nach Einwohnerzahl größten Bundesland Nordrhein-Westfalen differierten die volumenabhängigen Trinkwasserpreise je Kubikmeter Anfang 2010 um 400 Prozent – von 0,62 Euro in der Gemeinde Hövelhof bis 2,48 Euro in der Stadt Remscheid.

Im Folgenden wird, ausgehend vom Status quo der Trinkwasserwirtschaft in Deutschland (Kapitel 2), mittels einer multiplen Regressionsanalyse untersucht, ob und inwieweit eine Auswahl von produktionsnahen und einem -fernen Indikator aus der amtlichen Statistik mit den volumenabhängigen Wasserpreisen korreliert (Kapitel 3). Dabei stellt sich beispielsweise heraus, dass die Pro-Kopf-Verschuldung einer Gemeinde einen ähnlichen Einfluss auf den Wasserpreis hat wie die Höhendifferenz. Entgegen den Erwartungen steht die Bevölkerungsdichte in einer positiven Abhängigkeit zu den Wasserpreisen. Es ist davon auszugehen, dass in der Wasserversorgung nach wie vor Effizienzreserven vorhanden sind. Eine stärkere Überwachung der Wasserpreise und die Einführung von mehr Wettbewerb in der Wasserwirtschaft sind daher angebracht. Kapitel 4 umfasst einen Vorschlag für eine Reform des Wassermarktes.

---

1 BGH-Beschluss vom 2. Februar 2010, Wasserpreise Wetzlar, KVR 66/08.

2. Trinkwasserversorgung in Deutschland

2.1. Lokale Gebietsmonopolisten dominieren

Im Gegensatz zu anderen Netzindustrien hat sich die Wasserwirtschaft in vielen Ländern, vor allem aber in Deutschland, weitgehend resistent gegenüber jeglichen Liberalisierungsbestrebungen erwiesen. Dabei wurde der deutschen Wasserwirtschaft bereits 1995 in einem Bericht für die Weltbank mangelndes Kostenbewusstsein aufgrund fehlender Wirtschaftlichkeitsanreize vorgeworfen (*Briscoe* 1995).

Tatsächlich erfolgt die Wasserversorgung in Deutschland nach wie vor fast ausnahmslos durch vertikal integrierte Gebietsmonopolisten unter gesetzlicher und eigentumsrechtlicher Einflussnahme von Gebietskörperschaften. Die Städte und Gemeinden können durch Satzungsrecht Anschluss- und Benutzungszwänge verhängen. Auf eine Million Einwohner entfallen in Deutschland 88 Wasserversorger, in den Niederlanden 4,4, in England/Wales 0,7 und in Frankreich 0,13 (*Sauer* und *Strecker* 2003, S. 260). Die Versorgungsmonopole sind Folge des kartellrechtlichen Ausnahmebereichs nach § 103 GWB a. F., der den Städten und Gemeinden im Rahmen der Wasserversorgung die Möglichkeit von ausschließlichen Konzessionsverträgen in Verbindung mit Demarkationsabsprachen einräumt. Konzessionsverträge gewähren dabei ein ausschließliches Wegenutzungsrecht zur Versorgung der Endverbraucher, Demarkationsabsprachen umfassen die Abgrenzung von Versorgungsgebieten und das Unterlassen von Aktivitäten außerhalb des eigenen Versorgungsgebietes (*Brackemann* u. a. 2000). Die besondere Kleinteiligkeit bietet Anlass zu der Annahme, dass in der deutschen Wasserversorgung Effizienzspielräume vorhanden sind.

Bezogen auf die Anzahl der Unternehmen, überwiegen öffentlich-rechtliche Organisationsformen mit einem Anteil von 56 % vor privatrechtlichen mit 44 % (*Arbeitsgemeinschaft Trinkwassertalsperren* u. a. 2011, S. 34). Grund- und Quellwasser sind mit rund 70 % die überwiegend genutzte Ressource für die Wasserversorgung in Deutschland. Die zweite wichtige Rohwasserquelle ist Oberflächenwasser (See- bzw. Talsperrenwasser, Flusswasser, angereichertes Grundwasser), das abhängig von Beschaffenheit und Herkunft in der Regel aufwändiger aufbereitet werden muss als Grundwasser.

Nutzungsrechte an Grund- und Oberflächenwasser werden in Deutschland von staatlicher Stelle vergeben, ohne dass ein den Knappheitsverhältnissen entsprechender Preis dafür gezahlt wird. Vielmehr erheben manche Bundesländer pauschale Wasserentnahmeentgelte. Die Entnahmemenge wird durch die zuständigen Fachbehörden im Rahmen von Bewirtschaftungsplänen festgelegt, die als Entscheidungsgrundlage bei der Vergabe der Nutzungsrechte dienen. Dabei hat die öffentliche Wasserversorgung nach § 6 WHG Vorrang vor anderen Nutzern. Die zuständige Wasserbehörde hat bei ihrer Entscheidung einen Ermessensspielraum. Die bisherigen Wasserversorger verfügen in der Regel über Wasserentnahmerechte mit langen Laufzeiten, während „Newcomer" aufgrund der ausgiebigen Prüfverfahren für Entnahmerechte der Markteintritt erschwert wird. Die Rechte zur Wasserentnahme werden nicht auf ein bestimmtes Vorkommen (Grundwasserleiter, Flussabschnitt etc.) bezogen, sondern je Entnahmestelle vergeben.

Von 1990 bis 2009 ist die Wasserabgabemenge an Verbraucher (Haushalte, Kleingewerbe und Industrie) von 5,99 Mrd. m^3 auf 4,44 Mrd. m^3 gesunken (*Bundesverband der Energie- und Wasserwirtschaft* 2011). Das entspricht einem Rückgang von mehr als einem Viertel. Im Haushaltsbereich sind die Einsparungen etwa durch Wasser sparende Haushaltsgeräte und Armaturen erreicht worden, in der Industrie durch Mehrfachnutzung. Tendenziell sinkender Wasserverbrauch führt dazu, dass die Wasserversorger mit Minderauslastungen der Kapazitäten zu rechnen haben.

2.2. Entwicklungstendenzen

Weltweit steigt die Wasserknappheit infolge wachsender Bevölkerungszahlen und zunehmender Umweltbelastung. In Deutschland sinkt die Bevölkerungszahl. Außerdem sind geeignete Rohwasserquellen bis auf wenige regionale Ausnahmen reichlich vorhanden. Trotzdem steht auch die deutsche Trinkwasserwirtschaft vor Veränderungen:

- Der ohnehin sinkende Wasserverbrauch pro Kopf wird durch den demografischen Wandel verstärkt. Dies stellt eine Bedrohung für die Infrastruktur dar. Die Netze werden nicht ausreichend gespült, was im Falle von Frischwasserleitungen zur Verkeimung und im Falle von Abwasserleitungen zur Schlammbildung führen kann. Bereits heute wird daher sowohl in Ver- als auch in Entsorgungsnetzen örtlich durch Spülungen der Leitungsdurchsatz künstlich erhöht.
- Die Kosten für die Aufbereitung von Rohwasser könnten in Zukunft steigen. Schon seit längerem ist die Ansammlung von Pflanzennährstoffen in bestimmten Gewässern (Eutrophierung), hervorgerufen durch landwirtschaftliche Aktivitäten, in das Blickfeld geraten. Seit den 1990er Jahren bestätigen Forschungsergebnisse auch das Vorkommen von Arzneimittelrückständen in Oberflächengewässern, im Grundwasser und vereinzelt sogar im Trinkwasser (*Institut für sozial-ökologische Forschung* 2008, S. 4; *Schöpel* 2007). In der Ruhr, einem der wichtigsten Trinkwasserflüsse in Deutschland, wurden zudem mehrfach erhöhte Konzentrationen von Perfluorierten Tensiden (PFT) nachgewiesen (*Kleeschulte* u. a. 2007).
- Haushaltsdefizite und kommunale Verschuldung könnten die Anreize erhöhen, Monopolbereiche innerhalb der kommunalen Aufgabenwahrnehmung, die mit der Möglichkeit der Erhebung von Leistungsentgelten einhergehen, für verdeckte Quersubventionierungen anderer Aufgabenbereiche zu nutzen. Die Wasserversorgung als letztes vertikal integriertes Monopol unter den Netzindustrien bietet sich dafür an.

Die skizzierte Entwicklung spricht dafür, die Einführung von wettbewerblichen Elementen in der Wasserversorgung als wirtschafts- und regulierungspolitisches Mittel zum Wohle von privaten, gewerblichen und öffentlichen Verbrauchern nicht aus den Augen zu verlieren.

3. Wasserpreise in Nordrhein-Westfalen

3.1. Determinanten des Wasserpreises

Die Bereitstellung von Leitungsnetzen gilt aufgrund eines hohen Fixkostenanteils und steigender Skalenerträge als natürliches Monopol. Die Verteilung hat zudem einen überwiegenden Anteil an der Wertschöpfungskette. Es ist daher theoretisch zu erwarten, dass bei zunehmender Leitungsdichte ein gegebenes Versorgungsgebiet kostengünstiger versorgt werden kann (*Haug* 2006, S. 43). Der Wasserpreis müsste demnach sinken. Daneben determinieren räumliche Gegebenheiten die Versorgungsstruktur. Je häufiger Höhenunterschiede zu überwinden und je stärker diese sind, desto mehr Leitungen müssen verlegt werden und desto mehr Pumpvorgänge sind notwendig (*Zschille*, *Walter* und *von Hirschhausen* 2010, S. 8). Dies dürfte den Wasserpreis erhöhen.

Um den Einfluss dieser in der Produktionsstruktur bedingten Faktoren zu untersuchen, bedienen wir uns im Folgenden der Einwohnerdichte als Näherung für die Leitungsdichte sowie der Differenz aus dem höchsten und dem niedrigsten Punkt einer jeden Gemeinde als Proxy für die zu überwindenden Höhenunterschiede. Wir gehen dabei vereinfachend davon aus, dass mit zunehmender Höhenamplitude im Durchschnitt ein differenzierteres Relief auftritt.

Da der Wasserpreis sich nicht im Wettbewerb ergibt, sondern Monopolisten unter maßgeblichem eigentumsrechtlichen Einfluss der Gebietskörperschaften die Preise festlegen, kann unter Rückgriff aus einer institutionenökonomischen Perspektive auch die Hypothese vertreten werden, dass der Wasserpreis von Einflussfaktoren außerhalb der Produktionsstruktur abhängt. Je schlechter die wirtschaftliche Situation einer Gemeinde, desto stärker der Anreiz, zusätzliche Einnahmequellen zu erschließen. Wir untersuchen diesen möglichen Zusammenhang im Folgenden anhand des Indikators Schuldenstand der Gemeinde je Einwohner.

3.2. Methodik und Datenbasis

Um die zuvor beschriebenen Bestimmungsfaktoren des Wasserpreises auf ihren jeweiligen Erklärungsgehalt für die Höhe des volumenabhängigen Wasserpreises zu testen, wird ein lineares multiples Regressionsmodell der folgenden Form verwendet:

$$y = \alpha + \beta_1 x_1 + \beta_2 x_2 + \beta_3 x_3 + \varepsilon.$$

Die endogene Variable y ist dabei definiert als der jeweilige variable Wasserpreis, der in den 396 Gemeinden in Nordrhein-Westfalen erhoben wird. Als exogene Variablen x_1 bis x_3 fungieren die Bevölkerungsdichte, die Höhendifferenz sowie die Schulden pro Einwohner. ε bezeichnet das Residuum. Datenstand für Wasserpreise, Bevölkerungsdichte und Schuldenstand pro Einwohner ist jeweils der Stichtag 31.12.2009 (Quelle: IT.NRW). Grundlage der Höhendaten ist das Digitale Geländemodell 50 (Quelle: Geodatenzentrum NRW, Bezirksregierung Köln). Die deskriptiven Statistiken zu den genannten Daten finden sich in Tabelle 1.

Tabelle 1: Deskriptive Statistik

	N	Spannweite	Minimum	Maximum	Mittelwert	Standardabweichung	Varianz
Variabler Wasserpreis pro m^3 [€]	396	2,06	0,62	2,68	1,4833	0,31991	0,102
Bevölkerungsdichte [Ew. pro km²]	396	3177,9	43,9	3221,8	512,175	540,4299	292064,486
Höhendifferenz [m]	396	522,47	11,17	533,64	173,6582	125,0923	15648,084
Schulden pro Einwohner [€]	396	5013,49	0,00	5013,49	1293,9943	790,3371	624632,739

3.3. Ergebnisse

Einen ersten Einblick in die Zusammenhänge eröffnet die einfache bivariate Korrelationsmatrix (Tabelle 2).

Entgegen der Erwartungen ist die Bevölkerungsdichte auf dem 1-%-Signifikanzniveau positiv mit dem volumenabhängigen Entgelt korreliert. Dies bedeutet, dass mit steigender Bevölkerungsdichte ein höherer Wasserpreis verlangt wird. Die Höhendifferenz erweist sich isoliert betrachtet als nicht signifikanter Einflussfaktor. Dagegen korrelieren die Schulden pro Einwohner signifikant positiv mit dem Wasserpreis.

Tabelle 2: Bivariate Korrelationsmatrix

		Variabler Wasserpreis pro m^3 [€]	Bevölkerungsdichte [Einwohner pro km²]	Höhendifferenz [m]	Schulden pro Einwohner [€]
Variabler Wasserpreis pro m^3 [€]	Korrelation nach Pearson	1			
	Signifikanz (2-seitig)				
	N	396			
Bevölkerungsdichte [Ew. pro km²]	Korrelation nach Pearson	0,446**	1		
	Signifikanz (2-seitig)	0,000			
	N	396	396		
Höhendifferenz [m]	Korrelation nach Pearson	0,049	-0,158**	1	
	Signifikanz (2-seitig)	0,336	0,002		
	N	396	396	396	
Schulden pro Einwohner [€]	Korrelation nach Pearson	0,221**	0,230**	0,285**	1
	Signifikanz (2-seitig)	0,000	0,000	0,000	
	N	396	396	396	396

** Die Korrelation ist auf dem Niveau von 0,01 (2-seitig) signifikant.

Auch die exogenen Variablen weisen signifikante Korrelationen untereinander auf. Dies kann zu einem Multikollinearitätsproblem führen, wenn die exogenen Variablen alle gleichermaßen durch das Einschlussverfahren in die Regressionsschätzung aufgenommen werden.

Aus diesem Grund wird bei der multiplen Regressionsschätzung die schrittweise Methodik gewählt. Dabei werden nur die exogenen Variablen in die Schätzgleichung aufgenommen, die bei vorgegebenem Signifikanzniveau tatsächlich einen zusätzlichen Beitrag zur Erklärung der endogenen Variable leisten. Zudem werden aufgenommene Regressoren, deren Erklärungsgehalt durch die Aufnahme eines weiteren Regressors sinkt, wieder aus dem Modell entfernt. Dadurch verbleiben nur die exogenen Variablen im Modell, die bei gegebenem Signifikanzniveau den größten Erklärungsbeitrag leisten. Kriterium für die Aufnahme in das Schätzmodell ist hier ein Signifikanzniveau für den F-Wert von 10 %. Dieses Verfahren verhindert zu starke Korrelation zwischen den exogenen Variablen, so dass ein Multikollinearitätsproblem mit großen Standardabweichungen der Koeffizienten ausgeschlossen werden kann. Zur Kontrolle werden zudem die Toleranzkoeffizienten und die Varianzinflationsfaktoren ausgewertet. Der Durbin-Watson-Test findet Verwendung, um ein mögliches Autokorrelationsproblem zu erkennen.

Tabelle 3: Modelle bei der schrittweisen Regressionsanalyse

Koeffizienten[a]

Modell		Nicht standardisierte Koeffizienten		Standardisierte Koeffizienten	T	Sig.	Kollinearitätsstatistik	
		Regressionskoeffizient B	Standardfehler	Beta			Toleranz	VIF
1	(Konstante)	1,348	0,020		67,868	0,000		
	Bevölkerungsdichte	0,000	0,000	0,446	9,882	0,000	1,000	1,000
2	(Konstante)	1,291	0,029		44,989	0,000		
	Bevölkerungsdichte	0,000	0,000	0,417	9,068	0,000	0,947	1,056
	Schulden pro Einwohner	5,067E-5	0,000	0,125	2,723	0,007	0,947	1,056
3	(Konstante)	1,261	0,033		38,356	0,000		
	Bevölkerungsdichte	0,000	0,000	0,438	9,285	0,000	0,893	1,120
	Schulden pro Einwohner	3,822E-5	0,000	0,094	1,942	0,053	0,841	1,189
	Höhendifferenz	0,000	0,000	0,091	1,891	,059	0,866	1,155

a. Abhängige Variable: variabler Wasserpreis

Die Ergebnisse der schrittweisen Regression zeigen, dass alle ausgewählten exogenen Variablen mindestens auf dem 10-%-Niveau signifikant sind und somit im Modell bleiben können. Modell 3 weist mit 0,215 das höchste korrigierte Bestimmtheitsmaß auf. Demnach können bei der vorliegenden dritten Regression 21,5 % der Varianz der endogenen Variable durch die drei exogenen erklärt werden. Ein Kollinearitätsproblem, das zu großen Standardabweichungen der Regressoren führt, tritt nicht auf. Dies ergibt sich aus den VIF-Werten, die maximal bei 1,189 liegen. Auch die Toleranzkoeffizienten liegen nicht nahe null, was auf ein Kollinearitätsproblem hinweisen würde. Der Durbin-Watson-Test liefert mit 1,645 einen Wert nahe bei 2. Autokorrelationsprobleme können dementsprechend ebenfalls ausgeschlossen werden.

Tabelle 4: Modellgüte

Modellzusammenfassung[d]

Modell		R	R-Quadrat	Korrigiertes R-Quadrat	Standardfehler des Schätzers	Durbin-Watson-Statistik
	1	,446[a]	0,199	0,197	0,28675	
–	2	,462[b]	0,213	0,209	0,28444	
	3	,470[c]	0,221	0,215	0,28351	1,645

a. Einflussvariablen: (Konstante), Bevölkerungsdichte
b. Einflussvariablen: (Konstante), Bevölkerungsdichte, Schulden pro Einwohner
c. Einflussvariablen: (Konstante), Bevölkerungsdichte, Schulden pro Einwohner, Höhendifferenz
d. Abhängige Variable: variabler Wasserpreis

Als größter Einflussfaktor innerhalb des Modells erweist sich die Bevölkerungsdichte (auf dem 1-%-Niveau signifikant). Dieses Ergebnis widerspricht den theoretischen Erwartungen. Eine Ursache könnte in Ineffizienzen in der Wasserwirtschaft liegen. Möglich ist auch, dass bestehende Kostenvorteile nicht an die Verbraucher weitergegeben, sondern zur Steigerung der Monopolrente verwendet werden. Dies korrespondiert damit, dass ein höherer Schuldenstand pro Einwohner mit höheren Wasserpreisen einhergeht. Der Einfluss erweist sich hier zwar als relativ gering (mit einem Wert von 0,094 für den standardisierten Regressionskoeffizienten), aber noch auf dem 10-%-Niveau signifikant.

Das häufig seitens der Wasserversorger vorgebrachte Argument der Wasserpreisabhängigkeit von topographischen Gegebenheiten überzeugt mit Blick auf die Höhendifferenzen nicht. Der Einfluss der Höhendifferenz befindet sich auf einem ähnlichen Niveau wie der Schuldenstand pro Einwohner.

4. Mehr Wettbewerb auf dem Wassermarkt!

Die massiven Preisdifferenzen in der deutschen Trinkwasserwirtschaft bleiben fragwürdig. In dem untersuchten Datensatz aus Nordrhein-Westfalen geht eine höhere Bevölkerungsdichte (als Proxy für die Versorgungsdichte) entgegen theoretischer Erkenntnisse und empirischer Befunde in anderen Untersuchungsräumen (etwa *Zschille, Walter* und *von Hirschhausen* 2010) mit einem höheren volumenabhängigen Wasserpreis einher.

Die Vermutung, dass auf dem durch staatlichen Einfluss geprägten, gebietsmonopolistisch organisierten Markt die Endverbraucherpreise auch Einflüssen außerhalb der Produktionsstruktur unterliegen, kann durch die Untersuchung auch mit Blick auf den positiven Einfluss des Schuldenstandes pro Einwohner nicht entkräftet werden.

In der Regulierungstheorie wird zudem auf die Gefahr von Quersubventionierungen innerhalb von Unternehmen oder Konzernstrukturen verwiesen, wenn diese sowohl auf wettbewerblichen als auch auf monopolistisch organisierten Märkten agieren, wie es etwa bei lokalen Stadtwerken regelmäßig der Fall ist. Dieser Zusammenhang wurde hier nicht untersucht. Er wäre aber augenscheinlich mit den erhaltenen Ergebnissen vereinbar.

Sämtliche genannten Aspekte sprechen dafür, endlich auch für die Wasserwirtschaft ähnlich wie für die übrigen Netzindustrien ein Regulierungsregime zu etablieren, welches die Preisbildung der Wasserversorger einer Kontrolle unterzieht und Wettbewerb außerhalb der Verteilungsstufe ermöglicht.

4.1. Durchleitungswettbewerb in Ballungsräumen ermöglichen

Ein Wettbewerb im Markt mit echten Dispositionsspielräumen für Verbraucher im Sinne einer Auswahl unter verschiedenen Wasseranbietern wäre in Form eines Durchleitungswettbewerbs realisierbar, wie er aus anderen Netzindustrien wie Elektrizität, Gas, Telekommunikation oder Schienenverkehr bekannt ist. Dabei wird der monopolistische Bottleneck in Teilen des Verteilungsnetzes reguliert, während die übrigen Wertschöpfungsstufen dem Wettbewerb geöffnet werden. Erforderliche Bestandteile der Regulierung sind ein diskriminierungsfreier Zugang zum Bottleneck sowie eine ergänzende Preisregulierung der Zugangsentgelte (*Rüttgers* 2009). Bereits *Ewers* u. a. (2001) haben den Durchleitungswettbewerb in einem Gutachten für das Bundeswirtschaftsministerium als mögliche Reformoption für die deutsche Trinkwasserwirtschaft vorgeschlagen.

Die Durchleitung von Wasser ist allerdings mit Schwierigkeiten behaftet. Wenn bei der zwanghaften Durchleitung die miteinander in Kontakt kommenden Wässer deutliche Unterschiede in der Beschaffenheit aufweisen, können nicht nur die Netze angegriffen werden, sondern es besteht u. U. auch die Gefahr von nachteiligen Veränderungen des Wassers an sich (*Brackemann* u. a. 2000, S. 34). Die vertikal integrierten Wasserversorger argumentieren häufig, dass diese Probleme eine gemeinsame Netznutzung ausschließen. Dieses Argument überzeugt bei näherem Hinsehen nicht: Denn der Wasserbezug durch einen Netzbetreiber aus einem oder mehreren Wasserwerken ist gängige Praxis (*Brackemann* u. a. 2000, S. 64). Auch eine Durchleitung ist technisch möglich (*Mehlhorn* 2001, S. 108 ff.; *Webb* und *Ehrhardt* 1998, S. 3).

Eine Besonderheit des Wassermarktes ist das Auftreten von Durchleitungsexternalitäten bei der gemeinsamen Netznutzung (*Rüttgers* und *Schwarz* 2010). Im einfachsten Fall von zwei Firmen können diese voneinander verschiedene Wasserqualitäten einspeisen. Im Netz vermischen sich die eingeleiteten Qualitäten miteinander. Unterbietet eine Firma die Wasserqualität ihres Konkurrenten, verursacht sie damit negative externe Effekte. Beispielsweise kann durch Korrosionsprozesse die Lebensdauer von Leitungsteilen verringert werden. In der Folge können sich die Netzkosten erhöhen, insbesondere mit Blick auf die langfristigen Kosten des Netzerhaltes. Zudem werden sämtliche Endverbraucher, die an das Leitungsnetz angeschlossen sind, mit einer niedrigeren Wasserqualität beliefert. Um das Problem der Durchleitungsexternalitäten zu begrenzen, ist die Festlegung einer geeigneten Mindestqualität erforderlich, die im Grundsatz mit der Trinkwasserverordnung im derzeitigen Regulierungsregime bereits angelegt ist.

Es ist fraglich, ob kurz- oder mittelfristig ein echter Durchleitungswettbewerb flächendeckend realisiert werden kann. Auch wenn der Zugang zu dem monopolistischen Bottleneck des Verteilungsnetzes diskriminierungsfrei erfolgt, müssten potenzielle Wettbewerber teilweise irreversible Investitionen tätigen, um den Markt bedienen zu können. So wären unmittelbar anliegende Versorger beispielsweise darauf angewiesen, Leitungen zu einem Anschlusspunkt des benachbarten Versorgungsnetzes zu verlegen. Diese Markteintrittsbarrieren könnten dazu führen, dass sich nur in Ballungsgebieten bzw. bei Anschluss an ein größeres Verteilungsnetz der Markteintritt lohnt. Um flächendeckend wettbewerbliche Elemente zu installieren, steht mit der Einführung von Vergleichswettbewerb ein geeignetes Ergänzungsinstrument der Regulierungspolitik zur Verfügung.

4.2. Flächendeckend Vergleichswettbewerb einführen

Unter Beibehaltung der regionalen Gebietsmonopole kann Wettbewerb auf dem Wassermarkt simuliert werden, indem die regionalen Monopole einem systematischen Vergleich unterzogen werden und die Ergebnisse der Vergleiche als Anreiz- oder Steuerungsinstrumente Verwendung finden (*Clausen* und *Scheele* 2001, S. 1). Dabei handelt es sich um Verfahren, die mit Benchmarking oder Yardstick-Competition bezeichnet werden.[2]

Beim Benchmarking werden Vergleiche von Abläufen innerhalb von Organisationen sowie darüber hinaus zwischen Organisationen, Sektoren oder auch Ländern vorgenommen. Bezugspunkt der Vergleiche ist dabei jeweils der Beste einer Vergleichsgruppe, so dass die relative Wettbewerbsposition des Benchmarking-Objekts ermittelt werden kann (*Clausen* und *Scheele* 2001, S. 3).

Benchmarking wurde für regulierte Unternehmen zum Konzept des Yardstick-Competition weiterentwickelt. Dieses Konzept wurde von *Shleifer* geprägt und bezeichnet ein Regulierungsverfahren, bei dem sich eine Regulierungsbehörde relevante Informationen über eine Gruppe von ähnlichen Unternehmen einholt, um für regulierte Unternehmen entsprechende Vorgaben aufgrund der erhaltenen Informationsbasis setzen

---

[2] Die Abgrenzung von ‚Benchmarking', ‚Yardstick-Competition' und ‚Price-Cap- bzw. Revenue-Cap-Regulierung mit Yardstick-Competition' wird in der Literatur nicht einheitlich vorgenommen (*Clausen* und *Scheele* 2001, S. 1 f.). Verfahren mit Yardstick-Competition-Elementen sind eine Teilmenge sämtlicher Verfahren, die Preis- bzw. Erlösvorgaben für regulierte Unternehmen umfassen. In der Regel handelt es sich um die Vorgabe von Obergrenzen, womit Yardstick-Competition letztendlich in der Praxis entweder eine Ergänzung eines Price-Caps oder eines Revenue-Caps ist (*Bundesnetzagentur für Elektrizität, Gas, Telekommunikation, Post und Eisenbahnen* 2006, S. 48).

zu können (*Shleifer* 1985, S. 319 f.). In seiner Grundform werden die Preise eines regulierten Unternehmens auf Basis der Durchschnittskosten der Vergleichsunternehmen festgelegt. Yardstick-Competition kann aber auch als Ergänzung einer Price-Cap-Regulierung (einer Revenue-Cap-Regulierung) eingesetzt werden, um die Preisobergrenze (die Erlösobergrenze) eines regulierten Unternehmens zu bestimmen oder um individuelle Vorgaben bezüglich der Effizienzsteigerung X als Teil des Price-Caps (des Revenue-Caps) einzubringen (*Filippini* und *Wild* 2002, S. 52).

Reduziert eine von mehreren Unternehmungen im Verfahren des Yardstick-Competition ihre Kosten, profitiert sie. Reduziert die Unternehmung ihre Kosten nicht, obwohl andere dies vormachen, entsteht ein Verlust (*Winkler* 2005, S. 115). Damit werden die starken Anreize zur Effizienzsteigerung, die den Cap-Verfahren insgesamt innewohnen, beibehalten. Zugleich wird das Regulierungsprozedere aber stärker objektiviert. Dabei können die Unternehmen durchaus unterschiedliche Märkte bedienen. Das Ziel der Regulierungsbehörde besteht darin, dass sich die Unternehmen ähnlich wie im Wettbewerbsfall verhalten (*Shleifer* 1985, S. 320).

Kritik am Verfahren des Yardstick-Competition wird vor allem an der Relevanz und Weiterverarbeitung der Informationsbasis geäußert (*Clausen* und *Scheele* 2001, S. 31 ff.). Für die Anwendung des Ansatzes ist eine ausreichende Anzahl vergleichbarer Unternehmen notwendig. Infolge von Unternehmenszusammenschlüssen reduziert sich die Vergleichsbasis (*Scheele* 2000, S. 14). Ein Nachteil in der praktischen Umsetzung von Yardstick-Competition liegt darin, dass Unternehmen versuchen werden, ihre Kostenabweichungen durch Einflussfaktoren zu erklären, die vorgeblich einen aussagekräftigen Vergleich mit anderen Unternehmen derselben Branche verhindern (*Scheele* 1997, S. 53; *Schönefuß* 2005, S. 203). Erkennbar ist opportunistisches Verhalten seitens der regulierten Betriebe nur insofern, wie die Angaben durch die Regulierungsinstanz überprüfbar sind oder sogar als Bestandteile der Datenerhebung für den Unternehmensvergleich offenbar werden. Zudem können sich die Anbieterunternehmen auch innerhalb eines Systems von Yardstick-Competition wettbewerbswidrig untereinander abstimmen (*Bös* 1998, S. 67; *Stuchtey* 2002, S. 103).

5. Fazit

Der vorliegende Beitrag hat gezeigt, dass in der durch lokale Gebietsmonopolisten geprägten Wasserversorgung nicht nur produktionsnahe Faktoren den Wasserpreis determinieren. Untersucht wurde dazu ein Datensatz über die Wasserpreise in Nordrhein-Westfalen.

Mehr Wettbewerb im Wassermarkt kann dementsprechend zu effizienteren Strukturen und sinkenden Wasserpreisen führen. Dazu bedarf es einer sektorspezifischen Regulierung der Wasserwirtschaft. Trotz möglicher Schwierigkeiten in der praktischen Umsetzung von gemeinsamer Netznutzung oder Ansätzen des vergleichenden Wettbewerbs: Die Alternative der Beibehaltung der Monopolstrukturen überzeugt nicht. Dazu bietet das vorhandene Regime viel zu wenig Anreize zu permanenten Verbesserungsprozessen. Eine Flucht ins Gebührensystem setzt zudem eine mögliche kartellrechtliche Aufsicht über die Wasserpreise außer Kraft.

Mit der Bundesnetzagentur steht eine Regulierungsbehörde zur Verfügung, die ihre umfangreichen Erfahrungen aus den Vorgaben für die übrigen Netzbranchen in die Regulierung der Wasserwirtschaft einbringen könnte.

Literatur

Arbeitsgemeinschaft Trinkwassertalsperren u. a. (2011), Branchenbild der Deutschen Wasserwirtschaft 2008, Bonn.

Bös, Dieter (1998), Preisregulierung privatisierter Versorgungsunternehmen, in: *Heinz-Dietrich Ortlieb* (Hg.), Hamburger Jahrbuch für Wirtschafts- und Gesellschaftspolitik, Bd. 43, Tübingen, S. 55-78.

Brackemann, Holger u. a. (2000), Liberalisierung der deutschen Wasserversorgung: Auswirkungen auf den Gesundheits- und Umweltschutz, Skizzierung eines Ordnungsrahmens für eine wettbewerbliche Wasserwirtschaft, Texte des Umweltbundesamtes 2/00, http://www.umweltdaten.de/publikationen/fpdf-l/1888.pdf (letzter Zugriff: 25.09.2011).

Briscoe, John (1995), Der Sektor Wasser und Abwasser in Deutschland: Qualität seiner Arbeit, Bedeutung für Entwicklungsländer, in: Das Gas- und Wasserfach Wasser, Abwasser, Bd. 136, Nr. 8, S. 422-432.

Bundesnetzagentur für Elektrizität, Gas, Telekommunikation, Post und Eisenbahnen (2006), Bericht der Bundesnetzagentur nach § 112a EnWG zur Einführung der Anreizregulierung nach § 21a EnWG, http://www.zfk.de/cms/Infothek/Regulierung/Regulierung_/Anreiz-Endbericht_30_06_06.pdf (letzter Zugriff: 25.09.2011).

Bundesverband der Energie- und Wasserwirtschaft (2011), Wasserfakten im Überblick, http://www.bdew.de/internet.nsf/id/DE_Wasserfakten_im_ueberblick/$file/11%2001%20 12%20Wasserfakten%20im%20%20%C3%9Cberblick%20-%20%20Januar%202011.pdf (letzter Zugriff: 25.09.2011).

Clausen, Hartmut und *Ulrich Scheele* (2001), Benchmarking und Yardstick Competition: Ansätze vergleichenden Wettbewerbs in der Wasserwirtschaft, Wirtschaftswissenschaftliche Diskussionsbeiträge der Universität Oldenburg, Nr. V-232-01.

Ewers, Hans-Jürgen u. a. (2001), Optionen, Chancen und Rahmenbedingungen einer Marktöffnung für eine nachhaltige Wasserversorgung: Endbericht, BMWi-Forschungsvorhaben (11/00), http://ecologic.eu/download/projekte/950-999/973/973ewers-gutachten.pdf (letzter Zugriff: 22.11.2011).

Filippini, Massimo und *Jörg Wild* (2002), Berücksichtigung von regionalen Unterschieden beim Benchmarking von Stromverteilnetzen, in: Zeitschrift für Energiewirtschaft, Bd. 26, Nr. 1, S. 51-59.

Haucap, Justus und *Jürgen Kühling* (2011), Gerechtere Wasserpreise, in: Frankfurter Allgemeine Zeitung, 24.06.2011, S. 12.

Haug, Peter (2006), Ineffiziente Strukturen in der deutschen Kommunalwirtschaft? – Das Beispiel der Trinkwasserversorgung in Ostdeutschland, in: Wirtschaft im Wandel, Nr. 2, S. 42-50.

Kleeschulte, P. u. a. (2007), Erfahrungen eines Gesundheitsamtes bei der Belastung von Trinkwasser durch perfluorierte Tenside (PFT), in: Umweltmedizin in Forschung und Praxis, Bd. 12, Nr. 2, S. 73-78.

Institut für sozial-ökologische Forschung (Hg.) (2008), Humanarzneimittelwirkstoffe: Handlungsmöglichkeiten zur Verringerung von Gewässerbelastungen, Eine Handreichung für die Praxis, Frankfurt.

Mehlhorn, H. (2001), Liberalisierung der Wasserversorgung. Infrastrukturelle und technische Voraussetzungen der Wasserdurchleitung, in: Das Gas- und Wasserfach Wasser, Abwasser, Bd. 142, Nr. 2, S. 103–113.

National Utility Services Consulting Group (2008), Weltweiter Wasserpreisvergleich, Nr. 32, Düsseldorf.

Rüttgers, Christian (2009), Wettbewerb in der deutschen Trinkwasserwirtschaft? Ein disaggregierter Regulierungsansatz und seine wettbewerblichen Implikationen, Berlin.

Rüttgers, Christian und *Christian Schwarz* (2010), Durchleitungsexternalitäten bei der gemeinsamen Netznutzung in der Trinkwasserversorgung, in: Schmollers Jahrbuch, Journal of Applied Social Sciences, Bd. 130, Nr. 1, S. 71-94.

Sauer, Johannes und *Daniel Strecker* (2003), Steigerung der Versorgungseffizienz auf Unternehmens- und Sektorebene: Unternehmensstrategien im Wassermarkt, in: Zeitschrift für öffentliche und gemeinwirtschaftliche Unternehmen, Bd. 26, Nr. 3, S. 259-282.

Scheele, Ulrich (1997), Aktuelle Entwicklungen in der englischen Wasserwirtschaft: Ergebnisse der Privatisierung und Probleme der Regulierung, in: Zeitschrift für öffentliche und gemeinwirtschaftliche Unternehmen, Bd. 20, Nr. 1, S. 35-57.

Scheele, Ulrich (2000), Auf dem Wege zu neuen Ufern? Wasserversorgung im Wettbewerb, Wirtschaftswissenschaftliche Diskussionsbeiträge der Universität Oldenburg, Nr. V-214-00.

Schönefuß, Stephan (2005), Privatisierung, Regulierung und Wettbewerbselemente in einem natürlichen Infrastrukturmonopol, Beiträge zur angewandten Wirtschaftsforschung, Bd. 30, Berlin.

Schöpel, Mathias (2007), Arznei- und Röntgenkontrastmittel – Vorkommen in der Ruhr und ihr Verhalten während der Trinkwasseraufbereitung, in: Gewässerschutz, Wasser, Abwasser, Bd. 209, Nr. 16, S. 1-11.

Shleifer, André (1985), A Theory of Yardstick Competition, in: Rand Journal of Economics, Vol. 16, Nr. 3, S. 319-327.

Stuchtey, Bettina (2002), Wettbewerb auf dem Markt für leitungsgebundene Trinkwasserversorgung: Möglichkeiten und Grenzen, Baden-Baden.

Webb, Michael und *David Ehrhardt* (1998), Improving Water Services through Competition, The World Bank Group, Note No. 164.

Winkler, Jens (2005), Wettbewerb für den deutschen Trinkwassermarkt: Vom freiwilligen Benchmarking zur disaggregierten Regulierung, Baden-Baden.

Zschille, Michael, Matthias Walter und *Christian von Hirschhausen* (2010), Ineffizienz und Strukturunterschiede in der Deutschen Wasserversorgung, Water Economics and Management Working Papers, WP-H2O-10, TU Berlin, TU Dresden, DIW Berlin.

Christian Müller, Frank Trosky und Marion Weber (Hg.)
Ökonomik als allgemeine Theorie menschlichen Verhaltens
Schriften zu Ordnungsfragen der Wirtschaft · Band 94 · Stuttgart · 2012

Bestimmungsgründe für eine optimale Größe der Europäischen Union

Dirk Wentzel

Inhalt

1. Geht die Europäische Union an Ihrem eigenen Erfolg zugrunde? 196

2. Methodische Ansätze zur Erklärung der Entstehung und des Zusammenwirkens von Staaten 198
   2.1. Effizienzüberlegungen zur Größe von Staaten 198
   2.2. Nationalstaatliche Ziele, die eigenständig realisierbar sind 201
   2.3. Ziele, die Kooperation mit anderen Staaten voraussetzen 203

3. Zwei verschiedene Integrationsparadigmen: Wettbewerb und Kooperation 205
   3.1. Wettbewerb als Entdeckungs- und Entmachtungsverfahren 206
   3.2. Kooperation als Lösungsansatz bei sozialen Dilemmata 207

4. Ökonomische Begründungen für internationale Institutionen 209
   4.1. Externalitäten, Skalenerträge und Risikoreduktion 209
   4.2. Netzwerkeffekte und Standardisierung 210
   4.3. Eine Kritik des ökonomischen Ansatzes aus Public Choice-Perspektive 212

5. Wirtschaftliche Integration in Europa als ordnungspolitische Gestaltungsaufgabe 213
   5.1. Erweiterung oder Vertiefung der Europäischen Union? 213
   5.2. Europa auf dem Weg in die Transferunion? 215

Literatur 216

1. Geht die Europäische Union an Ihrem eigenen Erfolg zugrunde?[1]

"Many of the most important events in history are associated with the consolidation or dissolution of states."

Donald Wittman (1991), S. 126

Im Jahre 1951 schlossen sich die ehemaligen Kriegsgegner Frankreich, Deutschland und Italien mit den Benelux-Staaten zur Montanunion zusammen. Die europäischen Gründungsväter *Jean Monnet*, *Robert Schumann* und *Konrad Adenauer* hatten die Idee, durch wechselseitige wirtschaftliche Kooperation neues Vertrauen in das durch zwei Weltkriege verwüstete Europa zu bringen (ausführlich *Judt* 2005). Diese sechs Gründungstaaten trafen sich auch 1957 auf dem Kapitol zur Unterzeichnung der Römischen Verträge und zur Gründung der Europäischen Wirtschaftsgemeinschaft (EWG). Die europäische Integration, die von Anfang an stark ökonomisch motiviert war, nahm ihren Anfang und wurde bis heute zur wirtschaftlichen und politischen Erfolgsgeschichte. Der europäische Binnenmarkt, die vier Grundfreiheiten des Güter-, Dienstleistungs-, Personen- und Kapitalverkehrs, das Schengener Abkommen und die Währungsunion haben Europas Gewicht als wirtschaftliche Weltmacht begründet. Noch nie zuvor in der Geschichte hat es einen vergleichbaren *freiwilligen* Zusammenschluss so vieler unabhängiger Staaten zu einer Union gegeben (siehe *El-Agraa* 2007; *Neal* 2007).

Sechzig Jahre nach der Gründung der Montanunion steckt die Europäische Union in der fundamentalsten Krise ihrer bisherigen Geschichte. 27 Länder sind derzeit Vollmitglieder, von denen sich zudem 17 zu einer Währungsunion zusammengeschlossen haben. Gerade wurde die Aufnahme Kroatiens als 28. Mitglied beschlossen; mit der Türkei und Mazedonien werden ergebnisoffene Aufnahmeverhandlungen geführt. Die Anziehungskraft Europas für neue Mitglieder scheint nach wie vor ungebrochen. Auch aus der Ukraine hört man in jüngster Zeit immer häufiger den Wunsch, das Land möge sich doch auf den Weg nach Europa machen.

Zugleich stehen Portugal, Spanien, Italien und Irland am Rande der Zahlungsunfähigkeit. Griechenland ist eigentlich bei objektiver Auslegung aller Kriterien seit 2010 zahlungsunfähig und müsste Insolvenz anmelden (ausführlich *Beck* und *Wentzel* 2011a und 2011b). Die Zustimmung in der Bevölkerung für Europa ist auf ein historisches Tief gesunken. Zwar hat es immer wieder Krisen in Europa gegeben (siehe *Verheugen* 2005)[2], und der „Zyklus der Reformen" (siehe *Kortenjann* 2007) ist Teil der europäi-

---

[1] Ich danke *Rahel Schomaker* ganz herzlich für eine kritische Durchsicht des Manuskripts und für kritische Anmerkungen.

[2] Beispiele für fundamentale europäische Krisen sind die Auseinandersetzungen zwischen England und Frankreich in den sechziger Jahren („Politik des leeren Stuhls" *de Gaulles*), die unterschiedlichen Auffassungen bezüglich der deutschen Wiedervereinigung 1990 oder der EWS-Zusammenbruch 92/93 usw. Europa ist im wahrsten Sinne des Wortes krisenerprobt, und jeder Fortschritt war gewissermaßen die Antwort auf eine Krise (ausführlich *Kortenjann* 2007).

schen Entwicklung, aber der gegenwärtige Rückhalt für die europäische Integration schwindet angesichts der dauerhaften und offensichtlich kaum lösbaren Finanz- und Währungskrise in bedrohlicher Weise. In vielen EU-Ländern – vornehmlich den sog. „Netto-Zahlern" – bilden sich rechtspopulistische Parteien wie die „wahren Finnen", die permanente Rettungsschirme und dauerhafte Zahlungen an Europa in Frage stellen. Die Zahl der sog. „Euroskeptiker" nimmt zu. Europa, so scheint es, könnte an seinem eigenen Erfolg zugrunde gehen. Am Rande des Treffens der europäischen Finanzminister in Breslau im September 2011 warnte der polnische Finanzminister *Rostowski* sogar vor einem neuen Krieg in Europa, wenn die Europäische Union ihre Existenzkrise nicht lösen kann (ausführlich http://euobserver.com/18/113625).

Ein Blick in die europäischen Geschichtsbücher zeigt, dass Europa seine Gestalt und Struktur permanent verändert hat (siehe *Judt* 2005). Staaten und Herrscher kamen und gingen, Grenzen veränderten häufig ihren Verlauf. In West- und Mitteleuropa gab es im 14. Jahrhundert etwa 1000 unabhängige politische Einheiten (siehe *Jones* 1988). Zu Beginn des 19. Jahrhunderts waren es gerade noch 25. Zusammenschlüsse von Regionen und Staaten waren ebenso an der Tagesordnung wie Sezessionen oder kriegsbedingte Spaltungen. Allerdings sind diese Entwicklungen keinesfalls zufällig oder allein durch irrationale Emotionen abgelaufen, sondern es liegen Verhaltensmuster vor, die mit einer Theorie der Größe und der Gestalt von Staaten zumindest ansatzweise erklärt werden können (vgl. *Tietzel* 1997, S. 97-104).

Als Folge des Zweiten Weltkriegs und des stark ausgedehnten Herrschaftsbereichs der Sowjetunion gab es eine Phase relativer Stabilität der Staatengebilde (hierzu *Judt* 2005), die primär militärisch durch das sog. „nukleare Gleichgewicht des Schreckens" verursacht wurde. Aber schon unmittelbar nach dem Ende der Sowjetherrschaft begann die europäische Entwicklung neue Energie zu entfalten – etwa mit der friedlichen Teilung der Tschechoslowakei in zwei unabhängige Staaten oder dem Austritt der baltischen Staaten aus der GUS und dem Eintritt in die EU. Vom „Ende der Geschichte", wie es *Francis Fukuyama* (1992) postuliert hatte, kann definitiv keine Rede sein. Und heute hat die europäische Einigung eine solche Dynamik angenommen, dass Veränderungen der politischen und wirtschaftlichen Rahmenbedingungen beinahe im Wochentakt erfolgen. Das größte Problem ist, dass niemand genau weiß, wo die Reise hingehen soll, etwa in Richtung Bundesstaat oder aber doch nur zu einer Art Staatenbund weiterhin selbständiger und unabhängiger Staaten. Die dauerhafte Stabilität von Integrationsgemeinschaften hängt jedoch sehr stark von dem Grad an wirtschaftlicher Homogenität in den Integrationsländern ab (ausführlich hierzu *Beck* 1998). Gerade diese Homogenität gerät aber zunehmend aus dem Gleichgewicht, wenn man die wachsenden Produktivitätsunterschiede zwischen den wirtschaftsstarken Nordländern und beispielsweise Griechenland betrachtet.

Die wirtschaftliche und ordnungspolitische Fragestellung, die hinter der europäischen Krise steckt und die neue Aktualität gewinnt, liegt offensichtlich auf der Hand: Hat die Europäische Union ihre optimale Größe bereits überschritten? Gibt es objektive, wissenschaftliche Argumente zur Bestimmung einer optimalen Integrationsgröße? Anders formuliert: Wäre eine Rückbesinnung auf ein kleineres, wirtschaftlich und politisch vergleichsweise homogeneres Europa eine bessere Alternative zum *Status quo*? Zur Lösung dieser Frage werden drei theoretische Argumente diskutiert.

Erstens wird die Theorie der optimalen Größe von Staaten vorgestellt und geprüft, ob diese Theorie auch auf die europäische Integration – also einen Verbund von Staaten – anwendbar ist. Eng damit verbunden ist auch die ‚Theorie optimaler Währungsräume' im Verständnis von *Mundell* und *Fleming*[3], die direkt auf die Probleme der Währungsunion anwendbar ist.

Zweitens wird das Verhältnis von Staaten zueinander analysiert. Wettbewerb und Kooperation sind dabei unterschiedliche Koordinationsmechanismen in Europa, die in ihrem jeweiligen Handlungskontext zu interpretieren sind und die unterschiedliche Wirkungen entfalten können. Zugespitzt formuliert: Braucht Europa derzeit mehr Wettbewerb oder mehr Kooperation, um die gegenwärtige Krise zu überwinden?

Drittens wird die ökomische Theorie internationaler Organisationen vorgestellt und auf die europäische Fragestellung angewandt. Diese Organisationen erfüllen häufig Funktionen, die nationale Regierungen aufgrund finanzieller und politischer Restriktionen nicht wahrnehmen können oder wollen. Diese Funktion werden oft vereinfachend als „Sündenbock-Theorie" bezeichnet. Ist die sog. Troika aus Europäischer Kommission, IWF und Europäischer Zentralbank vielleicht sogar ein Segen für Griechenland, weil nur so Reformen durchgesetzt werden können, die ohne den Druck von außen niemals politisch mehrheitsfähig wären? Vieles spricht dafür, dass auch Italien nicht von sich aus reformfähig ist und dringend auf externe Impulse angewiesen ist.

Aufbauend auf den theoretischen Argumenten und den empirischen Erkenntnissen über die Ursachen der aktuellen Währungs- und Staatenkrise werden abschließend zentrale ordnungspolitische Fragen der Europäischen Union diskutiert, etwa wie tief die EU integriert werden sollte, wie schnell und ob überhaupt weitere Kandidaten aufgenommen werden können und welche Koordinationsmechanismen den Gegebenheiten der EU am besten gerecht werden.

2. Methodische Ansätze zur Erklärung der Entstehung und des Zusammenwirkens von Staaten

2.1. Effizienzüberlegungen zur Größe von Staaten

Die Entstehung des Staates war Gegenstand vielfältiger politischer und philosophischer Theorien, so etwa schon sehr früh bei *Platon*, später bei *Thomas Hobbes*, der in der Literatur als „klassischer Realist" bezeichnet wird, bei *Machiavelli* und *John Locke. Jeremy Bentham* ging vor allem der Frage nach, in welchem Verhältnis internationales Recht und Reziprozität stehen, bei *Immanuel Kant* fand der Gesichtspunkt von Fortschritt und wechselseitigem Frieden besondere Beachtung. In gewisser Hinsicht liegt in

---

3 *Mundell* und *Fleming* haben parallel verschiedene Kriterien entwickelt, unter welchen Bedingungen zwei oder mehr Länder auf eine gemeinsame Währung zurückgreifen sollten. Diese Überlegungen sind in der Literatur als *Mundell-Fleming*-Modell optimaler Währungsräume bekannt geworden.

dieser Fragestellung sogar die moderne Volkswirtschaftslehre begründet, denn *Adam Smith* (1776) fragte nach den Bestimmungsfaktoren für den „Wohlstand von Nationen", gewissermaßen auch der Kern der hier vorliegenden Fragestellung.

Neben den Philosophen und Staatstheoretikern haben sich auch andere Forschungsgebiete mit der Gründung und dem Verhältnis von Staaten befasst, etwa die Theorie internationaler Beziehungen (IR; *international relations*) als Teilgebiet der Politikwissenschaft. Ein vergleichsweise neuer Ansatz wurde von *James Buchanan* (1984) vorgelegt, der als Begründer der ökonomischen Theorie der Verfassung gilt. Bei *Buchanan* gibt es drei Tätigkeiten, denen Menschen nachgehen können: Erstens die Produktion von Gütern und Leistungen, zweitens die Sicherung der erbrachten Leistungen – etwa vor Diebstahl – und drittens den Raub, also den Versuch, Leistungen Dritter illegal zu erwerben. Nach *Buchanan* ist aber nur die erste Tätigkeit produktiv und effizient im Sinne von leistungsschaffend. Wenn Bürger sich in einem freiwilligen Akt glaubwürdig versichern können, gegenseitig Eigentum zu respektieren, dann können Ressourcen aus den vergleichsweise unproduktiven Bereichen Sicherung und Betrug in produktive Bereiche gelenkt werden mit Vorteilen für alle Beteiligten. Die Staatsgründung ist in dieser Perspektive als Akt des wechselseitigen und freiwilligen Verzichts auf Raub und Betrug zur Sicherung langfristiger Vorteile zu interpretieren.

Auch *Tietzel* (1997, S. 98 f.) widmet sich der Frage nach der Entstehung und Veränderung von Staaten im Zeitablauf. Empirisches Anschauungsbeispiel sind bei ihm die Transformationsstaaten Osteuropas in den neunziger Jahren. Bei der Frage nach der optimalen Größe eines Staates sind theoretisch die Nutzen und die Kosten eines vergrößerten Staates gegenüber zu stellen. Vereinfachend kann angenommen werden, dass ein Staat mit wachsender Größe mehr Einnahmen erzielen kann, etwa durch gesteigerte direkte Steuereinnahmen oder auch durch gesteigerte indirekte Steuern, die mit intensiverer Handelstätigkeit einhergehen. Mit zunehmender Staatsgröße steigen also die Einnahmen, und es werden anfänglich *economies of scale* realisiert – etwa durch Einsparungen im Verwaltungsbereich.

Zugleich entstehen aber auch Herrschaftskosten, die bei der Optimierungsentscheidung zu berücksichtigen sind (vgl. *Tietzel* 1997, S. 99). Diese Kostenfunktion hat einen S-förmigen Verlauf: Je größer ein Land und je heterogener seine Bevölkerung wird, desto schwieriger wird die Verwaltung und desto höher werden die Kosten. Das Minimum der *durchschnittlichen Herrschaftskosten* definiert also die optimale Staatsgröße, die keinesfalls deckungsgleich mit der maximalen Staatsgröße ist. Die durchschnittlichen Herrschaftskosten fallen also bis zur optimalen Staatsgröße und steigen danach wieder an. Nach *Wittman* sind die „Effizienzüberlegungen" wesentlich wichtiger für die Erklärung der Existenz und der Veränderung von Staaten als militärische und ideologische Gründe:

> „When commitments are credible, then the size of the nations tend to the optimal (…). Two nations would join together (separate) if the economies of scale and scope and the synergy produced by their union created greater (smaller) benefits than costs. Militarism still might be used by the strong to exploit the weak, but the tribute paid by the weak would not necessarily be territorial" (*Wittman* 1991, S. 129).

Größenvorteile (*economies of scale*) und Nachbarschafts- oder Verbundvorteile (*economies of scope*) erklären also das Bedürfnis von Staaten, sich immer wieder an neue (Kosten-)Gegebenheiten anzupassen. Der Zerfall der Sowjetunion hat eindrücklich gezeigt, dass auch ein riesiger militärischer Komplex und ein politischer Überwachungsapparat (KGB) nicht ausreichen, um einen Staat zusammenzuhalten, wenn das Wirtschaftssystem und das gesamte Staatswesen ineffizient sind. Die ‚Verkleinerung' der Sowjetunion war hier also nicht nur politisch geboten, sondern zugleich die ökonomisch bessere Lösung.

Auch ist eine präferenznahe Bereitstellung öffentlicher Leistungen für die Staatsbürger in kleineren staatlichen Einheiten eher möglich. Sofern also die Präferenzen der Bürger entscheidungsrelevant sind, so etwa durch Wahlen, wird dies eine dezentrale Tendenz nach sich ziehen. Dies gilt jedoch nur, solange es nicht grenzüberschreitende Externalitäten sind, welche eine Zusammenarbeit oder gar eine Union verlangen, um eine Internalisierung dieser externen Effekte zu erzielen (*Oates* 1972 und 1999).

Interessant und aktuell ist die Frage, ob die Theorie der optimalen Staatsgröße sich auf die EU direkt anwenden lässt. Schon *Wittman* (1991, S. 129) geht auf diese Frage ein, und zwar lange bevor 1992 die Europäische Union mit dem Vertrag von Maastricht begründet wurde. Seiner Auffassung nach führt die Europäische Union (damals noch die European Economic Community) zu einer deutlichen Senkung der internationalen Transaktionskosten, zu einer Reduktion des Kriegsrisikos und zu einer Reduktion oder sogar völligen Beseitigung von Handelsschranken. *Wittman* vertritt die Hypothese, dass dann vermutlich die Größe von Staaten sinken wird – einfach weil der Nationalstaat gegenüber der Europäischen Integration kaum noch Vorteile bietet. *Berthold* und *Neumann* (2002) finden ebenfalls einen empirischen Zusammenhang zwischen der Ausweitung des Freihandels und der Größe von Staaten: Je mehr Freihandel existiert, desto weniger ist die Landesgröße von Bedeutung. Eine Ausweitung und gleichzeitige Vertiefung des Binnenmarktes würde also zu einer Abnahme der Bedeutung des Nationalstaates führen.

Die Abspaltung Sloweniens von Jugoslawien, die Unabhängigkeit der baltischen Staaten von der Sowjetunion wie auch die friedliche Teilung der Tschechen und Slowaken scheinen vollends mit den Hypothesen von *Wittman* kompatibel zu sein. Allerdings äußert sich der Autor nicht, wo und wann dieser Prozess enden könnte. Offensichtlich sind die ökonomischen Vorteile, am gemeinsamen Binnenmarkt ohne Handelshemmnisse teilnehmen zu können, enorm[4]. Gleichzeitig steigen jedoch die administrativen Kosten, wenn beispielsweise ESFS und Rettungsschirme finanziert werden müssen (siehe *Beck* und *Wentzel* 2011a und 2011b) oder durch die Ausgabe von Euro-Bonds sofort haushaltswirksame Mehrkosten entstehen, die zudem zu merklichen Einschrän-

[4] Diese Hypothese lässt sich vergleichsweise einfach quantifizieren, wenn man beispielsweise auf OECD-Zahlen zurückgreift, die die Kosten des internationalen Handels abschätzen. Währungssicherkosten, Zölle, Umgehung tarifärer und nicht-tarifärer Handelshemmnisse, Wartezeiten an Grenzen u.v.m. reduzieren die potentiellen Handelsgewinne deutlich. In Ländern, die die Vorteile des Binnenmarktes nutzen, entfallen diese Kosten. Gewinner sind sowohl der Verbraucher durch niedrigere Preise sowie auch der Staat durch gestiegene Steuereinnahmen.

kungen fiskalischer Handlungsspielräume führen. Die Europäische Währungsunion scheint die *maximal tragbare* Anzahl von Mitgliedern zu erreichen – und hat die *optimale* Anzahl wahrscheinlich schon überschritten.

Die Ausweitung der europäischen Integration wird auch mit der sog. neofunktionalistischen Theorie analysiert, wie sie beispielsweise von *Haas* (1958) und anderen entwickelt wurde. Deren wichtigste Idee ist, dass eine erfolgreiche Integration in einem funktionalen Bereich weitere Integrationsschritte in anderen funktionalen Bereichen nach sich zieht: Die europäische Dynamik kann also als ein spill-over-Effekt angesehen werden, der zwar keineswegs zwangsläufig erfolgt – im Sinne eines historischen Determinismus[5] –, jedoch eine Tendenz aufzeigt, in die die Entwicklung gehen könnte. Das Entwicklungsmuster, das von der neofunktionalistischen Theorie angedeutet wird, lautet wie folgt: Die grundsätzlich erfolgreiche Montanunion (1951) führte zur Gründung der Europäischen Wirtschaftsgemeinschaft (EWG). Diese ebenfalls wirtschaftlich erfolgreiche Integration lockte neue Mitglieder an – so auch die euroskeptischen Briten, die 1973 neben Irland und Dänemark die erste Erweiterungsrunde bildeten. Aus der gesteigerten Handelsintensität resultierte der Wunsch nach Errichtung eines Binnenmarktes, der letztlich 1986 in die Einheitliche Europäische Akte mündete. Größtes Handelshemmnis im gemeinsamen Markt waren die dann noch verbliebenen unterschiedlichen Währungen, deren Verschwinden erstmals mit dem sog. *Delors*-Report konkretisiert und nach dem Zusammenbruch der Sowjetunion realisiert wurde.

Die Logik der neofunktionalistischen Theorie ist einleuchtend und der Erklärungsgehalt – zumindest in ex post-Betrachtung – beachtlich. Die sog. Schrittmacher-Theorie ist im Kern neofunktionalistisch. In der jetzigen Krise würde man folgern, dass der Druck auf die europäische Geldpolitik und die EZB, die aus den Zwangsläufigkeiten der Währungsunion erwachsen, zu einer Vereinheitlichung der Fiskalpolitik und einer europäischen Wirtschaftsregierung führen könnte. Diese Schlussfolgerung dürfte sich aber als Trugschluss erweisen, denn die Fiskalpolitik und das Haushaltsrecht sind das eigentliche Kernstück der noch verbliebenen Nationalstaaten gemäß dem Grundsatz: ‚No taxation without representation'. Im Moment und vermutlich auch in absehbarer Zukunft existiert keine europäische Institution, die eine eigenständige fiskalische Autorität ausüben und auch über die Verteilung der Ausgaben entscheiden könnte.

2.2. Nationalstaatliche Ziele, die eigenständig realisierbar sind

Im Instrumentenkasten der Wirtschaftspolitik wird üblicherweise unterschieden zwischen Zielen, die ein Staat und dessen Wirtschaftsordnung allein erreichen können, und Zielen, bei denen er auf die Zusammenarbeit mit anderen Staaten angewiesen ist. Eigenständig erreichbare Ziele sind üblicherweise die Sicherung der Geldwertstabilität, die Gewährleistung eines hohen Beschäftigungsstandes, angemessenes Wirtschaftswachstum, ein stabiles System der sozialen Sicherung, Innovationen und hochqualifizierte Bildung, ein hohes Maß an Wohlbefinden in der Bevölkerung sowie die Wahrung kultureller Identität.

---

[5] Zu den Problemen eines historischen Determinismus siehe *Popper* (1965/87).

Neben den geografischen und klimatischen Bedingungen spielt vor allem der Zustand des Staates und seiner Verwaltung eine entscheidende Rolle, in welchem Ausmaß die genannten Ziele erreicht werden können. Wenn Rechtsstaatlichkeit und geeignete ordnungspolitische Rahmenbedingungen gesichert sind und gleichzeitig Korruption, Schattenwirtschaft und andere Begleiterscheinungen gescheiterter Staaten vermieden werden, dann können sich erfolgreiche Wirtschaftsregionen entwickeln. Diese Vermutungen lassen sich auch durch zahlreiche empirische Untersuchungen belegen, etwa denen von *Schneider* (2011) oder *transparency international*. Zunehmend finden diese Indikatoren für *good governance* auch Eingang in die Bewertungen der Rating-Agenturen, weshalb beispielsweise Italien in der Finanzkrise mehrere Herabstufungen seiner Kreditwürdigkeit hinnehmen musste. In der IR-Literatur gibt es eine intensive Debatte über die Gründe für gescheiterte Staaten (sog. ‚failed states') und für finanzielle Zusammenbrüche (siehe *Reinhart* und *Rogoff* 2009).

Bezogen auf die europäische Geschichte, hat es immer wieder sehr erfolgreiche Staaten gegeben, die auch dauerhaft Stabilität sichern konnten – man denke nur an die Schweiz. Andere Staaten hingegen waren weniger erfolgreich und haben vergleichsweise schwächere Wirtschaftsleistungen erreicht, sogar dann, wenn sie durch glückliche geografische und geologische Umstände besonders ressourcenreich waren[6]. Bis zur Einführung des Euro 1999 (als Buchgeld) bzw. 2002 haben die vergleichsweise schwächeren Länder in der EU – etwa Italien oder Griechenland – immer wieder die Produktivitätsrückstände über die Änderung der Wechselkurse ausgeglichen. Die Anpassung fand dann über die Handelsbilanz statt, und Differenzen wurden mit Schulden ausgeglichen. Diese Strategie der relativ geräuschlosen Adjustierung ist jedoch durch die Funktionsprinzipien der Währungsunion unmöglich geworden. Ein Land wie Griechenland kann sich gegenüber den ‚Nordländern' wie etwa Skandinavien, Deutschland, Holland und Österreich im Wettbewerb nicht halten, und die Einheitswährung deckt diesen Produktivitätsrückstand schonungslos auf.

Wendet man die Prüfkriterien der Theorie optimaler Währungsräume im Sinne von *Mundell* und *Fleming* an, dann ist Europa als Ganzes sicherlich kein optimaler Währungsraum. Wenn der Wechselkurs als Puffer entfällt, dann muss der Ausgleich der Produktivitätsdifferenzen über die zunehmende Faktormobilität im Inneren erfolgen. Ob der politische Wille hierzu in einem Europa der (Noch-)Nationalstaaten ausreicht, ist fraglich. Auch die Währungsunion hat vermutlich ihre optimale Größe bereits überschritten. *Moheit* und *Wentzel* (2008) untersuchen beispielsweise, welche der osteuropäischen EU-Länder beitrittsfähig wären, wenn die Maastricht-Kriterien hart und konsequent ausgelegt würden. Sie kommen dabei zu dem ernüchternden Ergebnis, dass sich die EU vermutlich währungspolitisch hin zu einem Europa der zwei (oder mehr) Geschwindigkeiten entwickeln wird. Ungarn beispielsweise verfehlt schon seit mehreren Jahren alle fünf Kriterien und dürfte auch in absehbarer Zukunft nicht zu einer Verbesserung der Daten fähig sein. Auch Polen, Tschechien und die Neu-Mitglieder Bulgarien

---

6 In der Literatur wird dieser Umstand als sog. „Ressourcenfluch" bezeichnet. Länder mit besonders reichen Ressourcenvorkommen leiden oftmals unter der Ausbeutung und Aneignung dieser Ressourcen durch wenige Personen, die ihren Herrschaftsanspruch oftmals durch Kriminalität und Korruption absichern wollen.

und Rumänien dürften langfristig nicht beitrittsfähig sein – selbst wenn der Euro schon heute spontane Geldfunktionen erfüllt und die heimischen Währungen zunehmend verdrängt. Und wer die Situation in Italien oder Griechenland analysiert, der erkennt, dass diese Länder eigentlich nicht hätten aufgenommen werden dürfen. Griechenland hat sogar bei der Konvergenzprüfung durch die Vorlage falscher Daten vorsätzlich getäuscht.

Zusammenfassend lässt sich also sagen, dass es für manche Staaten zweckmäßig sein könnte, wieder aus den harten Bedingungen einer Währungsunion auszutreten, um dadurch den Wechselkurs als Anpassungsinstrument zurückzugewinnen und nationalstaatliche Ziele kostengünstiger erreichen zu können.

2.3. Ziele, die Kooperation mit anderen Staaten voraussetzen

Andere wirtschafts- und gesellschaftspolitische Ziele sind hingegen nur in Zusammenarbeit verschiedener Staaten zu realisieren. Straftäter und organisierte Kriminalität machen nicht vor Landesgrenzen halt, die Klimaveränderungen betreffen ganze Regionen und Kontinente, und das Internet ist eine spontane und dezentrale Ordnung, in der der Nationalstaat praktisch keinerlei Rolle mehr spielt (hierzu *Geruschkat* und *Wentzel* 2003). Beispiele für kooperationsbedürftige Bereiche internationaler Wirtschaftspolitik wären etwa der Umwelt- und Klimaschutz, der Erhalt der Regenwälder, eine gesicherte und nachhaltige Energiepolitik, die dauerhafte Absicherung des Freihandels sowie der Ausbau der internationalen Kommunikation (Mobilfunk, Medien, Internet) oder die Absicherung des Luftverkehrs. Neben der Lösung eines inhaltlichen Problems ist also immer auch die eigentliche zwischenstaatliche Kooperation zu organisieren, die auf vier Ebenen stattfinden kann.

Erstens können spontane Kooperationen sowohl auf der Staaten- wie auch auf der Individualebene stattfinden. Wenn zwei Länder beispielsweise in einem von Erdbeben bedrohten Gebiet liegen, ist eine gemeinsame Risikovorsorge naheliegend und zumeist auch selbstorganisierend. Dies gilt auch für die Zusammenarbeit, etwa nach größeren und grenzübergreifenden Naturkatastrophen. Beide Staaten haben nur Vorteile aus ihrer Zusammenarbeit und können schnell zu Lösungen gelangen – eine klassische *win-win* Situation. Schwieriger wird es, wenn es sich um die Nutzung knapper Ressourcen handelt – beispielsweise die Ausnutzung von Erdöl-Reserven oder aber Wasser (hierzu siehe *Schomaker* 2010). Dann liegen potentielle Nutzungskonflikte vor, die in unterentwickelten Regionen leicht zu militärischen Konflikten führen können.

Zweitens können auch multinationale Unternehmen oder Nicht-Regierungs-Organisationen Initiator von länderübergreifenden Kooperationen sein. Grenzüberschreitend tätige Unternehmen integrieren Funktionen innerhalb einer wirtschaftlichen Einheit, die sonst über Märkte abgewickelt würden. Über diese Unternehmen kommt es dabei auch zur Angleichung von Standards und zur institutionellen Konvergenz dieser Länder.

Drittens ist eine Versammlung von Staaten als Kooperationsebene möglich. Diese Treffen können regelmäßig – etwa die Treffen des Europäischen Rates oder der G8 – oder fallweise erfolgen. Bilaterale oder multilaterale Absprachen, etwa der deutschfranzösische Gipfel oder das G20-Treffen in Pittsburgh 2008 im Anschluss an den Zusammenbruch von *Lehman Brothers*, zeigen, dass Staaten durch abgestimmtes Verhalten Krisenfolgen abmildern können. Ob aber Interessenkonvergenz vorliegt, kann a priori nicht festgelegt werden: So sind die tatsächlichen Entscheidungen zur Verbesserung der Finanzmarktregulierung beim Treffen in Pittsburgh eher dürftig ausgefallen.

Viertens können Regelungen auf der Ebene internationaler Institutionen gefunden werden. Die Uno, der IWF, die UNESCO sind Beispiele für internationale Organisationen, die Ländern helfen wollen, gemeinsame Probleme friedlich zu lösen. Nicht immer arbeiten solche Institutionen effizient: Die schiere Größe – etwa der UNO – und die Probleme der Entscheidungsfindung und Abstimmungsregeln – beispielsweise im UNO-Sicherheitsrat – führen dazu, dass in solchen Organisationen nur sehr langsam und mühsam Entscheidungen gefällt werden.

Internationale Organisationen lassen sich nach verschiedenen Gesichtspunkten typologisieren. Zu nennen wären etwa:

1. *Intergouvernemental regionale Organisationen* wie beispielsweise die NATO. Diese war ursprünglich auf bestimmte Länder begrenzt und als Gegengewicht gegen ein anderes politisches und militärisches Bündnis gedacht, die Staaten des Warschauer Paktes im Umfeld der Sowjetunion. Am Beispiel der NATO lässt sich gut zeigen, dass sich Ziele einer solchen Organisation relativ rasch ändern können und dass sich auch die Teilnehmer durchaus verändern können.

2. *Intergouvernemental universal spezifische Organisationen* wie beispielsweise die Weltgesundheitsorganisation (WHO) haben ein klar definiertes Ziel, etwa die Seuchenbekämpfung, bei dem in der Regel auch Interessenhomogenität herrscht. Bei diesen Organisationen treten vor allem Probleme auf, wie sie aus der Theorie öffentlicher Güter bekannt sind. Wenig entwickelte Staaten haben oftmals nicht die materiellen Ressourcen – aber auch keine glaubwürdigen Anreize, sich an der Finanzierung zu beteiligen. Sie können darauf vertrauen, im tatsächlichen Krisenfall von der Weltgemeinschaft gerettet zu werden.

3. *Intergouvernemental universal allgemeine Organisationen* dienen dem grundsätzlichen Interessenaustausch der Staaten: Die UNO wäre hier das Beispiel. Der Wert der UNO liegt sicherlich in der grundsätzlichen Möglichkeit, ein weltöffentliches Forum zu besitzen, auf dem internationale Sachverhalte besprochen werden können. Allerdings zeigen die Geschichte der UNO und auch die nüchterne Analyse des institutionellen Arrangements, dass keine wirtschaftliche und/oder militärische Supermacht sich der UNO unterordnen würde. Die permanenten Veto-Blockaden im Weltsicherheitsrat zeigen, dass diese Institution ein überholtes Relikt aus der Nachkriegszeit ist, die in dieser Form (und mit diesen Regeln) nutzlos ist und die eigentlich an die neuen weltpolitischen Gegebenheiten angepasst werden müsste.

4. Supranationale Organisationen übernehmen Funktionen des Nationalstaates und erhalten Kompetenzen aus dessen Einflussbereich. Hier wäre etwa die Europäische Gemeinschaft für Kohle und Stahl als historisches Beispiel zu nennen, aber auch aktuell die Europäische Zentralbank, die die Geldversorgung in allen Staaten der Eurozone übernommen hat. Supranationale Organisationen sind dadurch gekennzeichnet,

dass die Staaten, die freiwillig Souveränität abgeben, eine besonders glaubwürdige Form der Selbstbindung wählen. Allerdings bedarf es einer strikten Absicherung dieser Regeln im nationalen Recht, da es im Konfliktfall sofort Nachverhandlungen geben wird. Entscheidend ist, ob die Abgabe nationalen Rechts an supranationale Institutionen auch im Konfliktfall nachverhandlungssicher ist. Die gegenwärtige Krise des Euro und die schleichende Umwandlung der EZB in eine ‚*bad bank*', die zunehmend Anleihen maroder Staaten aufkauft, lassen hier Zweifel aufkommen (hierzu *Beck* und *Wentzel* 2011a und 2011b).

5. Transnational spezifische Organisationen sind primär zwischen den Bevölkerungsgruppen verschiedener Länder angesiedelt – etwa Religionsgemeinschaften oder NGOs wie beispielsweise *Amnesty International*. NGOs haben in den letzten Jahren stark an Bedeutung zugenommen und dürften in naher Zukunft weiter an Einfluss gewinnen. Allerdings ist diese Entwicklung keinesfalls unproblematisch, denn die demokratische Legitimation ist sehr dünn, und die Aktionsformen – etwa von Greenpeace – sind oftmals sehr auf kurzfristige Medienaufmerksamkeit ausgerichtet. Mit einem geordneten Staatswesen sind diese NGOs in der Regel nicht vergleichbar.

Wendet man diese institutionellen Klassifizierungen auf die EU an, so fällt auf, dass es sich offensichtlich um eine sehr komplexe und einzigartige internationale Organisation mit regionalem Schwerpunkt handelt. 27 nach wie vor unabhängige Nationalstaaten sind im größten Binnenmarkt der Welt zusammengefasst. 17 Staaten haben eine gemeinsame Währung eingeführt und damit ihre geldpolitische Souveränität an die EZB abgegeben, drei Staaten haben sich hingegen von vorneherein für ein ‚*opting out*' entschieden und die nationalen Währungen beibehalten. Sieben andere Staaten sind vermutlich längerfristig nicht in der Lage, die Gemeinschaftswährung zu übernehmen, obwohl die EU-Verträge dies eigentlich zwingend vorschreiben. Es gibt einerseits eine gemeinsame Außen- und Sicherheitspolitik (GASP), andererseits aber keine gemeinsame Linie in aktuellen militärischen Fragen – etwa der Haltung der europäischen Staaten gegenüber den arabischen Staaten der sog. „Arabellion" und speziell in Lybien.

Diese permanente Zwitter-Identität der Europäischen Union macht es zum Teil sehr schwierig, zu verstehen, für welche politischen und wirtschaftlichen Ziele die EU eigentlich steht. Nicht zuletzt vor diesem Hintergrund sind die Reformen des Lissabon-Vertrages zu verstehen, dass der Europäische Rat einen permanenten Präsidenten (*Herman van Rompoy*) und die europäische Außenpolitik eine permanente hohe Vertreterin für Außen- und Sicherheitspolitik bekommen (*Catherine Ashton*). Europa soll ein Gesicht erhalten, und die gewählten Repräsentanten sollen den (schwierigen) Versuch unternehmen, mit einer Stimme zu sprechen und die heterogenen Interessen der Nationalstaaten anzugleichen.

3. Zwei verschiedene Integrationsparadigmen: Wettbewerb und Kooperation

Wettbewerb und Kooperation sind zwei zentrale Koordinationsmechanismen innerhalb marktwirtschaftlicher Ordnungen. Beide entfalten ihre Wirkung in spezifischen Handlungskontexten und stehen komplementär zueinander. Beide Koordinationsmechanismen sind auch innerhalb der Europäischen Union vorhanden und haben dazu beigetragen, dass bestimmte Sektoren aus der nationalen Protektion in den gemeinsamen Binnenmarkt überführt werden konnten.

3.1. Wettbewerb als Entdeckungs- und Entmachtungsverfahren

Der Wettbewerb erfüllt wichtige Funktionen für eine dezentrale Wirtschaftsordnung. Nur durch wettbewerblichen Druck entsteht der Anreiz, neues Wissen zu schaffen. Damit wird der Wettbewerb zu einem Instrument, um bestimmte wirtschaftliche und politische Ziele zu erreichen. Wettbewerb ist kein Selbstzweck, sondern, ganz in der Diktion *Hayeks*, ein zentrales Entdeckungs- und Entmachtungsverfahren. Eine marktwirtschaftliche Ordnung ist im Prinzip nichts anderes als eine „Wirtschaftsverfassung des Wettbewerbs" (*Walter Eucken*). Diese wird gestaltet durch konstituierende und regulierende Prinzipien. Wettbewerb bedarf der Regeln und auch der Regelüberwachung, denn unregulierter Wettbewerb hat die Tendenz zur Selbstausschaltung.

Üblicherweise wird der Wettbewerb auf Individuen, auf den Sport oder auf Unternehmen bezogen. Aber auch Staaten stehen im Wettbewerb zueinander. Die europäische Geschichte ist eine Geschichte der Migration von Menschen, die in für sie lebenswertere Regionen abwandern[7]. Attraktive Staaten (Klima, Rechtssicherheit, Standortvorteile etc.) ziehen mobile Produktionsfaktoren (Kapital, qualifizierte Arbeit) an. Dieser Wettbewerb verhindert beispielsweise, dass nationale Verteilungskoalitionen Produktionsfaktoren opportunistisch ausbeuten können – etwa durch hohe Steuern. Im Sinne von *Charles Tiebout* führt Systemwettbewerb zu einer besseren Orientierung an den jeweiligen Präferenzen der Bevölkerung und mehr Effizienz – dies wird gewährleistet durch die ‚Exit-Option' (*voting with the feet*), also den möglichen Austritt nicht nur von Individuen, sondern auch ganzer Bevölkerungsgruppen aus einem Staat im Sinne einer Sezession oder eines ‚Opting-Out' (*Berthold* und *Neumann* 2002).

Kritiker des Wettbewerbs von Staaten hingegen befürchten einen ‚race to the bottom', einen Verdrängungswettbewerb nach unten. Die jüngsten Turbulenzen in der Finanzmarktkrise nach 2008 bestätigen, dass diese Argumente nicht von der Hand zu weisen sind. Die Deregulierung der Finanzmärkte hat auch dazu beigetragen, dass Banken viel zu hohe Risiken in Relation zu ihrem Eigenkapital eingegangen sind – immer in der Gewissheit, dass sie im Schadens- und Konfliktfall durch die Staaten gerettet werden würden (ausführlich *Beck* und *Wienert* 2009). Die Möglichkeit, Gewinne zu privatisieren und gleichzeitig den Steuerzahler in Generalhaftung für mögliche Verluste zu nehmen, ist ein klares Zeichen dafür, dass die Wettbewerbsordnung der Banken nachgebessert werden muss. Die Auslagerung von besonderen Risiken aus den Bankbilanzen in sog. Zweckgesellschaften (*special purpose vehicles*) ist ein klarer Regelverstoß und eine Durchbrechung des Haftungsprinzips, das für eine marktwirtschaftliche Ordnung fundamental ist. Hier muss die europäische Wettbewerbsordnung dringend nachgebessert werden.

---

7 Bei der sog. Völkerwanderung zog es germanische Stämme in Richtung Italien – primär aus klimatischen Gründen (ausführlich *Wentzel* 2010). Heute sind die Wanderungsgründe zwar wesentlich komplexer, aber im Grundsatz unverändert.

In Europa manifestiert sich der positive Wettbewerbsgedanke vor allem in den vier Grundfreiheiten der Einheitlichen Europäischen Akte. Die Freiheit des Güterverkehrs, des Dienstleistungsaustausches, des Kapital- und des Personenverkehrs sind das grundlegende wirtschaftliche Ordnungsprinzip des modernen Europa. Durch den Wegfall der Grenzen und die vollständige Freiheit des Gütertausches und zugleich vollständige Faktormobilität wird nicht nur das Handelsoptimum erreicht – wie etwa in der Freihandelszone oder in der Zollunion –, sondern es wird auch das Produktionsoptimum erzielt, weil Unternehmen ihre Produktionsstandorte frei wählen können und eine nahezu optimale Allokation der Produktionsfaktoren erzielt wird.

Für die europäischen Verbraucher sind diese Grundfreiheiten sehr nützlich – wenngleich sie kaum noch als spezifische „europäische Errungenschaft" wahrgenommen werden. Die Grundfreiheiten betreffen nahezu jeden Lebensbereich, von den Lebensmitteln (*Cassis de Dijon*-Urteil) bis zu den Finanzdienstleistungen, von der Automobilbranche bis zu Profifußballern (*Bosman*-Urteil). Der Europäische Gerichtshof hat auch mit der Gewährung der europäischen Presse- und Meinungsfreiheit zentral dazu beigetragen, dass öffentlich-rechtliche Rundfunkmonopol in Deutschland aufzubrechen (siehe *Wentzel* 2002) ebenso wie er zahlreiche andere Monopole geöffnet hat.

3.2. Kooperation als Lösungsansatz bei sozialen Dilemmata

Wettbewerb kann unter bestimmten Ordnungsbedingungen auch nachteilige Wirkungen entfalten. Die moderne Spieltheorie und mehr noch die experimentelle Wirtschaftsforschung haben hierzu zahlreiche Beispiele und Erklärungsmuster geliefert. Diese Überlegungen lassen sich auf die Institutionenökonomik[8], aber auch auf Fragen internationaler Organisationen und der europäischen Integration anwenden. Viele aktuelle Forschungsbeiträge in der Theorie internationaler Beziehungen haben einen spieltheoretischen und empirischen Hintergrund.

In wirtschaftlichen und politischen Interaktionen treten häufig Situationen auf, in denen ein Vorteil eines Spielers einen Nachteil für den anderen bedeutet – sog. Nullsummenspiele. Deshalb basieren viele spieltheoretische Modelle auf Konflikten zwischen Spielern, die konträre Interessen haben – wie häufig in Situationen des Wettbewerbs. Der Effekt der individuellen und kollektiven Selbstschädigung durch eigeninteressiertes Verhalten wird in der Spieltheorie vornehmlich anhand des Gefangenendilemmas und ähnlicher Spiele analysiert (siehe hierzu *Wentzel* 2000). Annahmegemäß gibt es im Gefangenendilemma eine Auszahlungsmatrix, die allen bekannt ist und die bestimmte formale Bedingungen erfüllt[9]. Kommunikation zwischen den Spielern ist nicht möglich, bzw. Absprachen sind nicht bindend (‚*cheap talk*').

Im einfachen Gefangengendilemma existieren bekanntlich für jeden Spieler zwei Entscheidungsalternativen. Jeder Spieler kann kooperieren (C) oder defektieren (D).

---

[8] Zum Ordnungsbezug der Spieltheorie und zu Anwendungsmöglichkeiten vgl. *Wentzel* (2000).

[9] Die Auszahlungsmatrix erfüllt die Bedingung $R < T + S * ½$, weil nur dann die Defektion in der Berechnung lohnenswerter ist als Kooperation (vgl. *Axelrod* 1984). *Axelrod* verwendet die Werte R=3; T=5; D=1; S=0.

Gegenseitige Kooperation (C/C) wird belohnt durch die Auszahlung (3/3), beidseitige Defektion (D/D) wird bestraft und führt zur schlechteren Auszahlung (1/1). Bei ungleicher Entscheidung (also C/D oder D/C) wird der kooperierende Spieler bestraft, und er erhält „das Entgelt des Dummkopfes", also keine Auszahlung, während der nichtkooperative Spieler mit dem „Lohn der Versuchung" in Höhe von fünf Auszahlungseinheiten belohnt wird. Das bekannte Ergebnis des Gefangenendilemmas ist, dass die gegenseitige Defektion ein stabiles Gleichgewicht darstellt. Es handelt sich um ein sog. *Nash*-Gleichgewicht.

Das Gefangenen-Dilemma zeigt, dass die enge Verfolgung eines Einzelinteresses individuelle und kollektive Schädigungen hervorrufen kann. Die Anwendung auf Fragen des Verhältnisses von Staaten zueinander und internationaler Organisationen ist allgegenwärtig und wissenschaftlich eindeutig nachvollziehbar. Viele Fragen der internationalen Ordnung sind durch Grundzüge des Gefangenendilemmas gekennzeichnet, in denen wechselseitige Kooperation *Pareto*-superiore Lösungen erbringen würde. Häufig ist es jedoch sehr schwierig, in komplexen Problemlagen zu kooperativen Lösungen zu gelangen, wie folgende Beispiele zeigen:

- Alle Staaten haben ein gemeinsames Interesse an einer funktionierenden und stabilen Finanzordnung, aber gleichzeitig existiert die große Versuchung, sich durch spezielle Vergünstigungen für die eigenen Banken oder Unternehmen Vorteile zu verschaffen. Jedes Land hat Angst, „seinen" Finanzplatz zu schädigen.
- Alle Staaten haben ein gemeinsames Interesse, die Effekte des Klimawandels in den Griff zu bekommen, aber kein Land ist bereit, hierfür scharfe Einschnitte bei der eigenen Industrie (und damit bei Arbeitsplätzen und Wählerstimmen) hinzunehmen. Jeder wartet auf den ersten Schritt des anderen, um selbst keine Nachteile zu erleiden.
- In Europa haben alle Staaten ein gemeinsames Interesse, eine Europäische Fußball-*Championsleague* zu organisieren, bei der alle teilnehmenden Mannschaften gleiche Startchancen haben – hier wäre von einer *Financial Fair Play*-Regel zu sprechen, wie sie derzeit von der UEFA geplant wird. Allerdings sind viele Länder nicht bereit, ihren Vereinen Auflagen beim Lizensierungsverfahren zu erteilen, die notwendig wären, um Wettbewerbsverzerrungen zu beseitigen.

Wenn eine solche Patt-Situation in wirtschaftlichen und politischen Fragen erkannt wird, dann stellt sich die Frage, wie die beiderseitige Anwendung einer kooperativen Strategie, die für beide Spieler zu einem besseren Ergebnis führt, erreicht werden könnte. Grundsätzlich sind Lösungen möglich durch direkte spontane Kooperation oder durch einen gesteuerten Prozess, in dem neue Regeln entwickelt werden. Spontane Kooperationen sind dann möglich, wenn beide Spieler miteinander offen kommunizieren und die Ergebnisse auch glaubwürdig und rechtlich durchsetzbar manifestieren – mithin also die eigentliche Annahme des *cheap talk* aufheben. Wie schwierig es in der Realität ist, solche zwischenstaatlichen Verträge *nachverhandlungssicher* zu gestalten, zeigt die aktuelle Euro-Krise. Würden sich die Euro-Länder an die Konvergenzkriterien halten – wie es die EU-Verträge zwingend vorschreiben –, wäre es zur jetzigen Krise erst gar nicht gekommen. Ohne Zweifel müssen die EU-Verträge mittelfristig ergänzt werden um Sanktionsmittel gegen vertragsbrüchige Staaten, ohne die eine Regelbefolgung kaum erwartet werden kann.

In Europa manifestiert sich die Idee der Kooperation vorwiegend in politischen Konferenzen, im Europäischen Recht und der Rechtsprechung des EuGH und vor allem auch in der Arbeit der Europäischen Kommission, dem genuin europäischen Organ, das allein das Gemeinschaftsinteresse verfolgt und deshalb auch oberhalb der Nationalstaaten angesiedelt ist. Die Kommission hat es immer wieder geschafft, Anstöße zu geben, um Staaten zur Kooperation bei der Regelentwicklung und Marktöffnung zu motivieren. Ein positives Beispiel für eine solche Aktivität ist die europäische Telekommunikationsregulierung, die sich insgesamt sehr zum Vorteil der Verbraucher entwickelt hat. Anfänglich war die Mobilkommunikation auf Landesgrenzen beschränkt, und die einzelnen Netzbetreiber konnten sich nicht auf technische Standards einigen, bis die Kommission die Marktteilnehmer gezwungen hat, eine gemeinsame Lösung zu finden. Nachdem eine gemeinsame technische Lösung gefunden war, konnte sich der Leistungswettbewerb verschiedener Anbieter erst richtig entfalten. Und auch das *roaming*-Problem, also die grenzüberschreitende Abrechnung der Mobilfunkkosten, konnte durch die Kommission durchgesetzt werden.

Kooperation ist aber keineswegs eine Patentlösung, die jedes Koordinationsproblem lösen könnte. Bei gemeinsamen Verhandlungen gibt es immer wieder strategische Verhaltensweisen, Veto-Rechte und daraus abgeleitete Erpressungsversuche einzelner Staaten – die Entstehungsgeschichte des Lissabon-Vertrages ist hierfür ein ideales Anschauungsbeispiel. Buchstäblich bis in die letzte Verhandlungsnacht haben einige Staaten massiv versucht, eigene Interessen ohne Rücksicht auf das Gesamtziel des Vertrages durchzusetzen. Ein weiteres negatives Beispiel für ein völlig überzogenes Verständnis von Kooperation ist der immer wiederkehrende Versuch, eine europäische Industriepolitik zu implementieren, „nationale Champions" besonders zu fördern und durch staatliche Vorgaben Innovationen in bestimmte Richtungen zu lenken.

Zudem ist zu bedenken, dass mit steigender Mitgliederzahl in der EU auch die Abstimmungskosten steigen, und zwar exponentiell. Auch unter diesem Gesichtspunkt scheint es so zu sein, dass die EU an die Grenze ihrer maximal tragbaren Mitgliederzahl angelangt ist und die optimale Anzahl bereits überschritten hat.

4. Ökonomische Begründungen für internationale Institutionen

In der ökonomischen Theorie internationaler Organisationen gibt es verschiedene Argumentationsmuster. Einerseits wird die Entstehung dieser Organisationen mit externen Effekten, mit Skaleneffekten und mit Institutionen zur Risikoreduktion begründet, andererseits werden Argumente aus der Netzwerktheorie und der ökonomischen Theorie der Standardisierung vorgetragen. Alle diese Theorien sind anwendbar auf die vorliegende Frage nach der optimalen Größe der Europäischen Union.

4.1. Externalitäten, Skalenerträge und Risikoreduktion

Externe Effekte bezeichnen üblicherweise Einflüsse einer Wirtschaftseinheit auf eine oder mehrere andere, die nicht der Steuerung durch den Preismechanismus unterliegen.

Der Rechnungszusammenhang ist nicht geschlossen, und es wird also keine optimale Gütermenge bereitgestellt. Positive Externalitäten werden zu wenig bereitgestellt – etwa Forschungsergebnisse –, weil die Nutzen nicht exklusiv verwertet werden können. Negative externe Effekte hingegen werden tendenziell zu viel produziert – beispielsweise Umweltverschmutzung oder die Übernutzung von natürlichen Ressourcen –, weil die Schädiger keinen Anreiz auf Unterlassung bzw. Reduktion haben.

Externe Effekte treten auch im länderüberschreitenden Kontext auf: International wirkende Externalitäten können also zur Folge haben, dass öffentliche Güter in zu geringem Umfang zur Verfügung gestellt werden. Auch die Frage, wie der Rechnungszusammenhang geschlossen werden kann, ist zunehmend schwieriger, wenn unterschiedliche Rechtssysteme involviert sind. Beispiele hierfür wären die Verteidigung, Maßnahmen im Kampf gegen den internationalen Terrorismus, Investitionen in Forschung und Entwicklung, die Durchsetzung einer internationalen Rechtsordnung, die Durchsetzung des Freihandels, die Reduktion der Umweltbelastung oder auch – ganz aktuell – die Durchsetzung von Regeln gegen eine Übernutzung von Fischbeständen.

Gemäß der bereits erwähnten funktionalistischen Theorie haben in den letzten 200 Jahren die Interdependenzen stark zugenommen, so dass die Wirkung der Externalitäten intensiviert wurde. Dies kann nur durch internationale Kooperation und durch internationale Organisationen in Verbindung mit einer Weiterentwicklung des Völkerrechts gemindert werden. Ein aktuelles Beispiel hierfür wäre die Entwicklung neuer Arzneimittel und pharmazeutischer Produkte, die aufgrund der riesigen Investitionssummen nur noch in einem internationalen Umfeld wirtschaftlich effizient durchgeführt werden kann. Ohne ein internationales Patentrecht und die faktische Möglichkeit der Durchsetzung, ohne Maßnahmen gegen Produktpiraterie und ohne Forschungskooperation würde es kaum noch Innovationen in der Medizin geben. Alle diese Maßnahmen der Rechtssicherung sind in internationalen Organisationen verankert.

Für die beteiligten Forschungseinrichtungen und Unternehmen resultieren hieraus viele Vorteile, denn es wird ein internationales Vertrauensgut geschaffen, das für die Marktentwicklung wichtig ist. Private Organisationskosten – etwa die Kosten der Entscheidungsfindung oder die Kosten internationaler Versicherungssysteme – reduzieren wirtschaftliche Erträge. Internationale Organisationen reduzieren diese Kosten; sie sind somit quasi eine Infrastruktur für den internationalen Handel und den internationalen Zahlungsverkehr.

4.2. Netzwerkeffekte und Standardisierung

Die traditionelle Sicht der Ökonomen beruht auf der Annahme sinkender Skalenerträge und Nutzungskonkurrenz. Eine Sache wird für einen Nutzer umso weniger attraktiv, je mehr andere diese gleichzeitig nutzen wollen. Beispiele hierfür sind die Nutzung von Autobahnen und anderer Verkehrsträger, die Wahl des Berufes („Lehrerschwemme"), oder das Skilaufen. Je größer die Nutzungskonkurrenz, desto unattraktiver wird das Gut für den Verbraucher bei normalen Gütern.

Netzwerk- oder Kommunikationsgüter hingegen sind dadurch gekennzeichnet, daß ihr Nutzen mit der Zahl der anderen Anwender steigt. Beispiele hierfür sind die Verwendung des Telefons, die internationale elektronische Kommunikation (e-mail), das Angebot von Service-Stationen oder in jüngster Zeit die Entwicklung der sozialen Medien (‚*social media*‘) wie beispielsweise *facebook*. Je mehr Leute in einem sozialen Netzwerk aktiv sind, desto attraktiver ist die Mitgliedschaft.

Das Problem ist, dass bei konstanten oder abnehmenden Skalenerträgen die Marktergebnisse relativ stabil und in gewisser Hinsicht auch prognostizierbar sind, beim Vorliegen von Netzwerkgütern hingegen viele, unvorhersehbare Ergebnisse möglich werden. Schon sehr kleine Ereignisse oder Veränderungen relevanter Parameter können durch Verstärkungsmechanismen in unbeabsichtigte Bahnen gelenkt werden, aus denen es dann nur noch schwer einen Ausweg gibt (‚*lock in*-Effekte‘). Dies kann dann dazu führen, dass ein früher Anbieter einen strategischen Vorteil erzielt (sog. *winner take all markets*), den nacheilende Wettbewerber nicht mehr kompensieren können.

Gemeinsame Standards reduzieren die Kosten des wirtschaftlichen Verkehrs und der Kommunikation: beispielsweise die Sprache, Verkehrsregelungen (Links- oder Rechtsverkehr) oder Technologien (Computerstandards). Die Frage ist, wer tatsächlich Standards festlegt und deren Zweckmäßigkeit bewertet. Grundsätzlich besteht die Gefahr, dass falsche Standards festgelegt werden oder aber dass Standards durch technologische Innovationen überholt werden, aber aufgrund von Pfadabhängigkeiten kaum mehr abgeändert werden können.

Folgende Effekte sind zu bedenken (ausführlich *Tietzel* 1994):

- Technische Standards bilden sich häufig zufällig heraus (z.B. die QWERTY-Tastatur) und sind keineswegs immer effizient – auch nicht auf Dauer. Die Abkehr von diesen einmal eingeschlagenen Pfaden ist aber aufgrund der Netzwerkseigenschaften und technologischer Pfadabhängigkeiten nur sehr schwierig möglich.
- Pinguin-Effekte[10] treten auf und führen zu Verzögerungen bei der Anwendung von Innovationen. Aus Angst vor der Adaption einer neuen Technologie warten alle, bis einer als erster die Technologie ausprobiert hat, und folgen erst, wenn sich diese Technologie im Feldversuch bewährt hat.
- Der Effekt der ärgerlichen Waisen (‚*angry orphants*‘) tritt auf: Existieren verschiedene neue Alternativen, so kann ein staatlicher Eingriff dazu führen, dass sich eine Technologie entscheidend durchsetzt und durch die Netzwerk-Effekte schnell eine völlige Marktbeherrschung erzielt. Zurück bleiben ärgerliche Waisen, die in die falsche Technologie investiert haben und die nun noch zusätzlich weitere Investitionen in die neue Technik vornehmen müssen.

Internationale Organisationen sind ausgesprochen hilfreich, um bei der Suche nach Standards zu helfen und die Qualität von Standards zu verbessern. Es kann verhindert werden, dass Ressourcen unproduktiv zur Durchsetzung suboptimaler Standards eingesetzt werden. Ebenfalls kann verhindert werden, dass bestimmte Standards zu Zwecken

---

[10] Der lustige Begriff Pinguin-Effekt resultiert aus der Beobachtung, dass Pinguine in der Regel sehr vorsichtig sind, wenn sie ins Wasser springen, weil sie nicht wissen, ob Raubfische im Wasser sind. Es wird also erst einmal ein „Freiwilliger“ gesucht, der vorspringt und prüft, ob alles sicher ist. Weitere Details finden sich bei *Tietzel* (1994).

des Protektionismus missbraucht werden. Die Europäische Union hat beispielsweise im Rahmen des Binnenmarktprogramms seit 1986 alle diejenigen Standards abgeschafft, die ausschließlich als Handelshemmnis gewirkt haben. Auch hier gilt das Argument, dass bei Gütern und Dienstleistungen, die eine länderübergreifende Infrastruktur benötigen, eine institutionelle Regelung auf internationaler Ebene existieren muss, die diese bereitstellt und dauerhaft sichert.

In Europa gibt es eine starke Tendenz zur Harmonisierung von technischen, rechtlichen und institutionellen Rahmenbedingungen. Hier besteht gleichzeitig die Gefahr, dass aus der (wünschenswerten) Harmonisierung von Standards eine (wenig zweckmäßige) bürokratische Zentralisierung wird, denn die „Vereinheitlichung" ist immer auch eine Beschränkung des Wettbewerbs und damit eine Reduktion von innovativen Potentialen.

Ordnungspolitisch zweckmäßig ist eine europäische Standardisierung nach dem Prinzip der Subsidiarität: Jedes auftretende Problem sollte zunächst auf der nächstgelegenen Gebietskörperschaftsebene gelöst werden. Eine „optimale" Integrationstiefe ist dann erreicht, wenn die Vorteile der Nutzung gemeinsamer Standards und Märkte gegenüber den Nachteilen der Vereinheitlichung maximal sind. Das Verhältnis von Wettbewerb und Harmonisierung (oder auch Zentralisierung) ist ein schwieriges Spannungsfeld zukünftiger europäischer Integrationspolitik, wie auch die aktuellen Bemühungen zeigen, in den Krisenländern wie etwa Griechenland (west-)europäische Wirtschaftlichkeitsstandards durchzusetzen.

4.3. Eine Kritik des ökonomischen Ansatzes aus Public Choice-Perspektive

Die bisher vorgestellten Theorie-Ansätze liefern positive wie auch normative Beiträge zur Erklärung internationaler Organisationen. Eine fundamentale Gegenposition wird von einigen Vertretern der Public-Choice-Lehre (etwa *Vaubel* 2009) vertreten: Sie lehnen die traditionelle Begründung für das Entstehen internationaler Organisationen grundsätzlich ab. Entscheidender Kritikpunkt ist in dieser Argumentation, dass die ökonomische Theorie internationaler Organisationen eine naive Sichtweise von Regierungen, Bürokratien und deren Eigeninteressen verwendet. Es liegt, so die Argumentation, eine viel zu optimistische Sichtweise staatlicher Institutionen und deren Leistungsfähigkeiten im Gegensatz zu privaten Handlungsoptionen vor. Internationale Absprachen werden dabei vornehmlich als Politikerkartell interpretiert, das nur zur Durchsetzung von deren Eigeninteressen dient:

- Internationale Konferenzen helfen, die Mediengunst und das Prestige des Politikers zu erhöhen.
- Die Absprachen werden häufig zu Verteilungsfragen zu Lasten Dritter getroffen. Dies erhöht gemäß *Olson* (1968) die Anzahl von Verteilungskoalitionen und kann die Wachstumskräfte schwächen.
- Die Verantwortung für unpopuläre Maßnahmen kann auf andere verschoben werden bei gleichzeitiger Privatisierung möglicher positiver Verhandlungsergebnisse (Sündenbock-Theorie).

- Der Marktmechanismus des „exit" und des „voice" nach *Hirschman* (1970) wird durch Politikerabsprachen blockiert.

Die Anwendung der Public Choice-Kritik auf die Europäische Integration ist durchaus bedenkenswert, insbesondere in den ordnungspolitischen Problemzonen – etwa der Agrarsubventionen oder bei der Industriepolitik. Allerdings sind einige Annahmen etwa bei *Vaubel* teilweise stark überzogen und wirken schon „ökonomistisch". Es gibt über das Eigeninteresse hinaus zahlreiche menschliche Verhaltensmotivationen[11] – dies gilt auch für Politiker und Beamte in der EU. Außerdem ist die Fundamentalkritik der Public Choice-Lehre auch schwierig für konkrete Politikberatung zu verwenden, da jede positive Analyse ja von der Existenz der bestehenden Organisationen ausgehen und im Rahmen dieser Bedingungen Empfehlungen entwickeln muss.

Auch die sog. Sündenbocktheorie hat durchaus positive Effekte und kann keineswegs nur negativ dargestellt werden. Die Deregulierung in der Telekommunikation, in der Energiewirtschaft und erst Recht im Transportwesen (TEN) wäre ohne die EU als Anstoß von außen in den meisten Ländern – auch und gerade in Deutschland – nicht durchsetzbar gewesen. Internationale Autorität ist häufig die einzige Möglichkeit, um nationale Verkrustungen im Sinne von *Mancur Olson* (1968) zu überwinden. Außerdem haben internationale Organisationen in jüngerer Vergangenheit durchaus als Schock-Absorber gewirkt, vor allem im Währungs- und Finanzbereich, aber auch bei der Verarbeitung externer Schocks – etwa den Attentaten auf das *World Trade Center* 2001.

Selbstverständlich muss man auch kritisch prüfen, inwiefern internationale Organisationen manche Krisen selbst herbeigeführt oder verstärkt haben – etwa durch die dauerhafte Ausweitung der Finanzierungsmöglichkeiten und der Liquiditätsversorgung. Viele Länder werden geradezu zu unsolider Finanzpolitik verführt, weil sie sich immer darauf verlassen können, vom Internationalen Währungsfonds im Zweifel herausgepaukt zu werden. Die Analyse von internationalen Organisationen muss also differenziert erfolgen, um deren Stärken und Schwächen zu erkennen, und kann nicht in einer pauschalen Ablehnung oder unkritischen Akzeptanz münden.

5. Wirtschaftliche Integration in Europa als ordnungspolitische Gestaltungsaufgabe

5.1. Erweiterung oder Vertiefung der Europäischen Union?

Aus den voranstehenden Theorien zu internationalen Organisationen lässt sich keine eindeutige, exakte Aussage ableiten, wann und wo die Europäische Integration enden wird (positive Analyse) oder enden sollte (normative Analyse). Wie in der Rechtswissenschaft und in juristischen Urteilen bedarf es der vergleichenden Abwägung zwischen Zielen, die nicht notwendigerweise gleichzeitig erfüllt werden können. Es besteht ein natürliches Spannungsfeld zwischen der Erweiterung und der Vertiefung der Europäi-

---

[11] Es sei hier verwiesen auf die zahlreichen Experimente, die empirisch eindeutig nachgewiesen haben, dass neben dem Eigeninteresse sowohl Reziprozität wie auch Fairness zu den stabilen menschlichen Verhaltensmotiven gehören. Ausführlich hierzu *Ockenfels* (1999).

schen Union: Mehr von dem einen Ziel bedeutet gleichzeitig weniger von dem anderen Ziel, ähnlich wie in der sog. ‚*impossible trinity*'[12]. Das heißt nicht, dass beide sich gegenseitig ausschließen. Aber es bestehen zumindest in Teilbereichen Zielkonflikte. Ein Blick in die vergleichsweise alte Literatur zur internationalen Ordnung ist in diesem Zusammenhang zweckmäßig, denn so schreibt *Wilhelm Röpke* (1954, S. 105 f.):

> „Wir haben mit der Feststellung zu beginnen, daß ein intensiver Wirtschaftsverkehr, der ja eine weitgestaffelte Arbeitsteilung und damit eine starke wechselseitige Abhängigkeit der Individuen einschließt, sich nur unter einer wesentlichen Voraussetzung entwickeln und erhalten kann. Die sich in diese Abhängigkeit Begebenden müssen sich in einem ihre Tauschbeziehungen und ihre daraus fließenden Ansprüche formell und materiell schützenden Rahmen moralisch-rechtlich-institutioneller Art geborgen fühlen, und zwar so weit, daß sie die mit diesem wohlstandssteigernden Verkehr verbundenen Risiken fortgesetzt auf sich nehmen können. ... Die wirtschaftliche Integration ... setzt immer eine entsprechende außerwirtschaftliche, ‚soziale' Integration im Sinne der genannten Rahmenbedingungen voraus."

Prinzipiell ist es denkbar, dass einzelne Länder eine sehr vertiefte Integration realisieren (etwa Frankreich und Belgien), vielleicht sogar gemeinsame politische und wirtschaftliche Institutionen nutzen. Die Nordländer sind sicherlich aufgrund ihrer hohen Homogenität geeignet, sehr weitgehende Angleichungen ihrer rechtlichen Rahmenbedingungen zu verwirklichen. Bei anderen Ländern ist eine so intensive Integration kaum realisierbar, etwa zwischen den Gründungsstaaten der Europäischen Union und einigen Staaten der „zweiten Welle", die nach 2004 aufgenommen wurden. Bis zum Fall der Mauer verfolgten die Europäer – auch aus politischen und militärischen Erwägungen – in erster Linie eine Vertiefungsstrategie, nach dem Fall der Mauer ist die Erweiterung dominant geworden. Dies führt zwangsläufig zu Konflikten. Ordnungspolitisch bedarf es aber der Abwägung zwischen den gegenläufigen Zielen, denn bei fortgesetzter Vertiefung gerät die mögliche Erweiterung schnell an ihre Finanzierungsgrenze. Oder anders herum formuliert: Bei fortschreitender Erweiterung ist eine Vertiefung nicht mehr realisierbar.

Ordnungskriterium zur Abwägung der tragbaren Vertiefung ist das Ausmaß an Binnenintegration zwischen zwei Wirtschaftsräumen, also die Integration der Märkte im Inneren. Binnenintegration setzt gemeinsame Werte und Rechtsgrundlagen voraus: Je höher das Ausmaß an Binnenintegration, desto wahrscheinlicher ist eine funktionierende Außenintegration – so schon *Wilhelm Röpke*. Anders herum betrachtet: Je heterogener das Ausmaß der Binnenintegration, desto unwahrscheinlicher ist eine funktionierende Außenintegration.

Aus der voranstehenden Systematik wird deutlich, dass zwei Länder A und B miteinander handeln können, wenn sie sich auf einen Güteraustausch einigen und den Preis und das Zahlungsmittel akzeptieren. Hierzu ist grundsätzlich noch keine internationale Organisation notwendig. Wenn sich die Länder aber um eine Ausweitung der Handelsintensität und eine Senkung der durch den Handel verursachten Kosten bemühen, kann die Gründung einer Freihandelszone oder – weitergehend – einer Zollunion zweckmä-

---

[12] Die *impossible trinity* umfasst die Ziele eines festen (stabilen) Wechselkurses, vollständiger Kapitalverkehrsfreiheit und einer vollständig unabhängigen Notenbank.

ßig sein. Bei der Einrichtung des gemeinsamen Marktes kommt dann noch die Faktormobilität hinzu: Ein Land gibt dann zumindest in Teilbereichen seine wirtschaftspolitische Autonomie auf, weil die mobilen Produktionsfaktoren kommen und gehen können, kann aber nach wie vor eigenständige wirtschafspolitische Ziele verfolgen, da es noch über die Wechselkursautonomie verfügt und Produktivitätsdifferenzen über den Wechselkurs ausgleichen kann.

Abbildung 1: Grafische Veranschaulichung des Integrationsprozesses

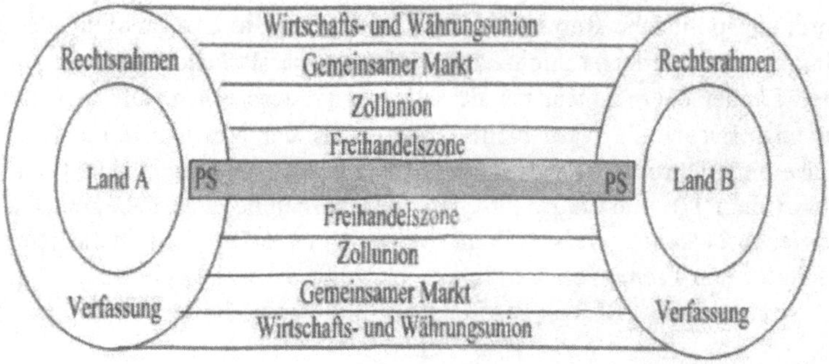

Quelle: *Wentzel* (1993).

Der letzte und am weitesten gehende Integrationsschritt hingegen, die Wirtschafts- und Währungsunion, führt *de facto* dazu, dass es in zahlreichen Ordnungsbereichen zu Rechtsangleichungen kommen wird und dass die Wirtschaftsverfassungen der teilnehmenden Staaten verschmelzen. Dies ist keine wirtschaftliche Zwangsläufigkeit im Verständnis der funktionalistischen Theorie, sondern eine politische Entscheidung, die man so treffen kann, aber keinesfalls treffen muss. Die Mitgliedschaft in der Währungsunion bietet viele offensichtliche Vorteile (hierzu *Issing* 2010), aber bringt zugleich unausweichlich auch Anpassungskosten mit sich. Wer diese Anpassungen scheut oder wirtschaftlich dazu nicht in der Lage ist, kann (und sollte) eigentlich nicht Mitglied einer Währungsunion sein. Der Vertiefung der EU sind also natürliche Grenzen gesetzt, wie sie letztlich auch in der Theorie optimaler Währungsräume dargelegt sind und wie sie die Stabilität von Integrationsgemeinschaften bestimmen.

5.2. Europa auf dem Weg in die Transferunion?

Angesichts der Dynamik der europäischen Integration und der Unwägbarkeiten der gegenwärtigen Finanz- und Staatenkrise erscheint es vermessen, eine Prognose über den Zustand der Europäischen Union in fünf Jahren zu wagen. Dennoch sind zwei Entwicklungen relativ klar vorhersehbar. Die fortschreitende Erweiterung der EU scheint an Fahrt zu verlieren. Inwieweit die Türkei, die Länder des Balkans und die ehemaligen GUS-Staaten integrierbar sein werden, wird sich zeigen. In jedem Fall dürften die Integrationskosten die möglichen Skalenvorteile aus dem vergrößerten Markt auf absehbare Zeit übersteigen. Außerdem ist kaum davon auszugehen, dass die osteuropäischen EU-Mitglieder den Euro werden einführen können. Vermutlich wollen sie es vor dem Hintergrund der griechischen Erfahrungen auch gar nicht mehr, um den Wechselkurs als Anpassungsinstrument für den Notfall zu erhalten.

Der gemeinsame Markt mit den vier Grundfreiheiten und dem zugleich garantierten freien Austausch von Ideen und Meinungen – Pressefreiheit gleichsam als fünfte Grundfreiheit – ist die sicherlich größte europäische Errungenschaft der Nachkriegsgeschichte. Gleichwohl nehmen die Integrationskosten immer stärker zu, so dass der Austritt aus der Europäischen Union eine ökonomisch attraktivere Option für manche Staaten – insbesondere die Nettozahler – werden kann.

Der ordnungspolitische Rubikon scheint in der Tat die Umwandlung der Europäischen Union in eine Transferunion zu sein, bei der die starken Länder die Defizite der schwachen Länder übernehmen, bis sie selbst daran zerbrechen. Die geplante Einführung der sog. Eurobonds wäre nichts anderes als der Versuch, eine Transferunion schrittweise einzuführen (siehe *Beck* und *Wentzel* 2011b). Es gibt noch kein europäisches Volk (‚demos'), und die Bereitschaft zur Übernahme einer unbegrenzten Haftung für ferne Nachbarvölker ist verständlicherweise begrenzt. Dies heißt nicht, dass europäische Solidarität ein Fremdwort ist: Schon jetzt gibt es zahlreiche Unterstützungsmaßnahmen (Strukturfonds, EFRE, Regionalbeihilfen etc.), die benachteiligte Regionen fördern.

„Voting with the feet" im Sinne des Modells von *Tiebout* ist die eigentliche europäische Alternative. Sie würde auch den Wettbewerb der Staaten und Systeme wieder verstärken. Wenn die junge Generation immer mobiler wird und sich aus den Zwängen des Nationalstaats verabschiedet, dann ist es ökonomisch absolut sinnvoll, vorhandene finanzielle Ressourcen in die Integration der Migranten zu investieren als in die dauerhafte Alimentierung maroder Staatswesen. Wie der Historiker *Judt* (2005, S. 24) es formuliert:

> „Doch seit den achtziger Jahren, und vor allem seit dem Ende der Sowjetunion und der Erweiterung der EU, steht Europa vor einer multikulturellen Zukunft. (...) ... die freiwilligen und unfreiwilligen Migranten aus unterschiedlich autoritären Staaten an den vorgeschobenen Grenzen Europas – sie alle haben London, Paris, Antwerpen, Amsterdam, Berlin, Mailand und viele andere Städte zu kosmopolitischen Weltmetropolen gemacht."

Diese Überlegungen sind durchaus kompatibel mit der weiter oben diskutierten Theorie von *Wittman* (1991), der im freien Handel und in freier Faktorwanderung das wichtigste Instrument zur Überwindung des Nationalstaates sieht. Ordnungspolitisch wären also ein Ausbau und eine Intensivierung der vier Grundfreiheiten empfehlenswert. Die Hinführung der Europäischen Union zu einer Transferunion mit einem unbegrenzten Überziehungskredit für Schuldnerstaaten dürfte sich jedoch als verhängnisvoller Weg für die weitere Integration erweisen.

Literatur

Axelrod, Robert (1984), The Evolution of Cooperation, New York.

Beck, Hanno (1998), Die Stabilität von Integrationsgemeinschaften: Überlegungen zur Osterweiterung der Europäischen Union, Wiesbaden.

Beck, Hanno und *Dirk Wentzel* (2011a), Ordnungspolitische Überlegungen zu Staatsinsolvenzen und einer Insolvenzordnung für Staaten, erscheint in: ORDO – Jahrbuch für die Ordnung von Wirtschaft und Gesellschaft, Bd. 62.

Beck, Hanno und *Dirk Wentzel* (2011b), Eurobonds – Wunderwaffe oder Sprengsatz für die Europäische Union, in: Wirtschaftsdienst, Bd. 91, S. 1-7.

Beck, Hanno und *Dirk Wentzel* (2011c) Sorry, wir sind pleite: Eine Insolvenzordnung für Staaten, in: Neue Zürcher Zeitung, 5. Oktober 2011.

Beck, Hanno und *Helmut Wienert* (2009), Anatomie der Weltwirtschaftskrise: Ursachen und Schuldige, in: Aus Politik und Zeitgeschichte, Nr. 20, S. 7-12.

Berthold, Norbert und *Michael Neumann* (2002), Opting-Out Klauseln und der europäische Einigungsprozess: Eine sezessionstheoretische Analyse, Wirtschaftswissenschaftliche Beiträge des Lehrstuhls für Volkswirtschaftslehre, Wirtschaftsordnung und Sozialpolitik, Nr. 56, Würzburg.

Buchanan, James M. (1984), Die Grenzen der Freiheit, Tübingen.

El-Agraa, Ali M. (2007), The European Union: Economics and Policies, Cambridge University Press.

Fukuyama, Francis (1992), Das Ende der Geschichte, München.

Geruschkat, Ralf und *Dirk Wentzel* (2003), Virtuelle Integration: Zur Rolle der Internet- und Medienwirtschaft im Integrationsprozeß, in: *Dieter Cassel* und *Paul Welfens* (Hg.), Regionale Integration und Osterweiterung der Europäischen Union, Stuttgart, Jena und New York, S. 157-186.

Haas, Ernst B. (1958), The Uniting of Europe, Stanford.

Hirschman, Albert O. (1970), Exit, Voice, and Loyalty: Responses to Decline in Firms, Organizations, and States, Cambridge MA.

Issing, Otmar (2010), Gefahr für die Stabilität, in: Frankfurter Allgemeine Zeitung, Nr. 263, 11. November 2010, S. 14.

Jones, Eric (1988), The European Miracle, 2. Auflage, Cambridge/Mass.

Judt, Tony (2005), Geschichte Europas: Von 1945 bis zur Gegenwart, München.

Kortenjann, Ansgar (2007), Der europäische Reformzyklus, Europäische Hochschulschriften, Frankfurt.

Moheit, Alexander und *Dirk Wentzel* (2008), The Stability Performance of Eastern European EU Members – Who can join the Eurozone, in: *Sanja Pfeifer* und *Dirk Wentzel* (Hg.), The Future of Monetary and Financial Stability in Europe, Osijek, S. 27-54.

Neal, Larry (2007), The Economics of Europe and the European Union, Cambridge.

Oates, Wallace E. (1972), Fiscal Federalism, New York.

Oates, Wallace E. (1999), An Essay on Fiscal Federalism, in: Journal of Economic Literature, Vol. 37, S. 1120-1149.

Ockenfels, Axel (1999), Fairneß, Reziprozität und Eigennutz, Tübingen.

Olson, Mancur (1968), Die Logik kollektiven Handelns, Tübingen.

Popper, Karl (1965/1987), Das Elend des Historizismus, 6. Auflage, Tübingen.

Reinhart, Carmen M. und *Kenneth Rogoff* (2009), This Time is Different: Eight Centuries of Financial Folly, Princeton and Oxford.

Röpke, Wilhelm (1954), Internationale Ordnung – heute, 2. Auflage, Stuttgart.

Schneider, Friedrich (2011), Schattenwirtschaft (Pfusch) und dessen Konsequenzen auf die Verteilung: Was wissen wir (nicht)?, Discussion Paper, Universität Linz.

Schomaker, Rahel (2010), Public Private Partnerships in der Wasserwirtschaft des Nahen Ostens und Nordafrikas, Stuttgart.

Smith, Adam (1776/1990), Der Wohlstand der Nationen, München.

Tietzel, Manfred (1994), Ökonomik der Standardisierung, in: *Manfred Tietzel* (Hg.), Ökonomik der Standardisierung, Sonderheft Homo Oeconomicus, Bd. 11, S. 339-347.

Tietzel, Manfred (1997), Sezessionen und neuer Nationalismus: Der räumliche Aspekt des Transformationsprozesses in den ehemaligen Ostblockstaaten, in: *Dieter Cassel* (Hg.), Institutionelle Probleme der Systemtransformation, Berlin, S. 95-122.

Vaubel, Roland (2009), The European Union as an Interest Group: The Dynamics of an Ever-Closer Union, London.

Verheugen, Günter (2005), Europa in der Krise: Für eine Neubegründung der europäischen Idee, Köln.

Wentzel, Dirk (2000), Der Ordnungsbezug der Spieltheorie, in: *Helmut Leipold* und *Ingo Pies* (Hg.), Zur Konzeption von Ordnungstheorie und Ordnungspolitik, Bestandsaufnahme und Zukunftsperspektiven, Stuttgart, Jena, und New York, S. 197-223.

Wentzel, Dirk (2002), Medien im Systemvergleich – Eine ordnungsökonomische Analyse des deutschen und amerikanischen Fernsehmarktes, Stuttgart, Jena und New York.

Wentzel, Dirk (2010), Die volkswirtschaftliche Bedeutung von Migration und ihre Medienwahrnehmung, in: Landeszentrale für politische Bildung Baden-Württemberg (Hg.), Migration, Heft 60, S. 34-41.

Wittman, Donald (1991), Nations and States: Mergers and Acquisitions: Dissolution and Divorce, in: American Economic Review, Vol. 81, S. 126-129.

Christian Müller, Frank Trosky und Marion Weber (Hg.)
Ökonomik als allgemeine Theorie menschlichen Verhaltens
Schriften zu Ordnungsfragen der Wirtschaft · Band 94 · Stuttgart · 2012

Mehr Europa?

Hans Willgerodt

Inhalt

1. Europa als Tatsache und Ziel 220

2. Das Problem des europäischen Zentralismus 221

3. Vom Sinn einer Ordnungspolitik für große Räume 225

Literatur 226

1. Europa als Tatsache und Ziel

Europa ist nicht einfach zu beschreiben, wenn das Ergebnis mehr sein soll als ein geographischer Begriff. Es hat in seinen verschiedenen Ländern eine sehr unterschiedliche Geschichte und Gegenwart. Trotz dieser Verschiedenheit gibt es Gemeinsamkeiten und nicht selten auch ein gemeinsames europäisches Bewusstsein, das vor allem nach dem Zweiten Weltkrieg spürbar geworden ist, obwohl oder vielleicht sogar weil diese Katastrophe ein europäischer Konflikt gewesen ist. Man hat die beiden Weltkriege auch als europäische Bürgerkriege bezeichnet und damit zum Ausdruck gebracht, dass Europa trotz aller Konflikte eine Art von gemeinsamer Bürgerschaft kennt, die immer wieder auf den verschiedensten Gebieten zum Vorschein gekommen ist. Es gab und gibt eine schwer abgrenzbare europäische Kultur, nicht selten verschüttet durch Gegensätze, aber doch immer wieder zum Vorschein kommend.

Was Europa in wechselhaften Formen im Laufe der Geschichte bedeutet hat, lässt sich trotz vieler die Jahrhunderte überdauernder Gemeinsamkeiten nicht in einfachen Begriffen erfassen. In der Gegenwart verbindet man damit vor allem ein Bewusstsein, dass innereuropäische Gegensätze mit friedlichen Mitteln überwunden werden sollten. Aber das Europäische geht weit darüber hinaus.

Einfach macht man es sich, wenn alles, was als gemeinsame günstige Entwicklungen in Europa empfunden wird, zugleich als „europäisch" bezeichnet wird. Vom Standpunkt gemeinsamer Werte aus erscheint dann das Europäische in vollem Glanz. Aber die Auffassungen darüber, was als günstig bewertet werden soll, sind in Europa nur teilweise einheitlich. Was man sich in und für Europa an Gemeinsamkeiten wünschen soll, ist und bleibt immer umstritten, auch wenn es sich für längere Perioden verfestigt hat. Die Frage, was in Europa sein soll, ist nahezu ein ewiger Bestandteil europäischen Denkens und europäischer Unsicherheiten.

Außerdem kann man nicht die Vorteile für günstig gehaltene Veränderungen in Anspruch nehmen, ohne zugleich damit verbundene Gefahren und Nebenwirkungen kennen zu lernen. Europa wurde stets von gesellschaftlichen und politischen Änderungen begleitet, und nur selten war es ein Hort der dauerhaften Stabilität. Die Suche nach dem Optimum in diesen Strömungen ist von jeher ein Kennzeichen Europas. Immerhin hat es in den letzten Jahrhunderten in Deutschland noch nie eine derartig lange Periode des Friedens gegeben wie vom Ende des Zweiten Weltkrieges bis zur beschränkten Teilnahme am Bürgerkrieg in Afghanistan. Auch diese Teilnahme trägt mehr Züge polizeilicher Zurückhaltung als des Willens, sich durchzusetzen.

Trotzdem hat es von jeher immer wieder politische Verbrechen gegeben, die in Europa geschehen oder von ihm ausgegangen sind. Zum Beispiel haben eigene und fremde Armeen im 17. Jahrhundert große Teile der deutschen Bevölkerung ausgerottet. Im 20. Jahrhundert hat man im Ersten Weltkrieg viele Millionen sterben lassen, formal deswegen, weil das österreichische Thronfolgerpaar ermordet worden war. Die meisten Gräueltaten des 20. Jahrhunderts in Europa sind jedoch von totalitären Regimen ausgegangen. Der deutsche Anteil daran war so groß, dass in Deutschland ein für jede Nation normales nicht aggressives Selbstbewusstsein offenbar einen kaum heilbaren Schaden genommen hat. Die Deutschen fliehen auch aus den guten und bewundernswerten Teilen ihrer Kultur, eine Erscheinung, die dem klugen und ganz anders eingestellten Franzosen *de Gaulle* Sorge gemacht haben soll. Zur Zeit wird den Deutschen von ihrer Regierung und vielen Europapolitikern eingeredet, sie müssten ständig bußfertig auf dem Wege nach Europa sein und bleiben, um ihre eigene Nationalität in einer solchen für Europa zu ertränken.

Es ist gewiss richtig, dass nicht nur Deutschland zu den europäischen Katastrophen der Vergangenheit beigetragen hat. Zwar waren *Karl Marx* und *Friedrich Engels* Deutsche. Ihre Lehren sind aber nicht ausreichend damit zu rechtfertigen oder zu entschuldigen, dass sie begabte Schriftsteller gewesen sind. Das Unheil, das sie über die Welt gebracht haben, trägt keine dauerhaft deutschen oder europäischen Charakterzüge. Begierig haben Teile der übrigen Welt eine meist verfälschte Botschaft von *Marx* und *Engels* aufgenommen und adoptiert, während sich die europäisch geprägten Länder dagegen vielfach nach einiger Zeit abwehrend gezeigt oder die Keime dieser geistigen Epidemie wieder abgestoßen haben.

Europäer neigen heute dazu, die negativen Seiten Europas und seiner Geschichte zu vergessen. Europa wird dann als erwünschtes Ziel einer neuer Staatlichkeit empfohlen. Klüger ist es, über Inhalt, Gefahren und Sinn einer möglichen neuen Staatlichkeit sorgfältig nachzudenken und dabei bewährte nationale und regionale Traditionen nicht über Bord zu werfen.

Von europäischen Politikern und Funktionären wird heute unermüdlich betont, Europa sei unfertig und müsse weiter entwickelt werden. Man vergisst, in welchem Umfang Europa bereits auf so gut wie allen wichtigen Gebieten integriert ist, vom über Europa hinausgehenden militärischen Bereich bis zu den wichtigsten rechtlichen und wirtschaftspolitischen Problemen, die schon im EWG-Vertrag von 1957 so weitgehend gelöst sind, dass Europa nicht nur wirtschaftspolitisch voll funktionsfähig geworden ist.

2. Das Problem des europäischen Zentralismus

Was wollen also die Vertreter darüber weit hinausgehender neuer Konzepte? Sie wollen einen europäischen zentralistischen Einheitsstaat. Ihn wollen sie nicht revolutionär erreichen, zumal es bisher kein entsprechendes mobilisierbares Potential in Europa gibt. Man nähert sich vielmehr dem zentralistischen Ideal schrittweise und bürokratisch-administrativ gleichsam behördlich auf dem Dienstwege, weil die nationalen Beharrungskräfte noch zu stark sind. Man will entweder durch neue Richtlinien und Anordnungen die noch bei den Mitgliedsstaaten gebliebenen Zuständigkeiten aushöhlen oder sich über geltendes Europarecht kurzerhand hinwegsetzen. So fremdartig solche Vorstellungen zur Zeit noch sind, sie beherrschen schon jetzt die veröffentlichte Meinung und noch mehr das Bewusstsein der praktischen Politik.

Zum Beispiel träumen maßgebende Europapolitiker von einer europäischen Wirtschaftsregierung, ohne zu sagen, wer sie ernennt, welche Kompetenzen sie haben soll, was die nach wie vor bestehenden nationalen Regierungen dann noch zu tun haben sollen und wie solche Konzepte mit dem geltenden Recht und Verfassungsrecht vereinbar gemacht werden können.

Dass die in Europa (bisher noch) festgelegte marktwirtschaftliche Ordnung das Volumen der zu regulierenden und zu ordnenden Materie begrenzt, ist den handlungsbegierigen Europapolitikern fremd. Als Vorbild dient das schon bei den europäischen Behörden beliebte Verfahren: Man schafft ein neues Amt und hofft darauf, dass die für den Inhaber passende Aufgabe und Kompetenz irgendwie in politischer Abstimmung geschaffen werden können. Er soll sie dann im zentralisierenden Sinne ausbauen, den man „europäisch" nennt. Der luxemburgische Ministerpräsident *Juncker* ist ein Meister in dieser Kunst, sich neue „europäische" Aufgaben zu verschaffen. Es soll auch einen europäischen Finanzminister geben, der für weitere Einnahmen der Europäischen Union sorgen soll, etwa eine Transaktionssteuer und eine Bankenabgabe, damit die europäische Zentrale ihren Einfluss auf die einzelnen Volkswirtschaften erhöhen kann. Die ausgerechnet von polnischer Seite erhobene Forderung nach einer eigenen Steuer für die Europäische Union öffnet dann die Schleuse, um über die Anziehungskraft eines größeren Budgets den von Bundesstaaten bekannten Zentralisierungseffekt hervorzurufen. In der Tat ist man auf dem Wege zur europäischen zentralen Verwaltungskompetenz auf allen Gebieten schon weit fortgeschritten.

Wo endet dieser jetzt mit so viel Eifer beschrittene Weg des Zentralismus? Die heutigen Europazentralisten haben auf diese Frage eine merkwürdige Antwort: Europa sei wie ein Fahrrad und dulde keinen Stillstand, sondern müsse sich ständig bewegen, wenn es nicht umfallen solle. Das soll heißen: Die Zentralisierung muss ständig und immer wieder neu verstärkt werden, um den zentrifugalen Kräften und dem Streben nach Selbständigkeit entgegenzutreten. Ein hoher Europafunktionär (*Delors*) hat schon vor Jahren vorausgesagt, bald werde in Europa die Mehrheit aller Gesetze von den Brüsseler EG-Behörden erlassen werden.

Gewiss bestand unmittelbar nach Gründung der Europäischen Wirtschaftsgemeinschaft ein Bedarf an dauerhaft geltenden Ordnungsgesetzen. Nachdem er weitgehend gedeckt ist, hätte sich die europäische Gesetzgebungsaktivität allmählich vermindern müssen. Davon kann aber keine Rede sein. Man verlagert die gesetzgeberische Aktivität immer mehr auf die Prozesssteuerungen, bei denen die gesetzgeberische Aktivität wie die Steuerung eines fahrenden Automobils nie zur Ruhe kommen kann, solange sich das Fahrzeug bewegt. Dass es einen Markt gibt, der die Steuerungsaufgabe den selbständig handelnden Bürgern überträgt, ist auch in Deutschland den meisten Regierenden unbekannt. Was *Ludwig Erhard* als bisher erfolgreichster deutscher Wirtschaftsminister einst getan, ausführlich erklärt und gewollt hat, ist verdrängt worden.

Entspricht diese Art von Zentralismus der europäischen Kultur und Tradition? Eine einfache Antwort, die aus den geschichtlichen Erfahrungen abgeleitet wird, ist noch am ehesten in Frankreich mit seiner planwirtschaftlich-zentralistischen Tradition zu finden. Bei anderen europäischen Ländern, insbesondere in Deutschland, ist diese zentralistische Neigung weniger ausgeprägt. Auch für Deutschland ist die Antwort nicht leicht. Es hat dort Perioden föderalistischer und freiheitlicher Liberalität gegeben. Aber die Vielfalt von deutschen Einzelstaaten hat einst die persönliche Freiheit nur in dem Umfang gefördert, in dem man sich der Gewalt eines gewalttätigen Landesherrn durch Auswanderung entziehen konnte. Was *Friedrich Schiller* gelang, war meist nur einer Minderheit möglich. Gelegentlich wie in Preußen am Anfang des 19. Jahrhunderts gingen liberalisierende Bestrebungen in Deutschland eher von Zentralregierungen aus. Im Westen Deutschlands verschaffte den Bauern die Grundherrschaft einen größeren Freiheitsspielraum als im Osten die Gutsherrschaft. Schließlich hat sich aber in Europa mit der Aufklärung und einigem Aufruhr die auch vorher schon bestehende Tendenz zur persönlichen Freiheit durchgesetzt. Zu dieser Tendenz der Eigenverantwortung passten der Übergang zur kommunalen und regionalen Selbstverwaltung, und es war ein westdeutscher Standesherr, nämlich *Freiherr vom Stein*, dem diese dezentralisierende und liberale Reform zu verdanken ist. Die Vorteile eines dezentral föderativen Staatsaufbaus haben sich besonders vorbildlich in der Schweiz und teilweise auch in Deutschland gezeigt. Das Prinzip der Machtverteilung innerhalb von Staaten gehört jedenfalls zur europäischen Tradition, und zwar in der Form, dass die übergeordneten Organisationsformen ihre Überordnung begründen müssen. Denn es soll von unten nach oben regiert werden, nicht von oben nach unten, wie es die Europazentralisten wollen.

Europa im Ganzen hat trotz aller Zerstörungen und innereuropäischer Kriege keinen wirklich dauerhaften zentralistischen Sieger ertragen müssen. Es gab schließlich immer Alternativen der Herrschaft und ein Streben nach persönlicher und regionaler Selbstbestimmung. Diese Möglichkeiten verschiedenartigen Verhaltens führten zu mehr Wettbewerb und damit auch zu kulturellen, technischen und wirtschaftlichen Höchstleistungen. Dazu bedurfte es einer gesellschaftlichen Ordnung, die diesen Wettbewerb mit persönlicher Freiheit und anderen Funktionsbedingungen vereinigt hat. Die Ergebnisse waren oft unvollkommen, aber sie waren schließlich anderen Ordnungen überlegen. Allzu großen Optimismus über einen schließlichen Sieg europäischer Freiheit sollte man vermeiden. Will man sie erhalten, sollte man sich für sie einsetzen.

Sie ist immer wieder in tödlicher Gefahr gewesen, mit der man auch in Zukunft rechnen kann. In Europa war diese Gefahr des diktatorischen Zentralismus immer wieder aktuell. *Napoleon I.*, *Hitler* und *Stalin* wollten bei allen persönlichen Unterschieden die Alleinherrschaft über Europa erlangen. Keinem von ihnen ist das dauerhaft gelungen, aber ganz selbstverständlich war das nicht. Von der Schlacht bei Waterloo, die auch anders hätte ausgehen können, bis zu *Hitler* war es vor allem Großbritannien, das Europa und seine Vielfalt gerettet hat.

Ein diktatorischer Zentralismus gehört zu den notwendigen Bestandteilen eines totalitären Regimes. Auch *Napoleon I.* wollte den europäischen Einheitsstaat und hat die von ihm vergewaltigten Länder entsprechend behandelt. Aber seine Herrschaft hatte mehr militärischen Charakter und enthielt trotz vieler tyrannischer Elemente vor allem in seinen letzten Phasen Elemente freiheitlicher Kultur. Bei allen drei diktatorischen Beherrschern Europas gab es keine wirkliche Entscheidungsfreiheit der unterworfenen Länder, selbst wenn sie formal noch bestehen blieben. Demgegenüber war das *Napoleon* vorausgehende und in die neuen Machtstrukturen nicht mehr passende Heilige Römische Reich deutscher Nation bei all seinen Merkwürdigkeiten teilweise liberaler in der Behandlung seiner Bürger und Regionen und auch rechtsstaatlicher, wie man jetzt nach dem Ende der großpreußischen Geschichtsschreibung verwundert feststellt (*Willgerodt* 1991).

Im Deutschland des 20. Jahrhunderts waren sich seine beiden totalitären Regime Nationalsozialismus und Kommunismus ziemlich ähnlich. Wer die Zeit des Nationalsozialismus persönlich erlebt hat, lernte nach 1933 bald ein offizielles Schlagwort kennen, nämlich die „Gleichschaltung". Damit war gemeint, dass alle staatlichen und vor allem alle gesellschaftlichen Organisationen, Verbände und Gemeinschaften im Sinne der nun herrschenden Ideologie umgeformt oder aufgelöst werden sollten. Sie hatten in ihrer inneren Struktur das „Führerprinzip" zu beachten, also eine autoritäre Struktur einzuführen. Parteipolitisch gab es nur noch die „Nationalsozialistische Deutsche Arbeiterpartei". Die Länder wurden durch „Reichsstatthalter" überwacht und weitgehend zu Befehlsempfängern gemacht. Bei Betrieben gab es jetzt „Betriebsführer" und „Gefolgschaft" mit überwachenden „Betriebsobmännern", während die privaten Wohnungen von überwachenden „Blockwarten" betreut wurden. Alles wurde auf Einheitlichkeit getrimmt. Nahezu jeder hatte eine Uniform für irgendeine Parteiorganisation oder offiziell genehmigte Einrichtung. Es gab sogar einen „Reichsjuristenführer" in einem Beruf, der auf Selbständigkeit des Urteils im Rahmen der Gesetze angewiesen ist. Rechtsreferendare mussten vor der Assessorprüfung an einem Lager teilnehmen, in dem sie „weltanschaulich" und sportlich gedrillt wurden. Im Alltag hat sich manches davon abgeschliffen, aber Ungleichheit und Absonderung wurden im Prinzip nur zugelassen, wenn sie angeordnet und bisher noch nicht verboten waren.

In der DDR war die Entwicklung gleichartig. Die Parteien wurden als Ableger der zentralen politischen Lenkung noch formal beibehalten, mussten aber in einer „Nationalen Front" das gewünschte Verhalten zeigen. Bei der Sozialdemokratischen Partei wurde die Verschmelzung mit den Kommunisten zu einer „Sozialistischen Einheitspartei" mit Gewalt herbeigeführt, um das Monopol der herrschenden Partei durchzusetzen. Die Länder wurden durch weisungsgebundene „Bezirke" ersetzt. Einheitlichkeit war auch hier das oberste Prinzip.

Dass bei *Hitler* und *Stalin* der Zentralismus auch in der Wirtschaft schließlich dominierte, entsprach der Logik des Systems und nicht nur der Kriegswirtschaft.

In Europa, vor allem bei den deutschen Europafunktionären und Brüsseler Behörden, macht sich eine mildere, aber ähnliche Uniformitätsgesinnung bemerkbar. Den Mitgliedsstaaten werden immer mehr Zuständigkeiten entzogen, wobei die nationalen Parlamente möglichst kaltgestellt werden. Im Übrigen werden sie von der Europäischen Zentrale mit einer derartigen Papierflut von Rechtsdokumenten überschwemmt, dass sie ohnehin keine Zeit haben, darüber gründlich im Einzelnen zu beraten. Die Demokratie wird damit auf kaltem Wege geschwächt, wenn nicht abgeschafft. Ferner behilft man sich mit Ermächtigungen, die der Exekutive freie Hand geben, sofern nicht Kompetenzen ganz und endgültig nach oben abgetreten werden. Dem ständigen Ruf nach mehr Kompetenzen und Regierung von oben steht meist keinerlei im System angelegte Gegenwehr von unten gegenüber, wie sie sehr erfolgreich in den schweizerischen Volksabstimmungen zum Ausdruck kommt.

Aber noch gibt es die Verträge über die Europäische Union mit ihren Freiheitsrechten. Noch immer ist der Verkehr von Personen, Arbeit, Gütern und Kapital in der Union erlaubt, obwohl manche Hindernisse dafür bestehen geblieben sind, da zum Beispiel ein wirklich freier Arbeitsmarkt durch indirekte, etwa lohnpolitische Maßnahmen (zum Beispiel lokale Mindestlöhne) nicht zugelassen ist. Auch die innergemeinschaftliche Reisefreiheit ist nicht mehr ganz gesichert, wenn in einem Land Grenzkontrollen wieder eingeführt worden sind. Welchen Kontrollaufwand die geplante Transaktionssteuer erfordert, darüber haben die Verantwortlichen anscheinend noch nicht nachgedacht. Ob die Freiheit des Kapitalverkehrs dann noch erhalten bleiben kann, scheint bisher nicht geprüft worden zu sein.

Wenn man fragt, was an der Europäischen Union sich wirklich bewährt hat, gibt es nur eine einzige richtige Antwort: Es sind die persönlichen und wirtschaftlichen Freiheitsrechte. Die Generation, der diese Freiheitsrechte einst genommen worden waren, stirbt in wenigen Jahren aus. Die Nachwachsenden wissen nicht, was es heißt, für jede Auslandsreise ein Visum beschaffen und eine Devisengenehmigung einholen zu müssen. Lebensmittelkarten gab es beim Ernährungsamt, wozu man einen Wohnsitz nachweisen musste, wofür man eine Zuzugsgenehmigung brauchte, worüber auch das Wohnungsamt zu befinden hatte. Unternehmer brauchten eine Produktionsgenehmigung. Für bestimmte handwerkliche Tätigkeiten wird behördlich jedoch noch immer ein gesonderter Befähigungsnachweis verlangt, zusätzlich zur Meisterprüfung für ihr Handwerk.

Wer die Freiheit hat, weiß sie erst zu schätzen, wenn er sie verliert. 1990 bin ich unter Protest aus einer Gruppe von Sachverständigen ausgeschieden, weil sie nach Öffnung der Grenze vorschlagen wollten, angesichts der Währungsprobleme zwischen der DDR und Westdeutschland die Devisenzwangswirtschaft beizubehalten. Dazu hätte man die vom freien Verkehr überspülte Zonengrenze und Berliner Mauer mitsamt der Grenzpolizei beibehalten müssen. Aber die jüngeren Kollegen hatten offenbar nie unter einem solchen Bewirtschaftungssystem gelebt und über dessen den Bürger schikanierende Techniken nachgedacht. Ebenso naiv waren Vorschläge prominenter Sachverständiger, bei der deutschen Wiedervereinigung alle Enteignungen beizubehalten, die das Regime der DDR vorgenommen hatte, und Entschädigungen nach Kassenlage zu leisten.

Über die Freiheit muss nicht nur philosophisch an Gedenktagen nachgedacht werden, sondern auch praktisch-konkret.

Die Zentralisten denken nicht an das Schicksal des Einzelnen, sondern wollen Europa von oben über den Staat als Transfer- und Haftungsgemeinschaft gestalten. Dass Europa heute in nahezu allen wesentlichen Richtungen schon ein freiheitlicher Raum ist, halten sie nicht für wichtig. Europa sei wie gesagt eine Art Fahrrad, es müsse immer weiter fahren, wenn es nicht umkippen solle. Demnach kommt es nie an ein Ziel. Also braucht man sich über das Ende der Fahrt keine Gedanken zu machen. Es gibt ja immer noch etwas, das zusätzlich europäisch geregelt werden kann. Hauptsache ist die Bewegung an sich, wohin ist Nebensache. „Bewegung“ war schon bei *Hitler* ein Stichwort, mit dem sich die Herrschenden und ihre Mitmarschierer selbst bezeichnet haben. Die europäische Bewegung soll jetzt als Selbstzweck immer „mehr Europa“ sein. Was heißt das genau? Jedenfalls ist so viel sicher: Ein freiheitliches Europa kann auf diesem Wege nicht entstehen.

3. Vom Sinn einer Ordnungspolitik für große Räume

Die Kritik am Zentralismus darf nicht darüber hinwegtäuschen, dass es zentrale und große Räume erfassende Ordnungsregeln geben muss. Das gilt vor allem für beständige

Regeln wie das Bürgerliche Gesetzbuch, das in Deutschland im Jahre 1900 nach parlamentarischer Abstimmung von der Staatsspitze erlassen worden ist und zum großen Teil noch heute gilt. Räumlich und zeitlich große Geltungsbereiche verschaffen den Beziehungen zwischen Bürgern Berechenbarkeit und Vertrauen. Das kann auch zwischen ihnen und der Obrigkeit gelten, wenn beide sich an dauerhafte und rechtsstaatliche Gesetze gebunden fühlen.

Aber die damit auferlegte Beschränkung hemmt die kurzfristige Maßnahmenpolitik des Staates, der besser als der Gesetzgeber zu wissen glaubt, was ihm selbst und dem Volke frommt. Man neigt zum kurzlebigen Pragmatismus. Durch die teilweise chaotische Finanz- und Währungspolitik in Europa ist die Krise einer Pragmatik ohne Grundsätze und Weitsicht offenkundig geworden. Hinzu kommt eine fehlerhafte Alarmpublizistik, mit der die Probleme verschärft werden.

- Zum Beispiel ist der Euro als Tauschmittel und Recheneinheit nicht in Gefahr gewesen. Insoweit handelt es sich gar nicht um eine „Eurokrise".
- Der Wechsel eines Währungssystems hat noch nie zum Kriege geführt, sondern war allenfalls dessen Folge.
- Das Ausscheiden Griechenlands aus dem Eurogebiet wäre weder wirtschaftlich noch politisch eine Katastrophe, und zwar nicht einmal für Griechenland.
- Rein technisch ist es nicht nötig, dass Griechenland aus dem Eurogebiet ausscheidet. Es genügt, wenn die Schuldbeträge Griechenlands an seine Zahlungsmöglichkeit angepasst werden und die unvermeidlichen Reformen ausgeführt werden.

Der Schlüssel zur Lösung des griechischen Problems ist eine konsequente Ordnungspolitik, das heißt auch ein optimales Maß an zentral festgelegten Grundsätzen. Der jetzige Pragmatismus allein führt nicht zur Stabilität zurück.

Literatur

Willgerodt, Hans (1991), German Economic Integration in a European Perspective, in: Ordo – Jahrbuch für die Ordnung von Wirtschaft und Gesellschaft, Bd. 42, S. 171-187.

Teil III:

Ökonomik und politischer Prozess

Christian Müller, Frank Trosky und Marion Weber (Hg.)
Ökonomik als allgemeine Theorie menschlichen Verhaltens
Schriften zu Ordnungsfragen der Wirtschaft · Band 94 · Stuttgart · 2012

Revolutionen als Kollektivgüter

Thomas Apolte

Inhalt

1. Ökonomische Gesellschaftstheorien 230

2. Das Kollektivgutproblem der Revolution 230

3. Von der Deprivationstheorie zur modernen Political Economy 231

4. Das Kollektivgutproblem in der Revolutionstheorie 235

5. Revolutionspotentiale 237

6. Fazit 240

Literatur 240

"You can't fool the children
of the Revolution"
Marc Bolan, 1971

1. Ökonomische Gesellschaftstheorien

Schon zu Zeiten, in denen es ganz weit ab vom *mainstream* der Volkswirtschaftslehre lag, beschäftigte sich *Manfred Tietzel* mit der Anwendung ökonomischer Theorien auf weite gesellschaftliche Bereiche. Als studentischer Besucher seiner Lehrveranstaltungen ließ man sich gern in die Welt der ökonomischen Erklärungen vielerlei gesellschaftlicher Phänomene entführen, wohlwissend, dass die Vertreter der Nachbardisziplinen dies oft genug als unziemlichen „ökonomischen Imperialismus" empfanden und dass auch nicht wenige der „traditionellen" Volkwirte bis dahin nur ein begrenztes Verständnis dafür entwickeln konnten. Dies hat sich bis heute sehr deutlich geändert, denn auf *Public Choice* und *Political Economy* basieren längst Nobelpreise und wissenschaftliche Weltkarrieren.

Als einer der ersten hat *Manfred Tietzel* mit zweien seiner Mitarbeiter unmittelbar nach dem Mauerfall eine Analyse der damals so bezeichneten „sanften Revolution" vorgelegt (*Tietzel*, *Weber* und *Bode* 1991; *Tietzel* und *Weber* 1994). Ihm und seinen Koautoren war klar, dass mit der Lage der Bevölkerung in der damaligen DDR die sanfte Revolution nicht zu erklären war. Denn wenn es das gewesen wäre, dann hätte es die Revolution schon lange vorher geben müssen, und nicht nur in der DDR. Der Grund ist ein Kollektivgutproblem: Die Erlangung von Freiheit, Demokratie und Wohlstand ist ein öffentliches Gut. Gelingt eine Revolution und kommt es zur Verbesserung der Lage, so wird jeder davon profitieren, und zwar unabhängig davon, ob er oder sie etwas dazu beigetragen hat oder nicht. Bedenkt man, dass die Teilnahme an einer Revolution mit erheblichen Nachteilen verbunden sein kann, so wird es erklärungsbedürftig, wie es dennoch manchmal dazu kommt.

Freilich haben sich die Menschen schon immer den Kopf darüber zerbrochen, welche Bedingungen Revolutionen auslösen, und das mit den verschiedensten Motiven. Sozialrevolutionäre entwickelten dabei eine mitunter romantisch-verklärte Sicht auf ein immerhin zumeist mit brutaler Gewalt auf beiden Seiten verbundenes Ereignis, indem sie in einer Revolution ein Aufbegehren der Gerechten sahen. Leider gibt es aber nur wenige Beispiele für Revolutionen, welche die Lage der Bevölkerung in der Tat verbessert haben. Allzu oft fraß die Revolution ihre Kinder, und ganz generell ist es höchst zweifelhaft, dass der Weg zu den liberalen Demokratien über Revolutionen geebnet wurde (*Congleton* 2011; *North*, *Wallis* und *Weingast* 2009).

2. Das Kollektivgutproblem der Revolution

Den meisten Sozial- und Wirtschaftswissenschaftlern wird zum Thema Revolution vermutlich zunächst der historische und dialektische Materialismus von *Karl Marx* einfallen, und sofern sich heute noch jemand für Methodologie interessiert, wird er kritische Gedanken dazu nicht zuletzt mit dem Namen *Karl Popper* (1945) verbinden, der mit *Marx*' Persönlichkeit zwar erstaunlich schonend umging,[1] seine Theorie aber im Kern deshalb abwegig fand, weil sie dem Prinzip des von *Popper* so bezeichneten methodologischen Individualismus widerspricht. *Marx*' Aufteilung der Gesellschaft in zwei Klassen, welche je eigene, in einem antagonistischen Verhältnis zueinander stehende Interessen haben, führt demnach – anders als von *Marx* behauptet – keineswegs zwingend dazu, dass sich die Mitglieder der jeweiligen Klasse kollektiv im Sinne ihrer Klasseninteressen einsetzen. Das zu erkennen, erfordert den Blick in die inneren Strukturen jeder Klasse oder Gruppe, und zwar möglichst bis auf das Verhalten der einzelnen Gruppenmitglieder.

Mancur Olson (1965) hat dieser Sichtweise mit Blick auf das Verhalten von Gruppen in seinem berühmten Werk über die Logik des kollektiven Handelns endgültig zum Durchbruch verholfen, und *Gordon Tullock* (1971) hat diese Logik in einem kleinen, aber wegweisenden Aufsatz auf Revolutionen angewendet. Sein Credo war denn auch, dass Massenaufstände einer unterdrückten Bevölkerung wegen des Kollektivgutproblems theoretisch kaum erklärbar und im Übrigen empirisch auch selten – wenn überhaupt – beobachtbar seien (siehe auch *Tullock* 2005).

So überzeugend und scharfsinnig die *Tullock*sche Analyse aber war, so sehr bleibt zu beobachten, dass es in der Geschichte der Menschen hier und da dann doch zu revolutionären Massenbewegungen gekommen ist. Die sanfte Revolution in der ehemaligen DDR, aber auch die Umbrüche in den übrigen ehemals sozialistischen Staaten Mittel- und Osteuropas sind hierfür ebenso Beispiele wie die seit Ende 2010 zu beobachtenden Aufstände in der arabischen Welt. Darauf, dass dies erklärungsbedürftig ist, hat der amerikanische Politikwissenschaftler *Mark Lichbach* (1995) hingewiesen. Ihm ging es in seiner umfassenden Analyse von Rebellionen aber keineswegs darum, das Problem des kollektiven Handelns zu ignorieren oder durch die bloße Beobachtung von Massenaufständen als empirisch irrelevant erkennen zu wollen. Im Gegenteil bemühte er sich darum, die Bedingungen zu erläutern, mit denen man unter Beachtung des methodologischen Individualismus das Auftreten solcher Massenaufstände erklären kann (ähnlich: *Kurrild-Klitgaard* 1997 und *Möller* 2011a).

3. Von der Deprivationstheorie zur modernen Political Economy

Parallel zu dieser Theorieentwicklung bildete sich ein ganz anders gelagerter Theoriestrang heraus. Er fußt auf der von *Ted Gurr* (1970) begründeten *Deprivationstheorie*, welche revolutionäre Aktivitäten damit erklärt, dass Menschen ihre aktuelle Lage mit jener Lage vergleichen, welche bei einer besseren Politik grundsätzlich möglich wäre. Das Verhältnis der tatsächlichen zur möglichen Lage wird als Deprivationsgrad angesehen, und dieser Deprivationsgrad dient in der Folge als Prädiktor für revolutionäre Aktivitäten (siehe auch: *Bloch* 1986).

Im Jahre 2003 erschien ein in dieser Tradition stehendes Buch von *Carles Boix* (2003), in dem der Grad der Ungleichheit der Vermögens- oder Einkommensverteilung in einer Gesellschaft zum Ausgangspunkt jener Umbrüche erklärt wird, aus denen her-

---

[1] Vor allem im Vergleich zu *Hegel*.

aus sich die westlichen Demokratien entwickelt haben sollen. Dieses Buch war insoweit wegweisend, als es erstmals spieltheoretische Ansätze in die Deprivationstheorie einführte. Etwa zur gleichen Zeit haben zwei „junge Wilde“ aus den ersten Adressen der Ökonomenzunft das Potential erkannt, welches sich mit der Anwendung moderner spieltheoretischer Methodik auf diese Logik mobilisieren lässt. In der Folge veröffentlichten *Daron Acemoglu* vom *MIT* und *James Robinson* aus *Harvard* eine lange Reihe von technisch ausgefeilten Aufsätzen in allesamt höchstrangigen ökonomischen Journals, welche alle in der Tradition der Deprivationstheorie stehen.[2] Hinzu kam ein bei *Cambridge University Press* veröffentlichtes und weithin beachtetes Buch aus dem Jahre 2006 (*Acemoglu* und *Robinson* 2006).

So fand die Deprivationstheorie merkwürdigerweise Einzug in die ökonomische Revolutionsforschung, obwohl ihre Methodologie den Prinzipien des methodologischen Individualismus fundamental widerspricht, weil sie – grundsätzlich nicht anders als seinerzeit *Karl Marx* – kollektives Handeln aus kollektiven Zielen ableitet und dabei das Kollektivgutproblem ausblendet. Die Anreicherung der kollektivistischen Deprivationstheorie mit spieltheoretischer Methodik trug hier offenbar zur Verwischung der Grenze zwischen methodologischem Individualismus einerseits und kollektivistischer Klassentheorie andererseits bei.

Die vielen Veröffentlichungen von *Acemoglu* und *Robinson* zu dem Thema eint ein gemeinsamer Kern: Die während der Zeit der Aufklärung sich verstärkende Autonomie des Denkens und Handelns der Individuen hat in Europa zunächst überkommene Verteilungspositionen in Frage gestellt, wie sie zuvor aufgrund ihrer transzendierenden Legitimationsmuster mehr oder minder unantastbar waren. In dieser Situation sahen sich die Herrscher Europas mit dem Problem konfrontiert, dass die Menschen die Verteilung von Vermögen und Einkommen im weitesten Sinne nicht mehr ohne weiteres hinnehmen würden. Sie sahen sich einer (scheinbar) rational begründeten und von *Acemoglu* und *Robinson* so bezeichneten Revolutionsrestriktion gegenüber. Diese gibt unter Berücksichtigung von kollektiv anfallenden Kosten und Nutzen einer Revolution an, welchen Grad an Ungleichheit ein Volk gerade noch hinzunehmen bereit ist, ohne dass es einen Umbruch mit dem Ziel organisiert, das gesellschaftliche Vermögen neu zu verteilen.

Im einfachsten Falle lautet die Revolutionsrestriktion $\Delta A^{arm} - C^{arm} \leq 0$, wobei ΔA^{arm} den für jedes einzelne Mitglied der einfachen Bevölkerung (Gruppe „Arm“) zu erwartenden Bruttovermögenszuwachs aus einer Revolution bezeichnet und C^{arm} die Kosten einer Revolutionsbeteiligung pro Kopf. Wann immer $\Delta A^{arm} > C^{arm}$ gilt, wird die Revolutionsrestriktion verletzt, und es kommt zu einem Umsturz. Die Revolutionsrestriktion wird also ganz analog zur Wiederwahlrestriktion in einer Demokratie konstruiert. Droht nun ein Umsturz, weil die Revolutionsrestriktion verletzt ist, so können die Herrscher dies rein rechnerisch gesehen abwenden, indem sie ein Umverteilungsversprechen der Höhe $R \geq \Delta A^{arm} - C^{arm}$ abgeben, so dass die Bevölkerung bei Verzicht auf eine Revolution mindestens so gut gestellt wird wie im Revolutionsfall. Allerdings sehen sich die alten Herrscher in ihrem Versprechen einem Selbstbindungsproblem gegenüber, auf das

2 Siehe *Acemoglu* und *Robinson* (2000); (2001); (2002); (2003).

auch *Boix* (2003) hingewiesen hat, ohne dieses Problem allerdings lösbar zu finden. Im Gegensatz zu *Boix* glauben *Acemoglu* und *Robinson* ein Selbstbindungsinstrument (neudeutsch: *commitment device*) gefunden zu haben, und zwar mit der Einführung demokratischer Strukturen durch die Herrschenden selbst (*Acemoglu* und *Robinson* 2006).

Abbildung 1 illustriert die Logik des Arguments. Es gibt neben der Gruppe „Arm" eine zweite Gruppe „Reich", und diese ist zugleich die herrschende politische Elite und jene Gruppe der Bevölkerung, welche über einen nach Bevölkerungsanteilen überproportionalen Vermögensbestand der Gesellschaft verfügt. Ab einem gewissen Grad dieser Ungleichheit wird die Revolutionsrestriktion verletzt, und die Gruppe „Arm" organisiert sich zur Revolution. „Reich" hat nun rein rechnerisch die Möglichkeit, das Vermögen so zugunsten von „Arm" umzuverteilen – etwa durch ein Steuersystem –, dass die Revolutionsrestriktion nicht mehr verletzt wird und die Gruppe „Arm" von ihren revolutionären Aktivitäten ablässt.

Abbildung 1: Das Selbstbindungsproblem bei *Acemoglu* und *Robinson*

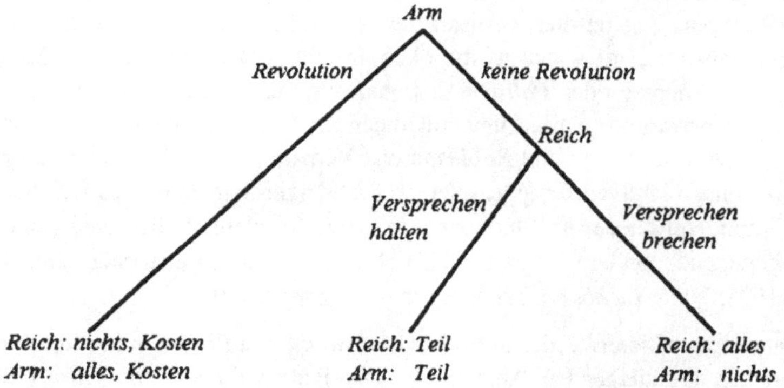

Das Spiel ist nun in zwei Sequenzen so angelegt, dass das Versprechen zur Umverteilung erst dann eingelöst wird, wenn die Gruppe „Arm" ihre zunächst aufgebauten Organisationsstrukturen wieder aufgelöst hat und von daher nicht mehr revolutionsfähig ist. Dadurch entsteht für „Reich" ein Zeitinkonsistenzproblem, denn erst nach Auflösung der Organisationsstrukturen von „Arm" muss sich „Reich" endgültig dazu entscheiden, das Versprechen zu halten oder es zu brechen. Die Gruppe „Reich" hat natürlich einen Anreiz, das Versprechen zu brechen, da sie dann den bisherigen Vermögensbestand behalten kann. Folgt die Gruppe „Reich" diesem Anreiz, so behält sie alles und „Arm" bekommt nichts. Aus diesem Grunde ist das teilspielperfekte *Nash*-Gleichgewicht die Revolution. Denn „Arm" wird das Verhalten von „Reich" voraussehen und daher die Auszahlung aus „Revolution" mit jener aus der Sequenz „keine Revolution" und „Versprechen brechen" miteinander vergleichen. Bei nicht zu hohen Kosten der Revolution, genau dann nämlich, wenn zuvor die Revolutionsrestriktion verletzt war, ist Revolution demnach die eindeutig beste Strategie für die Gruppe „Arm".

Die Gruppe „Reich" kann die Revolution daher selbst dann nicht verhindern, wenn sie eine Umverteilung von Vermögen verspricht und wenn sie eine tatsächlich erfolgte

Umverteilung ernsthaft einer Revolution vorzieht. Dies ändert sich erst, wenn es ihr gelingt, ihrem Versprechen zur Umverteilung Glaubwürdigkeit im engen spieltheoretischen Sinne zu verleihen. Hierzu benötigt sie zuvor ein Selbstbindungsinstrument, und dieses findet sie in der Einführung von Demokratie. Hat sich die Gruppe „Reich" nämlich erst einmal institutionell an die Demokratie gebunden, so entscheidet fortan der Medianwähler über die Vermögensverteilung, und dies ist bei der überkommenen rechtsschiefen Verteilung ein Mitglied der Gruppe „Arm".

Nicht weniger als eine Erklärung der Entwicklung Europas hin zum westlichen Demokratietyp beanspruchen *Acemoglu* und *Robinson* in der Tat mir ihrem Ansatz, und das offenbar mit Erfolg. Denn die beiden Autoren gehören zu den am meisten zitierten Ökonomen aus dem Bereich der *Public-Choice-Theorie* oder – vielleicht moderner wirkend – der *Political Economy*. Ganz sicher aber kommt heute niemand mehr an diesen Autoren vorbei, der sich auf der Basis von *Rational-Choice-Ansätzen* mit Fragen von Revolution und gesellschaftlicher Stabilität sowie mit der Entwicklung der westlichen Demokratien beschäftigt.

Das ist erstaunlich, denn anders als es die teilweise feingliedrigen spieltheoretischen Strukturen nahelegen, verletzt dieser Ansatz fundamentale Grundsätze des methodologischen Individualismus, auf welchem die ökonomische Theorie im allgemeinen und die *Public-Choice-Theorie* oder *Political Economy* im Besonderen üblicherweise basiert. Wie alle Deprivationstheorien und mit ihnen auch der Ansatz von *Boix* erklärt auch der Ansatz von *Acemoglu* und *Robinson* das Verhalten von sehr großen Gruppen auf der Basis von kollektiven Gruppeninteressen und ignoriert dabei das individuelle Kalkül der Gruppenmitglieder in Situationen, in denen Probleme kollektiven Handelns nicht nur naheliegend, sondern längst ausführlich in der Literatur analysiert sind (etwa von *Tullock* 1971; 2005; *Lichbach*, 1995; *Kurrild-Klitgaard*, 1997).

Interessanterweise zitieren weder *Boix* noch *Acemoglu* und *Robinson* in ihren Veröffentlichungen den grundlegenden Aufsatz zur Deprivationstheorie von *Gurr* (1970), obwohl ihre Theorien eindeutig auf der von ihm begründeten Tradition fußen. Weiterhin wird auch der Aufsatz von *Tullock* (1971) über die Kollektivgutproblematik von Revolutionen von diesen Autoren nicht herangezogen, allerdings mit einer Ausnahme: Nachdem *Tullocks* Aufsatz ebenso wie die Kollektivgutproblematik insgesamt in den grundlegenden Aufsätzen von *Acemoglu* und *Robinson* zunächst ignoriert werden, widmen die beiden Autoren in ihrem später erschienenen Buch gleich einen ganzen Abschnitt dieser Problematik. Allerdings ist es erkennbar ihr Ziel, das Problem einerseits aufgegriffen zu haben, es andererseits aber gleich wieder loszuwerden.

Um das Kollektivgutproblem in der Mechanik ihrer Modelle zunächst wirksam zu machen, führen sie einen individuellen Kostenfaktor ein, welcher anders als die bis dahin berücksichtigten Revolutionskosten nur von jenen zu tragen ist, welche sich aktiv an der Revolution beteiligen (*Acemoglu* und *Robinson* 2006, S. 123 ff.). Zur Lösung des dann aufscheinenden Anreizproblems ziehen sie anschließend *Olson*s (1965) Seitenzahlungen heran und verweisen auf die Möglichkeit der Revolutionäre, nur jene aus ihrer Gruppe in den Genuss der Umverteilung von Vermögen kommen zu lassen, welche sich zuvor an revolutionären Aktivitäten beteiligt hatten. Während dies eine zugleich angemessene und gängige Methode zur Berücksichtigung der Kollektivgutproblematik ist, integrieren die Autoren die individuellen Kosten aber gleich wieder in die allgemeinen gesellschaftlichen Kosten, womit die Kollektivgutproblematik samt der damit verbundenen Folgen für die Analyseergebnisse sogleich wieder verschwunden ist.

Ganz wohl scheint es den Autoren dabei immerhin nicht gewesen zu sein, denn nachdem sie auf ähnlich strukturierte Modelle durchweg prominenter Autoren verwiesen haben (namentlich *Roemer* 1985; *Grossman* 1991; 1994; *Wintrobe* 1998 und *Bueno de Mesquita* et al. 2003), rechtfertigen sie sich mit dem Satz: „Like our analysis, these papers abstract from the collective-action problem" (*Acemoglu* und *Robinson* 2006, S. 132). Mit oder ohne Verweis auf Autoritäten hat es aber Folgen, wenn man von relevanten Kollektivgutproblemen abstrahiert, und diese werden im nächsten Abschnitt analysiert.

4. Das Kollektivgutproblem in der Revolutionstheorie

Nehmen wir an, dass es neben der Gruppe „Reich" zwei weitere Gruppen gebe (siehe im Folgenden: *Apolte* 2010). Die Gruppe „Revolutionäre" („Revol.") setzt sich aus gut gebildeten und vernetzten Personen zusammen, die der Gruppe „Reich" nahestehen, ohne ihr unmittelbar anzugehören. *Tullock* (1971) hatte seinerzeit nahegelegt, dass es diese Gruppe ist, welche der Gruppe „Reich" gefährlich werden kann, und zwar im Wege von Palastrevolutionen, an denen die arme Bevölkerung weder wesentlich beteiligt ist, noch davon profitiert. Die letzte Gruppe schließlich ist die Gruppe „Arm", und sie besteht in diesem Fall aus jenem Teil der einflusslosen Massen, welcher sich von den „Revolutionären" zur Mitarbeit an einer Revolution gewinnen lässt. Sie selbst allerdings verfügt weder über politische Macht, noch über die Fähigkeit, sich zu einer schlagkräftigen revolutionären Gruppe zusammen zu finden.

Nun geht es aber gerade darum zu erklären, wann und unter welchen Bedingungen es zu einer Beteiligung eines breiten Teils der armen Bevölkerung kommen kann. Hierzu sei jener Fall angenommen, dass die „Revolutionäre" ohne eine solche Beteiligung der Gruppe „Arm" keinen erfolgreichen Umsturz organisieren können. Die „Revolutionäre" bieten daher an, in der Folge einer gelungenen Revolution die Gruppe „Reich" zu entmachten und zu enteignen und im Anschluss das konfiszierte Vermögen zwischen den „Revolutionären" und der Gruppe „Arm" fair aufzuteilen. Das Angebot an jedes einzelne Mitglied der Gruppe „Arm" lautet also: Wenn Du teilnimmst und wenn die Revolution erfolgreich sein wird, dann bekommst Du einen definierten Anteil am konfiszierten Vermögen.

Mit dieser kleinen Modifikation bricht bereits das gesamte Theoriegebäude zusammen, welches von *Boix* und vor allem von *Acemoglu* und *Robinson* entwickelt wurde. Dies sei anhand von Abbildung 2 illustriert.

Abbildung 2: Das Kollektivgutproblem der Revolution

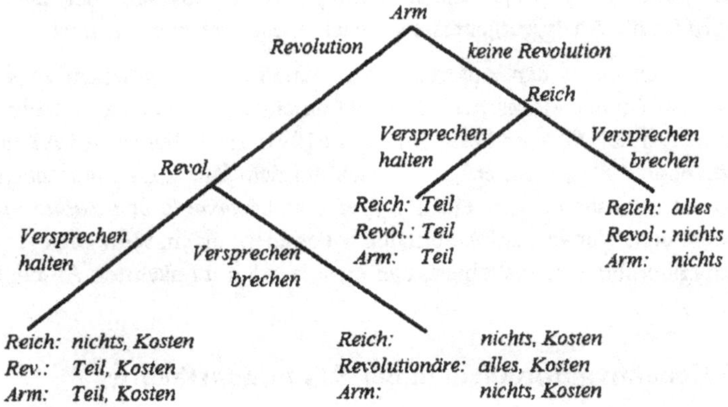

Wie im Ursprungsmodell verspricht die Gruppe „Reich" den übrigen beiden Gruppen im Gegenzug zu einem Verzicht auf eine Revolution eine Umverteilung von Vermögen, welche so weit geht, dass die Revolutionsrestriktion wieder eingehalten wird. In diesem Falle erhielte jede Gruppe einen Teil des Vermögens der Gruppe „Reich". Aber wie im Ursprungsmodell ist dieses Versprechen nicht glaubwürdig, weil „Reich" nach einer erfolgten Auflösung revolutionärer Strukturen dem Anreiz unterliegt, das Versprechen zu brechen. Im Ergebnis heißt dies, dass „Reich" alles Vermögen behält, während die „Revolutionäre" ebenso wie die Gruppe „Arm" nichts bekommen. Dies ist den „Revolutionären" ebenso wie der Gruppe „Arm" zuvor bekannt, weshalb der Verzicht auf eine Revolution zumindest für die „Revolutionäre" solange ausscheidet, wie die Kosten der Revolution nicht zu hoch sind.

Die Gruppe „Arm" hingegen ist sich eines weiteren Umstandes bewusst, dass nämlich auch die „Revolutionäre" ein Glaubwürdigkeitsproblem haben. Denn nach einem erfolgten Umsturz steht für sie nun ihrerseits die Entscheidung darüber an, ob sie das dann zu konfiszierende Vermögen der Gruppe „Reich" entweder mit der Gruppe „Arm" teilen oder sich selbst aneignen will. Es ist für „Arm" klar voraussehbar, dass die „Revolutionäre" zum Teilen keinen Anreiz haben. Folglich wird „Arm" seine Auszahlung aus der Sequenz „keine Revolution" und „Versprechen brechen" mit jener der Sequenz „Revolution" und „Versprechen brechen" vergleichen. Im ersteren Falle erhält sie kein zusätzliches Vermögen, geht also leer aus. Im letzteren Falle erhält sie ebenfalls kein zusätzliches Vermögen, muss zudem aber noch die individuellen Kosten der Revolutionsbeteiligung tragen. Damit lautet das teilspielperfekte *Nash*-Gleichgewicht: keine Revolution, Versprechen brechen. Das Vermögen kann so ungleich verteilt sein, wie es mag; es wird keine Revolution geben.

Marc Bohlen hätte ziemlich genau ein Jahr nach *Manfred Tietzel* das 65. Lebensjahr vollendet, wäre er nicht bereits 1976 einem tragischen Verkehrsunfall zum Opfer gefallen. Nun war *Marc Bolan* kein Spieltheoretiker, aber er hätte es sein können. Denn genau ein Jahr nach *Tullocks* bahnbrechendem Aufsatz nahm er in einem seiner *Top-Ten-Hits* das Ergebnis unserer kleinen Analyse mit der Zeile vorweg: „You can't fool the children of the revolution".[3] Vermutlich hat *Marc Bolan Gordon Tullock* nicht gekannt.[4] Dass der intellektuell oft unterschätzte Rockstar aber den von den *Jakobinern* zum Schafott geführten Revolutionär *Pierre Vignaud* kannte und dass er auch seine berühmten letzten Worte kannte, geht aus dem Lied unzweifelhaft hervor. Aber nicht nur daraus, sondern auch aus Abbildung 2 lässt sich klar ableiten, dass sich die Kinder der Revolution nicht täuschen lassen. Sie werden sich angesichts des Anreizes der „Revolutionäre" zur Täuschung der Gruppe „Arm" sehr genau überlegen, ob sie an revolutionären Aktivitäten teilnehmen wollen oder nicht. Im strikten Sinne von Abbildung 2 werden sie es jedenfalls sicher nicht tun, und damit bricht der von *Acemoglu* und *Robinson* konstruierte Zusammenhang zwischen der Ungleichheit der Vermögensverteilung und der Revolutionsbereitschaft der Bevölkerung gleich wieder zusammen.

Aber das ist noch nicht alles: Die ganze Idee einer Revolutionsrestriktion hält einer näheren Überprüfung nicht stand. Bei Licht betrachtet gibt es eine solche Restriktion nämlich entweder grundsätzlich nicht oder immer, je nach Blickrichtung. In beiden Fällen kann sie jedenfalls keine Revolution erklären.

5. Revolutionspotentiale

Die Revolutionsrestriktion in der Theorie von *Acemoglu* und *Robinson* setzt eine bestimmte Vermögensverteilung im Ausgangszustand voraus. Die Revolutionsrestriktion ist immer dann eingehalten, wenn die den „Revolutionären" zurechenbaren Kosten der Revolution barwertig gesehen höher sind als die Summe des Vermögensgewinns, welcher ihnen bei einer gelungenen Revolution zufallen kann. Sofern die Bevölkerung hochabstrakt in zwei große Gruppen unterteilt wird, ist das insofern unproblematisch, als dass die Entscheidung über die künftige Vermögensverteilung unter diesen Bedingungen immer eindimensional ist: Jeder Zugewinn der einen Gruppe bedeutet einen gleich hohen Verlust der anderen Gruppe. Das ändert sich aber schon dann, wenn es mindestens drei Gruppen gibt, denn dann entstehen ganz analog zu Wahlzyklen unauflösliche „Umsturzzyklen", wie sich aus Abbildung 3 erkennen lässt.

Das gesamte Vermögen liegt in Punkt B in der Hand der „Revolutionäre", in Punkt C in der Hand der Gruppe „Arm" und in Punkt A in der Hand der Gruppe „Reich". Lineare Nutzen des Vermögens vorausgesetzt, liegen die Indifferenzkurven der Gruppe „Arm" parallel zur Linie AB, jene der „Revolutionäre" parallel zur Linie AC und jene der Gruppe „Reich" parallel zu CB; dabei indizieren die Indifferenzkurven von „Reich" ein umso höheres Niveau des (indirekten) Nutzens, je näher sie zum Ursprung der Graphik liegen. Wollten sich die drei Gruppen im Falle einer drohenden Revolution auf eine neue Verteilung einigen, so wird das im Wege einer Mehrheitsregel unmöglich sein. Denn für jeden Punkt zwischen A, B und C lässt sich stets ein anderer Punkt finden, dem je zwei von drei Indifferenzkurven zuzuordnen sind, welche ein höheres Nutzenniveau indizieren. Damit lässt sich auch von jedem Punkt aus eine Mehrheit für ei-

---

3 Siehe z.B.: www.youtube.com/watch?v=r2KUDLTLzJs.

4 Man soll sich in diesen Dingen aber nicht täuschen: So ist auch Starökonom *Robert Barro* mit einem Rockstar der ersten Garde freundschaftlich verbunden, und zwar ausgerechnet mit dem globalisierungskritisch engagierten U2 Sänger *Bono*; siehe *Barro* (2002).

nen jeweils anderen Punkt und damit für eine jeweils andere Vermögensverteilung finden. So existiert zum Beispiel von Punkt D aus jeweils eine Mehrheit für eine Wanderung in die Bereiche a, b oder c.

Abbildung 3: Umsturzzyklen

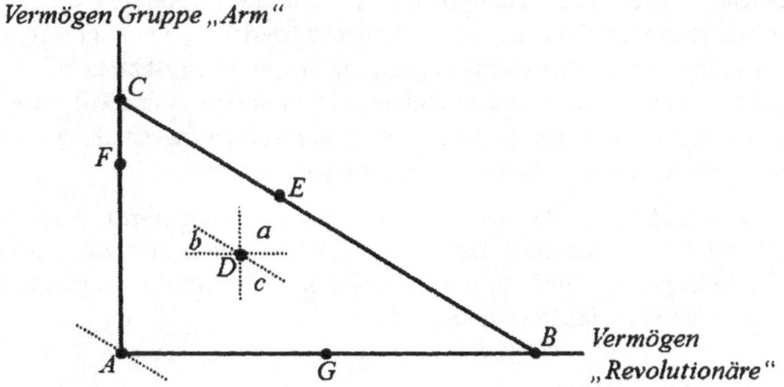

Unter demokratischen Bedingungen entstehen hieraus Wahlzyklen. Wenn es indes gar keine Wahlen gibt, sondern es alternativ dazu jeweils zweier Gruppen bedarf, um einen revolutionären Sturz einer dritten Gruppe zu organisieren, so kann es natürlich keine Wahlzyklen geben; aber es erschließt sich dann unmittelbar Raum für ganz analoge „Umsturzzyklen". Angenommen, im Ausgangszustand liege das gesamte Vermögen in der Hand der Gruppe „Reich", so dass Punkt A gilt. Dann kann – wie beschrieben – die Gruppe „Revolutionäre" der Gruppe „Arm" eine Kooperation anbieten. Sofern sie die damit verbundenen Versprechen glaubwürdig machen kann, wird die Gruppe „Arm" annehmen und beide Gruppen können anschließend beispielsweise Punkt E realisieren.

Das wäre aber nicht das Ende. Denn dann könnte Gruppe „Reich" ihrerseits eine Kooperation mit „Arm" anstrengen, so dass sie gemeinsam Punkt F realisieren. Schließlich könnten sich „Reich" und „Revolutionäre" verbünden und Punkt G realisieren. Grundsätzlich hat dies kein Ende, wie bei den Wahlzyklen. Anders als bei diesen gibt es allerdings Faktoren, die den Prozess stoppen können, und diese hängen mit den erwarteten Kosten der Revolution zusammen. Ist nämlich der Vermögenszugewinn von einem Punkt in Abbildung 3 zu einem anderen für eine der jeweils zwei Gruppen kleiner als der Erwartungswert der für diese Gruppe anfallenden Kosten der Revolution, und lässt sich ganz generell auch keine Wanderung zu einem anderen Punkt mit einem positiven Erwartungswert des Nettovermögensgewinns für zwei der drei Gruppen verbinden, so sind die Umsturzzyklen gestoppt. Allerdings hängt der Erwartungswert des Nettovermögensgewinns nicht mit der Ausgangsverteilung des gesellschaftlichen Vermögens zusammen, wie die Deprivationstheoretiker von *Gurr* über *Boix* bis zu *Acemoglu* und *Robinson* behaupten. Vielmehr leitet er sich direkt und sogar allein von der Struktur der Versprechungen und Drohungen zwischen den einzelnen Gruppen und deren jeweiliger Glaubwürdigkeit ab (*Apolte* 2011). Denn:

- Wenn eine Gruppe der anderen für den Fall einer gelungenen Revolution verspricht, das konfiszierte Vermögen zu teilen, dann ist dieses Versprechen – wie gezeigt – ohne Zuhilfenahme zusätzlicher Selbstbindungsinstrumente zunächst einmal unglaubwürdig (*Berman* und *Laitin* 2008).
- Jede Regierung kann im Falle einer Revolution sofort kapitulieren und somit jedwede kostspielige Auseinandersetzung vermeiden. Eine Widerstandsdrohung ist daher ebenfalls zunächst einmal nicht glaubwürdig (*Fearon* 1995). Will die Regierung dennoch glaubhafte Erwartungen über Revolutionskosten wecken, so wird auch sie sich zusätzlicher Selbstbindungsinstrumente bedienen müssen – sofern ihr welche zur Verfügung stehen.
- Will eine Regierung schließlich potentiellen „Revolutionären" mit Strafen für den Fall einer gescheiterten Revolution drohen, so ist auch dies eine Ankündigung für die Zukunft, die nicht ohne weiteres glaubwürdig ist (*Fearon* und *Laitin* 2003). Denn es ist mit Kosten verschiedener Art verbunden, diese Strafen nach einer misslungenen Reform auch tatsächlich zu verhängen. Politische Strafverfolgung und Gefängnisse sind mit Kosten verbunden, und in der Regel verfügen „Revolutionäre" über Humankapital, welches besser produktiv verwendet wird, statt in Gefängnissen brach zu liegen.

Es gilt also: Ob Umsturzzyklen gestoppt werden können, hängt weder von zwangsläufig anfallenden Kosten ab noch von der Ausgangsverteilung des Vermögens. Es hängt vielmehr allein von der Struktur ab, innerhalb derer die jeweiligen Gruppen in der Lage sind, glaubwürdige Versprechungen zu machen und Drohungen auszusprechen (*Kuran* 1989; *Hardin* 1997; *Fearon* 1995). Wenn je zwei Gruppen sich glaubwürdig an ein Versprechen zur Vermögensteilung binden können, wenn aber umgekehrt die jeweils aktuelle Regierung ihre Drohungen und Versprechungen nicht glaubhaft machen kann, dann wird eine Gesellschaft in der Tat in einen Strudel endloser Umsturzzyklen gerissen und damit zum *failed state*. Umgekehrt kann eine Regierung alles Vermögen auf sich vereinen und das übrige Volk regelrecht ausbluten lassen, wenn dies es nicht schafft, effektive Selbstbindungsinstrumente zu entwickeln und anzuwenden. Letzteres erklärt, warum Revolutionen keineswegs vorwiegend in Ländern mit verarmter Bevölkerung erfolgen.

Damit erweist sich die Idee der Revolutionsrestriktion als irreführend. Potentiale für eine Umverteilung von Vermögen, die einen Umsturz rein rechnerisch lohnend machen, gibt es grundsätzlich immer – auch in westlichen Demokratien. Die entscheidende Frage ist vielmehr eine andere: Wie gehen Demokratien und Diktaturen jeweils damit um, dass Revolutionen für einige Bevölkerungsgruppen eigentlich rein rechnerisch immer lohnend sind? Und dies führt direkt zurück zu den Strukturen von Selbstbindungsinstrumenten, die die einzelnen gesellschaftlichen Gruppen entweder zu entwickeln und einzusetzen in der Lage sind oder nicht – unter anderem die Regierung selbst oder auch die Verfassungsorgane einer Demokratie. Ohne ein geeignetes Netz solcher Strukturen kann es überhaupt keine Stabilität geben (*Weingast* 1997; *Mittal* und *Weingast* 2010), egal ob in der Demokratie oder in der Diktatur, und zwar aus einem einfachen Grund: die Verteilung des Vermögens ist multidimensional und weist damit keinen Verhandlungskern auf.

6. Fazit

Die Idee von der gerechten Revolution ist vermutlich so alt wie die Menschheit. Daher erscheint es selbst noch beim Schreiben eines Aufsatzes wie dem vorliegenden wie eine Provokation, den Zusammenhang von ungerechter Vermögensverteilung und Revolutionswahrscheinlichkeit zu leugnen. Aber weder empirisch noch theoretisch lässt sich ein solcher Zusammenhang finden. Zwar finden Revolutionen heutzutage vor allem in Ländern mit sehr ungleicher Vermögensverteilung statt. Aber wenn man die Tatsache kontrolliert, dass sie zugleich fast ausschließlich Diktaturen betreffen und die Vermögensverteilung in Diktaturen sehr viel ungleicher ist als in Demokratien, bleibt von dem empirischen Zusammenhang zwischen Ungleichheit und Revolution nichts mehr übrig. Neue Untersuchungen über die Umstürze in der arabischen Welt zeigen, dass diese weder in besonders armen, noch in besonders reichen Ländern stattfanden und weder in Ländern mit vergleichsweise gleicher, noch in Ländern mit vergleichsweise ungleicher Verteilung (*Möller* 2011b).

Lässt man aber einmal die revolutionäre Romantik beiseite, so folgt aus den theoretischen Ergebnissen ein überaus erfreulicher Schluss. Denn Diktaturen zeichnen sich nun einmal dadurch aus, dass in ihnen sowohl ein Regierungswechsel als auch eine veränderte Politik nur im Wege revolutionärer Umstürze möglich ist. Damit wird zugleich aber der überwältigende Vorteil von Demokratien deutlich: Sie erlauben es, eine Politik gegen die Bevölkerung kostenfrei für die letztere zu bestrafen und für einen Politikwechsel zu sorgen. Hierzu ist anders als in Diktaturen keine Überwindung von Kollektivgutproblemen notwendig, und keine Teilgruppen müssen zuvor untereinander Versprechungen machen und Drohungen aussprechen sowie diese durch geeignete Selbstbindungsinstrumente glaubhaft machen. Vielmehr muss man einfach nur sein „Kreuzchen" machen. Ist eine Mehrheit der Bevölkerung erst einmal verprellt, so geschieht dies nahezu automatisch, denn es kostet jeden einzelnen praktisch nichts. Wenn es diesen Unterschied zu den Diktaturen nicht gäbe, dann wären Demokratien eigentlich überflüssig. Offenbar sind sie es aber nicht.

Literatur

Acemoglu, Daron und *James Robinson* (2000), Inequality, growth and development. Democratization or repression? in: European Economic Review, Vol. 44, S. 683-693.

Acemoglu, Daron und *James Robinson* (2001), A theory of political transitions, in: American Economic Review, Vol. 91, S. 938-963.

Acemoglu, Daron und *James Robinson* (2002), The political economy of the Kuznets curve, in: Review of Development Economics, Vol. 6, S. 183-203.

Acemoglu, Daron und *James Robinson* (2003), Why not a political Coase theorem? Social conflict, commitment, and politics, in: Journal of Comparative Economics, Vol. 31, S. 620-652.

Acemoglu, Daron und *James Robinson* (2006), Economic Origins of Dictatorship and Democracy, Cambridge.

Apolte, Thomas (2010), Why is There no Revolution in North Korea? The Political Economy of Revolutions Revisited, erscheint in: *Public Choice*. Online first version: DOI 10.1007/s11127-010-9716-4.

Apolte, Thomas (2011), Toward a more general approach to political stability, CIW-Diskussionspapier, Münster.

Barro, Robert J. (2002), Nothing is sacred: Economic ideas for the millennium, Boston.

Berman, Eli und *David D. Laitin* (2008), Religion, terrorism and public goods: Testing the club model, in: Journal of Public Economics, Vol. 92, S. 1942-1967.

Bloch, Peter C. (1986), The politico-economic behavior of authoritarian governments, in: Public Choice, Vol. 51, S. 117-128.

Boix, Carles (2003), Democracy and Redistribution, New York.

Bueno de Mesquita, Bruce D., James D. Morrow, Randolph M. Siverson und Alasdair Smith (2003), The logic of political survival, Cambridge, Mass.

Congleton, Roger D. (2011), Perfecting Parliament: Constitutional reform, liberalism, and the rise of the western world, Cambridge.

Fearon, James D. (1995), Rationalist Explanations for War, in: International Organization, Vol. 49, S. 379-414.

Fearon, James D. und *David D Laitin* (2003), Etnicity, Insurgency, and Civil War, in: American Political Science Review, Vol. 97, S. 75-90.

Grossman, Herschel I. (1991), A general equilibrium model of insurrections, in: American Economic Review, Vol. 81, S. 912-921.

Grossman, Herschel I. (1994), Production, appropriation, and land reform, in: American Economic Review, Vol. 84, S. 705-712.

Gurr, Ted (1970), Why men rebel: Princeton.

Hardin, Russell (1997), One for all: The logic of group conflict, Princeton.

Kuran, Timur (1989), Sparks and prairie fires: A theory of unanticipated political revolution, in: Public Choice, Vol. 61, S. 41-74.

Kurrild-Klitgaard, Peter (1997), Rational choice, collective action and the paradox of rebellion, Copenhagen.

Lichbach, Mark I. (1995), The rebel's dilemma, Ann Arbor.

Möller, Marie (2011a), Gefangen im Dilemma? Ein strategischer Ansatz der Wahl- und Revolutionsteilnahme, erscheint in: ORDO – Jahrbuch für die Ordnung von Wirtschaft und Gesellschaft, Band 62.

Möller, Marie (2011b), Economic Voting and Economic Revolutionizing? Economics of Incumbency Changes in European Democracies and Revolutionary Events in the Arab World, CIW-Diskussionspapier, Münster.

North, Douglas C., John J. Wallis und *Barry R. Weingast* (2009), Violence and Social Orders: A Conceptual Framework for Interpreting Recorded Human History, Cambridge.

Olson, M. (1965), The logic of collective action, Cambridge, Mass.

Popper, Karl R. (1945), The open society and its enemies, Vol. 2, London.

Roemer, John E. (1985), Rationalizing revolutionary ideology, in: Econometrica, Vol. 53, S. 85-108.

Tietzel, M., Marion Weber und *Otto F. Bode* (1991), Die Logik der sanften Revolution: Eine ökonomische Analyse, Vorträge und Aufsätze des Walter Eucken Instituts Nr. 133, Tübingen.

Tietzel, Manfred und *Marion Weber* (1994), Rebels With a Cause: On Explaining Civil Protest as A Collective Action, in: Rationality and Society, Vol. 7, S. 123-136.

Tullock, Gordon (1971), The Paradox of Revolution, in: Public Choice, Vol. 11, S. 89-99.

Tullock, Gordon (2005), The social dilemma: The selected works of Gordon Tullock, Vol. 8, Indianapolis.

Weingast, Barry (1997), The political foundations of democracy and the rule of law, in: American Political Science Review, Vol. 91, S. 245-263.

Mittal, Sonia und Barry Weingast (2010), Self-enforcing Constitutions. With an application to democratic stability in America's first century, Stanford, Mimeo.

Wintrobe, R. (1998), The political economy of dictatorship, Cambridge.

Christian Müller, Frank Trosky und Marion Weber (Hg.)
Ökonomik als allgemeine Theorie menschlichen Verhaltens
Schriften zu Ordnungsfragen der Wirtschaft · Band 94 · Stuttgart · 2012

Warum Wähler Schulden wollen

Gideon Schingen

Inhalt

1. Einleitung 244

2. Externe Kosten als Quelle individueller Verschuldungspräferenzen 245
   2.1. Zur Existenz externer Kosten 245
   2.2. Zur Wirkung externer Kosten 247

3. Verschuldung als Substitut für Reformen 249

4. Die strategische Situation: Ein doppeltes Allmende-Problem 251

5. Die Moral von der Geschicht 252

Literatur 254

1. Einleitung

Schon vor einiger Zeit schrieb *Ricardo* (2006 [1817], S. 224 ff.) über die, unter bestimmten Bedingungen geltende, Identität von Steuern und Staatsschulden. Die Finanzierungsalternativen sind, in dem nach *Ricardo* benannten Theorem, äquivalent, wenn eine ewig lebende Person betrachtet wird und die Kapitalmärkte perfekt funktionieren. In diesem Fall ist das Äquivalenztheorem aber kaum mehr als einfachste Mathematik: Das Individuum ist indifferent zwischen den Alternativen, seine Steuerschuld sofort zu begleichen oder auf ewig den gegebenen Marktzins für den gewährten Kredit zu zahlen. Für das Individuum sind Staatsverschuldung und Besteuerung zweifelsfrei identisch, weshalb es keine Präferenz für eine bestimmte Finanzierungsform hat. Das Äquivalenztheorem gilt.

Da das Theorem allerdings auf ein einzelnes, ewig lebendes Individuum bezogen ist, kann mit ihm keine Aussage darüber getroffen werden, welche *gesamtwirtschaftlichen* Allokations- und Verteilungswirkungen die Wahl, entweder der Steuer- oder der Schuldenfinanzierung, eines Ausgabenprogramms hat. Ob endlich lebende Individuen in Kollektiventscheidungen ebenfalls indifferent zwischen Schuldenaufnahme und Besteuerung sind, bleibt durch *Ricardo*s Ansatz unbeantwortet.

Um das Äquivalenztheorem auch gesamtgesellschaftlich anwenden zu können, muss davon ausgegangen werden, dass sich distributive Effekte innerhalb der Gesellschaft und zwischen den Generationen aufheben. Diesen Weg geht *Barro* (1974) in seiner viel diskutierten Arbeit, ohne jedoch irgendwie Bezug auf *Ricardo*s Vorleistung zu nehmen. In einem Modell überlappender Generationen unterstellt er identische und endlich lebende Individuen. Herrscht, wie er annimmt, perfekter Altruismus zwischen den Generationen, dann bleibt die Vermögensposition nachfolgender Individuen von heutigen staatlichen Konsumausgaben unberührt. Dies gilt auch, wenn diese schuldenfinanziert sind und nur der lebenden Generation zu gute kommen. Der Nutzen späterer Generationen geht vollständig in die Nutzenfunktionen der Haushalte der gegenwärtigen Generation ein. Jede staatliche Konsumausgabe, die durch Nettoschuldenaufnahme der Regierung finanziert wird, erkennen die lebenden Individuen und neutralisieren diese durch eine private, entsprechende gegengerichtete Sparentscheidung. Die so angepasste Hinterlassenschaft der Elterngeneration sorgt dafür, dass die Vermögensposition der Erben unberührt bleibt. In einer solchen Situation ist es irrelevant, ob Steuern oder Staatsschulden als Finanzierungsform der Staatstätigkeit gewählt werden. Die Aufnahme von Staatsschulden hat keine realen Verteilungseffekte in der Volkswirtschaft. Die Individuen ziehen somit auch keinerlei Vorteile aus der staatlichen Verschuldung, weshalb eine Präferenz für eines der Instrumente nicht gegeben ist. Staatsschulden und Steuern sind für die Individuen auch hier vollständig äquivalente Finanzierungsinstrumente.[1]

Die Annahmen des *Ricardo-Barro*-Äquivalenztheorems sind jedoch sehr restriktiv, wenn nicht unrealistisch. Allerdings kann „[n]ur, wenn die Antezedensbedingungen

---

1 *O'Driscoll* (1977, S. 77) weist darauf hin, dass schon *Ricardo* sich *Barro*s Theorem bewusst war, diese Modellkonstellation jedoch als bloß akademisch interessanten Spezialfall betrachtete.

„realistisch", also wahr, sind, [...] eine Erklärung (oder Prognose) überhaupt adäquat sein und nur in diesem Fall [...] überhaupt eine Aussage über den Wahrheitswert der verwendeten Gesetzmäßigkeit gemacht werden" (*Tietzel* 1981, S. 247). Leben die Individuen einer Gesellschaft entgegen *Ricardo*s Annahme nur begrenzt oder fehlt ihnen der von *Barro* unterstellte perfekte Altruismus, so sind die Theorien „schlicht unanwendbar" (*Tietzel* 1981), und eine Aussage über den Wahrheitswert des Äquivalenztheorems kann nicht getroffen werden.

Treffen die zentralen Annahmen des Äquivalenztheorems nicht zu, so muss auch die Indifferenz der Individuen bezüglich der Finanzierungsinstrumente nicht notwendig gelten. Tatsächlich akkumulierten die meisten *OECD*-Länder in den vergangenen Jahrzehnten massive Schuldenstände (vgl. *OECD* 2010). Diese Schuldenstände lassen Zweifel daran zu, dass Individuen zwischen staatlicher Verschuldung und eigener Besteuerung indifferent sind. Sie legen vielmehr eine Präferenz der Entscheidungsträger für Staatsverschuldung als Finanzierungsinstrument nahe.

In der politischen Ökonomie ist viel Arbeit und Zeit darauf verwendet worden, die Erklärung für die Entstehung staatlicher Defizite im politisch-institutionellen System demokratisch verfasster Staaten zu suchen (vgl. für einen Überblick *Alesina* und *Perotti* 1995). Die näher liegende Antwort, nämlich dass auch der Souverän (als Wähler, Steuerzahler, Konsument) permanent rationalen Anreizen unterliegt, die Schuldenfinanzierung des Haushaltes der eigenen Besteuerung vorzuziehen, ist (zumindest in der öffentlichen Wahrnehmung) weniger beachtet worden. In dieser Arbeit werden daher die Einflüsse auf das Kalkül der Individuen einer Generation untersucht, die – bei Variation der zentralen Annahmen des Äquivalenztheorems – für eine Schuldenpräferenz innerhalb der lebenden (und entscheidenden) Generation sprechen. Es wird sich zeigen, dass massive rationale Anreize zur Realisierung von Defiziten bestehen. Diese Anreize werden lediglich durch die (wie auch immer geartete) altruistische Verbundenheit der Gegenwart mit zukünftigen Generationen abgeschwächt.

Im Weiteren werden rational handelnde und endlich lange lebende Individuen unterstellt, die gleichzeitig Wähler, Steuerzahler und Konsumenten staatlich bereitgestellter öffentlicher Güter sind. In modernen Volkswirtschaften finden Verhandlungen über die Wahl der Finanzierungsalternativen meist auf professioneller Ebene im Parlament bzw. in der Regierung statt. Da in dieser Arbeit von *Agency*-Problemen abstrahiert werden soll, repräsentieren die Parlamentarier die Präferenzen der Wähler perfekt. Politiker sind dann lediglich die Erfüllungsgehilfen des Souveräns. Finanzierungsentscheidungen gehen, obwohl sie auf politischer Ebene getroffen werden, einzig auf die aggregierten Präferenzen des Wahlvolks zurück.

2. Externe Kosten als Quelle individueller Verschuldungspräferenzen

2.1. Zur Existenz externer Kosten

Wie *Wicksell* (1969 [1896], S. 110 ff.) erkannte, ist eine Möglichkeit, bei Kollektiventscheidungen über öffentliche Güter, eine von allen Individuen akzeptierte Bereitstellungsmenge zu finden, das Einstimmigkeitserfordernis. Da jedes Individuum dann bei der Abstimmung über ein Veto-Recht verfügt, wird solange verhandelt, bis alle Individuen der Bereitstellung des öffentlichen Gutes in vorgeschlagenem Ausmaß zustimmen und ihren individuellen Beitrag freiwillig leisten. Es werden ausschließlich *Pareto*-Verbesserungen beschlossen. Dabei werden die Bürger der Bereitstellung nur dann zustimmen, wenn der von ihnen zu entrichtende individuelle Steuerbetrag ihre marginale Zahlungsbereitschaft nicht übersteigt.[2]

Damit die Entscheidung über das Bereitstellungsniveau öffentlicher Güter tatsächlich unverzerrt getroffen werden kann, müssen weiterhin auch *alle,* von der Bereitstellung des öffentlichen Gutes betroffenen Gruppen an der Entscheidung beteiligt sein. Es muss ‚institutionelle Kongruenz' herrschen. Diese ist immer dann gegeben, wenn die Gruppe der Entscheidungsträger identisch mit der Gruppe der Nutznießer und der Steuerzahler ist (vgl. *Blankart* 2008, S. 23 ff.). Liegt institutionelle Kongruenz vor, so sichert das Einstimmigkeitserfordernis die Abwesenheit *externer Kosten.* Eine Kostenverschiebung hin zu Dritten ist unter diesen Bedingungen ausgeschlossen. Alle Kosten einer Entscheidung werden von den Nutznießern getragen, die auch über ihr Anfallen entschieden haben. Die Entscheidungsträger berücksichtigen somit alle anfallenden Kosten. Sie treffen daher insofern gesamtgesellschaftlich optimale Entscheidungen über die Bereitstellungsmenge öffentlicher Güter, als diese exakt in Höhe der kumulierten Zahlungsbereitschaft der lebenden Generation bereitgestellt werden.[3]

Nun sei der Fall betrachtet, in dem in einer Volkswirtschaft ein öffentliches Gut bereitgestellt wird. Zur Vereinfachung sei angenommen, das bereitgestellte Gut sei kurzlebig, so dass nur die Wirtschaftssubjekte der derzeit lebenden Generation von der Bereitstellung profitieren.[4] Zur Finanzierung können die Steuern sofort erhöht oder die Besteuerung mit Hilfe staatlicher Verschuldung aufgeschoben werden.

Wird über die Erhebung einer Steuer die Möglichkeit einer sofortigen Zahlung gewählt, so werden die Kosten des bereitgestellten Gutes direkt aus zusätzlich erhobenen Steuereinnahmen finanziert. Unter den o.g. Voraussetzungen (Einstimmigkeit, institutionelle Kongruenz) kann die wahre Zahlungsbereitschaft der Individuen offen gelegt werden. Die betroffenen Individuen entrichten ‚*Lindahl*-Steuern', so dass das Prinzip von ‚Steuern als Preise' erfüllt ist. Jedes Individuum zahlt für das öffentliche Gut einen Steuerpreis, der dem Produkt seiner marginalen Zahlungsbereitschaft und der bereitge-

---

2 *Wicksell* (1969 [1896], S. 116) erkennt dennoch, dass „auf absolute Einstimmigkeit […] wohl schon aus praktischen Gründen verzichtet werden [muss]", da das Einstimmigkeitserfordernis zu starken strategischen Anreizen führt.

3 Die o.g. Voraussetzungen für die Abwesenheit externer Kosten, sind nur sehr schwer zu erfüllen. Daher sollen hier weder Einstimmigkeit noch institutionelle Kongruenz als anzustrebende Ziele dargestellt werden. Vielmehr sollen die Konzepte einen Vergleichsmaßstab bieten, von dem aus eingeschätzt werden kann, wie die Wahl einer Finanzierungsform sich auf das Ausmaß externer Kosten auswirkt.

4 Der hier verwendete Begriff der ‚Generation' entspricht dem von *Buchanan* (1999 [1958], S. 27), der ‚zukünftige Generationen' definiert als „… any set of individuals living in any time of the period following that in which the debt is created. The actual length of the time periods may be arbitrarily designated, and the analysis may be conducted in terms of weeks, months, years, decades, or centuries. The length of the period *per se* is not relevant." (Hervorhebung im Original).

stellten Menge entspricht. Rationale Individuen treffen optimale Entscheidungen (im obigen Sinne) über die Bereitstellungsmenge des öffentlichen Gutes.

Anders verhält es sich, wenn beschlossen wird, die Ausgaben für öffentliche Güter nicht aus den laufenden Steuereinnahmen zu begleichen, sondern über Staatsverschuldung eine zukünftige Besteuerung anzustreben. Bei Schuldenaufnahme werden der heutigen Generation zukünftige Steuererträge diskontiert zur Verfügung gestellt. Da *Ricardo*s Annahme des ewig lebenden Individuums offensichtlich nicht gilt, kann in dieser Situation die Gruppe der zukünftigen Steuerzahler nicht mit den gegenwärtigen Entscheidungsträgern/Nutznießern identisch sein. Alte Entscheidungsträger/Nutznießer sterben und externalisieren ihre nicht getragene Last auf junge, neu geborene Steuerzahler, die nicht Nutznießer sind. Je länger der Zeitraum zwischen Schuldenaufnahme und ihrer Tilgung, desto größer ist der Anteil der Kosten, der externalisiert wird. Im Extrem fallen die Entscheider/Nutznießer und die Steuerzahler vollständig auseinander. Die Kosten des öffentlichen Gutes werden gänzlich auf zukünftige Steuerzahler externalisiert.

Darüber hinaus kann natürlich auch dem Einstimmigkeitserfordernis nicht entsprochen werden. Da die zukünftigen Steuerzahler eventuell noch nicht einmal geboren worden sind oder ihnen als Kindern das Stimmrecht fehlt, sind sie bei Kollektiventscheidungen systematisch unterrepräsentiert. Umgekehrt erhalten Gesellschaftsmitglieder Entscheidungskompetenz, die den Zeitpunkt der Schuldentilgung nicht erleben werden. Staatsverschuldung impliziert daher, dass sowohl dem Einstimmigkeitserfordernis als auch der institutionellen Kongruenz nicht entsprochen werden kann.

Als Fazit dieses kurzen Gedankenexperiments lässt sich folgendes festhalten: Wird ein öffentliches Gut im Zeitpunkt der Bereitstellung über Steuern finanziert, so lässt dies die (theoretische) Möglichkeit, Einstimmigkeit und institutionelle Kongruenz zu erreichen, unbenommen. Externe Kosten könnten vermieden und optimale Bereitstellungsentscheidungen könnten getroffen werden. Bei schuldenfinanzierten Staatsausgaben stellt das zeitliche Auseinanderfallen von Entscheidung, Nutzenanfall und Steuerzahlung jedoch einen Umstand dar, durch den die institutionelle Kongruenz und Einstimmigkeit aus logischen Gründen unerreichbar wird. Notwendigerweise werden Kosten, die in der Gegenwart anfallen, auf Individuen zukünftiger Generationen externalisiert. Es entstehen Verflechtungen von Kosten- und Nutzenbeziehungen, die das Kalkül der entscheidenden Individuen verzerrt. Auch die Entscheidung rationaler Individuen über das Bereitstellungsniveau des öffentlichen Gutes muss daher keineswegs gesellschaftlich optimal sein.

2.2. Zur Wirkung externer Kosten

Die Aufnahme von Staatsschulden führt somit zwangsläufig zur Entstehung externer Kosten, die das Kalkül der Individuen verzerren. Wird weiterhin unterstellt, dass auch *Barro*s Annahme des perfekten Altruismus unzutreffend ist, so verhalten sich die Individuen auch nicht, *als ob* sie ewig leben würden. Sie beziehen ihren endlichen Zeithorizont dann mit in ihr Kalkül ein. Lebt ein Individuum nicht lange genug, um die Tilgung eines Schuldenbetrags mitzuerleben, wird es, wenn es rational handelt, die nicht zu tragenden Kosten vollständig unberücksichtigt lassen. Das Individuum kalkuliert nur mit seinen *privaten Kosten*, also mit denen, die es zurückzahlen muss. Der nicht zu zahlende Anteil, die externen Kosten, bleiben indessen unbeachtet. Skizzieren lässt sich die Anreizwirkung von Staatsverschuldung anhand eines Steuerzahlerlebens (vgl. *Buchanan* und *Wagner* 2000 [1977], S. 144 ff.): Während bei Steuerfinanzierung jedes lebende Individuum sofort seinen Beitrag leisten muss, gelingt es durch die Schuldenaufnahme, die Belastung über mehrere (bei *Ricardo* unendlich viele) Perioden zu verteilen. Wird z.B. eine Steuerschuld durch eine ewige (Markt-) Zinszahlung ersetzt, so spielt die erwartete Lebensdauer eines sterblichen Individuums offensichtlich eine gewichtige Rolle (vgl. Tabelle 1). Bei Schuldenfinanzierung sinken die individuell zu tragenden Kosten bei gegebenem Nutzen, wodurch die Attraktivität eines jeden Ausgabenprogramms steigt. Die Bereitstellungsmenge öffentlicher Güter wird überoptimal hoch sein, da die Individuen bei gegebener Zahlungsbereitschaft mehr öffentliche Güter nutzen können. Die externalisierten Kosten wirken wie eine Subvention für jedes beliebige Ausgabenprogramm. Antizipiert ein Individuum, dass es in seinem Leben mehr von den Schulden profitieren kann, als davon belastet zu werden, hat es einen rationalen Anreiz, bei einer Abstimmung über gegebene Ausgabenprogramme für die Schuldenfinanzierung zu votieren. Wegen der Möglichkeit, Kosten auf zukünftige Generationen zu externalisieren, wählen rationale Wirtschaftssubjekte ein überoptimal hohes Haushaltsvolumen, wenn dieses mit Schulden finanziert werden kann. Der Anreiz, Staatsverschuldung als Finanzierungsalternative vorzuziehen, ist umso größer, je geringer die verbleibende Lebenserwartung eines Individuums ist. Bei Individuen, die am Anfang ihres Lebens stehen, ist dieser Anreiz aus dem gleichen Grund tendenziell geringer.

Tabelle 1: Der Gegenwartswert einer ewigen Staatsanleihe von $ 1000 für Individuen unterschiedlicher Lebenserwartung (Zinssatz: 10 %)

Erwartete Länge des Steuerzahlerlebens	*Verbleibende Belastung des Steuerzahlers*
Ewige Lebenserwartung oder perf. Altruismus	$ 1000
40 Jahre Lebenserwartung	$ 978
20 Jahre Lebenserwartung	$ 851
10 Jahre Lebenserwartung	$ 614

Quelle: Eigene Darstellung

Auch verschiedene Modelle zeigen, dass die gesellschaftliche Indifferenz zwischen Steuer- und Schuldenfinanzierung hinfällig ist, wenn die Annahme des perfekten Altruismus' aufgehoben wird (vgl. *Buchanan* und *Roback* 1987; *Cukierman* und *Meltzer* 1989). Um dies zu zeigen, sei ein bestimmter Anteil Individuen in der Gesamtpopulation angenommen, der sich, wie bei *Barro*, perfekt altruistisch verhält. Dieser Anteil perfekt altruistischer Individuen passt sein Erbe immer exakt an das Ausmaß der Staatsverschuldung an. Er steht staatlicher Verschuldung vollkommen neutral gegenüber, so dass das Äquivalenztheorem gilt. Weiter wird angenommen, dass die übrigen Individuen der Population nicht perfekt altruistisch sind. Diesen Individuen liegt das eigene Wohlergehen mehr am Herzen als das ihrer Nachkommen. Wollen (oder können) nicht alle Haushalte das Erbe an ihre Nachkommen beliebig anpassen, so bleibt auch die neutralisierende Sparentscheidung dieser Haushalte aus, die für die Gültigkeit des Äquivalenztheorems notwendig wäre. Die nicht altruistischen Haushalte wollen ihren Nachkommen am besten ein negatives Erbe hinterlassen, um heute ein höheres Konsumniveau erreichen zu können. Werden diese Individuen durch gesetzliche Regelungen von dieser Form des Vermögenstransfers abgehalten, weisen sie stattdessen eine Präferenz für Staatsverschuldung auf. Nur so ist es ihnen möglich, trotz der gesetzlichen Regelungen eine intertemporale Umverteilung zwischen den Generationen vorzunehmen.

Die altruistischen Individuen sind indifferent bei ihrer Entscheidung über Staatsverschuldung, während die nicht altruistischen Individuen eine Präferenz für Staatsverschuldung aufweisen. Die interessante Implikation, die sich für die kollektive Willensbildung ableiten lässt, ist, dass sich unter Anwendung der Mehrheitsregel ein Votum für die Aufnahme von Staatsverschuldung ergibt. Aus dem Auseinanderfallen des Zeithorizonts staatlicher Verschuldung und individueller Lebenszeit lässt sich somit eine rationale Präferenz für staatliche Verschuldung ableiten.

3. Verschuldung als Substitut für Reformen

Bisher lag der Fokus der Untersuchung auf der Fragestellung, welche individuellen Kosten ein endlich lebendes Individuum in seinem Kalkül berücksichtigen muss bzw. externalisieren kann, wenn der Tilgungszeitpunkt jenseits seines Zeithorizonts liegt. Um eine kollektive Entscheidung für ein bestimmtes Finanzierungsinstrument treffen zu können, ist jedoch nicht die Entscheidung des Einzelnen, sondern das Ergebnis von Verhandlungen zwischen Individuen relevant. Verhandlungen zwischen Individuen und sozioökonomischen Gruppen müssen keineswegs harmonisch verlaufen, sondern können durchaus Konflikte provozieren. Dies gilt tendenziell umso mehr, je wichtiger die Entscheidung für die Betroffenen ist (bei einer Umstellung des deutschen Rentensystems vom Umlage- auf das Kapitaldeckungsverfahren wäre beispielsweise mit erheblichen Verteilungskonflikten zwischen den Generationen zu rechen). Dabei könnten die ökonomischen Kosten, die mit der Austragung dieses Konflikts verbunden sind, eine Präferenz entweder für die Steuer- oder die Schuldenfinanzierung staatlicher Ausgabenprogramme begründen.

Immer dann, wenn heute anfallende Kosten über Schulden in die Zukunft verlagert werden, besteht die Möglichkeit „to spend without taxing" (*Buchanan* und *Wagner* 2000 [1977], S. 104). Der aktuell lebenden Generation werden Mittel zur Verfügung gestellt, die erst in der Zukunft durch Steuererhebung realisiert werden. Die gesamte lebende Generation kann daher heute von der Wahl der Verschuldungsoption profitieren und sich besser stellen. Die Frage hingegen, *von wem genau* die durch eingegangene Schulden entstehenden Lasten zukünftig zu tragen sind, muss nicht beantwortet werden.

Nun sei der entgegengesetzte Fall betrachtet, dass sich nämlich die lebende Generation entscheidet, vollständig auf Verschuldung zu verzichten. Alle Ausgaben werden sofort über Steuern finanziert. Anders als bei der Schuldenfinanzierung lässt sich die Finanzierungslast bei umgehender Steuerfinanzierung nicht externalisieren: Wird ein Individuum heute um einen bestimmten Betrag entlastet (belastet), hat dies eine Belastung (Entlastung) eines anderen, aktuell lebenden Individuums in gleicher Höhe zur

Folge. Sind die Individuen einer Volkswirtschaft gewillt, auf staatliche Verschuldung zu verzichten, so kann die Lastenverteilung nur innerhalb der lebenden Generation stattfinden. Ein Verzicht auf staatliche Verschuldung impliziert die Notwendigkeit in der lebenden Generation, eine Einigung über die Lastenverteilung zu erzielen. Die Frage, welches Wirtschaftssubjekt welche Last zu tragen hat, muss daher unbedingt geklärt werden. Insbesondere bei Verteilungsfragen tritt allerdings häufig das Problem intransitiver gesellschaftlicher Präferenzen auf (vgl. *Homburg* 2011; *Roberson* 2006). Es besteht die Gefahr, dass sich ‚*die*' gesellschaftlich präferierte Lastenverteilung überhaupt nicht ausmachen lässt.[5] Jede beliebige vorgeschlagene Verteilung der Lasten kann dann bei paarweiser Abstimmung von einer anderen Verteilung geschlagen werden (d.h. keine Lastenverteilung ist ‚*Condorcet*-Gewinner'). Bei der Planung eines jeden Ausgaben- oder Sparprogramms ist daher eine alternative Nutzen-/Lastenverteilung möglich, die von einer bestimmten anderen Mehrheit präferiert wird. Dass eine kollektive Präferenzordnung, die zyklisch ist, leicht zu gesellschaftlichen Konflikten führen kann, liegt auf der Hand: Lässt sich eine objektive Verteilung der Lasten nicht bestimmen, haben die ‚Verlierer' des Programms einen Anreiz, für ein individuell besseres Ergebnis zu streiten. Jedes Individuum bzw. jede sozioökonomische Gruppe wird dafür kämpfen und Ressourcen aufwenden, dass andere Individuen oder Gruppen die Kosten eines Ausgaben- oder Sparprogramms tragen und sie selbst am Ende des Verteilungskampfes zur gewinnenden Koalition gehören. Die endgültige Verteilung wird deshalb (ineffizient) hart umkämpft sein. Die Individuen werden solange um die Lastenverteilung ringen und Ressourcen aufwenden, bis die Kosten des Verteilungskampfes für eine Gruppe zu hoch sind und diese einlenkt (vgl. *Alesina* und *Drazen* 1991). Eine Einigung der Akteure kann aber auch vollständig unterbleiben. Dies geschieht bespielsweise, wenn jeder Beteiligte die erwarteten Kosten einer Niederlage in der Verteilungsfrage als prohibitiv hoch einschätzt (vgl. *Howitt* und *Wintrobe* 1995). Aus Angst, dass der Verhandlungsprozess zu einem individuell unerwünschten Ergebnis führt, setzt keine der Verhandlungsgruppen eine Reform des *Status quo* auf die Agenda. Da die Gesellschaft die Verteilungsfrage nicht lösen kann, verbleibt sie im ineffizienten unkooperativen Zustand (z. B. einem unreformierten Rentensystem).

Insbesondere bei intransitiven kollektiven Präferenzen sind gesellschaftliche Konfliktsituationen unvermeidlich, die zu Kosten der Einigung führen. Sie verteuern die Wahl der sofortigen Steuerfinanzierung.[6] Die Kosten der Einigung entfallen jedoch vollständig in dem Fall, in dem auf Schuldenfinanzierung zurückgegriffen wird. Die Wähler der Zukunft sind unterrepräsentiert oder noch ungeboren. Da die Entscheidungsträger der zukünftigen Generation zum Zeitpunkt der Verschuldung keine Verhandlungsmacht oder Lobby besitzen, ist eine streitbare Koalition der Verlierer der Ver-

---

[5] Voraussetzung für die nachfolgenden Ausführungen ist die wenig restriktive Voraussetzung, dass sich die individuellen Zahlungsbereitschaften nicht beobachten lassen und eine *Lindahl*-Besteuerung daher unmöglich wird.

[6] Diese Kosten der Einigung sind anders motiviert als die Entscheidungsfindungskosten, die im Modell von *Buchanan* und *Tullock* (1999 [1962]) anfallen, um einen Konsens innerhalb des benötigten Quorums herstellen zu können. Die unterstellten Auswirkungen der Gruppengröße, Heterogenität und erforderlichem Quorum auf die Kostenverläufe sind aber identisch.

schuldungsentscheidung nicht zu erwarten. Die Kosten der Einigung können leicht auf zukünftige Generationen externalisiert werden. Staatliche Verschuldung kann somit als ein Substitut für Reformen oder Einigungen eingesetzt werden. Sie dient dann in der Gegenwart dazu, einen Konsens zu finanzieren und so den gesellschaftlichen Frieden zu erhalten (vgl. *Balassone* und *Giordano* 2001).

Auch die Kosten, die durch Konflikte in kollektiven Verteilungsfragen anfallen, liefern den Individuen somit einen rationalen Anreiz, nicht die eigene Besteuerung, sondern die Staatsverschuldung als Finanzierungsform zu wählen.

4. Die strategische Situation: Ein doppeltes Allmende-Problem

Bis hierher konnte gezeigt werden, dass sich bei Schuldenfinanzierung die individuellen Kosten eines Ausgabenprogramms durch Externalisierung vermindern, während die notwendige Einigung auf eine Lastenverteilung einen ausgeglichenen Haushalt verteuert (Kosten der Einigung). Für die jeweils lebenden Individuen bestehen daher starke rationale Anreize, sich für die Aufnahme von Schulden auszusprechen.

In der nachfolgenden Diskussion sei ein weiterer Aspekt hinzugefügt, der auch dann die Verschuldung einer Volkswirtschaft erklären kann, wenn unterstellt wird, dass der kollektiv präferierte Zustand der Individuen ein ausgeglichener Haushalt ist. Die strategische Struktur, die der Staatsschuldenproblematik zugrunde liegt, ist geeignet, die Ökonomie trotz dieser optimistischen Annahme in den unerwünschten Verschuldungszustand zu leiten. Voraussetzung für diese strategische Situation ist, dass sozioökonomische Anspruchsgruppen bzw. ganze Generationen nicht wirksam von der Nutzung des (zukünftigen) Vermögens der Volkswirtschaft ausgeschlossen werden können. Das heute zur Verfügung stehende Nettovermögen einer Volkswirtschaft ist der Gegenwartswert all ihrer zukünftigen Einkommensströme minus der ausstehenden Verschuldung. Ist dieses Nettovermögen gemeinsames Eigentum aller Generationen und aller derzeit lebenden Anspruchsgruppen, besitzen die zukünftigen Einkommensströme der Volkswirtschaft Allmendegut-Charakter (vgl. *Velasco* 1999; 2000).[7] Über Verschuldung kann sich jede Generation bzw. jede Anspruchsgruppe den Gegenwartswert zukünftiger Einkommensströme aneignen. Bei der Erreichung eines ausgeglichenen öffentlichen Haushalts sehen sich die Wähler dann einem doppelten sozialen Dilemma – innerhalb der lebenden Generation sowie zwischen den Generationen – gegenüber. Beide Dilemmata sollen im Folgenden genauer erläutert werden (vgl. zur ‚Tragik der Allmende‘ *Müller* und *Tietzel* 1998).

Für das erste soziale Dilemma wird nur die derzeit lebende Generation im Zeitpunkt ihres Wirkens betrachtet. Wie angenommen, stellt der Schuldenverzicht den kollektiv präferierten Zustand dar. In Umfragen würden die Wähler dem Wunsch nach einem ausgeglichenen Haushalt Ausdruck verleihen. Jedoch müssen alle Wirtschaftssubjekte selber auf einen Teil der Transfers oder Vergünstigungen verzichten, damit eine Schuldenaufnahme für den Staatshaushalt nicht notwendig wird. Jedes einzelne Individuum

---

7 Dies gilt, da die zukünftigen Einkommensströme der Volkswirtschaft auch zweifellos rival in ihrer Nutzung sind.

stellt sich aber besser, wenn alle anderen die ihnen zugedachten Einschnitte hinnehmen, die eigene Position aber unberührt fortbestehen kann. Bei ansonsten allseitiger Kooperation stellt sich das Individuum also am besten, wenn es selber nicht von Einsparungen betroffen ist. Ein ausgeglichener Haushalt kann in diesem Fall kollektiv trotzdem erreicht werden, jedoch müssten andere Teile der Gesellschaft den individuell nicht erbrachten Beitrag stemmen. Werden beispielsweise Hallenbäder andernorts geschlossen, so könnte ein lokales Hallenbad auch ohne staatliche Verschuldung geöffnet bleiben und den Bürgern in seinem Einzugsbereich Nutzen stiften. Natürlich trifft diese Überlegung für jedes Individuum bzw. jede sozioökonomische Gruppe zu. Alle Wähler haben daher einen individuell rationalen Anreiz, *keinen* Beitrag zur nachhaltigen Haushaltsführung zu leisten. Ein Beitrag zu einem ausgeglichenen Haushalt verursacht individuelle Kosten, während der Nutzen des eigenen Beitrags für alle Individuen und (bei großen Gruppen) nur in marginaler Höhe anfällt. Da die Anspruchsgruppen nicht von der Nutzung zukünftiger Ertragsströme ausgeschlossen werden können, gerät die Gesellschaft durch die Anreizstruktur des sozialen Dilemmas, selbst bei einer Wählerpräferenz für einen ausgeglichenen Haushalt, in den kollektiv unerwünschten Verschuldungszustand (vgl. auch *Battaglini* und *Coate* 2008).[8] Potentielle *Pareto*-Verbesserungen bleiben so aufgrund individuell rationaler Anreize unausgeschöpft.

Das zweite, intergenerationale Dilemma entsteht, wenn – auf einer höheren Aggregationsebene – nicht Individuen bzw. sozioökonomische Gruppen, sondern die Beziehungen zwischen verschiedenen Generationen in der Zeit betrachtet werden. Das so entstehende Problem ist analog zum oben dargestellten Fall innerhalb einer Generation: Kollektiv mögen zwar alle Generationen der Ökonomie eine Präferenz für einen ausgeglichenen Haushalt haben. Die jeweils lebende Generation kann aber nicht davon abgehalten werden, sich noch besser zu stellen, indem sie von der kollektiven Präferenz abweicht und sich verschuldet. Auch jede einzelne Generation hat daher einen Anreiz, das noch vorhandene Nettovermögen der Volkswirtschaft weiter aufzuzehren.

Ohne den entsprechenden (hier nicht betrachteten) institutionellen Rahmen, führt das doppelte Dilemmaproblem, wegen rationaler Erwägungen, zur dauerhaften Verschuldung der Volkswirtschaft.

5. Die Moral von der Geschicht

Aus individuell rationalen Überlegungen besitzt die Möglichkeit der staatlichen Verschuldung „to spend without taxing“ durchaus Charme. Ein Ausgabenprogramm kann so durchgeführt werden, ohne die vollen Finanzierungskosten tragen zu müssen. Erschwerend kommt hinzu, dass die Verschuldung der leichter zu beschreitende Weg ist: Es ist weder eine Einigung über die Lastenverteilung erforderlich, noch muss ein soziales Dilemma gelöst werden.

---

8 Vom aktuellen Problem internationaler Allmenden berichten *Krogstrup* und *Wyplosz* (2010). Hier nutzen nicht nur inländische Anspruchsgruppen die Allmende des staatlichen Budgets. Internationale Externalitäten entstehen – wie im Fall Griechenlands in der Europäischen Währungsunion – dadurch, dass alle Länder in einem bestimmten Maß auch für eingegangene Verbindlichkeiten anderer Länder einstehen müssen.

Wegen dieser Anreize ist staatliche Verschuldung für die jeweils lebenden Individuen eine rationale Entscheidung. Sicher ist der Mensch in den wenigsten Fällen ein Homo Oeconomicus. Wird unterstellt, dass die menschliche Verbundenheit mit nachfolgenden Generationen in einem Kontinuum zwischen Rationalität und perfektem Altruismus liegt, ohne eines der Extreme anzunehmen (vgl. *Wagner* 2004, S. 208), mag die grundsätzliche Position der meisten Individuen auch durchaus eine Schuldenaversion sein. Ausgabenentscheidungen richten sich in der Regel jedoch nicht nach der *grundsätzlichen* Einstellung der Bürger zur Staatsverschuldung. Vielmehr ist die zu treffende Entscheidung die, ob ein nutzenstiftendes Ausgabenprogramm durchgeführt wird und wenn ja, wie es finanziert werden soll. Entfällt die ‚Nirwana-Option', in der alle gewünschten Ausgabenprogramme ohne Steuererhöhung *und* Staatsverschuldung finanziert werden können, ist nicht die Entscheidung der Individuen darüber relevant, ob sie Staatschulden wünschen oder nicht. Im konkreten Fall ist vielmehr die Frage, ob ihnen die Erhöhung bzw. Aufrechterhaltung des eigenen Nutzenniveaus mehr oder weniger wert ist als die Belastung zukünftiger Generationen. Bei der Wahl der Finanzierung eines gegebenen Ausgabenprogramms entscheiden die Individuen dann zwischen zwei Übeln: Entweder nehmen sie die, zur Finanzierung notwendigen, Nutzeneinbußen in Kauf, indem sie einer Steuererhöhung bzw. einer Ausgabeneinsparung an anderer Stelle zustimmen. Oder sie stimmen einer Belastung der nächsten Generation zu, die ihren altruistischen Neigungen zuwider liefe und daher ebenfalls zu Nutzeneinbußen führt. Die Alternativen bestehen somit entweder in der Verschlechterung der eigenen Nutzenposition oder in der Verschlechterung der Nutzenposition der nächsten Generation.

Die rational zu berücksichtigenden Kosten (Kosten der Einigung und externe Kosten) induzieren dabei immer einen Anreiz, der einer altruistischen Schuldenaversion entgegenläuft. Insgesamt entscheidet das Zusammenspiel dieser Einflussgrößen darüber, welche Wahl ein Individuum bezüglich der Finanzierungsform trifft. Wie das Wählervotum im Aggregat ausfällt und wie es politisch umgesetzt wird, ist eine empirische Frage. Sind die Individuen bei gegebenem Ausgabenprogramm nicht ausreichend altruistisch, um die rationalen Vorteile staatlicher Verschuldung über zu kompensieren, so wünschen sie die staatliche Schuldenaufnahme. Die Individuen schätzen in dieser Situation das eigene Wohlergehen, selbst bei einem gewissen Altruismus, höher. Die eigene Besteuerung und der gesellschaftliche Verteilungskampf, die zur budgetneutralen Zielerreichung notwendig wären, werden dann als ein zu hoher Preis für einen ausgeglichenen Haushalt angesehen.

Insgesamt lässt sich festhalten, dass für nicht perfekt altruistische Individuen die Versuchung, zukünftige Generationen mit geringer Verhandlungsmacht auszubeuten, allgegenwärtig ist. Eine kollektive Verschuldungspräferenz der Lebenden ist daher eine durchaus realistische Erklärung für die empirisch zu beobachtenden wachsenden Schuldenstände vergangener Jahrzehnte. Der zukünftigen Generation fehlt der Agent, der ihre Interessen in der Gegenwart mit ausreichender Vehemenz vertritt. Von den gegenwärtigen, nicht perfekt altruistischen Individuen werden die Belange der Zukunft nur unzureichend vertreten.

Literatur

Alesina, Alberto und *Allan Drazen* (1991), Why are stabilizations delayed?, in: American Economic Review, Vol. 81, S. 1170-1188.

Alesina, Alberto und *Roberto Perotti* (1995), The Political Economy of Budget Deficit, in: *IMF Staff Papers*, Vol. 42, S. 1-31.

Balassone, Fabrizio und Raffaela *Giordano* (2001), Budget Deficits and Coalition Governments, in: Public Choice, Vol. 106, S. 327-349.

Barro, Robert J. (1974), Are Government Bonds Net Wealth? in: Journal of Political Economy, Vol. 82, S. 1095-1117.

Battaglini, Marco und *Stephen Coate* (2008), A Dynamic Theory of Public Spending, Taxation, and Debt, in: American Economic Review, Vol. 98, S. 201-236.

Blankart, Charles B. (2008), Öffentliche Finanzen in der Demokratie: Eine Einführung in die Finanzwissenschaft. München.

Buchanan, James M. (1999 [1958]), Public principles of public debt: A defense and restatement, Homewood Ill.

Buchanan, James M. und *Richard E.Wagner* (2000 [1977]), Democracy in deficit: The political legacy of Lord Keynes, Indianapolis.

Buchanan, James M. und *Jennifer Roback* (1987), The incidence and effects of public debt in the absence of fiscal illusion, in: Public Finance Quarterly, Vol. 15, S. 5-25.

Buchanan, James M. und *Gordon Tullock* (1999 [1962]), The Calculus of Consent: Logical Foundations of Constitutional Democracy, Ann Arbor.

Cukierman, Alex und *Alan H. Meltzer* (1989), A Political Theory of Government Debt and Deficits in a Neo-Ricardian Framework, in: American Economic Review, Vol. 79, S. 713-732.

Homburg, Stefan (2011), Colonel Blotto und seine ökonomischen Anwendungen, in: Perspektiven der Wirtschaftspolitik, Bd. 12, S. 1-11.

Howitt, Peter und *Ronald Wintrobe* (1995), The political economy of inaction, in: Journal of Public Economics, Vol. 56. S. 329-353.

Krogstrup, Signe und *Charles Wyplosz* (2010), A common pool theory of supranational deficit ceilings, in: European Economic Review, Vol. 54, S. 269-278.

Müller, Christian und *Manfred Tietzel* (1998), Allmende-Allokationen, in: *Manfred Tietzel* (Hg.), Ökonomische Theorie der Rationierung, München, S. 163-201.

O'Driscoll, Gerald P. Jr. (1977) The Ricardian Nonequivalence Theorem, in: The Journal of Political Economy, Vol. 85, S. 207-210.

OECD (2010), Central Government Debt, OECD National Accounts Statistics.

Ricardo, David (2006 [1817]), Über die Grundsätze der Politischen Ökonomie und der Besteuerung, Marburg.

Roberson, Brian (2006), The Colonel Blotto Game, in: Economic Theory, Vol. 29, S. 1-24.

Tietzel, Manfred (1981), „Annahmen" in der Wirtschaftspolitik, in: Zeitschrift für Wirtschafts- und Sozialwissenschaft, Bd. 101, S. 237-265.

Velasco, Andrés (1999), A Model of endogenous fiscal deficits and delayed fiscal reforms, in: *James M. Poterba* und *Jürgen von Hagen* (Hg.), Fiscal institutions and fiscal performance, Chicago, S. 37-58.

Velasco, Andrés (2000), Debts and deficits with fragmented fiscal policymaking, in: Journal of Public Economics, Vol. 76, S. 105-125.

Wagner, Richard E. (2004), Debt, Money, and Public Finance, in: *Jürgen G. Backhaus* und *Richard E. Wagner* (Hg.), Handbook of Public Finance, Norwell, S. 195-215.

Wicksell, Knut (1969 [1896]), Finanztheoretische Untersuchungen: Nebst Darstellung und Kritik des Steuerwesens Schwedens, Bristol.

Christian Müller, Frank Trosky und Marion Weber (Hg.)
Ökonomik als allgemeine Theorie menschlichen Verhaltens
Schriften zu Ordnungsfragen der Wirtschaft · Band 94 · Stuttgart · 2012

The Political Economy of Denying Pleasure

Jürgen G. Backhaus

Inhalt

1. A Curious Case 258

2. The Victims of Obama's Trade Policy 258

3. Implications for Trade Policy 259

4. Revealing a Mindset 259

5. Conclusion 260

Literatur 260

1. A Curious Case

On October 9th, 2010 the Berlin-based German daily *Tagesspiegel* under the title "Böhringer hat keine Lust mehr" (loosely rendered as "Böhringer has no desire any more") reported a remarkable story. The research-based pharmaceutical industry *Böhringer Ingelheim* had invested years of effort and time to come up with a Viagra-type product for women. This was ultimately found in the active agent Flibanserin. In an unusual move, the *American Food and Drug Administration* had announced that, before the application was even made, they were not going to license the drug. Now that a large segment of the potential market, the United States, had been lost, the *Ingelheim*-based company reluctantly decided to abandon further work on the drug. The case is all the more remarkable as the likely group of drug users, women around and over forty with a declining sexual appetite, were among the core group of the electorate for *Barack Obama*. Why would you thus frustrate your key electorate? Sure enough, the decision was not exactly advertised to the group of women primarily affected. The users of drugs tend not to be informed about those ones that could help them improve their condition, but have not yet been developed or licensed. This is a standard information asymmetry in the market for pharmaceutical products. Yet, I did not find any coverage of the episode in the American press, either. From the point of view of *Barack Obama's* strategists, the decision is clearly not a feather in his cap. But why then was this decision made? We find the reason in section two. Section three is then devoted to drawing somewhat general conclusions about American trade policy, starting from this case.

2. The Victims of Obama's Trade Policy

The crucial factor to remember about the drug is that it would have been produced in *Ingelheim*, Germany, and not in the United States. Hence, the drug would have further widened the trade deficit, with no American competition anywhere in sight. Since the market for the female Viagra is likely to be as large as that for the male version, this would have been a very large chunk of sales in the United States. Clearly it would be a very popular drug. As demographic change leads many women to postpone having their first child early, they tend to have children only after completing their education, stabilized their careers and private lives. The number of women who wish to have their first child when their sexual appetite is already declining will likely grow in the future and it is already very large (*Scheuerer* 2010). Hence, this drug would have been at least as popular as the pill, which changed American society and left deep impressions in American culture, including the pop culture.[1] What becomes clear from this particular decision, is that the *Obama* administration has a vision of economic policy which is formed basically by neo-mercantilist concepts. Instead of looking at the benefits from trade among equals, they look at gains from exports and benefits of avoiding imports.

---

1 Loretta Lynn, *I've got the pill* (1975)

This *Colbert*ist view does not reflect a desire to maximize the well-being of the population at large and neither did it do so under its pioneer *Colbert*.

3. Implications for Trade Policy

Protectionism can take many forms. *The World Trade Organisation* outlaws many of them, not only outright tariffs, but also many barriers to trade. This case is a new challenge to the *World Trade Organisation*, as the *Food and Drug Administration* has never before actively tried to prevent foreign-based pharmaceutical research-based producers to restrain from developing a drug. If this episode remains successful as a protective American trade policy, it will certainly be repeated. That is to say, from a European perspective, the case should be brought before the World Agency on Tariffs and Trade and be discussed extensively, so as also to embarrass the *Obama* administration with respect to its most prized group of electors, women who have been denied sexual pleasure.

4. Revealing a Mindset

The case here selected is not only curious in itself. Its larger implication is to gauge the kind of economic model which guides the economic policy of this lawyer-president. Just as, in the marketplace, the actions of consumers reveal their preferences, the same occurs in politics. In the particular case at hand, it can safely be assumed that the *Obama* administration did not act lightly in targeting a particularly valuable group of voters. It is even likely that in other fields of politics, they are actively attempting to support couples' wishes for children, for instance through policies of *HUD* and those aimed at improving school performance. In addition, the tax code contains many provisions which favour couples with children. When they nevertheless target older women harbouring a desire to become a mother, the economic model on which the policy is based must be fairly rigorously formulated. The distinguishing feature of the drug is that it is not US-made. Licensing the drug for the United States would have further depressed the balance of trade. This implies that the underlying policy model of the *Obama* administration is simply and strictly neo-mercantilist. This will probably cross over into other fields of policy, such as agricultural, environmental, maritime, and the like. This is a testable hypothesis which, if corroborated, could usefully be applied to designing German and European diplomacy vis-à-vis the United States.

This episode is likely to haunt *Obama* in his bid for re-election. Many women have unfulfilled wishes for babies, and ultimately some of these wishes will not come true. However, the older the women become, the stronger their desire for babies and the issue certainly enters into their political preferences, when they make the connection. It is "a piece of cake" for any particular candidate facing a democrat in the *Obama* re-election to return to this episode and make the connection between neo-mercantilist policies and women's unfulfilled desires for babies. Since it is difficult, in an open society, to suppress knowledge, the best *Obama* can hope for is to simply remain silent on the matter. But this opens him up to surprise attacks at an awkward time by such candidates as *Sarah Palin*. *Palin*, who had a child at an advanced age, although she knew it was handicapped, is a perfectly credible mother. In her hands or indeed mouth, the episode can turn into a sharp weapon that can cost crucial votes.

Yet, apart from *Sarah Palin*, there is the wider movement of the Tea Party. The one unifying element that defines the Tea Party is their opposition to *Barack Obama*. Keeping knowledge about the episode alive and exploding the episode in the re-election campaign at the right moment is a sure winning strategy for any candidate of the Tea Party. It is my prediction that the episode will resurface in *Barack Obama's* re-election campaign and the price for denying pleasure will have to be paid.

5. Conclusion

In conclusion, this case involves not just denied pleasure, but in particular the prospect of further trade restrictions created by the United States of America. The aim is to withhold satisfaction from the citizens of both the United States as well as the European trade partners of many different varieties and shades.

Literatur

Scheuerer, Gerhard (2010) Wendeschock oder Babystreik? Die lexikographische Nutzenfunktion des Fertilitätsverhaltens, Hanau.

Teil IV:

Ökonomik und Philosophie

Christian Müller, Frank Trosky und Marion Weber (Hg.)
Ökonomik als allgemeine Theorie menschlichen Verhaltens
Schriften zu Ordnungsfragen der Wirtschaft · Band 94 · Stuttgart · 2012

Sokrates und das Schwein – Glück und Ökonomie

Hartmut Kliemt

Inhalt

1. Einleitung und Übersicht 264
2. Kegelschieben oder Dichtern lauschen? 265
3. Subjektive Glückserlebnisse oder objektive Fakten? 267
4. Glück und Paradies 268
5. Glück und das irdische Pardies 269
6. Glück – nah und fern 269
7. Folgerungen? 270

Literatur 271

1. Einleitung und Übersicht

Aus Sicht der neo-klassischen Beschränkung normativer Argumente auf die Angabe von Mitteln zu gegebenen Zwecken oder Zielen (und in diesem Sinne gegebenen Präferenzen) trifft es sich, dass die neuere Glücksforschung Glück durch Selbstberichte der Betroffenen misst. Die Individuen selber und nicht ein externer Akteur nehmen die mit der Klassifizierung „glücklicher vs. weniger glücklich" angesprochenen Bewertungen vor. Damit wird der Forderung nach Respektierung der subjektiven Einstellungen der Betroffenen in natürlicher Weise im Messvorgang selbst Rechnung getragen.[1]

Eine Verbindung von Glücksforschung und ökonomischer Wohlfahrtstheorie erscheint nach dem Vorangehenden nicht nur methodisch unproblematisch. Eine entsprechende Abweichung von den bislang etwa im Rahmen der Kosten-Nutzen-Analyse üblichen Maßen materieller Wohlfahrt ist sogar methodisch verlangt. Soweit die wirtschaftspolitisch Beratenen de facto Zwecke anstreben, die sich durch Glücksmaße besser approximativ repräsentieren lassen als durch Geldmasse materiellen Wohlstands, sollte die ökonomische Wohlfahrtstheorie sich auf Glücksmasse stützen, wenn sie denn mit ihrer eigenen Auffassung, die Werte der Individuen nur „ratifizieren" zu wollen, ernst macht.

Das vorangehende Argument zeigt auf, dass im Rahmen einer von *Robbins* (1935) bestimmten neo-klassischen Standardauffassung von der Natur und Bedeutung normativer Argumente in der Ökonomik die Verbindung zur sogenannten Glücksforschung kanonisch angelegt ist.[2] Wie ich im Weiteren aufzeigen will, gibt es jedoch grundlegende ungeklärte Restprobleme einer „glücksbasierten normativen Ökonomik". Zum ersten betreffen diese das Verhältnis von Lust zu Glück bzw. Präferenzen. Zum zweiten bleibt offen, ob es uns im Falle des Glücks wirklich – wie wir als Ökonomen unterstellen – um strikt subjektive Erlebnisse und Einschätzungen oder ob es auch um objektive Tatsachen geht. Drittens ist zu klären, wie sich langfristiges und kurzfristiges Glücksstreben zueinander und zu landläufigen Maßstäben rationalen und vernünftigen Handelns verhalten.

Eine nähere Betrachtung von Beispielen zeigt, dass der Subjektivismus der Ökonomen in dem Sinne aufrechterhalten werden kann, dass man als gegeben respektiert, was beratene Individuen de facto wollen. Dabei ist aber festzuhalten, dass sie nicht nur subjektive Erlebnisse wollen, sondern subjektiv wollen, dass bestimmte Dinge in der Welt „objektiv" erfüllt sind und nicht nur von ihnen erlebt werden. Andere Beispiele schei-

---

1 Es bleibt natürlich die Frage, ob derartige Selbstberichte andere Messanforderungen erfüllen. Dieses wichtige technische Problem kann hier nicht behandelt werden.

2 *Bruno Frey* wählte den programmatischen Titel „Happiness - A Revolution in Economics" (2007) (vgl. zusätzlich *Bok* 2010). Die charakteristisch empirische Ausrichtung und Fundierung von *Freys* Argumenten ist sachrichtig und erforderlich, um Beiträgen zum Thema „Glück" zumindest unter modernen Ökonomen wissenschaftliche Respektabilität zu verleihen.

nen aufzuzeigen, dass die langfristige Verfolgung von gegebenen Zielen grundlegende Frist-Probleme aufwirft.[3]

2. Kegelschieben oder Dichtern lauschen?

Der ältere Utilitarismus vertrat mit *Jeremy Bentham* die Auffassung, dass es ebenso gut sei, Kegel zu schieben, wie klassischer Dichtung zu lauschen, sofern beides gleich viel Lust erzeuge. Es scheint aber klar zu sein, dass das Glück nicht nur Lust beinhaltet, sondern auch Erlebnisse einer bestimmten Art als Auslöser von Lust voraussetzt. Die Lust, die sich aus der direkten Stimulierung etwa einer bestimmten Hirnregion durch eine Elektrode ergeben würde, ist nach unseren konventionellen Glücksvorstellungen nicht gleichbedeutend mit Glück. Die Lust der Drogen und des Fernsehens akzeptieren wir nicht als vollwertiges Glück. Auch die Vision einer „schönen neuen Welt", in der die Menschen mit Pillen und Stimmungsaufhellern so „traktiert" werden, dass sie sich glücklich fühlen, scheint mit einem im landläufigen Sinne „glücklichen" Leben nicht vereinbar.

Abbildung 1: Sokrates und das Schwein

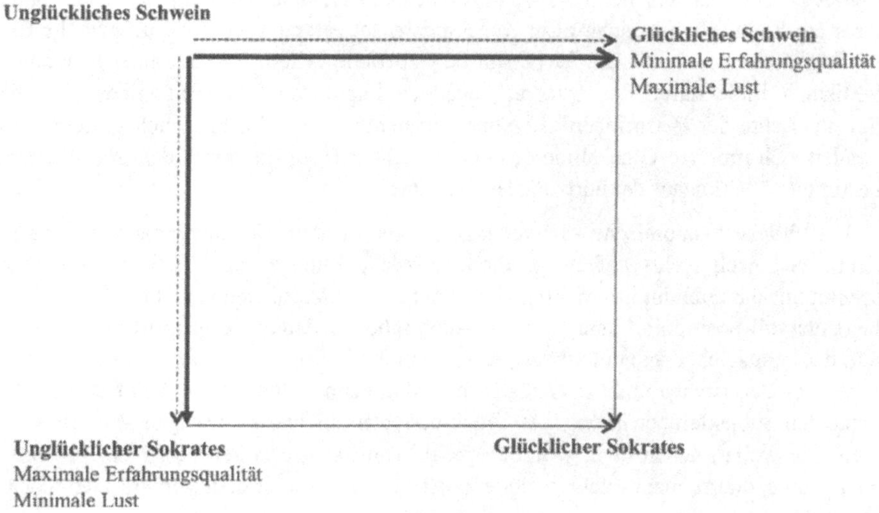

Quelle: Eigene Darstellung

Sofern die Menschen tatsächlich selber Lust erlangen wollen, muss die normative Ökonomik diesen Wunsch jedoch als „gegeben" akzeptieren. Die Gründung des

[3] Auf die umfangreiche und wohlbekannte Literatur zu „Egonomics", *Schelling* (1984), "Multiple-Self Models", *Elster* (1987), „Break Down of the Will", *Ainslee* (1992), und deren philosophische Verwandten gehe ich bewusst nicht ein, da die Literatur nahezu unübersehbar ist.

Glücksmaßes auf Selbstberichte bewirkt, dass es für das Maß des Glücks unerheblich ist, ob die betreffende Person sich glücklich fühlt auf der Basis von kultivierten oder unkultivierten „Präferenzen". Wenn sie ein *Mill*scher idealer Utilitarist ist, dem es auf die Qualitäten der lusterzeugenden Erlebnisse über die Frage nach deren lustvollem Charakter hinaus ankommt, dann ist das anzuerkennen, wenn nicht, dann nicht. Es kommt nur darauf an, wie sie ihre Erfahrungen selbst klassifiziert. Die folgende Graphik erfasst dies.

Die Graphik benutzt das Wort „Schwein", um einen Menschen zu charakterisieren, der die Ordnung seiner Glückszustände mit minimalen Anforderungen an die „Erlebnisqualität" stützt. *„Sokrates"* steht demgegenüber idealtypisch für eine maximal kultivierte Person, die sich nur dann glücklich schätzt, wenn das, was ihre Lust erzeugt, über die Lust hinaus ihren hohen (kulturellen) Ansprüchen entspricht.[4] Soweit man ein über Selbstberichte definiertes Glücksmaß als ausschlaggebend zugrunde legt, ist es allerdings insoweit unerheblich, ob sich jemand nur „sauwohl" oder „sokratisch wohl fühlt". Ein Ökonom, der so verfährt, nimmt nicht Partei. Er ratifiziert wertfrei, was die Betroffenen selber sagen.

Empirisch ist zwar zu erwarten, dass die Individuen sich in ihren Urteilen sowohl entlang der elementaren Dimension des positiven, „lustvollen" Charakters und der „qualitativen" Einschätzung der Inhalte, mit denen die Gefühle verknüpft sind, bewegen. Aber am Ende geht es – analog zur Konsumentensouveränität – nur darum, wie die Betroffenen selbst subjektiv die Sache (im Selbstbericht) sehen. Alle auf einer beliebigen vertikalen Linie durch das Quadrat liegenden Punkte sind für denjenigen, der die Selbstberichte der Betroffenen akzeptiert, hinsichtlich des Glücks gleich gestellt – es handelt sich um „Iso-Glückslinien", denn es geht nur um die durch den Selbstbericht bestimmte Position auf der horizontalen Lustlinie.

Die übliche ökonomische Analyse läge es ohne weitere Umstände nahe, eine möglichst weit nach rechts außen verschobene solche Linie zu erreichen. Als Ökonom scheint mir das auch intuitiv richtig. Der Punkt auf der Vertikalen kann beliebig im Einheitsintervall positioniert sein. Ein philosophisches Gedankenexperiment zeigt jedoch auf, dass ein solcher Subjektivismus, wenn man ihn konsequent verfolgt, mit den Wünschen der Bertoffenen nicht übereinstimmt.[5] Man kann zudem womöglich das, was die beratenen Subjekte über ihr eigenes Glück berichten, nicht als alleinigen Maßstab nehmen. Sie wollen neben dem, worüber sie als von ihnen erfahren berichten, subjektiv auch Dinge, die sie nicht erfahren, deren objektive Existenz sie aber voraussetzen möch-

---

4 Wenn jemand damit zufrieden ist, ein glückliches Schwein zu sein und beispielsweise nach Stimulierung einer bestimmten Hirnregion berichtet, glücklich zu sein, dann ist das ein „verbindliches" Messergebnis. Wenn die Menschen in der Welt *Huxleys* berichten, glücklich zu sein, dann sind sie es im Sinne des zugrunde gelegten berichtsbasierten Glücksmaßes.

5 Auf einer weniger dramatischen Ebene führt der subjektivistische „Opportunitätskosten"-Begriff, den *Buchanan* verteidigt, zu ähnlichen Problemen. Wenn es nämlich nur um die im Entscheidungszeitpunkt vorgestellte nächstbeste Alternative geht, dann gibt es keine objektiven Opportunitätskosten mehr; vgl. *Buchanan* (1999 ff.), Vol. 6.

ten, erlangen. Dabei handelt es sich nicht nur um den für Ökonomen vertrauten Unterschied von berichteten und offenbarten Präferenzen.

3. Subjektive Glückserlebnisse oder objektive Fakten?

Man stelle sich vor, dass man sich an eine sogenannte „Erlebnismaschine" anschließen lassen könnte.[6] In der Maschine hat man subjektiv das Gefühl, Entscheidungen selbst zu treffen, Risiken einzugehen, sich in Gefahren zu bewähren. Allerdings ist, ohne dass man sich dessen bewusst wäre, immer sichergestellt, dass die Erlebnisse dem entsprechen, was man sich aus einer Analyse der eigenen langfristigen Glücksinteressen heraus wünschte bzw. zuvor festgelegt hat.

Den meisten von uns wäre der Schritt, sich in die Maschine zu begeben, gewiss unheimlich. Aber nehmen wir einmal an, dass andere diesen Schritt vollzogen hätten und man von ihnen wüsste, dass die Erlebnisse in der Maschine dem entsprachen, was gewählt wurde. Die Selbstberichte dieser Individuen ergeben, nehmen wir dies weiterhin an, maximale Ausprägungen des subjektiven Glücksmaßes. Was könnte dann noch dagegen sprechen, sich an die Maschine anschließen zu lassen?

Die Individuen in der Maschine haben das Gefühl, ein normales Leben zu führen, aber tun es letztlich nicht. Sie meinen, zu handeln und in die Welt zu intervenieren, üben aber letztlich im Einzelfall keine reale Kontrolle mehr aus. Die Maschine „gaukelt" ihnen das Leben nur vor.

Diese Beschreibung scheint gegen die Nutzung der Maschine zu sprechen. Die negative Beschreibung kann man aber auch in eine positive verwandeln. Denn durch die zusätzliche Option des Anschlusses an die Erlebnismaschine erhalten die Individuen mehr, sogar maximale Kontrolle über die eigenen Erlebnisse. Das ist es aber, was wir durch Technologie und Politik in allen anderen Kontexten anstreben. Wenn es erstrebenswert ist, möglichst viel Kontrolle zu haben, dann sollte die Erlebnismaschine positiv scheinen. Jedenfalls, sofern man das Leben mit einer Folge von Erlebnissen identifiziert, ist die Erlebnismaschine ein Kontrollgerät.

Soweit die Betroffenen selber den Anschluss an die Maschine ablehnen, hat der ökonomische Berater ihnen zu folgen. Er würde sich aber ein Problem einhandeln, wenn er ihnen raten würde, sich nicht in eine solche Erlebniswelt zu begeben. Er sollte sich darüber klar sein, dass er damit eine Vorstellung vom Glück ausdrückte, die über die subjektiven Glückserlebnisse und über das hinausginge, was die Betroffenen in Selbstberichten statuieren würden. Der vermutlich beste Grund dafür wäre eine Vorstellung vom guten Leben, die sich nicht auf Empfindungen bzw. Erlebnisse reduzieren lässt. Der ökonomische Berater würde aber damit gegen sein eigenes Glücksmaß verstoßen, denn dieses geht letztlich von Selbstberichten aus. Der Ökonom hätte sein eigenes Urteil nicht gänzlich eliminiert und sich nicht darauf beschränkt, einfach zu ratifizieren, was die Beratenen wollen. Nur wenn er ihren wohlerwogenen subjektivistischen Ansichten

---

6 Vgl. dazu ursprünglich *Nozick* (1974).

folgte, wäre er ein guter Ökonom bzw. subjektivistischer Utilitarist.[7] Es ist aufschlussreich, naive religiöse Vorstellungen vom höchsten Glück mit dem Erlebnissubjektivismus in Beziehung zu setzen.

4. Glück und Paradies

Die üblichen Vorstellungen vom Paradies sind nicht weit vom Gedankenmodell der Erlebnismaschine entfernt. Wer an die Existenz des Paradieses glaubt, hofft darauf, dort eine bestimmte Art von „guten" Erfahrungen zu machen, ohne dabei den natürlichen und sozialen Übeln dieser Welt ausgesetzt zu sein. Die Unterschiede zwischen Paradies und Erlebnismaschine scheinen demgegenüber eher untergeordnet.

Im Gegensatz zu dem Akt, sich an die Erlebnismaschine anschließen zu lassen, kann man den Eintritt ins Paradies anscheinend nicht frei wählen. Wer einer der vulgären Märtyrer-Konzeptionen, die den Islamisten gern zugeschrieben werden, wirklich anhängen würde, könnte die Wahl, durch Selbstopfer in das Paradies einzugehen, allerdings subjektiv treffen. Sofern man den Subjektivismus der Überzeugungen ebenso respektiert wie den der Wünsche, kann man kaum noch kritisieren, was Individuen aufgrund subjektiver Vorstellungsgehalte tun.

Es wird allerdings im Gegensatz zum Gedankenmodell der Erlebnismaschine gewöhnlich unterstellt, dass die Wesen, die das Paradies bevölkern, weiterhin tatsächlich in einer Gemeinschaft unabhängiger Entscheidungsträger leben. Bei näherer Betrachtung ist das aber nur ein Scheinunterschied. Die prästabilierte Harmonie unter ihnen scheint nicht mit einer Entscheidungsfreiheit der Seligen vereinbar, da diejenigen, die das Paradies bevölkern, keinen unkontrollierten freien Willen mehr haben können. Sonst wäre auch im Paradies mit Fehlverhalten und moralischem Übel im diesseitigen Sinne zu rechnen. Das Paradies scheint daher nur eine spezielle Erlebnismaschine zu sein.[8]

Hier gibt es eine Spannung zwischen objektiven Gegebenheiten und subjektiven Erlebnissen, die der Spannung zwischen dem Wunsch, ein reales Leben mit objektiven Tatsachen zu leben, und der subjektivistischen Charakterisierung des Guten sehr nahe steht. Jene, die voraussetzen, dass die Welt und das Paradies von einem allgütigen und allmächtigen Gott (oder dem weltlichen Gott eines Staates) geschaffen wurden, sollten annehmen, dass dieser beide nach den gleichen Maßstäben konstruiert hat. Denn er ist allgütig, und daher sollte er es für jeden Teilbezirk sein, der seiner Kontrolle untersteht. Wenn man davon ausgeht, dass die Welt unabhängig von den Glückserfahrungen, die in ihr gemacht werden, ein besserer Ort ist, wenn es echte Willensfreiheit gibt, dann sollte

---

7 *Rawls'* Kritik am Utilitarismus impliziert, dass man als moralisches Subjekt die Wertungen der Individuen nicht einfach ratifizieren darf; vgl. *Kliemt* (1998). Wie das mit der vertragstheoretischen Vorstellung von der Respektierung der Auffassungen anderer kohärent zu machen sein soll, ist nur schwer ersichtlich.

8 Die weitere aufschlussreiche Anwendung der Idee der Erlebnismaschine auf Tod, Seelenwanderung und Selbstmordattentate überlasse ich dem Leser, ohne die entsprechende Ökonomik des Glücks überhaupt zu diskutieren; vgl. für elementare Beispiele *Baurmann* und *Kliemt* (1987).

es diese Freiheit auch im Paradies geben und damit das moralische Übel auch dort. Oder die Willensfreiheit ist kein Aspekt, der zu einer intrinsisch besseren Welt führt, dann hätte ein allgütiger und allmächtiger Gott die Welt auch im Diesseits – als kausal bestimmte Erlebnismaschine – besser einrichten können. Warum hat er das nicht getan? Wenn Gott doch nicht allmächtig sein sollte, sollten wir Gott vielleicht korrigieren und die unvollkommene Erlebnismaschine Leben, die er für uns gebaut hat, durch eine ersetzen, die wir selbst kontrollieren.

5. Glück und das irdische Pardies

Die Parallele zwischen jenseitigen und diesseitigen Paradiesvorstellungen ist aufschlussreich: In beiden Fällen bedarf es einer Kontrolle individuellen Verhaltens, die sicherstellt, dass Ergebnisse und Erlebnisse einer bestimmten Art eintreten. In beiden Fällen ist es wichtiger, dass die Konsequenzen eintreten, als die Art, wie es zu diesen kommt. In beiden Fällen ist es klar, dass mit der glückssichernden Fremdkontrolle, ähnlich wie im Falle der glückssichernden Selbstkontrolle beim Anschluss an die Erlebnismaschine, Effekte verbunden sind, die wir nicht nur positiv bewerten. Obwohl wir mehr Kontrolle in der Zweckverfolgung stets für besser halten sollten, wollen wir damit nicht nur Erlebnisse sicherstellen, sondern wirkliche Kontrolle haben.[9]

Wenn wir es ablehnen, Erlebnisse nur in kontrollierter Form zu haben, dann sollten wir aus dem gleichen Grund Vorbehalte gegen den Wohlfahrtsstaat haben. Dennoch ginge es offenkundig zu weit, mit *Wilhelm von Humboldt* (1851/1967) den Wohlfahrtsstaat allein deshalb gänzlich abzulehnen, weil er verhindert, dass wir uns den Risiken des realen Lebens in vollem Umfang aussetzen. Denn dann müssten wir ja auch private Versicherungen ablehnen. Das wäre absurd. Zugleich ist es aber möglich, sich ohne Absurdität dagegen zu wenden, dass wir nicht nur mehr, sondern volle Kontrolle über die Risiken des Lebens durch Prävention aller Risiken gewinnen. Die Aufhebung aller echten Lebensrisiken und aller echten – nicht nur vorgespiegelten – Überraschungen des Lebens kann man ablehnen und zugleich dafür eintreten, dass einige erhalten bleiben.

Es scheint hier so etwas wie ein rechtes Maß und ein Übermaß zu geben. Glück ist vermutlich aristotelischer als wir annehmen. Aber hilft uns die Aufforderung, das rechte Maß zu suchen, wirklich weiter?

6. Glück – nah und fern

David Hume stellte die Nahbereichsorientierung des Menschen als erster in das Zentrum einer umfassenden Theorie vernünftigen Verhaltens: Zum einen sind die Menschen geneigt, das zeitlich Näherliegende dem zeitlich Fernerliegenden auf eine Weise vorzuziehen, die man als „unvernünftig" bezeichnen kann. Zum anderen besitzen die Menschen in ihrem Verhalten eine „unvernünftige" Neigung dazu, ihnen sozial nahestehende ihnen sozial fernstehenden Menschen vorzuziehen. Diese Einsicht können wir mit Bezug auf das Glück wie folgt „re-formulieren": Menschen haben eine zu „starke Nei-

---

9 Das religionsphilosophische Problem der Prädestination liegt hier auf der Hand.

gung" dazu, ihr eigenes gegenwärtiges Glück dem ferner liegenden zukünftigen Glück[10] und das Glück der ihnen Nahestehenden dem der ihnen Fernstehenden vorzuziehen.

Die Ökonomen sagen von jeher etwas Ähnliches, wenn sie die Einbeziehung aller und auch der fernsten Folgen des Handelns in der rationalen Entscheidungsfindung anmahnen.[11] Es fragt sich allerdings, ob der Ökonom als Berater ohne Verletzung seiner „Neutralitätspflicht" überhaupt eine „zu starke" Neigung für das Naheliegende diagnostizieren kann. Was ist das Kriterium dafür, bestimmte Lokalitäten der Nutzenempfindung zu privilegieren? Der übliche Rückgriff auf Vernünftigkeit hilft jedenfalls wenig. Wenn „zu stark" „unvernünftig" heißt und zugleich „unvernünftig" auf die Nahbereichsorientierung zurückgeführt wird, scheint die Zirkularität offensichtlich.

Ein möglicher Ausweg besteht für den einzelnen Glückssucher anscheinend darin, Ziele zu entfristen.[12] Mit Bezug auf den Zweck des Glücks erhält man dann eine der dem Ökonomen vertrauten Maximierungsaufgaben: Es geht um eine Maximierung der Fernbereichsorientierung (etwa in der Wohlfahrtsökonomik) und der langfristigen Orientierung des Glücksstrebens unter Nebenbedingungen (im sogenannten rationalen Selbst-Management).

Diese Sicht der Dinge vermeidet Zirkularität. Sie setzt allerdings die substantielle Wertung voraus, dass mehr Fernbereichsorientierung stets besser ist als weniger. Was macht man mit denjenigen, die subjektiv derartiges nicht wollen? Kann man ihnen als neo-klassischer Ökonom etwa einen Mangel an Einsicht vorhalten? Offensichtlich irrational sind sie nicht, solange sie nicht zum Opfer von Geldpumpen oder Ähnlichem gemacht werden können?[13]

7. Folgerungen?

Eine direkte Kontrolle über die Ergebnisse seines Handelns besitzt der Mensch nicht, sondern kann deren Entstehen nur indirekt beeinflussen bzw. unvollkommen voraussehen. Eine Handlung ist von außen betrachtet eine Funktion, die die Umweltzustände stochastisch in die Ergebnisse abbildet. Handeln ist augenscheinlich daran gebunden, dass wir nicht die volle Kontrolle über dessen Ergebnisse haben. Allwissenheit und Allmacht könnten das Glück eines vollständig rationalen Individuums, das noch „echt" handeln will, nicht sicherstellen. Glück scheint ein gewisses Maß an Ohnmacht, Igno-

---

[10] *Hume* (1826, S. 314) sagt im Treatise: „In reflecting on any action, which I am to perform a twelve-month hence, I always resolve to prefer the greater good, whether at that time it will be more contiguous or remote; nor does any difference in that particular make a difference in my present intentions and resolutions. My distance from the final determination makes all those minute differences vanish, nor am I affected by any thing, but the general and more discernable qualities of good and evil. But on my nearer approach, those circumstances, which I at first over-look'd, begin to appear, and have an influence on my conduct and affections. A new inclination to the present good springs up, and makes it difficult for me to adhere inflexibly to my first purpose and resolution."

[11] Bei *Hazlitt* („economics in one lesson") ist das die eine Lektion; http://jim.com/econ/

[12] Die Frage der Ziele wird von *Tietzel* (1985), Kap. 5, vor ähnlichem Hintergrund diskutiert.

[13] Vgl. dazu *Uhl* (2011).

ranz und Unvollkommenheit vorauszusetzen.[14] Echte Unsicherheit scheint dabei dem simulierten Nervenkitzel der Erlebnismaschine vorgezogen zu werden (und das sogar dann, wenn uns diese viele Leben gleichsam im Zeitraffer insgesamt erleben ließe; wobei dann viele glückliche Leben besser als ein glückliches Leben sein müssten und damit die Zahlen zählen würden).

Wir können vermutlich nur dann glücklich sein, wenn wir weder volle Kontrolle über die Welt noch über uns selbst haben, noch vollkommen voraussehen können, was geschehen wird. Das deutsche Wort „Glück" bedeutet Chance ebenso wie Erfolg. Das ist nicht nur eine Zweideutigkeit, sondern ohne Glück im Sinne von „luck/chance" kann es vermutlich kein Glück im Sinne von „happiness" geben. Es kommt auf das rechte Maß an.

Es ist sinnvoll, dass die ökonomische Politikberatung Glücksmaße als Bewertungskriterien berücksichtigt. Messungen und Bilanzierungen von Glück sind hilfreich für die pragmatische Beantwortung bestimmter praktischer Fragen. Wenig hilfreich ist es jedoch, in der Glücksökonomik einen umfassenden Maßstab rechten Handelns zu sehen. Dazu sind die Grundlagen des rechten Handelns und vor allem auch dessen Beziehung zu Glück und Rationalität zu ungeklärt.

Sicher ist, dass das gute Leben sich für uns nicht in subjektiven Erfahrungen erschöpft. Glück ist ebenso wie die subjektiven Präferenzen der Individuen nur *ein* Maßstab unter vielen. Soweit die Wohlfahrtstheorie dies beherzigt und versteht, dass die Grundlagen des Glückskonzeptes ungeklärt sind, kann es von Vorteil sein, Glück als *ein* Ziel – und Glücksbilanzen etc. als Maße der Zielerreichung – systematisch in die wirtschaftspolitische Beratung und schließlich die Politik selbst einzubeziehen.

Inhaltliche Ziele wird man als Ökonom nicht kritisieren wollen. Wenn die Individuen de facto etwas anderes wollen als glückliche Erlebnisse, dann muss eine normativ ökonomische Beratung ihnen dazu Mittel nennen. Das Problem der angemessenen Verfolgung der gegebenen Ziele ist weit gravierender. Denn insoweit gibt es eine Tendenz der Ökonomik, maximale Kontrolle – optimale Verfolgung der „gegebenen Zwecke, Ziele oder Werte" – für angemessen zu halten. Nur so wird man eine Konsistenz oder doch Kohärenz der Zielverfolgung sicherstellen können. Doch auch eine solche Ausrichtung scheint fragwürdig zu sein. Jedenfalls spricht einiges dagegen, maximal vernünftige Verhaltensweisen auch in der Erlangung des Glückszieles anzustreben. Wahrscheinlich finden wir selbst das Glück nur in beschränkt und nicht in vollkommen rationalem Entscheiden. Beschränkt rationales Verhalten ist nicht nur eine inferiore Alternative zu vollkommen rationalem Verhalten; es ist von anderer Art.

Literatur

Ainslee, George (1992), Picoeconomics, Cambridge.

Baurmann, Michael und *Hartmut Kliemt* (Hg.) (1987), Glück und Moral, Stuttgart.

---

[14] Interessante Fragen zu Annahmen der (un)vollkommenen Information und des Unwissens in der Ökonomik ergeben sich; vgl. *Tietzel* (1985).

Buchanan, James M. (1999), Cost and Choice, in: The Collected Works of James M. Buchanan, Indianapolis, Vol. 6.

Bok, Derek (2010), The Politics of Happiness: What Government Can Learn from the New Research on Well-Being, Princeton.

Elster, Jon (Hg.) (1987), The Multiple Self, Cambridge.

Frey, Bruno S. (2007), Happiness: A Revolution in Economics, Cambridge MA.

Hume, David (1826), Treatise of Human Nature, in: The Philosophical Works of David Hume, Vol. II, Faksmile-pdf unter: http://files.libertyfund.org/files/1482/0221-02_Bk.pdf (Abruf am 18. November 2011).

Humboldt, Wilhelm von (1851/1967), Ideen zu einem Versuch, die Grenzen der Wirksamkeit des Staates zu bestimmen, Stuttgart.

Kliemt, Hartmut (1998), Rawls' Kritik am Utilitarismus, in: *Ottfried Höffe* (Hg.), John Rawls: Eine Theorie der Gerechtigkeit, Berlin, S. 97-116.

Mackie, John L. (1980), Hume's Moral Theory, London.

Nozick, Robert (1974), Anarchy, State, and Utopia, New York.

Robbins, Lionel (1935), An Essay on the Nature and Significance of Economic Science, London.

Schelling, Thomas C. (1984), Choice and Consequence, Cambridge, MA.

Tietzel, Manfred (1985), Wirtschaftstheorie und Unwissenheit, Tübingen.

Uhl, Matthias (2011), Multiple Selves in Economics – Four Studies on Intrapersonal Conflict, unveröffentlichte Dissertation, Universität Jena.

Christian Müller, Frank Trosky und Marion Weber (Hg.)
Ökonomik als allgemeine Theorie menschlichen Verhaltens
Schriften zu Ordnungsfragen der Wirtschaft · Band 94 · Stuttgart · 2012

Utilitarismus und Wahrhaftigkeit

Bernd Lahno

Inhalt

1. Einleitung 274

2. Handlungsutilitarismus und Wahrhaftigkeit 276

3. *Mill* 280

4. *Sidgwick* 286

5. Schluss 295

Literatur 295

1. Einleitung

Der Utilitarismus ist in folgendem Sinn eine konsequenzialistische ethische Theorie: Er bestimmt den moralischen Wert einer Handlung als eine Funktion des außermoralischen Wertes der Konsequenzen der Handlung oder der entsprechenden Handlungsweise. Eine Handlung oder Handlungsweise ist einer anderen moralisch vorzuziehen, wenn ihr Nutzen höher ist, d.h. wenn ihre Konsequenzen einen höheren (außermoralischen) Wert besitzen. Es wird also eine Theorie zur Bestimmung des Wertes von Konsequenzen vorausgesetzt. Hinsichtlich einer solchen Theorie herrscht unter Utilitaristen keineswegs Einigkeit. Einig ist man sich weitgehend in den folgenden grundlegenden Hinsichten:

1. Der Wert einer Konsequenz ist vollständig zurückzuführen auf den Wert dieser Konsequenz für alle in irgendeiner Weise betroffenen Personen. Dabei ist der Wert einer Konsequenz für eine Person in einer Form messbar, die es erlaubt, den (Gesamt-)Wert als Aggregation der Werte für die beteiligten Individuen zu bestimmen.
2. Bei der Aggregation der individuellen Werte zum Wert einer Konsequenz geht jeder Wert für eine betroffene Person in gleicher Weise und mit gleichem Gewicht ein.
3. Der Wert einer Konsequenz für eine Person kann nur durch Rückgriff auf die Wünsche von Menschen hinsichtlich dieser Konsequenz und in diesem Sinne durch die Bewertung durch Menschen bestimmt werden.

Uneinigkeit herrscht z.B. bei der Frage, wie individuelle Werte in Einklang mit 2. aggregiert werden sollen. Die beiden grundsätzlich nahe liegenden Möglichkeiten sind: Man soll die individuellen Werte (bzw. die entsprechenden Wertkennzahlen) einfach summieren, bzw. man soll den Durchschnitt über die individuellen Werte der Betroffenen nehmen. Welche dieser Möglichkeiten gewählt wird, hat u.a. Folgen für die Bewertung von Maßnahmen der Geburtenkontrolle.

Die wohl wichtigste Uneinigkeit herrscht jedoch hinsichtlich der Spezifizierung von 3. Wie genau ist zu bestimmen, was der Wert einer Konsequenz für eine Person ist? Die klassische Antwort lautet: Dieser Wert bestimmt sich ausschließlich durch das Maß von Lust- bzw. Unlustgefühlen, das mit der Konsequenz für die betroffene Person verbunden ist. Dahinter steht die Überzeugung, dass Lust und Unlust (bzw. die Aussicht auf Lust und Unlust; vgl. z.B. *Hume* 1978, S. 414) die einzigen letzten und bestimmenden Quellen all unserer Wünsche sind. Dieser „psychologische Hedonismus" ist – zumindest, solange man „Lust", „Unlust" und „Wunsch" in dem Alltagsgebrauch nahe kommenden Bedeutungen verwenden will – offenbar empirisch falsch. *Mill* reagierte auf dieses Problem, indem er einerseits unterschiedliche Qualitäten der Lust zuließ, die mit unterschiedlichem Gewicht in die Bestimmung des Wertes eingehen, und andererseits den Wert einer Konsequenz für eine Person von den tatsächlichen (jeweils aktuellen) Wünschen dieser Person löste (vgl Mill 1976, S. 15 ff). Das geschieht durchaus im Einklang mit der Überzeugung, dass nur die Wünsche und Bewertungen von Menschen die Grundlage für die Wertbestimmung sind. Der Wert einer Konsequenz für eine Person bestimmt sich nach *Mill* nach den Wünschen und Bewertungen, die die Person hätte, wenn sie über hinreichend viele Erfahrungen mit Lustgefühlen unterschiedlicher Qualität verfügte (und *Mill* glaubte offenbar, dass dieser Wert eindeutig und für alle Personen in gleicher Lage gleich bestimmt ist). Im Präferenzutilitarismus wird das Problem auf eine andere, weitaus radikalere Weise gelöst. Einerseits werden alle psychologischen Spekulationen über die Mechanismen des Wünschens und Bewertens ausgeblendet, andererseits wird der Wert für eine Person konsequent und ausschließlich auf dessen Wünsche und Wertungen zurückgeführt. Maßstab für den subjektiven Wert einer Konsequenz sind danach einzig und allein die Präferenzen der betreffenden Person, die ihre Wünsche und Wertungen repräsentieren – wie diese auch immer psychologisch begründet sein mögen[1].

Im Folgenden werden Fragen, die die Bestimmung des Wertes einer Konsequenz – individuell oder allgemein – betreffen, keine Rolle spielen. Das soll nicht heißen, dass das nicht wichtige und diskussionswerte Fragen utilitaristischer Theorie sind. Gleichwohl scheinen solche Probleme in praktischen Fällen ethischer Urteilsfindung nur eine untergeordnete Rolle zu spielen. Denn tatsächlich lässt sich in vielen Fällen leicht Einmütigkeit über die Bewertung der Konsequenzen von Handlungen und Handlungsweisen sowohl in individueller wie auch in allgemeiner Hinsicht herstellen. Das zeigt sich auch darin, dass utilitaristische Theoretiker mit unterschiedlichen Werttheorien meist zu identischen Werturteilen hinsichtlich konkreter Konsequenzen gelangen.

Das zentrale Problem utilitaristischer Theorie besteht in meinen Augen in der Beantwortung der Frage, welche Konsequenzen genau in die moralische Bewertung einer Handlung eingehen. Sind es nur die unmittelbaren Konsequenzen der zu beurteilenden Einzelhandlung, oder gehen auch die Konsequenzen einer entsprechenden allgemeinen Handlungsweise in die Überlegungen ein? Die Frage, ob Pflichten rein handlungsutilitaristisch bestimmt werden können oder regelutilitaristische Überlegungen zur ihrer Begründung und Rechtfertigung erforderlich und angemessen sind, ist insbesondere im Zusammenhang mit der Pflicht zur Wahrhaftigkeit zentral.

Ich werde also im Folgenden grundsätzlich voraussetzen, dass sich der Wert einer Konsequenz (sei es der Konsequenz einer Einzelhandlung oder der Konsequenz einer Handlungsweise oder allgemeinen Praxis) relativ klar und einmütig bestimmen lässt. Im Vordergrund wird die Frage stehen, ob und gegebenenfalls wie dadurch nach utilitaristischer Überzeugung der moralische Wert einer Handlung bestimmt ist. Angenommen, ich kenne die Konsequenzen einer Handlung oder Handlungsweise und deren Wert, habe ich damit alles an der Hand, um die moralische Qualität einer Handlung beurteilen zu können?[2]

---

[1] Trotzdem können bestimmte Wünsche als irrelevant für die Aggregation ausgeschlossen werden, etwa Wünsche, die sich auf die Wünsche anderer beziehen, oder Wünsche, die moralischen Einstellungen entspringen. Vgl. z.B. *Harsanyi* (1986).

[2] Eine ähnliche Perspektive nimmt auch *Conzález* (2004) in seiner Diskussion der klassischen utilitaristischen Positionen zum Problem der Lüge ein.

2. Handlungsutilitarismus und Wahrhaftigkeit

Es gibt verschiedene Wege, wie der moralische Wert einer Handlung durch den Wert von Handlungskonsequenzen bestimmt werden könnte. Bekanntermaßen sind sich Utilitaristen auch in dieser Frage nicht notwendig einig. Nach der klarsten und gewissermaßen radikalsten Auffassung ist in jeder gegebenen Entscheidungssituation unter zwei gegebenen Handlungsalternativen diejenige moralisch vorzuziehen, deren Handlungskonsequenzen den höheren allgemeinen Wert besitzen, diejenige also, die das allgemeine Wohl besser fördert und in diesem Sinne den größeren Nutzen besitzt. Diese Auffassung findet sich explizit in allen klassischen Texten des Utilitarismus. *Sidgwick* (1981, S. 411) schreibt:

> „By Utilitarianism is here meant the ethical theory, that the conduct which, under any given circumstances, is objectively right, is that which will produce the greatest amount of happiness on the whole; that is, taking into account all whose happiness is affected by the conduct."

Wirklich konsequent und radikal wird eine solche „akt-utilitaristische" oder „handlungsutilitaristische" Bestimmung des moralischen Wertes allerdings von den Klassikern des Utilitarismus – wie wir später sehen werden – nicht immer durchgehalten. Sie findet sich dagegen klar und explizit bei modernen Autoren wie *J.J.C. Smart* (1973) und *Peter Singer* (1972).

Gegen den Utilitarismus im Allgemeinen und den Akt-Utilitarismus im Besonderen wird gewöhnlicherweise eingewendet, dass er das moralische Individuum in intellektueller und moralischer oder in motivationaler Hinsicht überfordert (vgl. z.B. *Birnbacher* 2007, S. 194 ff.).

Das moralische Individuum ist zunächst aufgefordert, eine hinreichend genaue Abschätzung aller Folgen seiner Handlungen vorzunehmen. In komplexen sozialen Zusammenhängen scheint das oft kaum möglich zu sein. Denn einerseits sind die Handlungen verschiedener Menschen und ihre Folgen in vielfältiger Weise miteinander verbunden. Andererseits sind nicht nur die unmittelbaren Folgen, sondern auch die Folgen der Folgen, deren Folgen usw. in die Betrachtung einzubeziehen. Angesichts der natürlichen kognitiven Beschränkungen der Menschen sowie der zeitlichen Restriktionen, denen man unter Entscheidungsdruck unterliegt, scheint das eine kaum befriedigend zu lösende Aufgabe zu sein.

Außerdem fordert der Utilitarismus von uns, das Wohl aller Menschen, auch derjenigen, die uns sehr fern sind, in gleicher Weise zu berücksichtigen. Einer solchen Unparteilichkeit scheinen aber unseren natürlichen und evolutionär fest verankerten Neigungen fundamental entgegenzustehen. So wie wir nun einmal gemacht sind, ist unser Interesse an dem Wohl anderer eben entscheidend von sozialer Nähe abhängig. Jede Forderung, das zu ändern, muss – so das Argument – an der psychologischen Grundausstattung der Menschen scheitern.

Das Gewicht dieser Einwände kann hier nicht im Einzelnen diskutiert werden. Mit Blick auf eine moralische Verpflichtung, die Wahrheit zu sagen, scheinen sie aber in praktischer Hinsicht allenfalls von untergeordneter Bedeutung zu sein. Denn erstens wird man in der Praxis in den meisten Fällen sehr wohl in der Lage sein, die Folgen einer Äußerung abzuschätzen. Der Wirkungsbereich einer Lüge ist im Allgemeinen beschränkt; und selbst wenn die Zusammenhänge sehr komplex und die Wirkungsketten lang sind, so wird man im Einzelfall in der Regel ein Einverständnis darüber herstellen können, welche Folgen denn vorhersehbar und deshalb aus moralischer Sicht zu berücksichtigen sind. Das moralische Urteil über die handelnde Person wird sich an diesen Folgen zu orientieren haben, und der Utilitarismus bietet dafür eine klare Entscheidungsregel.[3]

Zweitens wird dadurch, dass ich mich mit einer Aussage an eine andere Person oder eine Gruppe von Personen wende, eine soziale Beziehung und damit eine gewisse Nähe geschaffen, wenn sie denn nicht schon allein aufgrund des bestehenden kommunikativen Zusammenhangs besteht. Jemand, an den ich mich sprechend wende, kann mir nicht vollkommen fern sein. Ungeachtet dessen mag ich ihn nicht mögen. Aber die bloße Tatsache, dass ich jemanden nicht mag, ist noch kein Hindernis, ihn fair zu behandeln. Viele Menschen können das. Und dass einige Menschen es in einem bestimmten Sinne nicht können, ist kein Grund, es nicht von ihnen zu fordern. Jede Moral kann und muss Forderungen aufstellen, deren Befolgung mindestens manchen Menschen schwer fällt.

Nach handlungsutilitaristischer Auffassung ist eine Handlung in einer bestimmten Situation dann moralisch geboten, wenn die zu erwartenden Konsequenzen der konkret zur Wahl stehenden Handlung einen höheren allgemeinen Wert besitzen, also mehr allgemeines Wohl schaffen, als die zu erwartenden Konsequenzen jeder konkret zur Wahl stehende Handlungsalternative[4]. Es ist also dann und nur dann geboten, die Wahrheit zu sagen, wenn „A sagen" eine der möglichen Handlungsalternativen (oder Teil einer solchen) ist, A wahr ist, und alle anderen Handlungsalternativen schlechtere Konsequenzen, gemessen am Maßstab des allgemeinen Wohls, besitzen.

D.H. Hodgson (1967) hat argumentiert, dass starke utilitaristische Argumente dagegen sprechen, den Handlungsutilitarismus zu vertreten, und der Handlungsutilitarismus insofern in einer gewissen Weise inkohärent („self-defeating") ist. *Hodgson* führt sein Argument am Beispiel einer möglichen handlungsutilitaristischen Begründung zweier moralischer Pflichten durch: der Pflicht, Versprechen zu halten, und der Pflicht zur Wahrhaftigkeit. Schauen wir uns also das Argument mit Blick auf die Wahrhaftigkeit hier kurz genauer an.

Stellen Sie sich eine Gesellschaft vor, in der alle Mitglieder konsequente Handlungsutilitaristen sind. Sie sollen außerdem hinreichend rational sein, um das Prinzip des Handlungsutilitarismus korrekt anwenden zu können, und sowohl ihre rationalen Fähigkeiten als auch die Tatsache, dass alle konsequente Handlungsutilitaristen sind,

---

[3] Dessen ungeachtet, kann der moralische Wert der Handlung immer noch an den tatsächlichen Folgen in ihrem gesamten Umfang gemessen werden. Dass dann moralisches Urteil über Handlung und handelnde Person auseinander fallen können, nehmen viele Utilitaristen in Kauf.

[4] Ich übergehe hier die Schwierigkeiten, die sich daraus ergeben, dass Handlungsfolgen nicht mit Sicherheit bestimmt werden können. Ich gehe einfach davon aus, dass dieses Problem durch einen angemessenen Kalkül des Erwartungsnutzens gelöst werden kann.

sollen gemeinsames Wissen in dem bekannten technischen Sinne sein. In einer solchen Gesellschaft werden alle Individuen entsprechend der oben gekennzeichneten handlungsutilitaristischen Maxime genau dann die Wahrheit sagen, wenn dies die bestmöglichen Folgen hat, und alle werden sich dessen auch bewusst sein.

Nun scheint es zunächst, dass die Wahrheit einer Aussage keinerlei wesentlichen Einfluss auf ihren moralischen Charakter in einer solchen Gesellschaft hat. Man soll p sagen, weil das die besten Folgen hat. Ist p wahr, soll man p und damit die Wahrheit sagen; ist p nicht wahr, so soll man p gleichwohl sagen. Jedenfalls scheint die Tatsache, dass p wahr ist, kein (handlungsutilitaristisch begründeter) eigenständiger moralischer Grund zu sein, p zu sagen. In einer solchen Gesellschaft wird ein Gebot der Wahrhaftigkeit deshalb letztlich nicht als allgemein gültig anerkannt, und es könnte in einigen Handlungszusammenhängen nur dann überhaupt eine Bedeutung haben, wenn dort gelte: Die Wahrheit zu sagen hat in aller Regel optimale Folgen. Für die möglichen Folgen einer Aussage ist jedoch in erster Linie nicht ihre Wahrheit entscheidend, sondern ob ihr geglaubt wird oder nicht.

Nehmen wir an, in einer solchen Gesellschaft fragt ein Individuum A ein Individuum B, ob ein bestimmter Sachverhalt vorliegt. B soll die Wahrheit kennen und A soll dies auch wissen. Nehmen wir weiter vereinfachend an, dass es vorteilhaft ist, wenn A weiß, was der Fall ist. Beide sollen auch wissen, dass dies vorteilhaft ist. B hat 2 Möglichkeiten, er kann mit „Ja“ oder Nein“ antworten und damit eine wahre Aussage machen (W) oder eine falsche (F). B weiß, ob seine Aussage falsch oder wahr ist, A jedoch nicht. A kann der Aussage glauben (G) oder nicht (¬G). Wir haben es mit einem strategischen Problem zu tun, bei dem jeder der beiden entscheiden muss, ohne die Entscheidung des anderen zu kennen, also mit einem Spiel mit unvollkommener Information. Abbildung 1 zeigt die strategische Form dieses Spiels.

Abbildung 1: Kommunikation unter Handlungsutilitaristen

B A	W	F
G	1, 1	0, 0
¬G	0, 0	1, 1

Das vorteilhafte Ergebnis tritt ein, wenn A zur richtigen Überzeugung kommt. Als Utilitaristen bewerten beide die Ergebnisse gleich, der Nutzenwert soll 1 betragen. Kommt A jedoch zu einer falschen Überzeugung, so ist der Nutzenwert jeweils 0. Das Spiel ist ein einfaches Koordinationsspiel mit 2 Gleichgewichten: (G, W) und (¬G, F). Was soll B in dieser Situation tun? Soll er die Wahrheit sagen?

B hat nur dann einen Grund die Wahrheit zu sagen, wenn er glaubt, dass A ihm glauben wird. A hat aber nur dann einen Grund, B zu glauben, wenn er seinerseits glaubt, dass B einen Grund hat, wahrheitsgemäß auszusagen. Die Katze beißt sich erkennbar in den Schwanz. A hat nur Grund zu glauben, wenn B Grund hat, die Wahrheit zu sagen,

B hat aber nur Grund die Wahrheit zu sagen, wenn A Grund hat zu glauben. Diese Situation lässt am Ende beide ohne Grund: B hat keinen Grund die Wahrheit zu sagen und A keinen Grund, ihm zu glauben.

Das Argument lässt sich leicht verallgemeinern. Die allgemeine Erkenntnis ist, dass Akteure, die zweckrational handeln und ihre Entscheidungen ausschließlich an den individuellen Folgen ihrer Handlungen orientieren, nicht in der Lage sind, *Koordinationsprobleme* zu lösen (vgl. z.B. *Lahno* 2007). Denn eine solche Lösung setzt voraus, dass man voraussieht, dass der andere in einer ganz bestimmten Weise handelt, was seinerseits voraussetzt, dass der andere eine entsprechende Voraussicht besitzt. Im Alltag lösen wir solche Probleme durch Normen oder Konventionen. Das Problem unserer rationalen Handlungsutilitaristen besteht darin, dass sie keinen Grund haben, einer Konvention oder Regel zu folgen. Sie kennen nur eine bindende Handlungsregel, nämlich diejenige, die ihnen vorschreibt, die Folgen ihrer Handlungen zu optimieren. Und diese Regel lässt sie in der gegebenen Situation ohne Rat. Denn die Folgen ihrer Handlungen sind wechselseitig von den Handlungsentscheidungen des anderen abhängig. Keiner kann für sich über die Folgen entscheiden.

David Lewis (1986) hat gegen *Hodgson*s Argument eingewandt, dass *Hodgson* eine wichtige Prämisse unterschlägt, die unter realen Bedingungen erfüllt ist und von der man ohne Widerspruch annehmen kann, dass sie auch in einer Gesellschaft idealer Handlungsutilitaristen erfüllt ist: B wird in Situationen, in denen es vorteilhaft ist, dass A eine wahre Überzeugung hat, die Wahrheit sagen. Wenn diese Prämisse erfüllt ist und es sich um eine entsprechende Situation handelt, dann wird B die Wahrheit sagen, A wird angesichts seines Wissens um die Geltung der Prämisse und den Charakter der Situation Grund haben, B zu glauben, und damit wird B am Ende auch einen guten utilitaristischen Grund haben, sich so zu verhalten, wie es die Prämisse beschreibt. Dieses Argument kann jedoch kaum überzeugen. Es scheint sogar *Hodgson* im Kern zu bestätigen. Denn der Handlungsutilitarist B hat zwar einen Grund, die Wahrheit zu sagen, wenn die Prämisse „B sagt die Wahrheit, wenn es vorteilhaft ist, dass A die Wahrheit kennt“ wahr ist, die Prämisse ist jedoch nicht wahr, **weil** B handlungsutilitaristische Gründe besitzt, entsprechend zu handeln; und das erkennt *Lewis* auch deutlich an (*Lewis* 1986, S. 342):

> „This reason is admittedly not premised merely on our situation, our rationality and utilitarianism, our knowledge of these and so on. But it is premised on further knowledge that I do in fact possess, and that is perfectly consistent with these facts."

Das heißt, es muss anerkannt werden, dass es in unserer idealen Gesellschaft Verhaltensweisen gibt, die nicht handlungsutilitaristisch begründet werden können. Die Menschen folgen einer Regel: Sage die Wahrheit (unter bestimmten Bedingungen). Der einzige utilitaristische Grund, der – neben der Tatsache, dass die Regel tatsächlich befolgt wird – für ihre Befolgung angegeben werden kann, ist, dass durch die Befolgung der Regel Koordination hergestellt werden kann. Dies ist aber gerade kein Nutzen, der durch die einzelne Handlung realisiert werden könnte. Es ist der Nutzen der allgemeinen Praxis. Wenn die Regel allgemein nicht befolgt wird, so hat der Handlungsutilitarist keinen Grund, das zu kritisieren oder einzufordern. Die Regel wäre unter solchen Bedingungen einfach keine moralisch gültige Regel. Das ist sehr unbefriedigend.

Wenn *Hodgsons* Argument überzeugend ist, zeigt es, dass utilitaristische Gründe gegen den Handlungsutilitarismus sprechen. In einer Welt, in der nur handlungsutilitaristische Gründe verpflichten, gibt es keine begründete Pflicht, die Wahrheit zu sagen. In einer solchen Welt entfällt damit ein wesentlicher Teil menschlicher Kommunikation, man kann niemandem mehr mit Erfolg mitteilen, dass etwas der Fall ist[5]. Der Handlungsutilitarist kann sich das nicht wünschen. Aber das gibt ihm keinen Grund, die Wahrheit zu sagen. Es gibt ihm allerdings handlungsutilitaristische Gründe, alles zu tun, dass Menschen (und insbesondere auch er selbst) glauben, man müsse die Wahrheit sagen. *Peter Singer* (1972) hat entsprechend zur Verteidigung des Handlungsutilitarismus darauf verwiesen, dass Handlungsutilitaristen sehr wohl Gründe besitzen, eine Praxis der wahrhaftigen Mitteilung zu installieren. Letztlich heißt das aber: Es gibt handlungsutilitaristische Gründe, eine Moral zu vertreten, die über den Handlungsutilitarismus hinausgeht.

Nun kann man natürlich mit Recht darauf hinweisen, dass der Handlungsutilitarist ja nicht tatsächlich in einer Welt von idealen Handlungsutilitaristen lebt. Menschen werden in der wirklichen Welt in der Regel die Wahrheit sagen, und deshalb wird ein Sprechender erwarten können, dass ihm geglaubt wird. Unter solchen Bedingungen ist es handlungsutilitaristisch geboten, die Wahrheit zu sagen, wenn es die besten Folgen hat, dass der Adressat die Wahrheit kennt. Es gibt also eine (eingeschränkte) handlungsutilitaristisch begründete Pflicht zur Wahrhaftigkeit. Aber es bleibt dabei: Kein Handlungsutilitarist kann sich wünschen und durch seine Handlungen zu verwirklichen trachten, dass sich der Handlungsutilitarismus als einziges Prinzip moralischer Verpflichtung durchsetzt. Man beachte außerdem, dass es in unserer Beispielüberlegung für das Argument, dass B keinen Grund hat, die Wahrheit zu sagen, nur auf seinen moralischen Charakter und nicht auf den von A ankommt. Das Argument gilt jedenfalls in genau derselben Weise auch dann, wenn A bloß rational ist, ein Interesse an der Wahrheit hat und weiß, dass B ein Handlungsutilitarist ist. Ein Handlungsutilitarist kann sich deshalb nicht einmal wünschen, dass bekannt wird, dass er Handlungsutilitarist ist, und die Menschen das akzeptieren. Denn dann verliert er jeden Grund, die Wahrheit zu sagen, und damit die Fähigkeit, etwas mitzuteilen.

3. *Mill*

Obwohl alle klassischen Utilitaristen das Grundprinzip der Moral in der Form des handlungsutilitaristischen Grundsatzes formulieren, argumentieren sie im Einzelnen oft unter Bezug auf den Nutzen aus der Befolgung einer Regel.

Mill erkennt die grundlegende Rolle von Regeln, die über das Grundprinzip des Utilitarismus hinaus bestimmen, wie unter bestimmten Bedingungen zu handeln ist, für die Moral explizit an (vgl. Mill 1976, S. 40 ff). Diese „mittleren“ oder „sekundären“ Prinzipien haben aus seiner Sicht zunächst einmal die Funktion, die Menschen bei der Entscheidungsfindung kognitiv zu entlasten. Denn die Regeln sagen ihnen, welche Hand-

---

[5] *Olaf Müller* hat *Hodgsons* Argument in eine sprachphilosophische Form gebracht und geschlossen: Unter Handlungsutilitaristen gibt es den Sprechakt des Behauptens nicht (vgl. z.B. *Müller* 2003).

lungen in bestimmten Situationen den größten allgemeinen Nutzen besitzen, und entbinden sie damit von der Notwendigkeit, die konkreten Folgen im Einzelfall zu bestimmen und zu bewerten. In den sekundären Prinzipien ist gewissermaßen der ganze Erfahrungsschatz der Menschen hinsichtlich der Folgen von Handlungen enthalten. Den Regeln zu folgen, bedeutet, diesen Erfahrungsschatz im Sinne des utilitaristischen Prinzips zu nutzen:

> „ ... die Menschheit [muss] im Laufe der Zeit feste Überzeugungen darüber gewonnen haben, wie sich die verschiedenen Handlungsweisen auf ihr Glück auswirken, und in den auf diese Weise überlieferten Überzeugungen findet sowohl die Masse der Menschen als auch der Philosoph die Gebote der Moral – der letztere zumindest solange, bis es ihm gelingt, bessere zu finden." (Mill 1976, S. 41; im Folgenden wird darauf durch „U" verwiesen)

In dieser Funktion sind moralische Normen als sekundäre Prinzipien bloße Faustregeln. Sie geben uns mit großer Wahrscheinlichkeit an, welche Handlung unter bestimmten Bedingungen den größten Nutzen besitzt. Sie tun das nicht mit hundertprozentiger Genauigkeit und auch nicht in jedem einzelnen Fall korrekt. Aber angesichts der kognitiven Einschränkungen der Individuen, angesichts der Beschränkung der ihnen im Einzelfall zur Verfügung stehenden Informationen und der Fehlbarkeit ihrer Überlegungen führt eine Orientierung an den Regeln insgesamt zu besseren Ergebnissen, als dies durch die jeweilige Abwägung des Einzelfalls möglich wäre.

Wären sekundäre Prinzipien ausschließlich durch diese Funktion als Faustregeln moralischer Entscheidung gerechtfertigt, so wären ihrer Geltung enge Grenzen gesetzt. Eine Regel wie die, dass man die Wahrheit sagen soll, verlöre sofort jede Bindungskraft, wann immer hinreichend deutlich zu erkennen wäre, dass eine Befolgung der Regel in einem Einzelfall nicht zu optimalen Konsequenzen führen würde.

Dabei ist für *Mill* grundsätzlich klar, dass eine Befolgung tradierter moralischer Regeln in vielen Einzelfällen tatsächlich zu suboptimalen Ergebnissen führen wird. Einerseits ist der Lernprozess der Menschheit unvollkommen, andererseits ändern sich die gesellschaftlichen Verhältnisse ständig. Regeln der sozialen Moral sind deshalb grundsätzlich fehlbar und müssen auch kritisierbar sein. Darüber hinaus gilt ganz unabhängig davon: Jede Regel vereinfacht notwendig und kann deshalb der Komplexität der Bedingungen einer konkreten Entscheidung niemals vollständig gerecht werden; das macht sie ja gerade zur Faustregel. Sekundäre Prinzipien, die ja nach *Mill* alle gleichermaßen den Nutzen von Handlungen optimieren sollen, können sich deshalb auch in Einzelfällen widersprechen. In solchen Fällen sind wir dann auf das Grundprinzip der Maximierung des allgemeinen Wohls zurückgeworfen.

Obwohl *Mill* die sekundären Prinzipien mit der Notwendigkeit, kognitive Einschränkungen zu überwinden, begründet, spricht einiges dafür, dass er sie nicht nur als pragmatische Regeln der Entscheidungsfindung in komplexen Entscheidungssituationen versteht. Er schreibt ihnen jedenfalls eine viel stärkere Bindungskraft zu, als durch ihre Funktion als Faustregeln begründet werden könnte.

Im Zusammenhang mit der Pflicht zur Wahrhaftigkeit wendet sich *Mill* gegen den „Opportunismus". Darunter versteht er eine Neigung, um eines unmittelbar vorliegenden Zweckes willen zu handeln und dabei möglicherweise eine Regel zu verletzen, „ ...

deren Befolgung in weitaus höherem Grade nützlich ist.“ (U, S. 38). Er argumentiert (U, S. 39):

> „So wäre es z.B. in vielen Fällen opportun zu lügen, um über eine momentane Verlegenheit hinwegzukommen oder um etwas zu erreichen, das uns oder anderen einen Vorteil gewährt. Aber insofern die Ausbildung und Pflege einer strikten Wahrheitsliebe eines der nützlichsten und ihre Schwächung eines der schädlichsten Dinge ist, zu denen unser Verhalten führen kann, und insofern jede und sei es auch unbeabsichtigte Abweichung von der Wahrheit dazu beiträgt, jene Vertrauenswürdigkeit menschlicher Äußerungen zu erschüttern, von der alles gesellschaftliche Wohlergehen, das wir gegenwärtig vorfinden, abhängt und die die schlechthin unerlässliche Voraussetzung von Kultur, Sitte – kurz: allem – ist, worauf menschliches Glück im weitesten Sinne beruht, insofern fühlen wir, dass es nicht nützlich sein kann, eine Regel von so überragender Nützlichkeit um eines kurzfristigen Vorteils willen zu verletzen ...“

Es geht hier nicht nur um solche Lügen, von denen sich der Lügner einen persönlichen Vorteil verspricht. *Mill* spricht explizit von dem erwarteten Vorteil für den Sprecher wie auch für *andere*, also etwa auch für die Person, an die die Lüge gerichtet ist. Aber, sagt uns der Utilitarismus nicht gerade, dass einzig und allein die richtige Aggregation dieser Vorteile den Nutzen einer Handlung und damit ihren moralischen Wert bestimmten? Offenbar lässt sich jedenfalls nach *Mill* der Nutzen und damit die moralische Qualität einer Handlung nicht nur aus den unmittelbaren Folgen der Handlung für alle Betroffenen bestimmen; – wir „fühlen“, dass das nicht sein kann. In die Nutzenbetrachtung muss die Nützlichkeit einer Regel, unter die die Handlung fällt, einbezogen werden.

Die Regel, von der hier gesprochen wird, ist nicht bloß eine abstrakte Regel, die man auf den jeweils vorliegenden Fall anwenden kann. Anders als *Kant* stellt *Mill* keine kontrafaktischen Überlegungen der Art an, wie es wäre – aus utilitaristischer Sicht: welche Folgen es hätte –, wenn einer Regel allgemein gefolgt würde. Seine Überlegungen betreffen vielmehr eine *konkret empirisch vorliegende persönliche und gesellschaftliche Praxis* und deren Nutzen.

Weil die persönliche Disposition und die allgemeine Praxis, die Wahrheit zu sagen, (im utilitaristischen Sinne) von besonderer Nützlichkeit sind, reicht es nicht, bloß auf den Vorteil der unmittelbaren Handlungsfolgen zu schauen. Der Nutzen von Disposition und Praxis muss in die Nutzenabwägung der Handlung eingehen. *Mill* schätzt diesen Nutzen sogar so hoch ein, dass er ihm eine gewisse Prädominanz gegenüber dem aus den unmittelbaren Handlungsfolgen erwachsenden Nutzen zuspricht. Im Allgemeinen ist der Regel, dass man die Wahrheit sagen soll, zu folgen.

Das schließt nicht aus, dass es Ausnahmen gibt. *Mill* glaubt, dass letztlich alle Ethiker solche Ausnahmen anerkennen. Er sagt aber nicht, wie genau der Ausnahmefall als solcher bestimmt ist. Er stellt lediglich fest, dass ein Ausnahmefall insbesondere dann vorliegt, „wenn das Verschweigen einer Wahrheit – indem man etwa einem Übeltäter eine Auskunft verweigert oder einem Schwerkranken eine schlechte Nachricht vorenthält – jemandem, zumal einem anderen als sich selbst, vor großem unverschuldeten Unglück bewahrt ...“ (U, S. 39). Die beiden Beispiele sind offenbar bewusst vorsichtig gewählt. Es geht hier nicht einmal darum, dass es unter bestimmten Bedingungen erlaubt ist, die Unwahrheit zu sagen, sondern lediglich um Ausnahmefälle, in denen es erlaubt ist, jemandem die Wahrheit vorzuenthalten – Fälle also, in denen man im engeren Sinne nicht lügt.

Mill stellt außerdem fest, dass – um das Vertrauen so wenig wie möglich zu gefährden – die Ausnahmen „auf das Notwendige beschränkt" bleiben sollen. Deshalb „... sollte man sie als Ausnahme anerkennen und, wenn möglich, in ihren Grenzen bestimmen" (U, S. 40). Ausnahmen sollten also äußerst selten und als solche anerkannt sein. Da die Regel selbst sie nicht nennt und Regeln im Normalfall auch solche Ausnahmen nicht explizit enthalten, muss *Mill* meinen, dass die Ausnahmen anerkannter Teil der nützlichen Praxis sind.

Mill schreibt dem Gebot zur Wahrhaftigkeit also eine außerordentlich starke Verpflichtungskraft zu. Wie stark diese genau ist und wie die Verpflichtungsstärke einer sekundären Regel allgemein zu bestimmen ist, wird jedoch nicht vollkommen klar. Das liegt insbesondere daran, dass *Mill* nirgendwo wirklich deutlich macht, wie denn genau der Nutzen der Praxis in die Bestimmung des moralischen Wertes einer Handlung eingeht. Seine Argumentation ist in dieser Hinsicht in aller Regel mehrdeutig. Das gilt auch für seine Ablehnung des Opportunismus im Zusammenhang des Lügeverbots. Seine Feststellung, dass wir die der allgemeinen Praxis der Wahrhaftigkeit zugrunde liegende Regel nicht verletzen dürfen, „insofern" jede Abweichung dazu beträgt, die Vertrauenswürdigkeit menschlicher Äußerungen zu erschüttern, ist mehrdeutig. Wie sollen wir das „insofern" hier verstehen?

Eine Möglichkeit wäre es, „insofern" im Sinne von „soweit", „in dem Maße" zu lesen: In dem Maße, in dem Vertrauenswürdigkeit abgebaut und damit der Nutzen der Praxis verringert wird, verringert sich auch der Nutzen der Handlung und damit ihr moralischer Wert. Der englische Originaltext legt diese Lesart sogar näher als die deutsche Übersetzung. Denn dort heißt es an der entsprechenden Stelle nicht „in so far as" sondern „inasmuch" (*Mill* 1962, S. 274). So verstanden, bekräftigt *Mill* das handlungsutilitaristische Prinzip und weist hier nur darauf hin, dass eben alle wirklichen Folgen der (einzelnen) Handlung zu berücksichtigen sind, auch die Folgen für die allgemeine Praxis.

Wenn *Mill* das meinte, kann sein Argument allerdings keine besonders starke Bindung an die Wahrheit begründen. Denn natürlich hat die einzelne Handlung oft – und wahrscheinlich in aller Regel – keine messbare Wirkung auf die allgemeine Praxis. Wenn ich jetzt die Unwahrheit sage, hat das überhaupt nur eine Wirkung auf die allgemeine Praxis, wenn irgendjemand davon erfährt. Aber selbst dann wird der Schaden für die Praxis meist verschwindend gering sein. Denn wir wissen natürlich, dass gelegentlich nicht die Wahrheit gesagt wird. Wenn ein solcher Fall also beobachtet wird, so ändert das weder etwas an unserem Wissen darüber, dass Menschen im Allgemeinen die Wahrheit sagen, noch kann dies unsere normative Beurteilung der Unwahrhaftigkeit wesentlich beeinflussen. Und deshalb wird sich die Praxis auch nicht aufgrund einer einzelnen Handlung ändern. Zwar setzt sich die allgemeine Praxis letztlich aus den vielen Einzelhandlungen zusammen, die einzelne Handlung ist jedoch im Regelfall für die Praxis insgesamt kausal insignifikant. Der tatsächliche Schaden für die allgemeine Praxis, der durch die Äußerung einer einzelnen Unwahrheit entsteht, ist normalerweise sehr gering – so gering, dass er kaum eine wesentliche Rolle in der Nutzenbilanz spielen dürfte.

Ähnlich verhält es sich mit dem Vorteil, der aus einer individuellen Disposition der Wahrhaftigkeit entspringt. Auch hier kann das „insofern“ in der Wendung „ ... insofern die Schwächung der Wahrheitsliebe eines der schädlichsten Dinge ist...“ so verstanden werden, dass Lügen in dem Maße einen Schaden erzeugt und deshalb moralisch verwerflich ist, in dem durch die einzelne Lüge die Disposition, die Wahrheit zu sagen, beschädigt wird. Auch hier kann dem entgegengehalten werden, dass das allenfalls ein sehr schwaches nutzentheoretisches Argument gegen die Lüge liefert. Denn, wie die Wirkung einer einzelnen Handlung auf die gesellschaftliche Praxis gering ist, so ist auch die Wirkung einer einzelnen Handlung auf die allgemeine Disposition, die Wahrheit zu sagen, die Wahrheitsliebe, eher gering.

Wenn *Mill* die weitgehende Verpflichtungskraft, die er dem Wahrhaftigkeitsgebot offenbar unterstellt, rechtfertigen will, so muss er sowohl im Zusammenhang mit der individuellen Disposition zur Wahrhaftigkeit als auch bei der allgemeinen Praxis das „insofern“ (bzw. das „inasmuch“) in einem anderen Sinne gemeint haben, etwa im Sinne eines (nicht-kausalen) „weil“: Weil die allgemeine Praxis bzw. die entsprechende individuelle Disposition so nützlich ist, kann eine einzelne Handlung, die gegen die Regeln verstößt, nicht nützlich bzw. moralisch akzeptabel sein. Dies ist eine Abkehr von dem handlungsutilitaristischen Prinzip – mindestens aber eine Erweiterung desselben. Denn für den Nutzen und damit für die moralische Qualität einer Handlung sind danach nicht mehr nur die tatsächlichen Folgen der jeweiligen Einzelhandlung entscheidend, sondern zumindest auch der Nutzen einer entsprechenden allgemeinen Praxis. Es kommt dabei nicht auf den tatsächlichen kausalen Beitrag zu einer Aufweichung der Praxis an, sondern lediglich darauf, dass der Handelnde – soweit es an ihm ist – einen Beitrag – wie gering dieser kausal auch immer einzuschätzen ist – dazu leistet. Für diese Interpretation spricht auch *Mill*s Formulierung, „ ... daß derjenige, der um eines Vorteils für sich selbst oder einen anderen willen das Seinige dazu beiträgt, der Menschheit den Schaden anzutun und das Gut zu nehmen, das ein Mehr oder Weniger an gegenseitigem Vertrauen bedeutet, die Rolle ihres schlimmsten Feindes spielt“ (U, S. 39). Hier geht es offenbar nicht um den Schaden, der durch die Handlung selbst verursacht wird, sondern darum, dass man „das Seinige“ („what depends on him“; *Mill* 1962, S. 274) zum Schaden an der Praxis beiträgt. Entscheidend für die Gewichtigkeit der Pflichtverletzung ist offenbar nicht der tatsächlich durch die einzelne Handlung entstehende Schaden, sondern das Gewicht der vorteilhaften Praxis[6].

Wenn diese Interpretation zutreffend ist, besitzt *Mill*s Utilitarismus beträchtliche regelutilitaristische Momente. Der moralische Wert einer Handlung wird nicht nur durch den Wert der Handlungskonsequenzen bestimmt, sondern auch – ganz unabhängig von den Konsequenzen im Einzelfall – durch den Wert der zugrunde liegenden Regel bzw. durch den Nutzen der entsprechenden sozialen Praxis.

---

6 In ähnlicher Weise argumentiert *Mill* durchgehend im 5. Kapitel von „Der Utilitarismus“ bei der Diskussion der Gerechtigkeit.

Es bleibt unklar, in welchem Verhältnis handlungs- und regelutilitaristische Argumente zueinander stehen[7]. *Mill* benutzt beide Arten von Argumenten – teilweise im selben Zusammenhang, ohne auf die grundsätzliche Verschiedenheit hinzuweisen oder sie in irgendeiner Weise zu berücksichtigen. Aus der Sicht einer Theorie der rationalen Wahl spielen aber Nutzenerwägungen von Regeln in erster Linie eine Rolle bei Entscheidungen auf einer konstitutionellen Ebene – wenn es darum geht, unter verschiedenen möglichen Regeln und den entsprechenden sozialen Praxen die beste zu wählen. Handlungskonsequenzen sind dagegen unmittelbar relevant, wenn es um die Wahl von Handlungen im Rahmen der jeweils gegebenen Praxis geht.[8] *Mill* weist an keiner Stelle auf diesen grundlegenden Unterschied hin, den der Regelutilitarist zu überbrücken versucht, indem er diejenige Handlung zur besten erklärt, die der Regel mit den besten Konsequenzen entspricht.[9] Und so sagt er zwar, dass der Wert einer Regel oder Praxis gegebenenfalls mit großem Gewicht in die Bewertung einer Handlung eingehen muss, er sagt uns aber an keiner Stelle, wie das Gewicht dabei zu bestimmen ist.

Es spricht allerdings manches dafür, dass *Mill* bei einer Regel bzw. der entsprechenden gesellschaftlichen Praxis von grundsätzlicher gesellschaftlicher Bedeutung dem Wert der Regel absoluten Vorrang vor dem Wert der unmittelbaren Handlungskonsequenzen bei der Bestimmung der moralischen Qualität einer Handlung einräumt. So glaubt er, dass es aus moralischen Gründen gerechtfertigt ist, Handlungen auch dann zu verbieten, wenn die Folgen im besonderen Fall günstig sind, weil „... die in Frage stehende Handlung zu einer Klasse gehört, die, allgemein praktiziert, aufs Ganze gesehen schädlich wäre und [...] hierauf die Verpflichtung beruht, sich ihrer zu enthalten" (U, S. 33).

Im selben Sinne stellt *Mill* ausdrücklich fest, dass die Einsicht, dass die geltenden moralischen Regeln „verbesserungsfähig" sind, keineswegs dazu autorisiert, „ ... sich über die mittleren allgemeinen Prinzipien hinwegzusetzen und jede einzelne Handlung unmittelbar am obersten Prinzip prüfen zu wollen" (U, S. 41 f.). In dem weiter oben zitierten Absatz heißt es auch nicht etwa, dass der Philosoph nur solange „die Regeln der Moral" in den tradierten normativen Überzeugungen „findet", wie diese das Nutzenprinzip im Einzelfall richtig umsetzen, sondern „ ... bis es ihm gelingt, bessere [Regeln] zu finden." Die Abwägung findet offenbar nicht auf der Ebene der einzelnen Handlung statt, sondern auf der Ebene möglicher Regeln.

Ausnahmen können nach *Mill* generell bei sekundären Prinzipien nicht bloß durch Rekurs auf das utilitaristische Grundprinzip und Verweis auf die zu erwartenden Handlungsfolgen gerechtfertigt werden. Es muss vielmehr ein Normenkonflikt vorliegen – in

---

[7] Ob *Mill* eher als Handlungsutilitarist oder als Regelutilitarist einzuordnen ist, ist deshalb in der Literatur umstritten. Verweise auf die wichtigsten Quellen in der Kontroverse findet man in *Miller* (2009), S. 7, FN 3.

[8] Das schließt auch solche Handlungen ein, die auf eine Änderung oder Bewahrung einer bestimmten gesellschaftlichen Praxis zielen. Handlungsutilitaristen können gute handlungsutilitaristische Gründe dafür haben, eine bestimmte moralische Praxis, z.B. eine strenge Beachtung des Lügeverbots, zu propagieren. Das gibt ihnen aber keine handlungsutilitaristische Rechtfertigung des Lügeverbots selbst, und dessen sind sie sich in aller Regel auch bewusst.

[9] Eine klare Exposition der regelutilitaristischen Position ist: *Harrod* (1936).

den Beispielfällen zur Wahrheitspflicht ein Konflikt mit dem sekundären Prinzip, das uns dazu anhält, ungerechten Schaden von anderen abzuwenden, und die Ausnahme sollte als solche allgemein anerkannt sein. *Mill* sagt uns allerdings nicht genau, auf welche Weise und nach welchen Kriterien ein Normenkonflikt gegebenenfalls zu lösen ist. Er weist uns lediglich darauf hin, dass das Nützlichkeitsprinzip herangezogen werden muss, um „diese sich widerstreitenden Nützlichkeiten gegeneinander abzuwägen“ (U, S. 40). Dabei gesteht er freimütig zu, dass dies nicht ohne Schwierigkeiten ist: „Wenn die Nützlichkeit die letzte Instanz moralischer Verpflichtung ist, dann wird man sich auf die Nützlichkeit berufen dürfen, wenn zwischen unvereinbaren Ansprüchen zu entscheiden ist. Mag die Anwendung dieser Norm auch Schwierigkeiten bereiten, so ist sie doch besser als gar keine ...“ (U, S. 44).

Wenn *Mill* tatsächlich dem regelutilitaristischen gegenüber dem handlungsutilitaristischen Prinzip Priorität zuweist, dann bleiben als Anwendungsfälle des handlungsutilitaristischen Prinzips nur diejenigen Handlungssituationen, die unter keine sekundäre moralische Regel fallen, sowie diejenigen, in denen ein Konflikt sekundärer Regeln vorliegt. Es ist nicht klar, wie umfangreich die Klasse der Situationen ist, die unter keine sekundäre Regel fallen, möglicherweise ist sie sogar leer. Und bei den Konflikten sekundärer Regeln ist nicht klar, ob *Mill* wirklich eine direkte Anwendung des handlungsutilitaristischen Prinzips befürwortet. Er sagt uns, dass wir das Nützlichkeitsprinzip in diesen Fällen anwenden sollen. Aber das kann man auf die Regeln und ihre Alternativen ebenso gut anwenden wie direkt auf die möglichen Handlungen.

4. *Sidgwick*

Henry Sidgwicks Überlegungen zur Ethik unterscheiden sich grundsätzlich in der Herangehensweise von *Mills* Überlegungen. Anders als *Mill* geht *Sidgwick* (1981) nicht von einem ethischen Grundprinzip aus, das dann durch genauere Bestimmung seiner Bestandteile präzisiert, anhand typischer ethischer Probleme und anhand von Beispielen entfaltet und schließlich gegen mögliche Kritik verteidigt wird. *Sidgwick* geht nicht von einem Grundprinzip, sondern von der aktuell gegebenen sozialen Praxis der Moral aus. Eine genauere Betrachtung dieser Praxis zeigt, dass die Menschen sich im Großen und Ganzen nicht nur über moralische Anforderungen relativ einig sind, sondern auch, dass sie in Zweifel- und Konfliktfällen vernünftig argumentieren und sich dabei offenbar auf gemeinsame Grundüberzeugungen und anerkannte Argumentationsmuster stützen können. Die moralische Praxis des *Common Sense* ist damit ein tendenziell methodisches und rationales Unternehmen. Die implizit in der Praxis enthaltenen „Methoden der Ethik“ sind allerdings nicht klar artikuliert und systematisiert. Deshalb kommt es immer wieder dazu, dass keine eindeutigen Antworten auf moralische Fragen gegeben werden können und dass sogar Widersprüche im Rahmen der Anwendung grundsätzlich akzeptierter Argumentationsformen auftreten.

Die Aufgabe der philosophischen Ethik ist es nach *Sidgwick*, hier Abhilfe zu schaffen. Sie hat die Methoden der Ethik, die sie in der moralischen Praxis des *Common Sense* vorfindet, genau zu analysieren und zu systematisieren. Auf dieser Basis sind dann die moralischen Normen und Regeln in eine systematische Form zu bringen, die den Anforderungen wissenschaftlicher Argumentation zumindest annähernd genügt. Dazu sind Grundprinzipien zu formulieren, die (zumindest annähernd) den folgenden Bedingungen genügen (vgl. *Sidgwick* 1981, S. 338 ff.; im Folgenden wird darauf durch „ME“ verwiesen): Sie müssen erstens in klaren und präzise bestimmten Begriffen formuliert sein; sie müssen sich zweitens aufgrund sorgfältiger und kritischer Prüfung als selbstevident erweisen lassen; sie müssen drittens untereinander und zu anderen Wahrheiten konsistent sein; und sie müssen schließlich viertens durch einen adäquaten Konsens von Fachleuten unterstützt werden.

Sidgwick weist ausdrücklich darauf hin, dass es nicht erforderlich ist, im Zuge solch systematischer Betrachtungen letzte Ziele und Prinzipien selbst zu rechtfertigen (ME, S. 8). Diese sind die Grundlage allen Rechtfertigens in moralischen Fragen; wir finden sie in der Praxis vor. Allerdings werden sich im Zuge der Analyse und Systematisierung der Methoden der Moral des *Common Sense* Widersprüche ergeben, die es erforderlich machen, zumindest einige sekundäre Prinzipien der Alltagsmoral zu korrigieren. Insofern ist die philosophische Ethik gegenüber der Alltagsmoral frei und nicht vollständig an sie gebunden. Aber diese Freiheit hat klare Grenzen. Denn die philosophische Ethik hat sich in der moralischen Praxis des Alltags zu bewähren. Sie muss für die moralische Orientierung und Argumentation eine gegenüber der naiven Alltagsmoral verbesserte und gleichzeitig im Rahmen der Grundüberzeugungen der Alltagsmoral akzeptierbare Methode der Ethik zur Verfügung stellen. Jede im Rahmen einer philosophischen Ethik entwickelte systematische Methode der Ethik muss sich deshalb daran messen lassen, inwieweit ihre Schlussfolgerungen aus der Sicht der Alltagsmoral akzeptabel sind (ME, S. 373).

Sidgwicks Bild von der Methode der normativen Ethik ist erstaunlich nahe an *Rawls'* Konzeption des *Überlegungsgleichgewichts*[10]. Im Gegensatz zu *Rawls* geht *Sidgwick* allerdings nicht von den Urteilen solcher Individuen aus, denen eine besondere Kompetenz zur kritischen Reflexion zugeschrieben wird – von „wohlüberlegten Urteilen“ (z.B. *Rawls* 1975, S. 67). Sein Ausgangs- und Bewährungspunkt bei der systematischen Entwicklung einer ethischen Methode ist vielmehr eine faktisch gegebene moralische Praxis. Angesichts der Schwierigkeiten, unabhängig von moralischer Theorie zu bestimmen, was ein „wohlüberlegtes Urteil“ im Bereich der Moral ausmacht, ist das vielleicht keine schlechte Alternative.

Eines, so *Sidgwick*, stellt man bei genauerer Betrachtung jeder moralischen Praxis sofort fest, nämlich dass sie nicht – oder zumindest nicht hauptsächlich oder gar durchgängig – konsequentialistisch ausgerichtet ist. In der Alltagsmoral finden sich durchgängig Elemente dessen, was *Sidgwick* die intuitionistische Methode nennt (ME, S. 337):

> „... men judge some acts to be right or wrong in themselves, without consideration of their tendency to produce happiness to the agent or others: and indeed without taking their consequences into account at all, except in so far, as these are included in the common notion of the act."

---

[10] Darauf weist *Rawls* explizit hin (vgl. *Rawls* 1975, S. 71, FN 26). *Peter Singer* (1974) bestreitet allerdings, dass er das zu Recht tut.

Die Alltagsmoral erkennt also *kategorische Imperative* an. Jede genauere Analyse zeigt jedoch, dass diese Regeln der Alltagsmoral weder vollständig allgemein sind, noch absolute Geltung beanspruchen. Sie sind keineswegs selbstevident und erfordern deshalb auch anerkanntermaßen selbst eine Rechtfertigung. Es zeigt sich nach *Sidgwick* auch, wie solche „middle axioms" (ME, S. 461) im Alltag gerechtfertigt werden, wie ihre Einschränkungen begründet sind und wie in Konfliktfällen mit anderen Regeln eine begründete Lösung gefunden wird. Letztlich steht hinter all diesen Regeln nach *Sidgwicks* Analyse eine intuitive Anerkennung des Utilitarismus. Die Alltagsmoral ist mehr oder weniger unbewusst utilitaristisch fundiert (z.B. ME, S. 454). Aus philosophischer Sicht ist deshalb der Utilitarismus die angemessene *Methode zur rationalen Rekonstruktion und Korrektur der Alltagsmoral.*

Betrachten wir also nach diesen Vorbemerkungen und in diesem Sinne *Sidgwicks* Diskussion des Lügeverbots genauer. Die Pflicht zur Wahrhaftigkeit beruht auf einer moralischen Norm, die sehr klar formuliert zu sein scheint und die in der Alltagsmoral als unabhängig und absolut geltend allgemein akzeptiert wird. Es ist, so *Sidgwick*, eigentlich klar, was die Norm von uns fordert: Wir sollen unsere Aussagen so wählen, dass wir erwarten können, dass der Adressat unserer Äußerungen das (nach unseren eigenen Überzeugungen) Wahre glaubt. Wir wissen auch in aller Regel, welche Überzeugungen wir durch unsere Aussagen bei anderen hervorrufen. Es reicht mithin nicht, etwas zu sagen, was im Sinne der Wahrheit verstanden werden kann, sondern wir müssen es so sagen, dass es tatsächlich so verstanden wird. Normalerweise geschieht das einfach, indem wir sagen, was wir glauben. Die Regel scheint also klar und ihre Anwendung unschwierig zu sein. Gleichzeitig werden durch diese Formulierung der Regel Schwierigkeiten vermieden, die ansonsten bei der Verwendung von Höflichkeitsformeln und anderen konventionellen Wendungen, bei denen Aussagen verwendet werden, deren wörtliche Bedeutung weder vom Sprechenden gemeint noch vom Adressaten als Bedeutung der Wendung wirklich verstanden wird. Allerdings können Unstimmigkeiten entstehen, wenn die konventionelle Bedeutung der Wendungen sich allmählich ändert. Abgesehen von solchen untergeordneten Schwierigkeiten jedoch, scheint die Anwendung der Regel einfach und eindeutig zu sein, und die Vermutung liegt nahe, dass es sich hier doch um ein „ethisches Axiom", eine Norm mit unmittelbarer und absoluter Verpflichtungskraft handelt.

Eine genauere Analyse der Alltagsmoral zeigt nach *Sidgwick* jedoch, dass das nicht stimmen kann. Das Gebot der Wahrhaftigkeit wird in der Alltagsmoral nicht so sehr als eigenständige Norm mit absoluter Verpflichtungskraft gesehen, sondern vielmehr als die Kehrseite der Vorstellung, dass jedermann ein allgemeines Recht besitzt, dass ihm die Wahrheit gesagt wird. Solche Rechte haben aber in der Regel Grenzen, insbesondere dann, wenn Sie mit anderen Rechten in Konflikt geraten. Sogar das Recht auf Leben wird unter bestimmten Bedingungen unwirksam, wenn die Rechte anderer gefährdet sind. Genau solche Grenzen finden wir auch bei der Pflicht zur Wahrhaftigkeit. Wenn nur durch eine Lüge schwere Verletzungen unserer Rechte abgewendet werden, scheint die Alltagsmoral dies zumindest nicht klar zu verbieten. *Sidgwick* nennt drei konkretere Beispiele für Fälle, in denen es aus alltagsmoralischer Sicht gerechtfertigt ist, die Unwahrheit zu sagen: Erstens ist es einem Anwalt vor Gericht erlaubt, im Auftrag seines

Mandaten Aussagen zu machen, von denen er weiß, dass sie unwahr sind. Zweitens gilt es allgemein als moralisch unproblematisch, wenn man einem Schwerkranken die Unwahrheit sagt, um ihn vor einem gefährlichen Schock zu bewahren. Und drittens findet man allgemein nichts dabei, Kindern erfundene Geschichten über solche Dinge zu sagen, von denen man glaubt, dass es besser ist, wenn die Kinder die Wahrheit über sie nicht kennen[11]. Das erste Beispiel zeigt, dass es bewusst eingeführte und durch klare Regeln begrenzte Ausnahmen gibt, die Unwahrheiten unter bestimmten Bedingungen erlauben. Die beiden anderen zeigen, dass täuschende Aussagen dann erlaubt sein können, wenn sie zum Vorteil des Getäuschten geäußert werden.

Eine genauere Betrachtung zeigt auch, dass das scheinbar so klare Gebot zur Wahrhaftigkeit keineswegs in der Alltagsmoral eine eindeutige und klare Anwendung findet. So wird es durchaus als ein Zeichen von Wahrhaftigkeit interpretiert, wenn – z.B. im Zusammenhang mit der Verbreitung religiöser Lehren – auch erwachsenen Adressaten Unwahrheiten erzählt werden, um sie dazu zu bringen, tiefere Wahrheiten zu erkennen. Gleichzeitig gibt es auch allgemeine Zustimmung zu der entgegengesetzten These, dass man absolut nur dazu verpflichtet sei sicher zu stellen, dass das, was man unmittelbar sagt, wahr ist. Vollständige Ehrlichkeit und Offenheit, die sich auf alles erstrecken, was vorhersehbar aus einer Äußerung geschlossen wird, seien nur ein ethisches Ideal, das unter den realen Bedingungen des Lebens nicht angemessen sei. Da sei es vielmehr zum Wohle der Gesellschaft oft erforderlich und auch moralisch erlaubt, dass man bestimmte Dinge geheim hält. Deshalb sei man nur gehalten, die direkte Äußerung von Unwahrheiten zu vermeiden, während es moralisch zulässig sei, bestimmte Dinge zu verheimlichen und sogar bewusst falsche Schlüsse durch geschickt gewählte wahre Aussagen zu suggerieren.

Insgesamt, so *Sidgwick* zeigt die genauere Analyse der alltagsmoralischen Praxis, dass weder Übereinstimmung hinsichtlich der grundlegenden Natur der Verpflichtung zur Wahrhaftigkeit und ihrer Reichweite besteht, noch dass das Prinzip der Wahrhaftigkeit – wie auch immer formuliert – universell und ohne Ausnahme verpflichtet (vgl. z.B. ME, S. 355). Es handelt sich also keineswegs um ein primäres, selbstevidentes und absolut gültiges Prinzip.

Die ganze Komplexität der moralischen Praxis und der alltagsmoralischen Auslegungen des Wahrhaftigkeitsgebotes mit allen seinen Ausnahmen wird jedoch verständlich, wenn man das Gebot, die Wahrheit zu sagen, als ein aus dem Nutzenprinzip abgeleitetes und durch dieses zu rechtfertigendes Gebot versteht.

Zunächst einmal ist der allgemeine Nutzen der Wahrhaftigkeit so groß und offensichtlich, dass eine prima facie geltende Pflicht, die Wahrheit zu sagen, utilitaristisch gerechtfertigt ist. Gleichzeitig gibt es Fälle, wo die Alltagsmoral zumindest davor zurückschreckt, die Pflicht durchzusetzen. So wird es als Rechtfertigung für eine Unwahrheit anerkannt, wenn durch die Unwahrheit der Adressat der Äußerung vor einem Schaden bewahrt wird. Auch wenn durch eine Lüge – etwa gegenüber einem Kriminellen –

---

[11] *Korsgaard* (1988) diskutiert *Sidgwick*s Behandlung paternalistischer Lügen ausführlich und kritisch.

ein großer Schaden für die Allgemeinheit verhindert werden kann, so scheint prima facie eine Täuschung, die der Pflicht zur Wahrhaftigkeit entgegensteht, legitim. Bedenkt man auf der anderen Seite, welche schlechten Folgen eine Lüge auf die Gewohnheit hat und welche schlimmen Folgen ein Beispiel der Unwahrhaftigkeit haben kann, so kann die genaue Bestimmung dessen, was tatsächlich zu tun ist, aus utilitaristischer Sicht offenbar sehr schwierig werden. Und genau dies zeigt sich auch in den Problemen der Alltagsmoral mit solchen Fällen. Auch die Fälle, in denen vollkommene Ehrlichkeit und Offenheit – die sich nicht nur auf das direkt Gesagte, sondern auch auf alle vorhersehbaren Folgerungen daraus beziehen – von der Alltagsmoral nicht gefordert werden, lassen sich durch Nützlichkeitserwägungen erklären. Tatsächlich werden Ausnahmen und Variationen in der Auffassung der Pflicht auch zuweilen unter Hinweis auf Nützlichkeitserwägungen gerechtfertigt.

Insgesamt werden zwar alltagsmoralische Entscheidungen im Allgemeinen nicht auf der Basis expliziter Nutzenerwägungen gefällt. Sie sind vielmehr an komplexen Regeln und Ausnahmeregelungen orientiert. Diese sind jedoch selbst offenbar utilitaristisch fundiert, ohne dass das den Individuen selbst als solches wirklich immer bewusst sein müsste.

Was für die alltagsmoralische Norm der Wahrhaftigkeit gilt, erweist sich für die Alltagsmoral insgesamt als gültig: Sie ist unbewusst utilitaristisch fundiert. Die utilitaristische Methode ist damit das ausgezeichnete Mittel, ihre Aussagen zu präzisieren, sie in einen systematischen Rahmen zu stellen und ihre Vagheiten und Konflikte systematisch zu entscheiden (soweit das überhaupt möglich ist).

Was folgt nun daraus für die Pflicht, die Wahrheit zu sagen? Welche Verpflichtung bleibt nach einer kritischen Analyse und Reform der Alltagsmoral nach der utilitaristischen Methode? *Sidgwick* beantwortet diese Frage nicht direkt. Er gibt lediglich einen allgemeinen Überblick darüber, wie die utilitaristische Methode zur Entscheidung von moralischen Konflikten und bei der Analyse und Reform der Alltagsmoral anzuwenden ist. Offenbar ist er jedoch überzeugt davon, dass die von ihm genannten Ausnahmen der Alltagsmoral von der Pflicht zur Wahrhaftigkeit tatsächlich gerechtfertigt sind.

Die Frage auf der Basis von *Sidgwick*s Ausführungen zur utilitaristischen Methode zu beantworten ist tatsächlich nicht leicht. Denn *Sidgwick* entwickelt die Methode in zwei unterschiedlichen Kontexten. Er betrachtet einmal die Frage, wie die Alltagsmoral als System von moralischen Regeln zu präzisieren und reformieren ist. Dabei werden die Individuen als grundsätzlich nach solchen Regeln handelnd gesehen, und *Sidgwick* nimmt eine konstitutionelle Perspektive ein: Welche Regeln können aus utilitaristischer Sicht gerechtfertigt und durchgesetzt werden? Zum anderen betrachtet *Sidgwick* die Frage individuellen Handelns im Rahmen der gegebenen Ordnung der Alltagsmoral: Wie soll ich angesichts gegebener sachlicher und sozialer Bedingungen (einschließlich moralischer Erwartungen) entscheiden? Hier werden die Individuen grundsätzlich als frei angesehen, ihre Entscheidungen unabhängig von den geltenden Regeln zu treffen. In beiden Perspektiven hält *Sidgwick* grundsätzlich an dem Prinzip des Handlungsutilitarismus fest. Aber in der ersten Perspektive fließen typische regelutilitaristische Überlegungen (Welche Regeln maximieren den allgemeinen Nutzen?) in die Argumentation ein. Die Ergebnisse der Überlegungen aus den beiden Perspektiven scheinen dann am Ende nicht immer gut zueinander passen zu wollen.

Betrachten wir zunächst die Frage der Präzisierung und Reform der Alltagsmoral näher. Die Regeln der Alltagsmoral müssen als „mittlere Axiome" verstanden werden. Ihre wesentliche Funktion besteht darin, die Individuen in ihren Entscheidungen im Sinne einer Steigerung des allgemeinen Wohls richtig zu leiten. Sie können dies besser als dies durch eine unmittelbare Anwendung des utilitaristischen Prinzips möglich wäre, denn letzteres wäre aufgrund der Komplexität vieler Entscheidungssituationen, in denen die Handlungsfolgen kaum überschaubar sind, mit fundamentalen Unsicherheiten behaftet. Die utilitaristische Methode findet deshalb in der Alltagsmoral direkt nur in der Klärung von Vagheiten und in der Überwindung von Normkonflikten Anwendung.

Gleichwohl sind die Regeln der Alltagsmoral das Ergebnis eines Anpassungsprozesses, in dem sich tendenziell solche Regeln durchsetzen, die das allgemeine Wohl fördern. Auf der anderen Seite ist der Anpassungsprozess von sehr unterschiedlichen Anforderungen bestimmt, unter denen die Vergrößerung des allgemeinen Wohls nur eine ist. Außerdem werden in einem Anpassungsprozess Einzelfälle nicht berücksichtigt. Die Regeln, die sich durchsetzen, werden immer nur *en gros* das allgemeine Wohl steigern, im Einzelfall aber möglicherweise das Gegenteil bewirken. Man kann also nicht erwarten, dass die Regeln der Alltagsmoral idealen Anforderungen aus utilitaristischer Sicht entsprechen.

Tatsächlich gibt es kein allgemeines, ideales System von Handlungsregeln, das dem utilitaristischen Grundsatz entspricht. Denn, welche Regeln das allgemeine Wohl optimieren, hängt von den jeweils gegebenen materiellen und sozialen Bedingungen ab. Wenn wir also nach besseren Regeln suchen, so müssen wir das immer für eine gegebene historische Situation und die in dieser Situation tatsächlich lebenden Menschen tun (ME, S. 473 f.):

> „... the utilitarian, in the existing state of our knowledge, cannot possibly construct a morality de novo either for man as he is (abstracting his morality), or for man as he ought to be and will be. He must start, speaking broadly with the existing social order, and the existing morality as part of that order: and in deciding the question whether any divergence from this code is to be recommended, must consider chiefly the immediate of such consequences of such divergence, upon a society in which such a code is conceived generally to subsist."

Nehmen wir also an, ein kritischer Utilitarist – ein „scientific utilitarian", wie *Sidgwick* sagt – stellt fest, dass eine Änderung der moralischen Praxis, indem eine geltende moralische Regel modifiziert oder durch eine andere ersetzt wird, das allgemeine Wohl steigern würde. Dann hat er zu berücksichtigen, dass jede Bemühung zu einer solchen Änderung, sei es durch das Beispiel abweichenden Verhaltens oder durch direkte Werbung und Argumentation für eine Änderung moralischer Überzeugungen und Handlungsgewohnheiten, Folgen hat. Dabei ist auch in Rechnung zu stellen, dass die Menschen, für die die Regeln reformiert werden sollen, ja bereits eine Moral besitzen. Wer sich abweichend verhält, muss deshalb zunächst einmal mit sozialen Sanktionen rechnen. Möglicherweise werden sich die neuen Regeln, auch wenn sie das Allgemeinwohl besser verwirklichen würden, nicht so leicht durchsetzen lassen. Das kann daran liegen, dass die Reformvorschläge die Menschen grundsätzlich moralisch überfordern. Es kann aber auch einfach daran liegen, dass bestehende Gewohnheiten und Gefühle in Frage gestellt werden. Es ist grundsätzlich – auch für den Reformer – schwer, gegen solche bestehenden Handlungsgewohnheiten und Gefühle zu handeln; das bedroht die psychische Stabilität der Handelnden und ist mit einer grundlegenden Verunsicherung verbunden, weil man sich in seinen Entscheidungen nicht mehr auf Leitung durch die Gefühle verlassen kann. Jeder moralische Dissens wird außerdem den sozialen Zusammenhalt der Gesellschaft schwächen und damit den Nutzen gesellschaftlicher Kooperation gefährden. Beachten wir nun, wie empfindlich der soziale Konsens im Allgemeinen ist und wie schwierig es ist, ein neues Einverständnis zu finden, wenn er einmal verloren gegangen ist, dann wird klar, dass nur selten radikale Reformbemühungen der Alltagsmoral gerechtfertigt werden können.

Daraus ergibt sich ein *enormes Gewicht des moralischen Status quo*, der jeweils akzeptierten sozialen Alltagsmoral. Wir wissen, dass die bestehende Alltagsmoral ein System von Regeln, Gefühlen und Gewohnheiten ist, das im Großen und Ganzen dem Ziel einer Maximierung des allgemeinen Wohls relativ gut angepasst ist. Änderungen sind nur in kleinen Schritten überhaupt möglich. Jeder solche Schritt aber ist ein Schritt in das Ungewisse und möglicherweise mit großen Risiken behaftet. Der Utilitarist wird deshalb gegenüber der Alltagsmoral in erster Linie eine bewahrende Haltung einnehmen (ME, S. 475):

> „Generally speaking, he [the scientific Utilitarian, B.L.] will clearly conform to it, and endeavour to promote its development in others."

Die Aufgabe einer philosophischen Ethik wird es aus dieser Perspektive also hauptsächlich sein, die Alltagsmoral zu stärken, ihre Aussagen und Begriffe zu präzisieren und Anleitung zur systematischen Lösung von moralischen Konflikten zu geben. Was die Lüge angeht, so sind wir danach verpflichtet, immer dann die Wahrheit zu sagen, wenn dies nach allgemeiner Meinung moralisch geboten ist. Nur in Konfliktfällen oder wenn die Alltagsmoral keine klare Anweisung enthält, sind wir autorisiert, nach dem Nutzenprinzip zu entscheiden, ob und in welchem Umfang unsere Aussagen der Wahrheit entsprechen sollen.

Nun scheint damit die Frage, wie man sich unter den geltenden Regeln der Alltagsmoral verhalten soll, geklärt zu sein. Für *Sidgwick* ist das jedoch nur zum Teil wirklich der Fall. Er unterscheidet aus dieser zweiten Perspektive zwei Arten von Fällen, in denen Ausnahmen von einer in der Alltagsmoral anerkannten und insgesamt dem Allgemeinwohl dienlichen Regel aus utilitaristischer Sicht in Erwägung gezogen werden müssen.

Ein Fall der ersten Art liegt vor, wenn eine allgemeine Ausnahmeregelung sinnvoll und nützlich wäre. *Sidgwick* nennt als Beispiel, dass es im Sinne einer geheimen Wahl erlaubt sein sollte, auf Fragen nach der Entscheidung bei einer geheimen Wahl die Unwahrheit zu sagen. In einem solchen Fall ist die geltende Regel unvollkommen. Eine komplexere Regel, die die Ausnahmesituationen berücksichtigt und entsprechend regelt, ist denkbar und würde tatsächlich das allgemeine Wohl besser fördern. Eine Reform der Alltagsmoral ist also für Situationen der gegebenen Art aus utilitaristischer Sicht sinnvoll oder zumindest bedenkenswert. In einer solchen Situation gelten deshalb alle Überlegungen und Schlussfolgerungen, die *Sidgwick* aus der konstitutionellen Perspektive vorgetragen hat.

Das ist bei Situationen der zweiten Art anders. In solchen Situationen ist es zwar im Einzelfall mit Blick auf das allgemeine Wohl vorteilhaft, von der Regel abzuweichen; es wäre aber nicht vorteilhaft, wenn alle in ähnlicher Situation abweichen würden, und deshalb kann auch eine allgemeine Ausnahmeregelung (im Gegensatz zu Fällen der ersten Art) nicht nützlich sein. Man beachte, dass eine solche Situation bei nahezu allen Regeln, die Probleme des kollektiven Handelns lösen sollen, regelmäßig auftreten. Denn oft wird eine Abweichung von der Regel im Einzelfall vorteilhafte direkte Folgen haben, während die Folgen für die vorteilhafte Praxis insignifikant sind – zumal, wenn man die einzelne Handlung im Verborgenen ausführen kann. Handeln allerdings alle so, so wird die vorteilhafte Praxis zusammenbrechen. Das gilt natürlich insbesondere für die Praxis der wahrhaftigen Aussage. Im Einzelfall wird die Nutzenbilanz bei einer Lüge oft besser sein als bei wahrhaftiger Aussage. Lässt man es aber zu, dass jeder in einem solchen Fall tatsächlich die Unwahrheit sagen darf, dann wird das Vertrauen in die Aussagen von Mitmenschen erheblich gefährdet.

Sidgwick argumentiert nun, dass der aufgeklärte Utilitarist („the enlightened Utilitarian", z.B. ME, S. 488) in solchen Fällen streng nach handlungsutilitaristischen Maßstäben entscheidet und sich damit gegebenenfalls über die geltende Alltagsmoral hinwegsetzt. Er wird dabei die Folgen seines Handelns für die allgemeine moralische Praxis bestimmen und gegenüber den direkten Handlungsfolgen abwägen. Er wird dann unabhängig von der Regel das tun, was insgesamt den größten allgemeinen Nutzen verspricht. Wenn also eine Regel der Alltagsmoral die Lüge unter bestimmten Bedingungen verbietet und der Utilitarist diese Regel aufgrund von Überlegungen aus der konstitutionellen Perspektive unterstützt und deshalb die Norm entsprechend propagiert, so kann er in einem Einzelfall gleichwohl von der Regel abweichen, wenn das ohne negative Wirkung auf die von ihm geschätzte und unterstützte Praxis geschehen kann, etwa, weil er die Handlung im Verborgenen ausführen kann (ME, S. 489):

> „ Thus, on Utilitarian principles, it may be right to do and privately recommend, under certain circumstances, what it would not be right to advocate openly; it may be right to teach openly to one set of persons what it would be wrong to teach to others; it may be conceivably right to do, if it can be done with comparative secrecy, what it would be wrong to do in the face of the world; and even, if perfect secrecy can be expected, what it would be wrong to recommend by private advice or example."

Sidgwick fährt fort: "These conclusions are all of a paradoxical character ...". Und er hat Recht. Der Utilitarist soll gegebenenfalls öffentlich eine andere Moral predigen als er privat und insgeheim für sich als bindend anerkennt. Das scheint unehrlich und unethisch zu sein. Aus handlungsutilitaristischer Sicht ist dies jedoch keineswegs so. Denn die Frage, welches Verhalten unter bestimmten Bedingungen man loben und moralisch einfordern soll, ist von der Frage, wie man unter solchen Bedingungen handeln soll, wohl zu unterscheiden. Jede der beiden Fragen kann unter Nutzengesichtspunkten beurteilt werden. Die beiden Fragen beziehen sich auf unterschiedliche Handlungen mit unterschiedlichen Folgen. Es ist deshalb möglich, dass eine bestimmte Handlungsweise zu propagieren die besten Folgen hat und gleichzeitig der Handlungsweise im Einzelfall zu folgen nicht die besten Folgen hat. Der Utilitarist, der dann die Norm öffentlich unterstützt und einfordert, handelt nicht widersprüchlich und aus utilitaristischer Sicht auch nicht unmoralisch, wenn er selbst der Norm nicht folgt. Er folgt konsequent und durchaus konsistent dem Prinzip des Handlungsutilitarismus. Inkonsistent sind nur die von ihm öffentlich ausgesprochene Forderung und die Forderung, die er für sein eigenes Verhalten als bindend anerkennt; – aber diese Art von Konsistenz ist offenbar aus (handlungs-)utilitaristischer Sicht nicht unbedingt geboten.

Durch diese Überlegung werden *Sidgwick*s Ausführungen aus konstitutioneller Perspektive zur Bindungskraft der Alltagsmoral entscheidend relativiert. Aus utilitaristischer Sicht gibt es danach neben der öffentlichen Moral des *Common Sense* eine nichtöffentliche private Moral, die konsequent handlungsutilitaristisch ausgerichtet ist. Für den „aufgeklärten" Utilitaristen hat nach *Sidgwick* letztlich allein diese private Moral verpflichtenden Charakter. Die Alltagsmoral hat dagegen für sich keinerlei normative Autorität. In die Handlungsüberlegungen des aufgeklärten Utilitaristen geht sie nur ein als faktisch gegebener Teil der Wirklichkeit, der in die Folgenerwägungen einzubeziehen ist. Am Ende ist jede Lüge gerechtfertigt, die das allgemeine Wohl steigert und – z.B. weil sie nicht entdeckt wird – die allgemeine Praxis nicht gefährdet.

Sowohl die Handlungen gemäß dieser privaten Moral als auch ihre Regeln müssen geheim gehalten werden. Wenn die öffentliche Moral und ihre positive Wirkungen nicht gefährdet werden sollen, muss sogar die Tatsache, dass es eine solche private Moral gibt, verborgen werden. *Sidgwick* spricht deshalb nicht ohne Grund von „esoterischer Moral" (ME, S. 490). Man sollte meinen, dass es aus *Sidgwick*s Sicht nicht wünschenswert sein kann, dass alle Menschen aufgeklärte Utilitaristen werden und die esoterische Moral so gewissermaßen zur Alltagsmoral wird. *Sidgwick* sieht das jedoch anders. Denn nach *Sidgwick*s Argumentation ist die Abweichung von der Alltagsmoral nur dann moralisch gerechtfertigt, wenn de facto keine Aufweichung der vorteilhaften moralischen Praxis durch die Abweichung zu befürchten ist. Dies, so argumentiert er, sei in einer Gesellschaft aus aufgeklärten Utilitaristen aber nicht der Fall (ME, S. 488):

> „If therefore we are all enlightened Utilitarians, it would be impossible for anyone to justify himself in making false statements while admitting it to be inexpedient for persons similarly conditioned to make them; as he would have no ground for believing that persons similarly conditioned would act differently from himself."

Dieses Argument ist jedoch offensichtlich fehlerhaft. Richtig ist, dass ein aufgeklärter Utilitarist keinen Grund hat zu glauben, dass andere sich anders verhalten als er. Aber das gibt ihm nicht die Möglichkeit, das Verhalten der anderen durch sein Verhalten zu beeinflussen. Dass er wünscht, die anderen mögen die Wahrheit sagen, gibt ihm noch keinen Grund, es selbst zu tun. Und die anderen sind in derselben Situation. Der einzige utilitaristische Grund, den jeder in dieser Situation besitzen kann, die Wahrheit zu sagen, ist, dass es vorteilhaft für das allgemeine Wohl ist, wenn alle die Wahrheit sagen. Das ist ein regelutilitaristischer Grund. Aus handlungsutilitaristischer Sicht gibt es keinen Grund, denn keiner kann durch seine individuelle Handlung signifikant auf die allgemeine Praxis einwirken. Offenbar glaubt *Sidgwick*, dass in einer Gesellschaft aufgeklärter Utilitaristen also regelutilitaristische Gründe anerkannt werden müssen und Regeln mithin Autorität jenseits einer Abwägung der individuellen Handlungsfolgen besitzen. Warum sollte das für aufgeklärte Utilitaristen dann in anderen Gesellschaften anders sein?

4. Schluss

Sowohl *Mill* als auch *Sidgwick* betonen die Autorität der Alltagsmoral. Danach sind wir in der Regel verpflichtet, die Wahrheit zu sagen. Beide begründen dies mit dem enormen Nutzen für die Allgemeinheit (und damit für jedes zu dieser Allgemeinheit zählende Individuum), den die allgemeine soziale Praxis der wahrhaftigen Rede besitzt. Beide beziehen sich dabei nicht auf eine ideale, sondern auf die tatsächlich bestehende gesellschaftliche Praxis[12]. Ausnahmen sind aus dieser Sicht nur erlaubt, wenn

a) ein Normenkonflikt vorliegt oder

b) die Alltagsmoral keine eindeutige Vorschrift enthält oder

c) die Regel der Alltagsmoral durch eine nützlichere Regel ersetzt werden könnte und eine Missachtung der geltenden Regel eine entsprechende positive Korrektur fördert.

In all diesen Fällen ist eine direkte Anwendung des Nutzenprinzips geboten, wobei jeweils die Konsequenzen für die allgemeine soziale Praxis in die (durchaus handlungsutilitaristische) Nutzenabwägung miteinbezogen werden müssen.

Grundsätzlich ist es aus der Sicht beider Philosophen im Sinne einer effizienten sozialen Praxis anzustreben, dass Ausnahmen durch allgemeine und anerkannte Regelungen im Rahmen der Alltagsmoral anerkannt werden. In den Überlegungen von *Mill* und *Sidgwick* finden wir auch insofern einen klaren regelutilitaristischen Zug. Die Individuen sollen sich an Regeln halten, die durch die ihnen entsprechende nützliche Praxis gerechtfertigt sind. Handlungsutilitaristische Erwägungen werden auf den Bereich beschränkt, der jenseits des durch diese Regeln klar bestimmten Bereichs des Handelns liegt, und dieser sollte möglichst klein sein.

Sidgwick konterkariert diesen Ansatz allerdings, indem er dem „aufgeklärten Utilitaristen" eine private Moral zugesteht, die konsequent handlungsutilitaristisch ausgerichtet ist. Wie überzeugend eine Ethik sein kann, deren Vertreter öffentlich die Einhaltung bestimmter Regeln fordern, sich aber insgeheim selbst nicht an diese Regeln gebunden fühlen, mag jeder selbst beurteilen.

Literatur

Birnbacher, Dieter (2007), Analytische Einführung in die Ethik, 2. Aufl., Berlin, New York.

Conzález, Miguel C. (2004), Utilitarianism and Moral Valuation of Lying, in: Philosophical Inquiry 25 (3), S. 33-39.

Harrod, R.F. (1936), Utilitarianism Revised, in: Mind 45 (178), S. 137-156.

---

[12] Insofern tendieren beide eher zu einem ‚actual rule utiltarianism' und weniger zu einem ‚ideal rule utilitarianism'. Für eine genauere Klärung dieser Unterscheidung und eine Verteidigung einer modernen Version des ‚actual rule utilitarianism' vgl. *Miller* 2009.

Harsanyi, John C. (1986), Individual Utilities and Utilitarian Ethics, in: *Andreas. Diekmann* und *Peter Mitter* (Hg.), Paradoxical Effects of Social Behaviour. Heidelberg, S. 1-12.

Hodgson, David H. (1967), Consequences of Utilitarianism, Oxford.

Hume, David (1978), A Treatise of Human Nature, Oxford.

Korsgaard, Christine (1988), Two Arguments Against Lying, in: Argumentation, Vol. 2, S. 27-49.

Lahno, Bernd (2007), Rational Choice and Rule-Following Behavior, Rationality and Society 19 (4), S. 425-450.

Lewis, David (1986), Utilitarianism and Truthfulness, in: Philosophical Papers, Vol. II, Oxford, S. 340-342.

Mill, John Stuart (1962), Utilitarianism, ed. by M. Warnock, Fontana.

Mill, John Stuart (1976), Der Utilitarismus, Stuttgart.

Miller, Richard B. (2009), Actual Rule Utilitarianism, in: The Journal of Philosophy, Vol. CVI (1), S. 5-28.

Müller, Olaf (2003), Can they Say What They Want? A Transcendental Argument Against Utilitarianism, in: The Southern Journal of Philosophy 41 (2), S. 241-259.

Rawls, John (1975), Eine Theorie der Gerechtigkeit, Frankfurt a.M.

Sidgwick, Henry (1981), The Methods of Ethics, 7th ed. Indianapolis, Cambridge.

Singer, Peter (1972), Is Act-Utilitarianism Self-Defeating?, in: The Philosophical Review 81 (1), S. 94-104.

Singer, Peter (1974), Sidgwick and Reflective Equilibrium, in: The Monist, Vol. 58 (3), S. 490-517.

Smart John .J. C. (1973), An Outline of a System or Utilitarian Ethics, in: *John J. C. Smart* und *B. Williams*, Utilitarianism. For and Against, Cambridge, S. 3-74.

Teil V:

Ökonomik als Beruf und Berufung:

Manfred Tietzel als Wissenschaftler und Kollege

Christian Müller, Frank Trosky und Marion Weber (Hg.)
Ökonomik als allgemeine Theorie menschlichen Verhaltens
Schriften zu Ordnungsfragen der Wirtschaft · Band 94 · Stuttgart · 2012

Ein Rückblick auf 35 Jahre aus naher Ferne – zwischen Duisburg und Kassel

Hans Nutzinger

Lieber *Manfred Tietzel,*

als mich vor einiger Zeit die Bitte um einen Beitrag zu der Dir von Deinen Mitarbeitern zugedachten Festschrift anlässlich Deines 65. Geburtstages just zu Beginn meines eigenen (Un-)Ruhestandes erreichte, konnte ich der Versuchung nicht widerstehen, unsere Lebensdaten ein wenig miteinander zu vergleichen, und ich fand da eine ganze Fülle mir teils bekannter, teils aber auch für mich ziemlich unerwarteter biographischer Übereinstimmungen oder zumindest Ähnlichkeiten. Diese will ich aber an dieser Stelle nicht weiter ausbreiten, denn sie sind für eine allgemeine Leserschaft nur von geringem Interesse. Stattdessen möchte ich auf einige Begegnungen zwischen uns beiden zurückblicken, und in diesem Kontext vor allem darauf, welche wichtigen Akzente Dir die ökonomische Wissenschaft generell und speziell ich als eines der personalen Rädchen in diesem Getriebe verdanken.

Die erste Begegnung fand, wie es sich zumindest in jener Zeit unter angehenden Wissenschaftlern geziemte, Ende des Jahres 1975 rein literarisch statt. Ich stieß auf den ersten der beiden von Dir mitherausgegebenen Bände „Kritischer Rationalismus und Sozialdemokratie“ (*Lührs* et al. 1975/76), der sofort mein großes Interesse fand, und zwar aus zwei verschiedenen, wenn auch nicht ganz unverbundenen Gründen. Der erste Grund ergab sich aus der damals von vielen ökonomisch und politisch engagierten jungen Menschen empfundenen Notwendigkeit, dem sozialdemokratischen und sozialliberalen Reformimpuls der siebziger Jahre eine solidere Basis zu geben, als dies ein humanistisch und meist auch marxistisch inspirierter, oft normativ überladener, meist sehr gut gemeinter und häufig nicht gut durchdachter „demokratischer Sozialismus“ vermochte, der einen „dritten Weg“ zwischen sowjetmarxistischer Planwirtschaft und kapitalistischer Marktwirtschaft suchte; das war natürlich zunächst nicht viel mehr als eine negative Richtungsbestimmung, die Raum für sehr unterschiedliche Konzeptionen und Ausgestaltungen ließ und daher eher Anlass für politischen Disput als für seriöse wissenschaftliche Auseinandersetzung bot.[1]

Kurz zuvor, im Mai 1975, hatte ich den mir zuvor nur aus der Literatur (und über einen von mir mitbetreuten Heidelberger Doktoranden) bekannten, schon damals sehr einflussreichen Vertreter des Kritischen Rationalismus, *Hans Albert*, auf einer der ersten „Conferences on Analysis and Ideology“[2] in Interlaken, veranstaltet von *Karl Brunner*

---

1 Schon ein Dreivierteljahrhundert früher hatte der auch deswegen als „Revisionist“ verschrieene *Eduard Bernstein* in seiner Schrift „Die Voraussetzungen des Sozialismus“ (1899) zu der zeitgenössischen Sozialismusdiskussion spöttisch, doch nicht unzutreffend formuliert: „Man wird vielleicht hier auf die große Zahl von Intelligenzen verweisen, welche die heutige Entwicklung hervorbringt und die sich in einer Übergangsepoche mit Eifer zur Verfügung stellen würden. Am Andrang und guten Willen dieser Gesellschaftsschicht zweifle ich durchaus nicht, habe vielmehr schon vor nahezu achtzehn Jahren auf sie verwiesen. Aber gerade im *embarras de richesses* liegt hier die Gefahr, und was der böse Wille der Gegner nicht durchsetzt, das mag sehr leicht der gute Wille des aufschießenden Heeres der besten Freunde vollbringen. Der gute Wille ist selbst in normalen Zeiten ein bedenklicher Kunde“ (Kap. 4, Abschnitt a).

2 Eingeladen war ich zu dieser Konferenz offenbar als mutmaßlicher Ideologe, aber die Diskussion zu meinem Vortrag über Investitions- und Finanzierungsprobleme bei marktwirtschaftlicher Arbeiterselbstverwaltung (*Nutzinger* 1975) überzeugte die meisten

(University of Rochester sowie Universität Konstanz), kennen und schätzen gelernt. Der Kontakt mit *Hans Albert* bestärkte mich in dem bereits gefassten Plan, die damals noch nicht ins Deutsche übersetzte Schrift „Some Unsettled Questions of Political Economy" von *John Stuart Mill* in einer deutschsprachigen kommentierten Ausgabe verfügbar zu machen (*Mill* 1976/2008), und der dabei ins Auge gefasste Adressatenkreis waren vor allem engagierte demokratische Sozialisten[3] des deutschen Sprachraums; diesen wollte ich mit *Mill* einen Vertreter der von *Marx* vielfach und nicht immer zu Recht geschmähten „Klassischen Nationalökonomie" näher bringen, der eine mir naheliegende Sympathie für wirtschaftsdemokratische Organisationsformen mit einer einsichtigen, klar nachvollziehbaren und von dialektischen Winkelzügen freien Methodologie zu verbinden wusste.[4]

Der von Dir mitherausgegebene Sammelband bezweckte Ähnliches, nämlich der sozialdemokratischen Reformdiskussion der siebziger Jahre eine solide und auch auf dem Stand damaliger wissenschaftstheoretischer Forschung befindliche Grundlage zu geben – und er befand sich zudem mit dem Rekurs auf den Kritischen Rationalismus auf der methodologischen Höhe der Zeit, was man, bei allem Respekt, von *John Stuart Mill* nach 125 Jahren und damit von seinen „Unsettled Questions" nicht so uneingeschränkt sagen konnte. Das war der zweite Grund meines Interesses an Eurem Sammelband, der unabweisbare Eindruck, dass ich mich noch intensiver mit dem Kritischen Rationalismus auseinandersetzen musste. Jedenfalls beeindruckte mich die völlig unbeabsichtigte und vielleicht doch nicht ganz zufällige Parallelität unserer Bemühungen um eine tragfähige wissenschaftstheoretische Grundlegung sozialdemokratischer Reformpolitik, und bei einem meiner folgenden Besuche bei *Hans Albert* sprach ich ihn auf die Initiative der jungen Ökonomen aus Bonn und Berlin an, zu denen eben *Manfred Tietzel* gehörte.[5]

Hans Albert begrüßte dieses in der Zwischenzeit auf zwei Bände angewachsene Unternehmen ebenfalls und stimmte darin überein, dass der Kritische Rationalismus eine hilfreiche methodische Grundlage für eine sozialdemokratische Reformpolitik – aber natürlich auch für politische Programmatik und praktische Umsetzung anderer demokratischer Parteien – darstellte. So wurden diese beiden Bände[6] für mich – und sicher auch für viele andere reformorientierte Menschen – zu einem wichtigen Anstoß, mich eingehend mit dem Kritischen Rationalismus auseinanderzusetzen, der ja über seine wissenschaftstheoretische Grundlegung hinaus auch ein bedeutendes methodologisches,

---

Teilnehmer, vor allem *Hans Albert*, davon, dass es mir vor allem um analytische Fundierung und weniger um ideologische Programmatik ging.

3 Die weibliche Sprachform „Sozialistinnen" war damals noch nicht üblich.

4 *Marx* hat übrigens die „Unsettled Questions" im Gegensatz zu seiner oftmals ungerechtfertigt herrabsetzenden Kritik an *Mill* in seinen „Theorien über den Mehrwert" (MEW 26.3, S. 190) positiv hervorgehoben.

5 *Thilo Sarrazin*, der 45 Jahre später, Ende 2010, mit von Kritischem Rationalismus doch ziemlich entfernten Thesen von sich reden machte, war ebenfalls ein Mitherausgeber der beiden Bände (*Lührs* et al. 1975/76). Weitere Herausgeber waren *Georg Lührs* und *Frithjof Spreer*.

6 In meinem Falle zusammen mit dem persönlichen Kontakt zu *Hans Albert*

ja sogar immanent ethisches Element enthält, nämlich einen konsequenten Fallibilismus, der ein wichtiges und heute wie damals notwendiges Gegengift gegenüber *marx*istischen und nicht*marx*istischen Formen von Orthodoxie in gesellschaftspolitischen Auseinandersetzungen darstellt.

Hans Albert wies in unseren Diskussionen über Eure beiden Sammelbände darauf hin, dass die wohlwollende Aufnahme, die Eure Initiative bei führenden Sozialdemokraten, vor allem dem damaligen Bundeskanzler *Helmut Schmidt*, fand, wohl weniger der Wissenschaftstheorie des Kritischen Rationalismus im engeren Sinne geschuldet war, sondern dass es ihnen mehr um *Karl Poppers* Sozialphilosophie des „piecemeal social engineering“ ging, um die „Sozialtechnologie der kleinen Schritte“, mit der sich ein realistischer Reformpolitiker wie *Helmut Schmidt* sicher gut befreunden konnte. Ich fand diese Differenz allerdings nicht so wichtig, denn ich empfinde bis heute hier die Grenzen als ausgesprochen fließend: Die Einsicht in die notwendige Begrenztheit und Fehlerhaftigkeit menschlichen Handelns, der konsequente methodologische Fallibilismus, ist ja eine naheliegende, wenn nicht gar zwingende Voraussetzung dafür, dass geplantes menschliches Handeln im Bewusstsein seiner Irrtumsanfälligkeit alles zu vermeiden trachtet, was hinterher, im Falle des Scheiterns, zu gewaltigen, wenn nicht gar irreversiblen Schäden vor allem für künftige Generationen führt. Das Erproben kleiner Schritte scheint daher sowohl methodisch als auch ethisch die angemessene Antwort auf die Gefahr eines schädlichen Strukturkonservatismus einerseits zu sein, der unser stets mangelhaftes Wissen zum Vorwand nimmt, erkannte Fehler und Ungerechtigkeiten einfach hinzunehmen statt auf Änderung zu dringen, aber andererseits auch die angemessene Reaktion darauf, dass angesichts strukturell unvollkommener und oftmals sogar fehlerhafter Informationen gute Absichten noch lange keine guten Handlungen und vor allem keine gewünschten Handlungsfolgen bewirken. Oder, um nochmals *Eduard Bernstein* (vgl. oben Fußnote 1) zu zitieren: „Der gute Wille ist selbst in normalen Zeiten ein bedenklicher Kunde.“

Mein Kontakt zu Dir, lieber *Manfred*, wurde dann persönlicher, als wir uns auf einer der folgenden Interlaken-Konferenzen über „Analysis and Ideology“ persönlich kennenlernten und die sitzungsfreien Nachmittage zu gemeinsamen Spaziergängen und Gesprächen nutzen konnten. Wenn ich mich recht entsinne, gehörten *Hans Albert* und ich damals zu denjenigen, die dem Veranstalter *Karl Brunner* Deinen Namen nannten, als er uns um Vorschläge für neue Konferenzteilnehmer aus dem europäischen Raum bat, die für seine meist amerikanischen Kollegen von Interesse wären und die ihrerseits zu einem offenen, ja kontroversen Meinungsaustausch bereit und fähig seien. Ich denke, Du hast diese Konferenzen in ähnlich guter Erinnerung wie ich. Schade war, dass bei schrumpfendem Konferenzbudget die ursprüngliche Pluralität der Teilnehmer durch eine zahlenmäßig beschränkte, zunehmend konservative Homogenität der Eingeladenen ersetzt wurde, der wir beide dann auch zum Opfer fielen.

Unser Kontakt blieb aber weiter erhalten, zum einen über den Austausch von Diskussionsschriften und Sonderdrucken, zum anderen durch unsere gemeinsame Mitgliedschaft im Ausschuss für Wirtschaftssysteme und Institutionenökonomik des Vereins für Socialpolitik, die immer wieder Gelegenheit zum Meinungsaustausch bot. Aber es gab über den Ausschuss und die Arbeitspapiere hinaus auch unmittelbare Verbindungen:

Für einen von Dir gemeinsam mit *Bernd-Thomas Ramb* herausgegebenen Sammelband „Ökonomische Verhaltenstheorie“ (*Ramb* und *Tietzel* 1993) wurde ich von Euch zu einem Beitrag über „Philanthropie und Altruismus“ eingeladen, und ich nutzte diese Gelegenheit auch dazu, bei der Klärung des Untersuchungsgegenstands ein wenig „Begriffsarbeit“ zu leisten, eine Tätigkeit, die in der ökonomischen Profession – nicht bei Dir – oftmals deutlich unterbelichtet ist. Durch die Vielzahl der Beiträge und der Beitragenden lieferte dieser Sammelband seinerzeit eine sehr gute Grundlage für Lehrveranstaltungen in diesen Bereich. Meine Studierenden arbeiteten sehr gerne mit diesem Buch.

Besonders angetan hatten und haben es mir Deine vielfältigen Beiträge in den Bereichen Literatur-, Kunst- und Kulturökonomik, alles Themenfelder, denen ich inhaltlich zugetan war, um deren ökonomische Analyse ich mich aber zuvor nie so recht gekümmert hatte. In Deinem gemeinsam mit *Dirk Wentzel* verfassten Beitrag „Pressefreiheit: Erfolg oder Misserfolg einer Institution?“ (*Tietzel* und *Wentzel* 2005) habt Ihr überzeugend gezeigt, wie ökonomische Mechanismen Gegenstand und Art der Berichterstattung in spezifischer Weise prägen und dabei die ohnehin vorhandene Kurzfristigkeit der Politik oftmals eher noch verschärfen.[7] Eurer Schlussfolgerung, dass angesichts unhintergehbarer Wettbewerbszwänge die faktische Ausübung von Pressefreiheit notwendige, aber nicht hinreichende Bedingung für demokratische Herrschaftsausübung darstellt, sie aber nicht als schlechthin für eine demokratische Staatsordnung konstitutiv zu betrachten ist, kann ich nur uneingeschränkt beipflichten. Dieser realitätsnahe Blick auf üblicherweise sehr hoch, ja zu hoch gehängte Gegenstandsbereiche wie Literatur, Kunst und Kultur, der gleichwohl die Spezifika dieser Bereiche erkennt und anerkennt, ohne in billige Satire oder wohlfeilen Zynismus zu verfallen, prägt übrigens nach meiner Einschätzung Dein gesamtes wissenschaftliches Werk in diesem Bereich.

Die von Dir durch die beiden Sammelbände (*Lührs et al.* 1975/76) mit veranlasste Hinwendung zum Kritischen Rationalismus führte auch zur Heranbildung einer nicht nur wissenschaftlichen, sondern auch persönlichen Freundschaft mit *Hans Albert*, dem auf Initiative von *Thomas Eger* und mir im Sommer 2000 die wirtschaftswissenschaftliche Ehrendoktorwürde der Universität Kassel verliehen wurde – die erste und bisher einzige Würdigung dieser Art in Deutschland. Ein zentraler Vortrag der akademischen Festveranstaltung waren Deine Überlegungen zu „Modell-Platonismus und Ordnungspolitik“ (*Tietzel* 2001). Zu Recht hast Du darauf verwiesen, dass *Hans Albert* bereits 1963 mit seinem Konzept des „Modell-Platonismus“ die Neigung neoklassischer Ökonomen kritisierte, vor allem in der Wohlfahrtsökonomik ihre Aussagen durch Anwendung konventionalistischer Strategien (z.B. durch eine rein formalistische Mathematisierung ohne erkennbaren Realitätsbezug) gegen Erfahrung – und die damit verbundene Möglichkeit der Falsifizierung – zu immunisieren, eine Strategie, die sechs Jahre später

---

7 Auch im Verhältnis zwischen der „Dritten Gewalt“ und den Medien als angeblicher „Vierter Gewalt“ scheint es zunehmend unproduktive Verstärkungen zu geben. Ich schreibe diese Fußnote einen Tag nach der Urteilsverkündigung im Strafprozess um *Jörg Kachelmann* – ein Verfahren, bei dem es nach fast einhelliger öffentlicher und veröffentlichter Meinung am Ende nur Verlierer gegeben hat, nicht zuletzt die Justiz und die Medien.

der amerikanische Ökonom *Harold Demsetz* (1969) publikumswirksamer, aber keineswegs genauer als „Nirvana Approach" kritisierte.

Du hast dabei – gegenüber einem auch heute noch verbreiteten Missverständnis – deutlich gemacht, dass es *Hans Albert* beim Modell-Platonismus nicht um das modelltheoretische Denken *per se* ging, das kritikwürdig war, sondern um jenen (vorwiegend neoklassischen) Stil des Denkens, der von Institutionen und historischen Voraussetzungen abstrahiert und sich dann wundern muss, wenn die darauf gegründeten Handlungsempfehlungen auch in sozialtechnischer Hinsicht versagen. *Hans Albert*s methodologische Überlegungen aus dem Jahre 1973 haben in der Tat durch die höchst ambivalenten Erfahrungen mit der Transformation in vielen mittel- und osteuropäischen Ländern seit 1989 eine beeindruckende und oftmals auch bedrückende Aktualität gefunden. Deine profunde Analyse von *Albert*s direkten und indirekten Beiträgen zur Ordnungsökonomik und den Kern seiner Kritik hast Du mit dem treffenden Postulat zusammengefasst, man müsse den Informationsgehalt einer ökonomischen Theorie und nicht den Formalisierungsgrad als Maximanden betrachten. Hinzugefügt habe ich bei dieser Veranstaltung dann noch den Hinweis, dass man die Wohlfahrtsökonomik ja auch „gegen den Strich bürsten" könne, sie nämlich als Hinweis darauf verstehen könne, wie schwierig die abstrakte Charakterisierung gesellschaftlicher Zustände bereits in einer realitätsfernen Modellwelt werden kann und um wie viel vorsichtiger man mit vorschnellen Analysen und Handlungsempfehlungen in der weitaus komplexeren realen Welt sein müsste.

Aus der Vielzahl Deiner Beiträge möchte ich zum Abschluss jetzt noch auf einige literaturökonomische Arbeiten eingehen, die mich beeindruckt haben. Mit Dir teile ich die literarische Bewunderung für *Johann Wolfgang von Goethe*, von Dir habe ich gelernt, dass er – entgegen seinen literarischen Bekundungen, die mir öfters von *Goethe*-Verehrern als gern geglaubte bare Münze entgegen gehalten werden – nicht nur als Staatsmann, sondern auch als führender Dichter des deutschen Sprachraums ein ausgesprochen erfolgreicher, ja geradezu „ökonomischer" Verwerter seiner literarischen Produkte gewesen ist. Die Rekonstruktion seiner Rechteverwertung als „Zweitpreis-" oder „Vickrey-Auktion" (*Tietzel* 1998) war zumindest für mich – obwohl selber gelernter Ökonom und autodidaktischer *Goethe*-Liebhaber – sehr instruktiv und aufschlussreich. Dass diese oft ausgeblendete wirtschaftliche Seite von Dir nicht gegen, sondern für den Dichter ausgelegt wird, finde ich dabei besonders anziehend. Mit dieser Art von Literatur-, Kunst- und Kulturökonomik hast Du Standards[8] in diesem Bereich gesetzt, an denen neue Beiträge in diesem Bereich gemessen werden.

Lieber *Manfred*, dieser Blick aus naher Ferne zwischen Duisburg und Kassel ist sehr kursorisch und durch persönliche Wahrnehmungen geprägt. Eine objektive Würdigung sieht anders aus. Sie war aber auch nicht beabsichtigt. Ich wünsche Dir für den herannahenden (Un-)Ruhestand alles Gute und freue mich auf sicherlich noch viele interessante Begegnungen und Diskussionen mit Dir. Und wenn Du jenseits Deiner fachlichen

---

8 Wohl nicht ganz zufällig hast Du auch ein viel beachtetes Sonderheft des *Homo Oeconomicus* zur „Ökonomik der Standardisierung" (*Tietzel* 1994) herausgegeben.

Schwerpunkte in Zukunft noch ganz andere Dinge tun möchtest, für die bisher wenig oder gar keine Zeit blieb, dann wünsche ich Dir auch dafür viel Freude und Muße,

Dein *Hans Nutzinger*

Literatur

Bernstein, Eduard (1899), Die Voraussetzungen des Sozialismus und die Aufgaben der Sozialdemokratie. 7. Auflage (Nachdruck der 2. Auflage von 1921), Berlin/Bonn-Bad Godesberg.

Demsetz, Harold (1969), Information and Efficiency: Another Viewpoint, in: Journal of Law and Economics, Vol. 12, S. 1-22.

Lührs, Georg et al. (Hg.) (1975/76), Kritischer Rationalismus und Sozialdemokratie, 2 Bände. Berlin, Bonn/Bad Godesberg.

Marx, Karl (1972), Theorien über den Mehrwert, MEW 26.3, Berlin.

Mill, John Stuart (1976), Einige ungelöste Probleme der politischen Ökonomie, hg. von *Hans G. Nutzinger*, Frankfurt/New York (Neudruck Marburg 2008).

Nutzinger, Hans G. (1975), Investment and Financing in a Labor-Managed Firm and Its Social Implications, in: Economic Analysis and Workers' Management, Vol. 9, S. 181-201. Online-Version: http://nbn-resolving.de/urn:nbn:de:hebis:34-2009102730770.

Ramb, Bernd-Thomas und *Manfred Tietzel* (Hg.) (1993), Ökonomische Verhaltenstheorie. München.

Tietzel, Manfred (Hg.) (1994), Ökonomik der Standardisierung. Sonderheft Homo Oeconomicus, Bd. XI.

Tietzel, Manfred (1999), Goethes Strategien bei der wirtschaftlichen Verwertung seiner Werke, in: Buchhandelsgeschichte 1999, S. B2-B18.

Tietzel, Manfred (2001), Modell-Platonismus und Ordnungspolitik, in: *Hans G. Nutzinger* (Hg.), Zum Problem der sozialen Ordnung. Marburg, S. 48-56.

Tietzel, Manfred und *Dirk Wentzel* (2005), „Pressefreiheit: Erfolg oder Misserfolg einer Institution?". In: *Thomas Eger* (Hg.), Erfolg und Versagen von Institutionen. Berlin, S. 53-88.

Christian Müller, Frank Trosky und Marion Weber (Hg.)
Ökonomik als allgemeine Theorie menschlichen Verhaltens
Schriften zu Ordnungsfragen der Wirtschaft · Band 94 · Stuttgart · 2012

Manfred Tietzel zur Vollendung des 65. Lebensjahres

Thilo Sarrazin

Manfred Tietzel und ich lernten uns in Bonn im Jahre 1971 kennen. Er hatte ein Semester vor mir das Studium der Volkswirtschaft begonnen und auch ein Semester früher Examen gemacht. Wie das so ist bei strebsamen Studenten – sie laufen halt in Kohorten durchs Studium. Wir waren uns sicherlich einige Male begegnet, der Fachbereich Volkswirtschaft in Bonn war damals wahrlich nicht groß, aber richtig kennengelernt hatten wir uns nicht.

Manfred Tietzel wurde nach seinem Diplom im Frühjahr 1971 Forschungsassistent bei Prof. *Fritz Voigt* am Institut für Industrie- und Verkehrspolitik, und ich ging ein halbes Jahr später denselben Weg. Dort kamen wir dann im Herbst 1971 näher in Kontakt.

Prof. *Fritz Voigt*, Jahrgang 1910, war ein Grandseigneur unter den Ordinarien. Erkennbar von der deutschen Universität alten Typs geprägt, war er ein später Ausläufer der historischen Schule. *Keynes* war aus dieser Perspektive neumodisches Zeug, die Mathematik führte sowieso nicht weiter. Entscheidend waren Institutionen und Mentalitäten. In den fünfziger und frühen sechziger Jahren hatte *Fritz Voigt* sich einen guten Ruf erworben. Aktuelle wissenschaftliche Leistungen vermochten wir – latent arroganten – Jungspunde nicht zu erkennen und lästerten manchmal darüber.

Aber wir alle hatten profitiert von seiner Kontaktfreude, von seiner Begabung, junge Talente zu erkennen und um sich zu versammeln, und von seinem kolossalen Beziehungsnetzwerk. *Fritz Voigt* leitete nämlich einen kleinen Forschungskonzern – oder eine Gutachtenfabrik, bestehend aus dem Institut für Industrie- und Verkehrspolitik der Universität Bonn, dem Institut für Spar-, Giro- und Kreditwesen an der Universität Bonn und der Gesellschaft zur Förderung der verkehrswissenschaftlichen Forschung. Es gab ständig zwischen 17 und 20 Assistenten. Fünf Assistentenstellen hatten eine feste Finanzierung, der Rest wurde finanziert aus der kontinuierlichen Einwerbung von Forschungsgutachten. Klare Hierarchien gab es nicht, auch keine feste Aufteilung nach Finanztöpfen. Das Ganze lebte in spontaner Selbststeuerung, manche würden auch sagen chaotisch, vor sich hin. Natürlich stand auf allen Gutachten der Name unseres Chefs mit auf dem Umschlag, für die Einwerbung neuer Gutachten mussten wir aber schon selber sorgen. Und es funktionierte! Sicherlich sorgte die Planungseuphorie der späten sechziger und frühen siebziger Jahre bei prall gefüllten öffentlichen Kassen für eine goldene Zeit des Gutachtenwesens.

Bemerkenswert war dieser spontan selbstgesteuerte Kleinkonzern gleichwohl. Außer einer Kontrolle durch unsere Peers, die Kollegen, und der Rückmeldung unserer Auftraggeber hatten wir praktisch keine Vorgaben, keine Fachaufsicht. Jeder konnte sich entfalten, wie es seinem Fleiß und Temperament entsprach. Jeder hatte auch grundsätzlich eine freie Wahl beim Thema seiner Doktorarbeit. Wenn wir fertig waren, waren wir fertig. Wir wurden nicht hingehalten, bis wir endlich promovieren durften.

Für meine spätere Berufslaufbahn habe ich festgestellt, dass diese freie Tätigkeit in einem plastischen Umfeld für mich ungeheuer nützlich war: Wo Andere in arbeitsteiligen Prozessen vorsichtig abwarteten, ging ich frisch zu Werke. Mangel an Expertise war kein Hinderungsgrund. Man konnte sich in fast alles einarbeiten, wenn man nur wollte. Ich nehme an, dass auch *Manfred Tietzel* von dieser frühen Erfahrung des produktiven Chaos profitiert hat, ich habe ihn aber nie danach gefragt.

Das Klima unter den Kollegen war gut, der eine arbeitete mehr, der andere weniger. Der ein oder andere wurde auch solidarisch mit durchgezogen. Die Gutachtenlandschaft da draußen war wie ein Ozean, in dem genügend Fische für alle schwammen, die eine Angel auswerfen konnten. Es blieb genügend Zeit, sich neben dem Broterwerb auch um die Dinge zu kümmern, die einen ganz einfach interessierten.

Unser gemeinsamer Freund *Frithjof Spreer*, ebenfalls Assistent bei *Fritz Voigt*, hatte wenige hundert Meter von unserem Institutsstandort entfernt in der Bonner Südstadt ein Haus gemietet, in dem wir zu siebt in Wohngemeinschaft hausten. Dort zog im Frühling 1972 auch *Manfred Tietzel* ein. Der Hund *Paulchen*, ein braungefleckter Mischling mit Kurzhaarfell in Terriergröße, im Sommer 1972 auf dem Flohmarkt in Lüttich erworben, ergänzte die Wohngemeinschaft. Er wurde *Manfred Tietzel*s besonderer Freund. Manfred war der intellektuellste und fleißigste von uns allen. Ein Hauch von geistiger Arroganz war ihm in seinen jungen Jahren auch nicht fremd. Niemand konnte sich so schön wie er über die Dummheit von Politik und Ministerien aufregen, über Spießertum oder über „Grenzprofessoren" lästern. Umso erstaunlicher war seine intensive Beziehung zu diesem Hund. Unwillkürlich fielen einem *Schopenhauer* und sein Pudel ein.

Irgendwann in dieser Zeit entdeckten wir den Kritischen Rationalismus, lasen von *Karl Popper* „Logik der Forschung" (*Popper* 2005), „Das Elend des Historizimus" (*Popper* 2004), „Die offene Gesellschaft und ihre Feinde" (*Popper* 2003) oder den von *Hans Albert* (1986) herausgegebenen Sammelband „Theorie und Realität". *Jürgen Habermas* und die Frankfurter Schule mochten wir dagegen überhaupt nicht. Bei mir hält diese Abneigung bis heute an, ich vermute bei *Manfred Tietzel* auch. Die intensive Befassung mit Wissenschaftstheorie war auch unsere indirekte Auseinandersetzung mit dem damals herrschenden Zeitgeist. „Achtundsechziger" waren wir bestimmt nicht, sondern eher Staatsskeptiker und Fortschrittspessimisten.

Manfred Tietzel hatte offenbar schon damals eine wissenschaftliche Laufbahn im Sinn. Er wies uns auf den Wert einer ausreichend bestückten Veröffentlichungsliste hin und schlug vor, zu diesem Zweck unsere Ressourcen zu poolen. So gab es von 1973 bis 1975 eine ganze Reihe von Zeitschriftenaufsätzen des Autorenkollektivs „*Sarrazin, Spreer* und *Tietzel*".

Im Herbst 1973 war ich zur *Friedrich Ebert Stiftung* in das neugegründete Planungsbüro der SPD-Langzeitkommission gewechselt. Die Politik lockte mich eben doch. *Manfred Tietzel* wechselte etwas später ins Forschungsinstitut der *Friedrich Ebert Stiftung.*

Unser Hobby „Kritischer Rationalismus" betrieben wir gemeinsam weiter. Und dieses gemeinsame Hobby fand einen schönen ironischen Kulminationspunkt in unseren beiden letzten gemeinsamen Publikationen: 1975 erschien der Sammelband „Kritischer Rationalismus und Sozialdemokratie" mit einem Vorwort des Bundeskanzlers *Helmut Schmidt* und einem langen Einführungsaufsatz der Herausgeber *Lührs*, *Sarrazin*, *Spreer* und *Tietzel* (Hg.) (1975). Er enthielt Beiträge von *Karl Popper*, *Hans Albert* und vielen anderen. Auf die Zusammenstellung kann man heute noch stolz sein. Ein Aufsatz von

Sarrazin, *Spreer* und *Tietzel* in diesem Band hatte den Titel „Krise und Planung in marxistischer Sicht: Das Beispiel *Habermas*".

Dieser Band löste eine beträchtliche Reaktion aus, unter anderem eine giftige Rezension der damaligen Juso-Vorsitzenden *Heidemarie Wieczorek-Zeul*, die den Herausgebern vorwarf, angesichts schrumpfenden wirtschaftlichen Wachstums das Anspruchsniveau für Reformen zu senken. Wer sich die Positionen dieses Bandes zu eigen mache, werde „kaum noch geneigt sein, sozialdemokratisch zu wählen oder gar der Sozialdemokratischen Partei als Mitglied anzugehören – es sei denn, er will aus ihr eine ganz normale konservative Partei machen" (*Wieczorek-Zeul* 1975). Wir hatten richtig in ein ideologisches Wespennest gestochen, und die Reaktionen führten zu einem zweiten Reader „Kritischer Rationalismus und Sozialdemokratie II, Diskussion und Kritik", der 1976 erschien (*Lührs*, *Sarrazin*, *Spreer* und *Tietzel* 1976).

Als wir sahen, welche Goldgrube die Erstellung wissenschaftlicher Gutachten zu ökonomischen Fragen bedeuten konnte, gründeten wir 1974 zu siebt den Verein „Index – Institut für Sozialplanung". Der Verein hatte einen wirklich schönen Briefkopf. Sinn war, bei der Einwerbung von Gutachten unter einer gemeinsamen Marke aufzutreten und unserer Arbeit so einen professionelleren Anstrich zu geben. Einige von uns haben den Verein auch einige Male benutzt. Aber dann liefen alle in unterschiedliche Richtungen auseinander, und unser Geschäftsführer *Frithjof Spreer* hatte jahrelang zu tun, bis er den Verein rechtswirksam aufgelöst hatte. Immer wieder fehlte die Unterschrift irgendeines Gründers, der gerade nicht erreichbar war.

1978 erhielt *Manfred Tietzel* einen Ruf an die Universität Duisburg, und ich war bereits 1975 ins Bundesfinanzministerium gegangen. So trennten sich unsere Wege und haben sich seitdem nur sporadisch gekreuzt. Aber wir blieben doch in Verbindung.

Wenn man das Ende der klassischen Berufslaufbahn erreicht, dann blickt man zurück und fragt sich, was bleiben mag. Wertvoll war alles, was seinen Wert in sich selber trägt. Insofern ist ein guter Gedanke, den man hat, eine Einsicht, die man neu gewinnt, immer wertvoll. Von unserer gemeinsamen Zeit habe ich keinen Tag bereut. Und ich hoffe, dass es *Manfred Tietzel* mit dem Rest seiner Berufslaufbahn genauso gegangen ist.

Literatur

Albert, Hans (Hg.) (1986), Theorie und Realität, 2. Auflage, Tübingen.

Lührs, Georg, Thilo Sarrazin, Frithjof Spreer und *Manfred Tietzel* (Hg.) (1975), Kritischer Rationalismus und Sozialdemokratie, Berlin/Bonn-Bad Godesberg.

Lührs, Georg, Thilo Sarrazin, Frithjof Spreer und *Manfred Tietzel* (Hg.) (1976), Kritischer Rationalismus und Sozialdemokratie II: Diskussion und Kritik, Berlin/Bonn-Bad Godesberg.

Popper, Karl (2003), Die offene Gesellschaft und ihre Feinde, 2 Bände, 8. Auflage, Tübingen.

Popper, Karl (2004), Das Elend des Historizismus, 7. Auflage, Tübingen.

Popper, Karl (2005), Logik der Forschung, 11. Auflage, Tübingen.

Wieczorek-Zeul, Heidemarie (1975), Ein ABC für Sozialdemokraten: Denunzierungen in der einschmeichelnden Sprache konservativer Ideologie, in: Die Zeit, 14.11.1975.

Christian Müller, Frank Trosky und Marion Weber (Hg.)
Ökonomik als allgemeine Theorie menschlichen Verhaltens
Schriften zu Ordnungsfragen der Wirtschaft · Band 94 · Stuttgart · 2012

Die Eleganz des Paradiesvogels

Marion Weber

Inhalt

1. Von Tauben, Falken und anderen Vögeln 314

2. Kraft, Stil und Eleganz 315

Literatur 316

1. Von Tauben, Falken und anderen Vögeln

Im November 1989 wurde ich zur Exotin.[1] Jedenfalls in den Augen meiner Kollegen – den wissenschaftlichen Mitarbeitern im Fachbereich Wirtschaftswissenschaften der Universität-GH-Duisburg. Machte ich doch fortan als Assistentin gemeinsame Sache mit einem Hochschullehrer, der nach herrschender Meinung eher skurrile Forschungsinteressen verfolgte: die Vermarktungsstrategien Goethes; das Auftreten von Betrügern, Blendern und Opportunisten; das Schwarmverhalten von Vögeln und Fröschen und das der „Wendehälse" unter dem niedergehenden DDR-Regime[2] – Abwege, Irrwege, Trampelpfade der Wirtschaftswissenschaft? Der „mainstream" sah jedenfalls anders aus.

Auch in der Lehre ging es bei *Manfred Tietzel* alles andere als gewöhnlich zu: Es wimmelte von Gefangenendilemmata, Verfügungsrechten, Informationsvorsprüngen und anderen Merkwürdigkeiten. Was hatte die Allmende, die mittelalterliche Weide in Gemeinbesitz, mit moderner Ökonomie zu tun? Und dass die Finanzwissenschaft mindestens ebenso ausgiebig die Art und Weise von Kollektiventscheidungen wie die Höhe der Steuerquote untersuchen sollte, ließ im Kollegenkreis so manche Stirn in tiefen Falten liegen. Der Kollege *Tietzel* hatte offenbar ein eigentümliches Verständnis von Wirtschaftswissenschaft, was ihm den Ruf eines „Paradiesvogels" eintrug. Die Tauben im Fachbereich schmunzelten milde; die Falken wetzten ihre Krallen.

Oktober 1991. In meinem Büro klingelt das Telefon. „Herzlichen Glückwunsch zum Nobelpreis!", ruft ein lieber Kollege und Vertreter der eher herkömmlichen Sparte der Finanzwissenschaft. Er meint natürlich nicht wirklich, *Manfred Tietzel* sei Laureat der Schwedischen Reichsbank. Aber mit der Auszeichnung von *Ronald H. Coase* „für seine Entdeckung und Klärung der Bedeutung der sogenannten Transaktionskosten und der Verfügungsrechte für die institutionelle Struktur und das Funktionieren der Wirtschaft"[3] war im überschaubaren Mikrokosmos unserer Hochschule eben auch *Manfred Tietzel* geadelt worden.

Und dann geht es Schlag auf Schlag: 1992 erhält *Gary S. Becker* den Nobelpreis für seine Ausdehnung der mikroökonomischen Theorie auf einen weiten Bereich menschlichen Verhaltens und menschlicher Zusammenarbeit; 1993: *Robert Fogel* und *Douglas North* für ihre Erneuerung der wirschaftsgeschichtlichen Forschung durch Anwendung ökonomischer Theorie und quantitativer Methoden, um wirtschaftlichen und institutionellen Wandel zu erklären; 1994: *Harsanyi*, *Nash* und *Selten* für ihre grundlegende Analyse des Gleichgewichts in nicht-kooperativer Spieltheorie. In Duisburg am Rhein werden diese Auszeichnungen eine nach der anderen – teils mit ungläubigem Erstaunen – dem „Paradiesvogel"-Lehrstuhl zugerechnet. Noch einige weitere Preise für die *Tiet-*

---

[1] Mit dem zeitgleichen, zeitgeschichtlich wohl bedeutenderen Ereignis, dem Fall der Berliner Mauer, sollten wir uns später noch ausführlich beschäftigen. Siehe u.a. *Tietzel*, *Weber* und *Bode* (1991) und *Tietzel* und *Weber* (1991).

[2] Siehe z.B. *Tietzel* (1995), *Tietzel* und *Weber* (1991a), *Tietzel* (1993) und *Tietzel*, *Weber* und *Bode* (1991).

[3] Königlich Schwedische Akademie der Wissenschaften (1991).

*zel*schen Forschungsfelder sollten folgen, so z.B. *Thomas Schelling* (2005). Mit dem Nobelpreis für *Elinor Ostrom* (mit *Oliver Williamson* 2009) kam endlich auch das Problem der Kollektivgüter und mit ihm die Allmende zu gebührender Anerkennung in der Ökonomen-Zunft.

Unbeirrt war *Manfred Tietzel* jahrelang gegen den Strom geschwommen – jedenfalls bezogen auf seinen Wirkungskreis im westlichen Ruhrgebiet seit Ende der siebziger Jahre. Früher als andere hatte er sich mit den Grenzen der vorherrschenden Neoklassik beschäftigt. Die Erklärung des institutionellen Gefüges der Wirtschaft und mehr noch die Anwendung eines in diesem Sinne „modernen" ökonomischen Erklärungsmodells auf menschliches Verhalten gerade in *außer*ökonomischen Zusammenhängen waren neue und vielversprechende Erweiterungen der herkömmlichen Wirtschaftswissenschaft.

Ob der Eiserne Vorhang, Warteschlangen oder der QWERTY-Standard der Schreibmaschinentastatur[4] – es sind nicht die gängigen wirtschaftlichen Zusammenhänge von Zins und Geldmenge, Lohn und Produktivität, die diesen Wirtschaftswissenschaftler umtreiben. *Manfred Tietzel* hat erfolgreich gezeigt, welche Erklärungskraft der ökonomische Ansatz bietet, um diesem scheinbar fern liegende gesellschaftliche Erscheinungen und Muster zu verstehen. Dass *Manfred Tietzel* sich dabei auch und immer wieder mit Themen beschäftigt hat, die ihm als Ästhet besonders am Herzen liegen – Kunst und Literatur – sieht man ihm gerne nach.

2. Kraft, Stil und Eleganz

Die Brille, durch die ich heute die Institutionen dieser Welt betrachte, ist entscheidend geprägt von meiner Assistentenzeit bei *Manfred Tietzel.* Welches soziale Phänomen, welcher Mißstand mir seither über den Weg läuft – völlig selbstverständlich gilt mein erster Blick dem institutionellen Rahmen.

- Eine Regulierungsbehörde verschleppt Genehmigungsverfahren für Industrieprodukte. Wie sind die Verhaltensanreize für die handelnden Personen gestaltet, wird z.B. Risikovermeidung unangemessen honoriert?
- Banken gehen zu hohe Anlagerisiken ein; Aufsichtsräte kommen ihrer Aufsichtspflicht nicht nach. Hier denke ich zuallererst an ein Problem der *Corporate Governance*, also wiederum an die Verhaltensanreize in Unternehmen.
- Unruhen und Umstürze in der arabischen Welt. Wodurch sind die Transaktionskosten des Widerstands für den einzelnen Regimegegner hinreichend gesunken, um ihn zum Handeln zu veranlassen?

Zugegeben, was mir so naheliegend scheint, ist für viele andere – mit anderem Ausbildungshintergrund – zuweilen ziemlich abwegig, wie mir zahllose Debatten dazu im Beruflichen wie im Privaten immer wieder zeigen. Und doch bin ich heute überzeugter denn je, dass die Ökonomie als Verhaltenstheorie die vergleichsweise reichhaltigsten Erklärungsbeiträge für soziale Geschehnisse liefern kann. Ich bin meinem akademi-

[4] Siehe z.B. *Tietzel* und *Weber* (1994), *Tietzel* und *Müller* (1998), *Tietzel* (1994).

schen Lehrer für dieses Rüstzeug, aber auch für das Vertrauen dankbar, dass die so verstandene Ökonomie im Allgemeinen auch den verlässlichsten Kompass bietet auf der Suche nach effizienten Lösungen, um das Miteinander der Menschen zu regeln.

Die Ökonomie des *Manfred Tietzel* ist indes nicht nur schlagkräftig. Es ist wohl eine Frage des Stils – hier ist er ganz Ästhet –, dass sie daher kommt im Kleid einer besonderen Eleganz, einer Eleganz des Wortes. Die hochfliegend-verquaste Sprache, die so manche Nachbar-Gesellschaftswissenschaft durchsetzt, ist *Manfred Tietzel* ein Gräuel. Seine Sprachfertigkeit ist meisterhaft – klar, bildreich und treffsicher. Auch den Fremdwörterduden kann der *Tietzel*-Leser getrost zur Seite legen. Er darf einfach nur genießen.

Literatur

Königlich Schwedische Akademie der Wissenschaften (1991), Pressemitteilung vom 15. Oktober 1991 zum Nobelpreis für Ronald H. Coase.

Tietzel, Manfred (1993), Die Ökonomie der Natur, in: *Manfred Tietzel* und *Bernd-Thomas Ramb* (Hg.), Ökonomische Verhaltenstheorie, München, S. 387-414.

Tietzel, Manfred (1994), Einleitung: Von Schreibmaschinen, Lemmingen und verärgerten Waisen, in: *Manfred Tietzel* (Hg.), Ökonomik der Standardisierung. Sonderheft Homo Oeconomicus, 11. Jg., S. 339-347.

Tietzel, Manfred (1995), Literaturökonomik, Tübingen.

Tietzel, Manfred und *Marion Weber* (1991), Stunde der Helden, in: Wirtschaftswoche, Nr. 25, 14.06.1991.

Tietzel, Manfred und *Marion Weber* (1991a), Von Betrügern, Blendern und Opportunisten, in: Zeitschrift für Wirtschaftspolitik, 40. Jg., S. 109-137.

Tietzel, Manfred, Marion Weber und *Otto F. Bode* (1991), Die Logik der sanften Revolution, Tübingen.

Tietzel, Manfred und *Marion Weber* (1994), The Economics of the Iron Curtain and the Berlin Wall, in: Rationality and Society, Vol. 6, S. 58-78.

Tietzel, Manfred und *Christian Müller* (1998), Warteschlangen und Wartelisten, in: *Manfred Tietzel* (Hg.), Ökonomische Theorie der Rationierung, München, S. 1-31.

Christian Müller, Frank Trosky und Marion Weber (Hg.)
Ökonomik als allgemeine Theorie menschlichen Verhaltens
Schriften zu Ordnungsfragen der Wirtschaft · Band 94 · Stuttgart · 2012

Der Dummkopfzyklus oder die Qual der Wahl

Frank Trosky und Andrea Trosky

Inhalt

1. Einleitung 318

2. Der Dummkopfzyklus 318
   2.1. Basisannahmen 319
   2.2. Zur Entstehung des Zyklus 320
   2.3. Die Irrtümer der Notenoptimierer 323

3. Weitere Implikationen 324

4. Fazit 325

Literatur 325

1. Einleitung

Die Wahl des Titels stammt ursprünglich aus einem halb dienstlichen, halb privaten Gespräch eines der beiden Autoren dieses Beitrags mit *Manfred Tietzel.* Grundlage des Gesprächs war einerseits die Diskussion über die traditionellen Erwartungsbildungstheorien und andererseits die Anzahl der zu korrigierenden Klausuren in den Wahl- bzw. Orientierungsfächern. Als Orientierungsfächer wurden Wahlfächer im wirtschaftswissenschaftlichem Grundstudium an der damaligen Universität Duisburg bezeichnet, die im Rahmen der Zwischenprüfung gewählt werden mussten, wenn man im Hauptstudium eben dieses Fach als Hauptfach wählen wollte.

Der Anknüpfungspunkt der Diskussion war die zu beobachtende zyklische Entwicklung der Anzahl der Klausurteilnehmer in diesen Fächerkategorien. In einem Semester verzeichnete ein Fach viele Teilnehmer und im Folgenden wieder weniger. Dabei verliefen die Zyklen der Fächer zum Teil asynchron.

Weiter wurde die Beobachtung diskutiert, dass die Studenten in diesen Wahlfächern im weitesten Sinne regelmäßig den Notendurchschnitt ausrechneten, um diesen bei der eigenen Fächerwahl zu berücksichtigen. Besagter Mitautor dieses Beitrags verglich dieses Verhalten mit dem aus dem Cobweb-Theorem bekannten Verhalten und nannte es entsprechend „Schweinezyklus". *Manfred Tietzel* korrigierte die Bezeichnung umgehend und nannte sie „Dummkopfzyklus". Letztlich verhält sich ein Student, welcher bei seiner Fächerwahl die Ergebnisse des Vorsemesters als maßgeblichen Parameter berücksichtigt, wie ein Dummkopf. Folglich müsste man die „Wanderungsbewegung" zwischen den zur Wahl stehenden Fächern an besagten „Dummköpfen" festmachen können.

Inwieweit es sich bei einem solchen Verhalten tatsächlich um das eines Dummkopfs handelt, ist Gegenstand dieses Beitrags. An dieser Stelle sei darauf hingewiesen, dass es mehrere Gründe für die Wahl dieser Thematik gab. Der erste und wichtigste ist das Faible *Manfred Tietzels* für die Anwendung ökonomischer Theorien auf andere gesellschaftliche Bereiche (siehe dazu auch die Beiträge von *Apolte* und *Weber* in diesem Band). Zweitens war das oben erwähnte Gespräch eines von mehreren lehrreichen, welche die Autoren mit *Manfred Tietzel* führen durften. Drittens, aber ebenso wichtig, bestand durch dieses Thema die Möglichkeit, neben der Vielzahl wissenschaftlicher Beiträge in diesem Band auch einen mit geringerem Anspruch, aber dafür mit einem Augenzwinkern und vor dem Hintergrund höchst „signifikanter" subjektiver Wahrnehmung zu schreiben.

2. Der Dummkopfzyklus

Bei dem Gespräch, welches die Idee zu diesem Beitrag lieferte, war das Cobweb-Theorem mit adaptiven Erwartungen die Basis der Diskussion. Dass eine Übertragung des Cobweb-Theorems auf die Problematik der Wahlfachwahl ohne Anpassungen nur ein verzerrtes Bild liefert, ist bei genauerer Betrachtung offensichtlich. Das Cobweb-

Theorem mit dem daraus resultierenden Schweinezyklus[1] ist eine geeignete Basis, um quasizyklische Marktentwicklungen zu modellieren (vgl. *Artstein* 1983). Eben eine solche zyklische oder quasizyklische Entwicklung war die empirisch *nicht* gesicherte Beobachtung bei der Wahl- und Orientierungsfachwahl. Dennoch basiert der Dummkopfzyklus letztlich auf einer gänzlich anderen Modellierung, bei der lediglich den adaptiven Erwartungen wieder eine maßgebliche Rolle zukommt.

Beim Cobweb-Theorem ist das Zusammenspiel von Angebot und Nachfrage für die Dynamik des Modells verantwortlich. Je nachdem, wie sich die Steigungen der Angebots- und Nachfragefunktion zueinander verhalten, konvergiert das System zu einem festen Preis-Mengen-Verhältnis oder tendiert zu einer zyklischen oder sogar explodierenden Entwicklung. Der zyklische Verlauf beim Dummkopfzyklus entsteht hingegen ausschließlich bei den Nachfragern, d.h. den Fachwählern. Nachfolgend wird der Entscheidungsprozeß der Studenten geschildert.

2.1. Basisannahmen

Im Rahmen seines Studiums muss sich ein Student mehreren grundlegenden Fragen stellen. Dazu gehört unter anderem die Frage nach dem Studienschwerpunkt und die nach einem Wahlfach. Bei beiden Fragen gibt es mindestens zwei Antwortstrategien.

Die erste Strategie ist die des „Überzeugungstäters". Ein solcher Student wählt vom Studienschwerpunkt bis hin zum Wahlfach seine Fächer ausschließlich aus „Überzeugung". Ob diese Überzeugung nun echtes Interesse widerspiegelt oder nur die Fächerwahl gemäß den eigenen Fähigkeiten repräsentiert, ist dabei von untergeordneter Bedeutung. Wichtig ist, dass Überzeugungstäter ihre Wahl von ihren Neigungen und Eignungen abhängig machen, aber nicht von den Ergebnissen der Wahlalternativen in den vorrangegangenen Semestern.

Die zweite Strategie ist die des „Notenoptimierers". Diese Spezies versucht im Gegensatz zum Überzeugungstäter, ihr Studium nach dem ökonomischen Prinzip zu bewältigen, welches dann in vielen Fällen als Minimalprinzip interpretiert wird. Die Notenoptimierer suchen ihre Fächer danach aus, wo sie bei gewünschtem Zielerreichungsgrad (der angestrebten Note) den geringsten Aufwand betreiben müssen. Es wird jenes Fach gewählt, welches am leichtesten das Bestehen sichert. Natürlich könnte man auch davon ausgehen, dass die Notenoptimierer unter den Zeitrestriktionen eines Studiums die Fächer so wählen, dass sie bei gegebenem Zeitbudget für ein Wahlfach dasjenige wählen, welches die beste Note verspricht, was dann eher dem Maximalprinzip entspräche. Dies verändert zwar nicht grundlegend den Dummkopfzyklus, verhindert aber die schöne Schwarz-Weiß-Malerei, die durch das Minimalprinzip möglich wird.

Die weißen Schafe sind die Überzeugungstäter und die schwarzen sind die Notenoptimierer, welche die eigentlichen Dummköpfe darstellen. Beide Strategien zur Studienplanung sind in der Realität anzutreffen. Beide werden im Rahmen des Modells berücksichtigt.

---

[1] Der Begriff „Schweinezyklus" geht auf *Hanau* (1930) zurück.

2.2. Zur Entstehung des Zyklus

Zentrale Akteure im Modell sind die Notenoptimierer – frei nach dem Motto „Ohne Dummköpfe kein Dummkopfzyklus". Ein etwas genauerer Blick auf ihr Verhalten macht die Ursache für die Zyklen und somit die Parallelen zum Schweinezyklus deutlich.

Die Notenoptimierer suchen ihr Wahlfach nach dem oben bereits erwähnten Minimalprinzip aus, d.h. sie streben eine Aufwandsminimierung an. Dabei gehen sie naheliegenderweise von Folgendem aus: Je „einfacher" ein Wahlfach ist, umso geringer ist auch der Aufwand für das Bestehen. Den Schwierigkeitsgrad eines Wahlfachs lesen die Notenoptimierer im Dummkopfzyklus an den Durchschnittsergebnissen der Wahlfächer im jeweiligen Vorsemester ab. Je besser die Durchschnittsnote im Wahlfach, umso „leichter" ist dieses Wahlfach. Weiter gehen sie davon aus, dass die Schwierigkeitsgrade der Wahlfächer im Zeitverlauf nicht variieren.[2]

Pointiert ausgedrückt, bilden die Notenoptimierer adaptive Erwartungen bezüglich des Schwierigkeitsgrades der Wahlfachklausuren. Dadurch ist die Parallele zum Schweinzyklus gegeben. Außerdem sind adaptive Erwartungen nur unter sehr speziellen Annahmen und unter Berücksichtigung von Informationskosten rational (siehe *Friedman* 1975). Folglich liefern die adaptiven Erwartungen eine erste Begründung für den Begriff „Dummköpfe". Vereinfacht dargestellt, sieht die Erwartung bezüglich der Durchschnittsnote eines Wahlfachs „*i*" aus Sicht der Notenoptimierer wie folgt aus:

$$E(D_i)_t = D_{i,t-1}$$

Nun gibt es aber einen entscheidenden Unterschied zum Cobweb-Theorem und dem Schweinezyklus. Beim Dummkopfzyklus gibt es eben nicht nur Dummköpfe, sondern es gibt auch die Überzeugungstäter. Man könnte dies dahingehend interpretieren, dass es sich beim Dummkopfzyklus um ein Modell heterogener Erwartungen handelt (zu heterogenen Erwartungen siehe *Ringhut* 2003; *Trosky* 2006).[3] Aus Sicht der Notenoptimierer handelt es sich aber bei den Überzeugungstätern zumindest auf den ersten Blick um exogene Störungen.

Geht man davon aus, dass die Überzeugungstäter im Durchschnitt besser auf die Wahlfachprüfungen vorbereitet sind, so gilt:

$$D_{i,\ddot{U}} < D_{i,O} \text{ für alle } i.$$

Die erwartete Durchschnittsnote der Überzeugungstäter ist in allen *i* Fächern besser als die der Notenoptimierer, welche ja auch bereits mit Aufwandsminimierern gleichgesetzt wurden. Die tatsächlich realisierte Durchschnittsnote zum Zeitpunkt „*t*" ist nichts

---

[2] Es reicht eigentlich völlig aus anzunehmen, die Notenoptimierer gingen davon aus, dass die Rangreihung der Wahlfächer nach ihrem Schwierigkeitsgrad konstant sei. Das leichteste Fach bleibt das leichteste usw. Die Annahme zeitinvarianter Schwierigkeitsgrade erleichtert aber die formale Modellierung des Dummkopfzyklus' erheblich.

[3] Da die Art der Erwartungen der Überzeugungstäter bzw. deren Erwartungen selbst aber für das Modell irrelevant sind, kann man deren Handlungen auch als exogen vorgegeben betrachten. Dann sind die einzigen modellrelevanten Erwartungen die der Notenoptimierer.

anderes als der gewichtete Durchschnitt der Notendurchschnitte der Überzeugungstäter und der Notenoptimierer:

$\overline{D}_{i,t} = n_{\ddot{U},i} * D_{\ddot{U},i} + n_{O,i,t} * D_{O,i}$ mit:

$n_{\ddot{U},i}$ Teilnehmerzahl der Überzeugungstäter im Wahlfach *i* (zeitinvariant),

$n_{O,i,t}$ Teilnehmerzahl der Notenoptimierer im Wahlfach *i* zum Zeitpunkt *t*,

$D_{\ddot{U},i}$ Notendurchschnitt der Überzeugungstäter im Wahlfach *i* (zeitinvariant),

$D_{O,i}$ Notendurchschnitt der Notenoptimierer im Wahlfach *i* (zeitinvariant).

Aus Vereinfachungsgründen wird davon ausgegangen, dass die Teilnehmerzahl der Überzeugungstäter in den Wahlfächern konstant ist und dass die Notendurchschnitte der beiden Gruppen ebenfalls je Wahlfach im Zeitverlauf konstant sind. Letztlich wird die Gesamtdurchschnittsnote in den Wahlfächern unter diesen Bedingungen ausschließlich durch die Anzahl der Notenoptimierer bei der jeweiligen Prüfung bestimmt.[4] Wie bereits erwähnt, bilden diese ihre Erwartungen adaptiv, d.h., sie wählen das Wahlfach mit der besten Durchschnittsnote im Vorsemester.

An dieser Stelle wird eine letzte Vereinfachung aus Veranschaulichungsgründen vorgenommen. Reduziert man die Zahl der Wahlfächer auf zwei, so ist ein Dummkopfzyklus leicht modellierbar. Geht man von den Wahlfächern „A“ und „B“ aus, so ergibt sich folgendes Bild:

$\overline{D}_{A,t} = n_{\ddot{U},A} * D_{\ddot{U},A} + n_{O,A,t} * D_{O,A}$ mit:

$n_{\ddot{U},A}$ Teilnehmerzahl der Überzeugungstäter im Wahlfach A (zeitinvariant),

$n_{O,A,t}$ Teilnehmerzahl der Notenoptimierer im Wahlfach A zum Zeitpunkt *t*,

$D_{\ddot{U},A}$ Notendurchschnitt der Überzeugungstäter im Wahlfach A (zeitinvariant),

$D_{O,A}$ Notendurchschnitt der Notenoptimierer im Wahlfach A (zeitinvariant)

und

$\overline{D}_{B,t} = n_{\ddot{U},B} * D_{\ddot{U},B} + n_{O,B,t} * D_{O,B}$ mit:

$n_{\ddot{U},B}$ Teilnehmerzahl der Überzeugungstäter im Wahlfach B (zeitinvariant),

$n_{O,B,t}$ Teilnehmerzahl der Notenoptimierer im Wahlfach B zum Zeitpunkt *t*,

$D_{\ddot{U},B}$ Notendurchschnitt der Überzeugungstäter im Wahlfach B (zeitinvariant),

$D_{O,B}$ Notendurchschnitt der Notenoptimierer im Wahlfach B (zeitinvariant).

---

[4] Die Vereinfachungen dienen dazu, den Effekt der Wanderbewegung besonders deutlich hervorzuheben. Dass in der Realität weitere Einflussfaktoren wie z.B. tatsächlich unterschiedliche Schwierigkeitsgrade in einem Wahlfach im Zeitverlauf usw. eine Rolle spielen, ist naheliegend.

Weiter gelte:

$D_{A,Ü} < D_{A,O}$,

$D_{B,Ü} < D_{B,O}$,

$D_{A,Ü} < D_{B,O}$,

$D_{B,Ü} < D_{A,O}$[5] und insbesondere

$n_{O,A,t} = 0$ falls $\overline{D}_{A,t-1} > \overline{D}_{B,t-1}$ bzw.

$n_{O,B,t} = 0$ falls $\overline{D}_{B,t-1} > \overline{D}_{A,t-1}$

Die Annahme, dass die Notendurchschnitte der Notenoptimierer in allen Wahlfächern schlechter als die der Überzeugungstäter sind, wurde bereits plausibel eingeführt. Die Verteilung der Notenoptimierer auf die beiden Wahlfächer folgt unmittelbar aus ihrer Erwartungsbildung und der Annahme der Aufwandsminimierung.

Zur Veranschaulichung des aus diesen Annahmen und den Verhaltenshypothesen über die Teilnehmer resultierenden Zyklus sei folgendes Beispiel gewählt:

Tabelle 1: Beispiel eines Dummkopfzyklus'

$D_{Ü,A}$	1,7
$D_{O,A}$	2,5
$D_{Ü,B}$	2,0
$D_{O,B}$	2,7
$n_{Ü,A}$	20
$n_{Ü,B}$	10
n_O	70

Die nachfolgenden Abbildungen verdeutlichen den Dummkopfzyklus.

Abbildung 1 macht deutlich, dass unter dem Gesichtspunkt der Aufwandsminimierung das Wahlfach A dem Wahlfach B vorzuziehen ist. Die Notenoptimierer erzielen im Wahlfach A im Schnitt eine Note von 2,5 und im Wahlfach B eine Note von 2,7. Dennoch wählen sie in jedem zweiten Semester das Wahlfach B, woraus ein suboptimales Ergebnis resultiert.

[5] Werden diese letzten beiden Annahmen über das Verhältnis der Durchschnittsnoten zueinander nicht getroffen, so besteht die Möglichkeit, dass ein Zyklus verhindert wird, d.h. die Wanderungsbewegungen der Notenoptimierer nicht zustande kommen.

Abbildung 1: Notendurchschnitte im Beispiel des Dummkopfzyklus

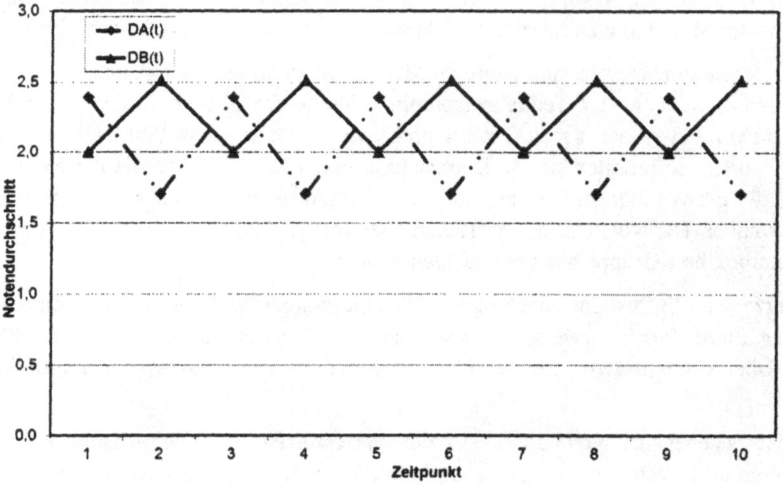

Abbildung 2: Teilnehmerzahlen im Beispiel des Dummkopfzyklus

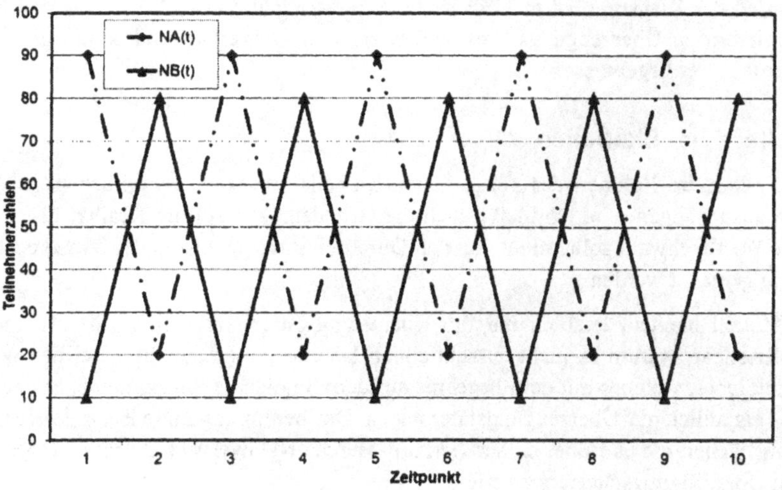

2.3. Die Irrtümer der Notenoptimierer

Dass es sich bei den Notenoptimierern zumindest im Modell um echte Dummköpfe handelt, kann man an mehreren Punkten festmachen.

Der grundlegende Fehler, der ihnen unterläuft, ist die Wahl des falschen Indikators für den Schwierigkeitsgrad der Wahlfächer. Die Durchschnittsnote als Indikator für den Schwierigkeitsgrad des Wahlfachs versagt im obigen Beispiel. Das „leichtere" Wahlfach ist in jedem Fall Wahlfach A. Sowohl bei den Überzeugungstätern als auch bei den Notenoptimierern ist die Durchschnittsnote im Wahlfach A besser als die im Wahlfach B. Dabei gilt es zu berücksichtigen, dass die Überzeugungstäter bei einem Wahlfachwechsel von B zu A nicht unbedingt die Durchschnittsnote der Überzeugungstäter „A" erzielen, da sie bei der Wahl „A" ja eben keine Überzeugungstäter mehr wären. Somit sagt selbst im Modell die Durchschnittsnote nichts über den Schwierigkeitsgrad aus.

Wenn irgendeine Durchschnittsnote im Modell hierzu etwas aussagt, dann die jeweilige Durchschnittsnote der Teilnehmergruppen. Wenn die Notenoptimierer ihre Entscheidung von einer bereits realisierten Durchschnittsnote in einem Wahlfach abhängig machen wollen, so müssten sie die Durchschnittsnoten ihrer Gruppe, die der Notenoptimierer, für die Wahlfächer vergleichen. Dann würden sie im Beispiel immer das Wahlfach A wählen. Die Notenoptimierer stehen aber vor dem Problem, dass sie die Notendurchschnitte ihrer Gruppe nicht beobachten können.

Benutzen sie für ihre Entscheidung aber den Gesamtdurchschnitt als Approximation, so versagt diese Vorgehensweise, wie aus dem Beispiel ersichtlich. Dies liegt ursächlich an den Überzeugungstätern, die den Notendurchschnitt aus Sicht der Notenoptimierer verzerren.

Weiter begehen die Notenoptimierer die typischen Fehler eines Akteurs, der sein Handeln an adaptiven Erwartungen ausrichtet. Sie vernachlässigen weitere Einflussfaktoren auf das Wahlfachergebnis, welche allerdings im Rahmen des Modells auch ausgeschlossen sind. Die Begabung der Studenten kann im Zeitverlauf variieren. Der Schwierigkeitsgrad der Klausuren ist nicht in jedem Semester gleich. Das Verhältnis von Notenoptimierern zu Überzeugungstätern ändert sich im Zeitverlauf und somit auch die „Verzerrung" der Ergebnisse.

3. Weitere Implikationen

Auch wenn im Rahmen des vorgestellten Modells von stark vereinfachenden Annahmen ausgegangen wird, so bleibt doch die Grundaussage auf die Realität übertragbar: Die Wahlfachwahl sollte nicht von den Durchschnittsergebnissen des Vorsemesters abhängig gemacht werden.

Im Modell handeln letztlich nur die Überzeugungstäter rational. Es ist allerdings nachvollziehbar, warum es nicht ausschließlich Überzeugungstäter gibt. Bei der Wahl des Wahlfaches, welches mit dem Ergebnis auf dem Studienabschlusszeugnis erscheint, sollte es eigentlich nur Überzeugungstäter geben. Das bereits erwähnte Beispiel der Orientierungsfächer, die es früher an der Gerhard-Mercator-Universität Duisburg gab, lässt aber am Überzeugungstätertum zweifeln.

Die Orientierungsfächer gab es für die betriebswirtschaftlichen und die volkswirtschaftlichen Studienschwerpunkte im Grundstudium. Wer ein bestimmtes Schwerpunktfach, z.B. Wirtschaftspolitik, im Hauptstudium wählen wollte, musste in der Zwischenprüfung das entsprechende Orientierungsfach wählen. Hatte man vor, einen volkswirtschaftlichen Studienschwerpunkt zu wählen, so gab es allerdings keine Beschränkungen bei der Wahl der betriebswirtschaftlichen Orientierungsfächer. Umgekehrt war die Wahl eines volkswirtschaftlichen Orientierungsfachs unbeschränkt, wenn man einen betriebswirtschaftlichen Schwerpunkt wählen wollte. Die Ergebnisse der Orientierungsfächer erschienen nicht auf dem Abschlusszeugnis. Somit galt es für die Studenten mit betriebswirtschaftlichem Studienschwerpunkt, mit möglichst wenig Aufwand die volkswirtschaftlichen Orientierungsfächer zu „überstehen“. Für die Studenten mit volkswirtschaftlichem Studienschwerpunkt galt die analoge Regel.[6]

Überzeugungstäter gab es somit eigentlich nur in den anvisierten Studienschwerpunkten. Insofern war es rational, sich Orientierungsfächer für den nicht gewählten Bereich auszusuchen, welche eine Art Aufwandsminimierungsstrategie ermöglichen. Warum sollte ein Student ein Orientierungsfach wählen, welches ihm keinen weiteren Nutzen in seinem Studium bringt und gleichzeitig einen hohen Arbeitsaufwand verursacht oder das Risiko des Scheiterns erhöht? So ist auch in der Erinnerung der Autoren haften geblieben, dass man unbedingt ein „einfaches“ Orientierungsfach im nicht gewählten Bereich wählen sollte. Dabei blieb aber das Problem der Notenoptimierer bestehen, einen Indikator zu finden, an dem man den Schwierigkeitsgrad des Orientierungsfaches (Wahlfaches) bzw. den zu betreibenden Aufwand festmachen konnte. Denn die Durchschnittsergebnisse des oder der Vorsemester hatten allenfalls geringe Aussagekraft (siehe die Irrtümer der Notenoptimierer).

4. Fazit

Es ist rational, sein Orientierungsfach für den nicht gewählten Studienschwerpunkt so zu wählen, dass es mit dem geringstmöglichen Aufwand befriedigende Zielerreichung verspricht. Nicht rational ist es hingegen, aus diesem Grund die vorrangegangenen Durchschnittsergebnisse als Maß für das „leichteste“ Orientierungsfach zu nutzen. Das Prinzip der Aufwandsminimierung bei der Wahl eines Orientierungsfaches widerspricht allerdings nicht dem Rationalkalkül.

Bei der Wahl des Orientierungsfaches (Wahlfaches) existiert jedoch eine überlegene Strategie: Die Wahl sollte gemäß den eigenen Neigungen und Fähigkeiten getroffen werden. Außerdem sollte bei der Wahl des Wahlfaches dieses einen plausiblen Bezug zum Studienschwerpunkt haben.

Die nicht signifikanten Beobachtungen der Autoren bezüglich der Fächerwahl können, wie im Modell gezeigt, zu zyklischen Entwicklungen bei den Teilnehmerzahlen und auch bei den Notendurchschnitten führen. Es erwies sich, dass es sich hierbei um einen Dummkopfzyklus handelt; *Manfred Tietzel* lag also mit seiner Einschätzung richtig. Dass die Realität nicht unbedingt mit den Modellannahmen und der Verhaltenshypothese der Notenoptimierer im Einklang steht ist den Autoren dabei durchaus bewusst.

Literatur

Apolte, Thomas (2011), Ökonomische Theorien der Revolution, in diesem Band.

Artstein, Zvi (1983), Irregular Cobweb Dynamics, in: Economic Letters, Vol. 11, S. 15-17.

Friedman, Benjamin M. (1975), Rational Expectations are really adaptive after all, Discussion Paper No. 430, Harvard Institute of Economic Research, Cambridge MA.

---

[6] Die Orientierungsfächer könnte man im Sinne des Modells als Wahlfächer im Grundstudium interpretieren.

Hanau, Arthur (1930), Die Prognose der Schweinepreise, in: Vierteljahresheft zur Konjunkturforschung, Sonderheft 18, S. 1-46.

Ringhut, Eric (2003), Erwartungsbildung und Preisfindung auf Finanzmärkten, Frankfurt a.M. u.a.

Trosky, Frank (2006), Heterogene Erwartungen auf dem Geldmarkt, Berlin.

Weber, Marion (2011), Die Eleganz des Paradiesvogels, in diesem Band.

Verzeichnis der Autorinnen und Autoren

Albert, Prof. em. Dr. Hans, Universität Mannheim

Apolte, Prof. Dr. Thomas, Westfälische Wilhelms-Universität Münster

Backhaus, Prof. Dr. Dr. h.c. Jürgen G., Universität Erfurt

Conlé, Dipl.-Reg-wiss. Marcus, Universität Duisburg-Essen

Eger, Prof. Dr. Thomas, Universität Hamburg

Heilemann, Prof. em. Dr. Ullrich, Universität Leipzig

Kliemt, Prof. Dr. Hartmut, Frankfurt School of Finance & Management

Lahno, Prof. Dr. Bernd, Frankfurt School of Finance & Management

Leipold, Prof. em. Dr. Helmut, Philipps-Universität Marburg

Leschke, Prof. Dr. Martin, Universität Bayreuth

van de Locht, Dr. Nicole, Fontys Internationale Hogeschool Economie, Venlo/Niederlande

Müller, Prof. Dr. Christian, Westfälische Wilhelms-Universität Münster

Nutzinger, Prof. em. Dr. Hans G., Universität Kassel

Rüttgers, Dr. Christian, FOM Hochschule für Oekonomie & Management gGmbH, Essen, Hochschulstudienzentrum Duisburg

Sarrazin, Dr. Thilo, Finanzsenator a.D., Berlin

Schätzle, M.Sc., Dominik, Westfälische Wilhelms-Universität Münster

Scheufen, Dipl.-Volkswirt, Marc, DFG Graduate School in Law and Economics, Hamburg

Schingen, Dipl.-Volkswirt Gideon, Universität Duisburg-Essen

Taube, Prof. Dr. Markus, Universität Duisburg-Essen

Theurl, Prof. Dr. Theresia, Westfälische Wilhelms-Universität Münster

Trosky, Dr. Andrea, Duisburg

Trosky, Dr. Frank, Planco Consulting GmbH, Essen

Weber, Dr. Marion, Bundesministerium für Wirtschaft und Technologie, Berlin

Wentzel, Prof. Dr. Dirk, Hochschule Pforzheim

Willgerodt, Prof. em. Dr. Hans, Universität zu Köln

Schriften zu Ordnungsfragen der Wirtschaft

Lucius&Lucius Verlags-GmbH, Stuttgart, ISSN 1432-9220

Bereits erschienen.

Band 93: *Albrecht F. Michler* und *Heinz-Dieter Smeets* (Hg.),
Die aktuelle Finanzkrise: Bestandsaufnahme und Lehren für die Zukunft, 2011, 400 S., 48 €, ISBN 978-3-8282-0538-3.

Band 92: *Rahel Schomaker*,
Public Private Partnerships in der Wasserwirtschaft des Nahen Ostens und Nordafrikas: Institutionelle Bestimmungsfaktoren und Potentiale, 2010, 184 S., 38 €, ISBN 978-3-8282-0518-5.

Band 91: *Thomas Apolte* und *Uwe Vollmer* (Hg.),
Bildungsökonomik und Soziale Marktwirtschaft,
2010, 216 S., 42 €, ISBN 978-3-8282-0503-1.

Band 90: *Alfred Schüller* und *Stefan Voigt* (Hg.),
Von der Ordnungstheorie zur Institutionenökonomik: Rückblick und Entwicklungsoptionen eines Marburger Forschungsprogramms – aus Anlaß des 50jährigen Bestehens der Forschungsstelle zum Vergleich wirtschaftlicher Lenkungssysteme, 2008, 172 S., 32 €, ISBN 978-3-8282-0438-6.

Band 89 *Dirk Wentzel* (Hg.),
Medienökonomik: Theoretische Grundlagen und ordnungspolitische Gestaltungsalternativen. 2009, 468 S., 58 €, ISBN 978-3-8282-0437-9

Band 88: *Helmut Leipold,*
Die Ordnung von Wirtschaft und Gesellschaft als zentrale Aufgabe: Ordnungsökonomische und kulturvergleichende Studien, 2008, 307 S., 38 €, ISBN 978-3-8282-0436-2.

Band 87: *Katharina Wacker,*
Wettbewerb und Regulierung auf dem deutschen Fernsehmarkt: Deregulierungsbedarf und Umsetzungsbedingungen, 2007, 220 S., 36 €, ISBN 978-3-8282-0414-0.

Band 86: *Albrecht F. Michler* und *H. Jörg Thieme* (Hg.)„
Systeme monetärer Steuerung: Analyse und Vergleich geldpolitischer Strategien, 2007, 420 S., 44 €, ISBN 978-3-8282-0410-2.

Band 85: *Friedrich Gröteke,*
Europäische Beihilfenkontrolle und Standortwettbewerb: Eine ökonomische Analyse, 2007, 336 S., 38 €, ISBN 978-3-8282-0401-0.

Kolibri 360 GmbH
Ferdinand-Jühlke-Straße 7
99095 Erfurt, Deutschland
produktsicherheit@kolibri360.de